国家社科基金
后期资助项目
GUOJIA SHEKE JIJIN HOUQI ZIZHU XIANGMU

U0688019

人勤地利

明清太湖地区农业史

Industrious Tiller Makes Farmland Productive

Agricultural History of the Taihu Lake Region
During the Ming and Qing Dynasties

惠富平 等　著

江苏人民出版社

图书在版编目（CIP）数据

人勤地利：明清太湖地区农业史 / 惠富平等著. --
南京：江苏人民出版社，2023.3
ISBN 978-7-214-27765-7

Ⅰ. ①人… Ⅱ. ①惠… Ⅲ. ①农业史－江苏－明清时
代 Ⅳ. ①F329.53

中国版本图书馆 CIP 数据核字（2022）第 241447 号

书　　　名	人勤地利:明清太湖地区农业史	
著　　　者	惠富平　等	
责 任 编 辑	张晓薇	
责 任 监 制	王　娟	
出 版 发 行	江苏人民出版社	
地　　　址	南京市湖南路 1 号 A 楼,邮编:210009	
照　　　排	江苏凤凰制版有限公司	
印　　　刷	江苏凤凰扬州鑫华印刷有限公司	
开　　　本	718 毫米×1000 毫米　1/16	
印　　　张	23.75	
字　　　数	420 千字	
版　　　次	2023 年 3 月第 1 版	
印　　　次	2023 年 3 月第 1 次印刷	
标 准 书 号	ISBN 978-7-214-27765-7	
定　　　价	98.00 元	

（江苏人民出版社图书凡印装错误可向承印厂调换）

目　录

绪　言

一、选题缘起

太湖地区亦可称太湖流域,即由太湖水系联结的地理区域。作为"江南"这一人文地理单元的主体以及最具代表性的区域,太湖流域对中国社会历史发展产生了重大作用和影响。另外,历史上太湖地区苏松常和杭嘉湖各府州从气候到物产、民俗等都有相似之处,便于作为一个整体加以考察,如清道光时期两江总督梁章钜所言,"其间年岁丰歉、雨旸旱溢、地方物产、人工勤惰,皆相等也"。[①] 这里的稻作农业至少已有六七千年历史,"火耕水耨""饭稻羹鱼"的生产、生活方式,曾构成其社会文明的基础。自唐代中期以来,全国经济重心南移,太湖地区一直是产粮大区以及重要的财赋之地,"苏湖熟,天下足"的谚语长期流传。明清时期,当地的水稻、蚕桑、棉花、果蔬、畜牧、渔业生产等均处于全国领先地位,农工商业及城镇经济全面发展,被誉为甲富之地、文化之邦。近现代以来,面对西方文化的冲击,太湖地区又凭借其优越的地理环境和良好的经济文化基础,较早开始从农业社会向工业社会转型。

20世纪八九十年代以来,太湖地区工业化、城镇化的快速推进和过度扩张,对农业生产挤压严重,加之一味强调农业的经济效益,而忽视其粮食保障、生态维护和文化传承功能,苏南、浙北等地的农业生产受到很大冲击,耕地废弃以及被挤占、挪用现象随处可见,过去以水稻种植为中心,粮棉林果牧渔各业综合发展的农业生产项目及生态景观趋于萎缩甚至消亡,传沿已久的稻作生活习俗及民间文化也逐渐被人们所淡忘,当地经济社会的健康发展受到威胁。人们纷纷感叹,太湖流域的鱼米之乡已名不副实。当地

---

① ［清］梁章钜著,刘叶秋、苑育新校:《浪迹丛谈》卷五"均赋",福州:福建人民出版社1983年版,第68页。

稻作农业与农耕文化衰退所产生的负面影响，近些年来已引起人们的深切关注与思考；在新时代背景下，解决"三农"问题、保障粮食安全、传承优秀农耕文化也已成为社会共识。

进一步来说，工业化时代应特别注重太湖地区农业生产的粮食安全及生态保护功能。太湖是流域洪水集散地，也是长三角地区水资源调配中心以及水环境的晴雨表，生态地位突出。2007年太湖爆发严重的蓝藻污染后，国家启动了太湖流域水环境综合治理工程，延续至今，取得了明显成效。在治理太湖的同时，太湖沿岸重要城市无锡和苏州，先后在2007年、2010年分别沿西太湖和东太湖启动了太湖新城建设，从而迈向"太湖时代"。太湖流域作为长江三角洲地区的核心和经济发展"引擎"，肩负着落实国家新型发展理念的重大使命。如何正确处理农业发展与工业化、城市化之间的关系，协调经济发展与生态保护的矛盾，应注意汲取历史经验，标本兼治，发挥农业的基本功能，促进区域社会的可持续发展。鉴于此，很有必要从生产与生态两个层面总结太湖地区的农业历史成就和发展特点，揭示其现实意义。

本项目重点依托南京农业大学中华农业文明研究院（原中国农业遗产研究室）、南京信息工程大学科技史与气象文明研究院实施并完成。前者20世纪中期以后就利用其学术积累和地缘优势，开展太湖地区农业史研究，并有《太湖地区农业史稿》等多种著作问世。[①] 这不仅为后续研究奠定了基础，也激励后来者沿着前人开创的道路，努力前行。2010年前后，结合当时的农业发展现实，研究院王思明院长领衔制定了南京农业大学农史学科三大重点研究领域：一是江苏农业文化遗产调查与保护研究，二是太湖地区农业史与农村发展研究，三是苏北地区农业发展与农业灾害史研究。第二个领域的相关课题，在实施过程中先后获得江苏省哲学社会科学重大招标项目及江苏省社科基金项目资助，多名教师及研究生参与研究工作，形成了一定的学术积累，从而促进了本项目的立项与实施。

还要提及的是，20世纪50年代，中国农业遗产研究室的研究人员历时6年多，从全国各地收藏的6 151种地方志中摘抄并整理其"物产"记载，分省汇编成《方志·物产》资料，共431册，约3 000万字。2013年前后，该物产资料集的数字化加工处理也已基本完成，方便了检索与利用。作为迄今规模最大的农业物产史料，《方志·物产》对于农业史及经济史研究具有重

---

① 中国农业遗产研究室太湖地区农业史研究课题组编著：《太湖地区农业史稿》，北京：农业出版社1990年版。

要价值。其中涉及明清江苏方志 321 种、明清浙江方志 351 种,收录比较齐全,为今天进一步整理太湖地区的作物品种资源,以及利用 GIS(地理信息系统)方法分析当地主要农作物的时空分布,并予以可视化展示提供了资料便利。

二、学术史回顾与研究动态分析

以往关于江南地区或太湖流域的农业史研究成果相当丰富,研究重点也随着时代变迁而有所不同。唐宋以来尤其是明清时期,以太湖流域为主体的江南地区长期处于全国经济文化的中心地位,20 世纪 50 年代以来资本主义萌芽问题的讨论和区域比较研究的勃兴,使得太湖地区的社会经济史引起了众多学者的关注,研究论著层出不穷。与此相关,作为社会经济史研究的重要组成部分,农业史研究多是基于对商品经济和市镇发展的考察而形成的,因而其内容以农业商品生产、农业劳动生产率以及桑棉手工业方面的论述居多。另外,自唐代中期以后,全国经济重心开始南移,太湖流域成为重要粮食生产基地,京师以及北方一些缺粮地区长期仰仗此地调运漕粮,这也吸引人们从政治、经济、科技、生态等不同角度探讨古代太湖地区的农业发展问题,并由此回应现实社会中的农业科技发展及农村经济改革问题。具体而言,以往国内外关于太湖地区农业史的研究成果主要包括以下五个方面的内容。

第一,关于太湖地区农业史的综合研究以及中外比较研究。中国农业遗产研究室编著的《太湖地区农业史稿》,主要从水利建设、粮食生产、麻葛棉花、油料、蚕桑、茶业、果树与蔬菜栽培、花卉园林、平原林业、畜牧业、渔业、市镇 12 个方面,论述太湖地区农业生产发展演变的过程及技术成就,在地区农业史研究方面具有开创性意义,只是时间跨度大,涉及专题多,内容比较简略。20 世纪八九十年代以来,基于“欧洲中心论”的讨论,中欧比较视角的江南农业经济史成为学界关注的热点。李伯重《唐代江南农业的发展》《江南农业的发展(1620—1850)》等著作对古代江南农业的生产要素变化、农业集约化和外向型发展、土地产值与劳动生产率变化等一系列问题进行了深入探析,提出了关于江南农业增长的新认识。[①] 黄宗智的《长江三角

① 李伯重:《唐代江南农业的发展》,北京:北京大学出版社 2009 年版;李伯重著,王湘云译:《江南农业的发展(1620—1850)》,上海:上海古籍出版社 2007 年版。

洲小农家庭与乡村发展》提出"过密型增长"理论,认为明清江南经济增长是"没有发展的增长",并以此来解释江南农民生产的多样化、商品化和家庭化等现象,从中英比较角度强调江南经济的特殊性。此外,日本九州大学川胜守的《明清江南农业经济史研究》,探讨江南农业技术、农业经济结构、农作物品种演化及其与 18 世纪人口增长的相互关系,认为当时中国农业技术与宋元时期相比,没有显著进步,只是玉米、马铃薯等美洲作物的引种开拓了农业新天地;稻谷品种的改良、春花的推广,最后导致麦租的出现,这与商业的发展、都市化的演进关系至为密切。① 1999 年,许檀的论文从区域经济比较角度,阐述明清时期江南、珠江三角洲等地的经济发展特色,指出江南或环太湖平原的经济特色是高效农业与丝棉纺织业并重。② 20 世纪八九十年代以来,王家范、杨生民、徐新吾、洪焕椿、薛国中、樊树志、范金民、朱子彦、蒋兆成、陈学文、陈忠平、张海英、段本洛、单强等学者的论著,也按照时代变化的需求,探讨明清江南或者太湖地区的工商业以及农业经济问题,提出自己的见解。

　　第二,关于太湖地区的圩田史研究。太湖地区地势低洼、河湖溇港密布,农业环境特殊,其经济开发实际上是将大片沮洳之地,改造成肥田沃壤,而圩田是其主要开发形式,所以圩田及其水利史问题向来颇受学界关注。20 世纪 80 年代,缪启愉的《太湖塘浦圩田史研究》和郑肇经的《太湖水利技术史》均以圩田史为中心,阐述当地水利发展问题。③ 20 世纪 90 年代以来,汪家伦、张芳、黄锡之、魏嵩山、潘清等也对太湖地区圩田水利史有深入探讨。黄锡之认为由于塘浦大圩衰落成为泾滨小圩体系,小圩的抗洪能力较差,容易溃决成灾。加之整体规划缺失,圩田治理听任民间自为,以致圩子越分越小,河网越搞越乱。④ 魏嵩山总结了太湖地区芙蓉湖、南湖、练湖、丹阳湖区的围垦问题,认为人们围湖造田过度,使水无所容,酿成水灾。⑤

　　近些年来,受共同体理论和现实水利问题的影响,太湖地区的圩田史研究的重点由以往的水利技术史转向了水利社会史以及生态史,吴滔、王建

　　① 〔日〕川胜守:《明清江南农业经济史研究》,东京:东京大学出版社 1992 年版。
　　② 许檀:《明清时期区域经济的发展——江南华北等若干区域的比较》,《中国经济史研究》,1999 年第 2 期。
　　③ 缪启愉编著:《太湖塘浦圩田史研究》,北京:农业出版社 1985 年版;郑肇经主编:《太湖水利技术史》,北京:农业出版社 1987 年版。
　　④ 黄锡之:《太湖地区圩田潮田的历史考察》,《苏州大学学报》(哲学社会科学版)1992 年第 2 期。
　　⑤ 魏嵩山:《太湖流域开发探源》,南昌:江西教育出版社 1993 年版,第 98—131 页。

革、冯贤亮、谢湜等在这方面均有深入探索。吴滔认为,明清各种行政干预手段和自发性民间团体,先后插手圩岸修筑和管理,与塘长制、圩长制相配合,从而构成一种以圩田网络为基本纽带的农村社会组织——"乡圩"①。王建革将圩田体系与水环境演变结合起来加以探讨,认为太湖以东圩田从宋元时期的塘浦大圩,到明清时期转变为浜泾小圩,主要动力是明初以后流域出水干流从吴淞江变为黄浦江后,不再需要高圩狭水,宽大圩岸反而阻挡了向黄浦江泄水,对明代分圩动机提出了不同于开发视角的解释;并指出随着水网化的发展,明清时期以大量堰坝取代了宋元时期的大闸。李伯重则对分圩之目的和进程提出了不同看法,认为分圩推动干田化,不只是为了开发圩内低湿地,更是为了改良农田,消除过湿,这一进程应始于元代,延续至清代乃至19世纪上半叶。另外,太湖流域的大规模圩田开发至清代接近尾声,清代相关研究更多的是对圩田水利管理体制与国家、社会关系的探讨。清代以后,圩田开发主要集中在东太湖的湖川围垦上,王建革从植物、湖流等角度探讨了清代东太湖湖田生成的机制,并认为清代湖田是江南农业新的增长点。近代由于东太湖围垦潮的兴起,这里成为江南圩田开发的核心地区,以及研究者所关注的焦点。段本洛、单强、胡吉伟、胡勇军、赵赟等都对20世纪二三十年代官方对东太湖治理中的设局放领、拆围及其纷争有较为深入的探讨。

　　日本学者对太湖圩田史的研究开始较早,成果也比较丰富,他们主要着眼于圩田开发模式和赋役制度下水利与社会的关系。斯波义信《宋代江南经济史研究》认为,以太湖流域为核心的江南地区遵循河谷扇形平地—三角洲上部—三角洲下部的模式,也就是先开发宁镇丘陵和浙西山地中的河谷平原,再开发江南平原高田地带,最后到五代和北宋以后才大规模开发江南平原低田地带。② 滨岛敦俊认为江南三角洲从隋代修江南运河开始到宋元时期,主要是以开掘塘浦及排水造圩为中心,属于外延式开发。到15世纪前期三角洲土地开发趋于饱和,人们采取分圩的方式,转向圩围内的池溇、湿地,寻求内涵式开发,也就是所谓的"干田化"。日本学者也关心明清江南圩田水利维持中的赋役制度问题,并将之与社会经济结构演变联系在一起。滨岛认为,苏州15世纪圩田开发趋于饱和,直接经营田产的收益下降,乡居地主从事客商活动者迅速增多,并逐渐城居化,推动江南商业化日益发展,

---

　　① 吴滔:《明清江南地区的"乡圩"》,《中国农史》1995年第3期。

　　② [日]斯波义信著,方健、何忠礼译:《宋代江南经济史研究》,南京:江苏人民出版社2001年版。

农村因此陷入了水利徭役难以维系的困境。为此,国家推动了以照田派役、业食佃力、限制优免为中心的水利徭役改革。水利徭役由按照圩围外缘长度承担的的"田头制"转变为按亩数承担的"照田派役",也与分圩开发使圩内田地趋于均质有关。在滨岛的框架下,川胜守、森田明等继续致力于分析江南圩田水利变化及其与经济、社会问题的关系。

　　第三,关于太湖地区以水稻为中心的粮食生产及相关经济、文化研究。水稻自古以来就是太湖流域的主要粮食作物,"饭稻羹鱼"为当地农业生活特色,所以,以往人们对历史时期当地水稻品种资源演化、水稻栽培技术、水稻亩产量、稻作的经济效益、稻作农业生活、稻作文化等都有较多研究,其中游修龄、闵宗殿、曾雄生等学者关于水稻生产及稻作文化的研究成果最为突出。游修龄《中国稻作史》和游修龄、曾雄生《中国稻作文化史》包含了丰富的太湖地区稻作史内容。① 20 世纪 80 年代以来,关于中国传统农业技术的"停滞论"曾引发很多讨论,学界往往以江南或太湖流域这一经济发达地区的水稻生产为例证来论述这一问题,这方面以帕金斯、李伯重、郭松义等学者的论著为代表。② 例如,李伯重认为明清太湖地区农业耕作技术的精细化、生产工具小型化以及集约经营方面,出现很多因地制宜的创造,从而促进了稻作生产水平的提高。关于唐宋以来太湖地区麦类作物的研究主要是围绕水稻而展开的,李根蟠、闵宗殿和曾雄生等都曾撰文讨论了长江下游或南方地区的稻麦复种制问题。③ 20 世纪 90 年代以来,稻作农业生活史、文化史的研究受到关注,成果增多。除过前述《中国稻作文化史》,还出现了一些专门探讨太湖地区稻作习俗的著作,内容包括与水稻生产相关的衣食住行、婚丧嫁娶、祭祀信仰、商业贸易等各方面。④ 2006 年阎立主编的《太湖文化丛书》第一辑包括《太湖渔俗》《太湖稻俗》《太湖蚕俗》《太湖茶俗》四个分

　　① 游修龄:《中国稻作史》,北京:农业出版社 1995 年版;游修龄、曾雄生:《中国稻作文化史》,上海:上海人民出版社 2010 年版。

　　② [美]珀金斯著,宋海文等译:《中国农业的发展(1368—1968 年)》,上海:上海译文出版社 1984 年版,第 68 页。李伯重:《明清时期江南水稻生产集约度的提高》,《中国农史》1984 年第 1 期;《天、地、人的变化与明清江南的水稻生产》,《中国经济史研究》1994 年第 4 期;《江南农业的发展(1620—1850)》,上海:上海古籍出版社 2007 年版。郭松义:《清前期南方稻作区的粮食生产》,《中国经济史研究》1994 年第 1 期。

　　③ 李根蟠:《长江下游稻麦复种制的形成和发展》,《历史研究》2002 年第 5 期;闵宗殿:《明清时期中国南方稻田多熟种植的发展》,《中国农史》2003 年第 3 期;曾雄生:《析宋代"稻麦二熟"说》,《历史研究》2005 年第 1 期。

　　④ 杨晓东:《吴地稻作文化》,南京:南京大学出版社 1994 年版;姜彬:《稻作文化与江南民俗》,上海:上海文艺出版社 1996 年版。

册,图文并茂,全面阐述太湖地区的农业民俗知识。

第四,关于明清以来太湖地区蚕桑、棉花、畜牧、果蔬生产的研究。探讨明清时期的商品经济、手工业发展以及资本主义生产方式萌芽问题,主要关涉蚕桑、棉花生产,所以这方面的研究论著较多。《太湖地区农业史稿》考察了明清时期太湖地区蚕桑兴衰大势,认为从 18 世纪始,当地蚕桑业以嘉湖地区为中心向四周扩展,逐步成为全国蚕丝业最发达的地区。对于蚕桑经营的效益问题,李伯重推算出种桑养蚕的效益较种稻高得多。① 洪璞则认为,蚕桑收益往往难以保障,一般农户若以经营蚕桑作为全部经济活动,将遭遇各种风险,很可能会导致倾家荡产。② 明清时期太湖地区棉花生产增长、地位上升,形成"棉争粮田""桑争稻田"的局面,沿江沿海还出现了连片种植的集中棉区,学界认为这与植棉效益较高、水土环境改变以及棉业技术进步等都有关系。③ 其他方面如畜禽鱼类饲养、果树蔬菜栽培以及茶叶生产等,都是古代太湖流域农业生产的有机组成部分,曾受到农史学界较多关注,近年来有多篇硕博士学位论文以此为主题。

第五,关于明清时期太湖地区生态农业与环境变迁的研究。这方面研究的兴起与 21 世纪以来现实生态环境保护的感召有直接关系。明清太湖地区的农业生产所形成的一些生态技术模式,对当今的生态农业建设具有启发意义,所以,相关研究一度成为热点。有学者着重分析了十六、十七世纪江南生态农业的特点、生产率及其意义。④ 洪璞以吴江为中心考察太湖南岸的农业生产类型及其与自然生态环境的关系,揭示当地农业的生态适应性。陈仁端认为江南地区农业以水资源为中心,利用"圩田"从事农业生产,并使用多种经营方式,显现出生态农业的特征。⑤ 另一方面,20 世纪 90年代以后,人们还注重探讨长江中下游地区围湖造田等活动对当地农业环境的负面影响问题,发表了不少论著。21 世纪以来,人们对江南或者太湖地区的生态与环境史问题更为关注,研究亦趋于深入。王建革的江南生态与环境史研究论著最为引人瞩目,其中《水乡生态与江南社会(9—20 世

① 李伯重:《"桑争稻田"与明清江南农业生产集约度的提高》,《中国农史》1985 年第 1 期。

② 洪璞:《明代以来太湖南岸乡村的经济与社会变迁——以吴江县为中心》,北京:中华书局2005 年版。

③ 黄宗智:《长江三角洲小农家庭与乡村发展》,北京:法律出版社 2014 年版;马万明:《宋代以后太湖地区棉业兴盛的原因》,《中国农史》2002 年第 2 期。

④ 李伯重:《十六、十七世纪江南的生态农业》(上下),分别刊载于《中国经济史研究》2003 年第 4 期和《中国农史》2004 年第 4 期。

⑤ 陈仁端:《关于太湖流域的水环境与生态农业的若干思考》,《古今农业》,2005 年第 2 期。

纪)》和《江南环境史研究》在研究地域与内容上各有侧重，系统阐述了江南自然环境与人类社会互动的生态过程，尤其是农业生态形成与变迁的历史，应属近年来区域环境史研究的代表作。① 其中后者分为四编九章，全面分析江南（偏重太湖以东的长三角地区）的水文、水利、植物与环境之间的相互关系：第一编论述吴江和吴淞江区域的淤陆过程与水旱变化，特别注重太湖沿岸的淤积过程和湖田形成的考察；第二编分析嘉湖地区生态环境形成过程和桑基农业发展，以及小农家庭适应重赋压力的生存途径；第三编论述水生植物环境变迁及其对景观的影响；第四编阐述士人对生态环境的认知等问题。再如，王加华论述近代江南地区农事节律与农村生活周期的关系；冯贤亮阐述了太湖平原环境与城乡社会变迁之间的互动关系，重点考察社会对于环境变化的应对问题；周晴讨论了清民国时期东苕溪下游桑基鱼塘的水土环境效益。②

　　综上，20 世纪 80 年代以来太湖地区农业史研究成果丰硕，不少方面的研究达到了很高水平，超越难度极大。但是，如果在新的时代条件下，充分吸收前人成果，变换到农业遗产和农业生态的视角，相关问题依然有较大探索空间。因为以往学界往往立足中西比较及资本主义生产方式萌芽问题，从经济史角度探讨太湖地区农业发展史，将关注重点放在农业技术进退和经济效益高低等方面，而对各主要农业生产门类的时空变迁、技术细节、盛衰因素及社会意义等，缺乏具体分析与阐述。这样就无形中忽略了当地农业生产的历史合理性、生态维护作用及社会文明价值，不利于反映精耕细作的农业文化传统以及勤劳务实的农民精神品质。还有，过去太湖地区农业史研究的内容层面大多较为单一，且有所缺漏，尤其是对当地水土资源综合利用以及农林牧副渔各业相互关系的探讨不足，从而影响了对农业发展与生态变迁的全面认识。另外，受国内外学术环境变化的影响，21 世纪以来太湖地区（或江南地区）农业史研究相对沉寂，学术论著明显减少，当地特色农业遗产保护与利用也受到一定影响，亟需以前人的学术积累为基础，重点从农业生产成就及生态体系层面，对相关农业历史文化问题予以重新思考和总结，即使前进难度很大，也值得尝试和努力。

---

　　① 王建革：《水乡生态与江南社会（9—20 世纪）》，北京：北京大学出版社 2013 年版；《江南环境史研究》，北京：科学出版社 2016 年版。

　　② 王加华：《近代江南地区农事节律与农村生活周期》，复旦大学博士论文，2005 年；冯贤亮：《太湖平原的环境刻画与城乡变迁（1368—1912）》，上海：上海人民出版社 2008 年版；周晴：《清民国时期东苕溪下游的桑基鱼塘与水土环境》，《中国农史》2013 年第 4 期。

三、研究思路与内容特点

按照现代科学定义,农业生产是指种植各种农作物和饲养家畜家禽的广义生产活动,考虑到所选时空范围的特点,本书主要涉及水稻、小麦、油菜、蚕豆、棉花种植,栽桑养蚕,畜禽饲养几大方面。农业生态系统则是在一定时空范围内,人们从事农业活动,利用生物(动物、植物和微生物)与非生物环境(气候、水土、村庄、城镇等)之间以及与生物种群之间的关系,在人工调控下所建立的各种形式与不同发展水平的农业生产体系。可以说,农业生态系统实际上属于农业生产体系的组成部分,二者密不可分。本书内容以农业生产系统为主体,同时注重农业生态问题的分析,以便更好地体现明清太湖地区传统农业的特色。

农业史的研究领域很宽广,但其基本内容应是农业生产过程、生产技术及其内外部生态体系的发展演变问题。如果脱离了农业生产史这一基本层面,其他相关经济效益、生态内涵和文化意义的考察就会成为无源之水、无本之木。不论从哪个学科角度切入农史研究,都应该注意这个问题。从社会生活史的角度看,传统时代农民的生活与生产是紧密结合在一起的,或者说生产劳动就是其生活甚至生命的一部分,二者难以分离。绝大多数农民一生都在不停地劳作,有的七八十岁了还离不开田地。春耕夏耘,秋收冬藏,田事农活繁杂而又劳累,日复一日,年复一年,但老百姓从来不会草率从事。他们深知一分耕耘一分收获,勤劳俭朴成为其生活习惯。近乎程式化的精耕细作过程,承载着农民对丰收的期待和对美好生活的向往,也由此塑造了其吃苦耐劳、务实肯干的精神特质,并积累了丰富多彩的民俗文化。

再就经济史层面而言,考察传统时代农业生产项目的投入产出或者经济效益问题,主要意义在于说明农民选择该项目的基本理由,而不应简单地将其与社会经济的发展或停滞联系起来。因为传统农民的经济理性往往是其在特定主客观条件下综合考虑的结果,基本上是出于维持生计的需要,现代意义上的投入、产出与利润概念并不完全适合于传统时代的农业生产。即使从事农业经营很不合算,但绝大多数农民依然会努力劳作,想方设法维持生活。历史上,农民常因天灾人祸,生计无着而背井离乡,却很少因为种地不赚钱而放弃耕作。因为农业社会中谋生途径很少,机会成本极低,土里刨食虽然艰辛,但好歹能让一家人有口饭吃。千家万户的辛勤劳作和农业产出,最终保障了国家的财政来源和经济运转,促进了社会文明的进步。

有鉴于此,经总体考察与思考,本书将明清太湖地区农业生产的基本特点概括为"人勤地利，水旱制宜"八个字。唐宋以来尤其是明清时期，太湖地区农业发展特色明显，贡献巨大。南宋农谚云："苏湖熟，天下足"，古人对这种社会经济现象做了很多解读。南宋人吴泳说："吴中之民，开荒垦洼种粳稻，又种菜麦麻豆，耕无废圩，刈无遗陇……所以吴中之农专事人力，故谚曰'苏湖熟，天下足'，勤所致也。"认为苏州地区农民不惜力气，辛勤耕作，是其取得粮食丰产的主要原因。明代杭州府仁和县人张瀚《松窗梦语》卷四说："高者麦，低者稻，平衍者则木棉桑枲，皆得随宜树艺，庶乎人无遗力，地无遗利，遍野皆衣食之资矣。"意思是说各种农作物的种植既要尽心尽力，也要因地制宜，即因地宜才能得地利，获得更多的衣食资源。明崇祯《松江府志》卷七引华亭人顾清云："农家最勤，习以为常。至有终岁之劳，无一朝之余。苟免公私之扰，则自以为兴，无怨尤者。"终年辛勤劳作是农家的习惯，即使难得温饱也不在意，如果没有公赋私债，他们就会觉得很荣幸，没有什么可以怨恨和责怪的了。清代包世臣在《齐民四术》中也指出：农民种田应"精其所习，兴其所缺，因地制利，以力待岁"，又一次强调因时因地制宜以及辛勤劳作在农业生产中的重要性。进一步来说，在特定的农业自然与社会环境以及缺少物力和财力投入的情况下，古代太湖地区繁忙的稻桑棉生产活动以及沉重的生存压力，使得这里的农民非常勤劳和特别能吃苦，各种农业技艺和经营智慧也贯穿在艰辛的劳作过程之中。农民勤劳智慧，种稻栽桑因时因地制宜，趋利避害，促使当地的水土资源利用达到了极高水平，成为令人称道的鱼米之乡和财赋源地。

　　本书写作重视农书、方志、笔记及档案资料的利用，并结合实地考察调研，系统阐述明清时期（1368—1911）太湖地区农田水利与土地利用、稻作技术及习俗、春花作物种植、栽桑养蚕、棉花生产、畜禽饲养、农业布局与结构等农业生产的重要方面，内容主要涉及这些农业生产活动的时空变迁过程、技术经验、生态意义等，同时注意从自然与社会生态层面，考察农业发展变化的主要因素及社会经济影响，期望能推进新时代的区域农业史研究，并对优秀农业文化传承具有一定借鉴价值。

第一章　农业环境条件与历史文化背景

太湖地区的范围大致东起于海,南濒钱塘江,西界茅山、宜溧山地和天目山分水岭,北至长江,与狭义的江南基本一致。(图1-1)行政区划约当明清时期的苏、松、常、杭、嘉、湖六府,今天则包括江苏苏州市、无锡市、常州市和镇江的丹阳市,上海市全部(除崇明区以外),浙江嘉兴市、湖州市和杭州市钱塘江以北地区。农业的自然环境是指影响和制约农业生产活动的自然条件的总和,包括土壤、气温、降水、光照、热量等,是农业区划的基本依据。农业的社会环境是指农业生产活动赖以存在和发展的政治、经济、科技及文化条件,包括社会治乱、农业政策、人地关系、土地与赋税制度、市场与交通

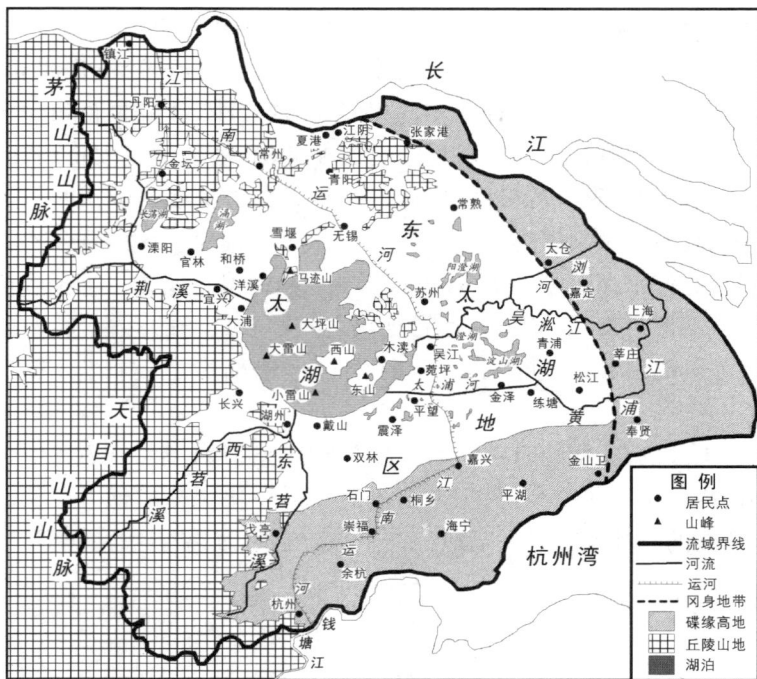

图1-1　太湖流域地形图

图片来源:张修桂:《太湖演变的历史过程》,《中国历史地理论丛》2009年第1期。

状况、生产力水平、风俗习惯等诸多因素。太湖地区农业的变迁与发展总是处在一定的自然与社会环境之中,并深受其影响。

第一节　自然环境与农业区域

各地区光、热、水、土等自然条件的不同,决定了农业区域的差异。明清以来,太湖流域的气候、地形、水土资源等农业自然环境要素有一定变化,但总体上相对稳定,以此为基础的农业地域分异也有明显的延续性。

一、农业气候条件

太湖地区热量充裕,平均气温较高,无霜期长,但受到季风环流影响,热量与降水季节分布不均。全区年平均气温 15—16℃,7 月份平均气温 27.5—29.0℃,1 月份平均气温 2.0—3.5℃。全年无霜期 220—246 天,大于或等于 10℃ 的活动积温 4 800—5 200℃。年降水量 1 000—1 400 毫米,夏季降水量较多,占全年降水总量的 35%—40%,梅雨期阴雨连绵。

同时,该区地处中纬度沿海区域,冷暖气流交汇频繁,天气变化复杂,旱涝、台风、阴湿等灾害时有发生。如沿海沿江地区多有旱灾,低洼圩田区则多水灾。灾害的发生,经常对稻作农业造成危害。据清光绪《青浦县志》卷二"土产"记载:当地水稻品种很多,因早稻收成较少,故晚稻种植居多。只是七月份经常出现风潮灾害,水稻这时正在孕穗,最易遭受损伤;若既刮风又下雨,稻谷损失尚少;若只刮风不下雨,稻谷损失更多。中秋时节天气炎热,若水稻枝节间生出螟螣一类害虫,稻谷大多不能结实。遇到寒冷天气而下霜偏早,会使水稻灌浆后受冻,米粒不能成熟而发青发白。水稻收割时多雨,会使谷穗湿烂发芽。因此,可能夏秋之间丰收之年的喜悦,转眼就会成为灾歉之年的悲伤。[①] 可见,气候条件对当地稻作影响很大,收成丰歉难料。

值得提及的是,明清时期太湖流域传统农业高度发展,一方面对气候资源的利用率有了明显提高,另一方面也对气候变化更为敏感。关于此期中国气候变化的特征及其对太湖地区农业的影响,人们早有关注和研究,一般

---

① 〔清〕陈其元等修,熊其英等纂:《青浦县志》,据清光绪五年刊本影印,《中国方志丛书》,台北:成文出版社 1970 年版,第 240 页。

认为明清时期太湖流域气候相对寒冷。①

　　纵观 2000 年来的气温变化,大致以 14 世纪末为界,前期相对较暖而后期较冷,后期又以 17 世纪后半叶(明末清初)最为寒冷。据研究,1651—1680 年是中国过去 2 000 年中最寒冷的 30 年。② 在此期间,太湖地区方志、笔记中有许多关于大寒、巨冰以及冻害的记载,据说长江、黄浦江、太湖都结了很厚的冰,不仅橘柚冻害严重,人畜也有被冻死的。与此同时,这一时期还有鄱阳湖、淮河、汉水冻合,苏北海冰绵亘数十里的记载。17 世纪后,气候有所回暖,但温度从未超过元代。到了 19 世纪中后期,气温再度下降,1861—1890 年成为中国近 2 000 年来的第三个寒冷期。③ 据浙江省方志所记 1841 年的情况看,桐乡"十月大雪,是月二十九日雨雪,至十一月初六夜,雪大如木棉花飞下,天明门外深五六尺许,街道壅塞,停市数日,房屋有压倒者,菜麦苗俱损";湖州"十一月大雪为灾,平地积数尺……田未收刈之稻皆被冰冻,野鸭群食为灾"。④ 这一年浙江近太湖地区冬季寒冷,主要表现为大雪成灾。直到 20 世纪初,气温才有比较稳定的回暖。

　　一般来说,温暖和寒冷分别与湿润、干旱相伴随。明清时期太湖流域气候变化,导致当地出现前期湿润而后期偏干的情况。⑤ 大致 13 世纪中后期至 17 世纪初为相对湿润期,当地洪涝灾害发生频繁。17 世纪初以后,太湖流域相对偏旱,河湖干涸现象时有发生,饥荒增多。据光绪《昆新两县续修合志》卷五十一"祥异"记载,崇祯十四年(1641)夏季大旱,至和塘、吴淞江都已干涸,天雨异常,民大疫,死者枕藉,秋季又发生蝗灾,民众以榆树皮为食。⑥ 18 世纪后,太湖流域继续偏旱,这也与 19 世纪中后期的气候转寒有直接关系。

　　明清时期气候变率较大,严冬、飓风、冰雹、大水和干旱的频率显著增加。自然灾害频发,必然会对农业生产及社会经济造成冲击。另外,温度、热量等气候因素自身的变化,也对太湖流域农作物生长发育有一定影响,不

　　① 陈家其:《明清时期太湖地区气候变化及其对农业经济的影响》,《中国农史》1991 年第 3 期;陈超、严火其:《两晋以来气候变化对太湖流域稻麦两熟复种的影响》,《长江流域资源与环境》2012 年第 11 期。

　　② 郑景云、王绍武:《中国过去 2000 年气候变化的评估》,《地理学报》2005 年第 1 期。

　　③ 葛全胜等:《过去 2000 年中国东部冬半年温度变化》,《第四纪研究》2002 年第 2 期,第 166—173 页。

　　④ 丁一汇编著:《中国气象灾害大典·综合卷》,北京:气象出版社 2008 年,第 837 页。

　　⑤ 陈家其:《明清时期太湖地区气候变化及其对农业经济的影响》,《中国农史》1991 年第 3 期。

　　⑥ [清]金吴澜、李福沂修,汪堃、朱成熙:《昆新两县续修合志》(二),《中国方志集成》"江苏府县志辑"(17),南京:江苏古籍出版社 1991 年版,第 271 页。

过人们可以通过相应的耕作栽培措施加以应对。

二、水土资源状况

（一）地形特征与土壤类型

太湖地区呈周高中低的浅碟形地势，海拔一般在 2—10 米，大部分在 3—8 米。具体而言，其西缘地势最高，东部低平，高度在 3.5 米以下，而沿海沿江的东、南、北地区则形成岗身地带，海拔高度 4—7 米。丘陵山地多集中在西部和西南一带，少数零星散布于沿湖沿江和平原地，浙西的天目山主峰海拔 1 587 米，为全区最高山峰。

该区除山地和海滨还保持若干自然土壤外，其余土地经人类长期利用和改造，大部分已成水稻土，还有少数旱作土壤。据统计，平原区水稻土分布占到其耕地面积的 90% 以上，有机质含量大多在 2.0%—3.5% 左右，比较肥沃。其中三角洲平原土壤主要由长江、钱塘江泥沙在河口淤积发育而成，越靠近江海，土壤沙性越重、质地越轻；湖荡平原土壤由湖相淤泥发育而成，主要为青泥土或青紫泥，其质地偏黏，有机质含量高，不过由于地势低洼和地下水位较高，易受涝渍危害，肥效不易发挥；水网平原土壤主要由河流冲积物质发育而成，土壤质地适中，耕性、爽水性好，土质较肥；高亢平原土壤母质由河流冲积而成，但由于地势较高，河网较疏，普遍具有白土层，肥力逊于水网平原土。[①]

（二）水资源条件

该区水资源的最大特点是湖泊分布密集，太湖最大；河流众多，溇港纵横，连湖通海，水网稠密。另外，这里的湖泊和河流处于不断变化之中，明清以来，由于人类活动的加剧和农业生产的发展，水资源变化尤为剧烈。

太湖古称震泽、具区，是中国五大淡水湖之一，历史上面积曾达"三万六千顷，周围八百里"。太湖周边港溇纵横、河流众多，曾有宜兴百渎、吴江十八港、长兴三十四港、吴兴三十八溇、震泽七十二港等说法。其上下游主要有苕溪、南溪（荆溪）和黄浦江三个水系。苕溪发源于天目山，分东、西两支在湖州汇合后注入太湖，其中部分支流向东与杭嘉湖水网相通。南溪发源于茅山和苏、浙、皖三省界岭山地，主流由宜兴东汊、西汊流至大浦口入太湖，支流在宜兴至白茅山之间分成众多溪渎汇入太湖。黄浦江水系分为三支，北为斜塘、泖河、拦路港，通淀山湖；中为园泄泾，上接俞汇塘；南为泖港，承接杭嘉湖来水，在松江米市渡以上汇合，从吴淞口入海。京杭运河江南段

---

①　中国农业遗产研究室太湖地区农业史研究课题组编著：《太湖地区农业史稿》，第 6 页。

（或称江南河）为人工河道，当地民众俗称"官河"或"官塘"，由杭州经嘉兴、苏州、无锡、常州，从镇江谏壁入江，与江北运河扬州通江口隔江相望，沿河的稻米及物产被源源不断地输送到北方京师地区，历来是最繁忙的河道，与当地民众的生产、生活息息相关。（图1-2）

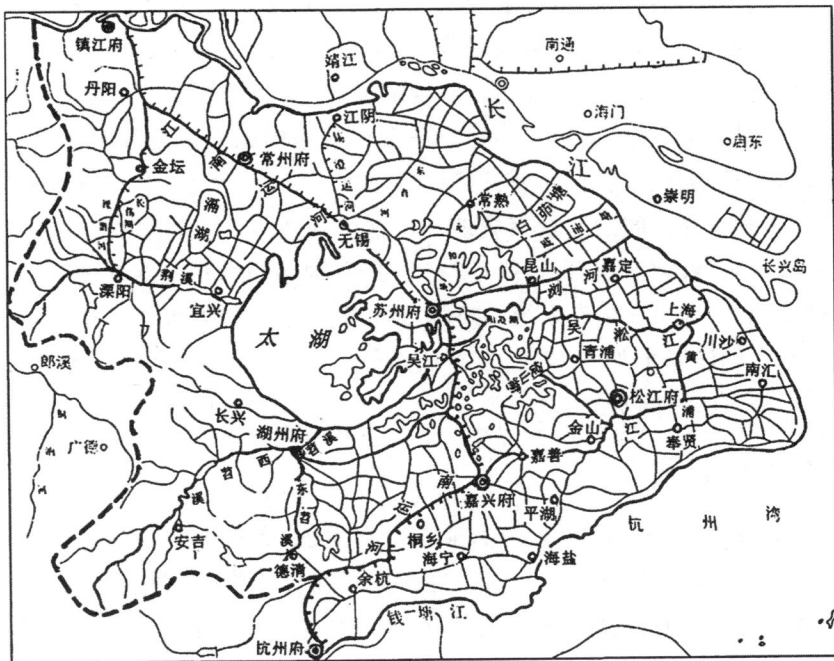

图1-2　太湖流域水系网络示意图

图片来源：冯贤亮：《太湖平原的环境刻画与城乡变迁（1368—1912）》，第182页。

据20世纪末及21世纪初的调查，太湖流域共有大小湖泊（0.5平方公里以上）189个，平均水深1—2.5米，湖泊总面积3 159平方公里，蓄水量57.68亿立方米。超过10平方公里的大中湖泊有9个，分别是太湖、滆湖、阳澄湖、淀山湖、洮湖、澄湖、昆承湖、元荡、独墅湖，总面积占全区域湖泊总面积近90%；流域内河道总长约12万公里，河网密度3.3公里/平方公里。出入太湖的河流有228条，其中入太湖的河流主要有武进港、陈东港、殷村港、长兴港、西苕溪等22条；出湖河流有太浦河、瓜泾港、胥江等。① 这些湖泊的构成具有四个特点：第一，大中小型湖泊通过众多河港（溇）相互联结，形成一个整体的河网湖泊水系；第二，所有湖泊全部分布在平原之上的农业

---

① 黄漪平：《太湖水环境及其污染控制》，北京：科学出版社2001年版，第1—4页，第19—23页；李新国、江南等：《太湖流域主要湖泊的水域动态变化》，《水资源保护》，2006年第3期。

区域内;第三,湖泊以小型居多,分布比较分散,有利于农田灌溉;第四,大中型湖泊在面积上占优势,拦蓄和调蓄能力大。因此,太湖地区水资源丰富,其分布也对农业生产有利。

如果从水资源的作用及意义来看,太湖水系的滋养加上当地民众的辛勤劳动,造就了独特的地域性农业文化。农业是中国传统社会文明赖以存在和发展的基础,水资源优劣又是农业盛衰的关键因素。太湖地区水利灌溉条件良好,稻作农业自古发达。农业的发达不仅使这里很早就成为国家重要的财赋基地,而且促进了当地工商业以及市镇的繁荣。其农业文明体系中的古镇如周庄、同里、西塘、乌镇、南浔和甪直等,就是一种以水为命脉,介于城市和乡村之间的民众聚居地。在这样的地方,人们世世代代与水相伴,饭稻羹鱼,枕河而居,舟行船运,衣食住行、风俗习惯都与水有密切关系,水早已成为当地文化生态系统的血脉,赋予其社会经济发展以生机与活力。在这里,人们还以水为纽带,上连下达,融合农工商运,从而孕育出尚文务实、灵秀柔美的江南水乡文化。

三、农业自然区划

在地域分异的基础上,划分农业综合自然区,有利于因地制宜,合理安排农业生产布局。依据农业自然条件的分区综合评价,太湖地区大致可划分为两大自然区域:西部山地丘陵区和太湖平原区。前者内部还可划分为若干自然区,其中分布着各种林木以及茶园,为太湖上游水源地,南溪和苕溪水系是太湖的两个主要水源,西苕溪河谷平原区为农业景观,但比重很小。后者为太湖流域的主要农业区,可细分为北部沿江平原区、东部沿海沿江平原区、苏锡平原区、阳澄淀泖湖荡平原区、太湖及湖滨丘陵区、杭嘉湖平原区、湖西平原区七个农业区。[①] (图1-3)

(一)北部沿江平原区

位于沙洲县(今张家港市)横套河以北,系河口沙洲并陆形成的长江新冲积平原,大致包括今张家港市大部、江阴市。地势平坦,从西南向东北方向微斜,海拔4—6米。土壤以砂壤土为主,部分为夹沙土和夹沙黄土,沙黏适中,耕性好。本区年平均气温15.1℃左右,大于或等于10℃的活动积温4 823℃左右,无霜期227天,年降水量约1 021毫米,年日照时数2 092小

---

① 朱季文等:《太湖地区农业自然条件的综合评价》,载中国科学院南京地理与湖泊研究所:《太湖流域水土资源与农业发展远景研究》,北京:科学出版社1998年版,第16—25页;王加华:《近代江南地区的农事节律与乡村生活周期》,复旦大学博士论文,2005年,第17—20页。

时,日照百分率为 47％。本区热量条件不及东部平原区,但水资源丰富,水利条件较好,有利于棉花生产,并适宜发展淡水养殖。

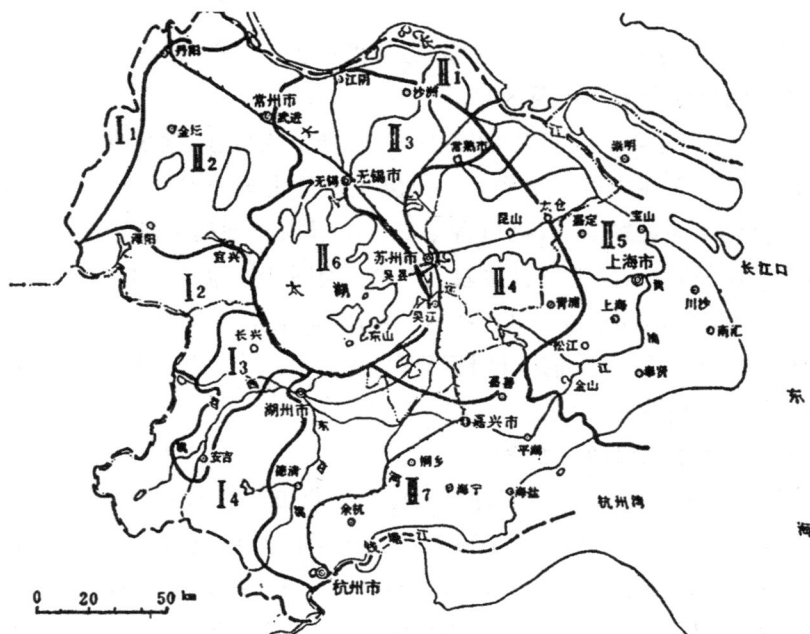

图 1-3　太湖地区综合自然区划图

Ⅰ.西部山地丘陵地区　　　　Ⅱ.太湖平原地区

Ⅰ₁ 茅山低地丘陵岗地区　　　　Ⅱ₁ 北部沿江平原区　　　　Ⅱ₅ 东部沿江沿海平原区
Ⅰ₂ 宜溧低山丘陵区　　　　　　Ⅱ₂ 湖西平原区　　　　　　Ⅱ₆ 太湖及湖滨丘陵区
Ⅰ₃ 西苕溪河谷平原区　　　　　Ⅱ₃ 苏锡平原区　　　　　　Ⅱ₇ 杭嘉湖平原区
Ⅰ₄ 天目山山地丘陵区　　　　　Ⅱ₄ 阳澄淀泖湖荡平原区

图片来源:朱季文等:《太湖地区农业自然条件的综合评价》,第 20 页。

(二)湖西平原区

大体相当于今丹阳东南部、金坛全部、武进西部及溧阳、宜兴北部。地势高亢,海拔一般 5—8 米。土壤多为次生下蜀黄土,洮、滆湖之间的土壤以白土为主,西南部分圩田区以青泥土为主,少数白土和黄泥土。除东部水土条件较好外,其余地方水利条件较差,是易旱易渍的低产地区。尤其是西南侧的洮、滆圩田区,海拔较低,易受洪涝危害。年平均气温 15.3—15.7℃,年降水量 1 064—1 170 毫米。夏季高温日数多,有利于中稻种植,但对棉花生长不利。

(三)苏锡平原区

在太湖以北、湖西平原区以东,包括常熟西半部分及苏州相城区西北的一小部分。海拔 3—4 米,大部分属于湖积成因的平坦水网平原,土壤以黄泥土为主。年平均气温 15.1—15.7℃,无霜期 218—241 天,年降水量 1 020—1 080 毫米,年日照时数 1 995—2 190 小时,日照百分率为 45%—49%。农业生产条件优越,农田平整,适合种植稻、麦等农作物。

（四）阳澄淀泖湖荡平原区

位于太湖以东,属于典型的水网地区,地势最为低洼,湖荡众多,海拔大部分在 2 米左右,耕地以圩田居多。土壤主要是由湖泊淤泥发育而成的青泥土和青紫泥,质地黏重,有机质含量高。不过由于地处太湖下游,地下水位高,肥效不易发挥,涝渍危害也较为严重。年平均气温 15.4—15.7℃,大于或等于 10℃ 的活动积温 4 900—5 000℃,年降水量 1 020—1 040 毫米,年日照时数 1 970—2 165 小时,日照百分率 45%—49%。热量充足,水资源丰富,历来是重要的水稻产区。

（五）东部沿江沿海平原区

大致相当于今上海市（除青浦外）、苏州太仓市及常熟大部,属太湖流域碟形洼地东缘,海拔 4—6 米。土壤主要是由沼泽潜育土、草甸土和盐渍草甸土发展而来的耕作土壤。年平均气温 15.3—15.7℃,年降水量 1 010—1 095 毫米,年日照时数 2 020—2 230 小时,日照百分率 46%—50%。土壤以沙质壤土为主,土质疏松,对棉花生长有利。该区临江滨海,受水体调节作用明显,冬暖夏凉,但受台风危害几率较高。

（六）太湖及湖滨丘陵区

包括今苏州吴中区西南部、太湖水面岛屿及濒临太湖的低山丘陵。太湖是当地最大的湖泊,有岛屿 51 座,岛屿面积约 89 平方公里。太湖岛屿以西山最大,面积约 62 平方公里,其山前水网平原,地势较高爽,海拔 5 米上下,近山地形略高,有部分高平田。低山丘陵海拔大多在 100—300 米,土壤以山地红壤为主。该区年平均气温 15.9℃,大于或等于 10℃ 的活动积温 5 063℃ 左右,无霜期约为 245 天,年降水量 1 110 毫米左右,年日照时数约 2 178 小时,日照百分率 49%。这里受太湖水体调节,水热资源丰富,又多山地丘陵,有利于亚热带果树生长,常绿果树有柑橘、枇杷、杨梅等,是太湖地区重要的水果产区,蚕桑生产也较为发达。

（七）杭嘉湖平原区

位于太湖南部,钱塘江以北,相当于今嘉兴市全部、湖州市东部平原区及杭州北部地区,属地势平坦的水网平原。湖州菱湖一带地面海拔 2.8—3.5 米,大运河两岸海拔 3.5—4.5 米,钱塘江沿岸地势较高,可达 4.5 米以上。该地区河湖密布,水旱田相间。土壤肥沃,是爽水型水稻土集中分布区,在圩区低洼处有少量囊水型水稻土,丘陵以黄红土为主。年平均气温15.7—16.2℃,年降水量1 150—1 400毫米,年日照时数1 770—2 105小时。以水稻田为主,且水旱田交叉,有利于全面安排粮桑牧渔生产。

第二节　社会经济环境

明清以来人口增长的压力、沉重的赋税负担和商品经济刺激,对太湖地区农业生产发展的影响尤其明显。

一、人口增加

明清时期的农业生产相比前代有很大变化,成就巨大,承载了大量人口,同时人口的增加又给农业生产带来了沉重压力。

据研究,宋代太湖地区人口数量300多万,明洪宣时期(14世纪末15世纪初),这里人口接近670万,约为宋代的2倍。清代是中国人口的快速增长期,太湖地区也不例外。康熙三十九年(1700),中国人口总数为1.5亿,乾隆五十九年(1794)增至3.13亿,至道光三十年(1850)又增至4.3亿。[①] 在太湖地区,清嘉庆年间人口增加到22 334 000多人,约为明初的3.3倍。(表1-1)

表1-1　明清太湖地区各府州人口数量变化

府州	14世纪末15世纪初	15世纪中后期	16世纪中后期	17世纪末18世纪初	18世纪中期至19世纪初	19世纪中期
苏州府	洪武二十六年(1393)2 355 030	弘治四年(1491)2 048 097	万历六年(1578)2 011 985	康熙十四年(1675)1 430 243	嘉庆十五年(1810)3 198 489	嘉庆二十五年(1820)5 473 348
松江府	洪武二十六年(1393)1 219 937	弘治四年(1491)627 313	万历六年(1578)484 414	康熙五十一年(1712)238 606	乾隆二十九年(1764)215 196	嘉庆二十五年(1820)2 631 590

---

① 葛剑雄:《中国人口发展史》,成都:四川人民出版社2020年版,第278页。

府州	14世纪末15世纪初	15世纪中后期	16世纪中后期	17世纪末18世纪初	18世纪中期至19世纪初	19世纪中期
常州府	洪武二十六年（1393）775 513	弘治四年（1491）228 363	万历六年（1578）1 002 779	康熙三十年（1691）634 651	嘉庆十五年（1810）1 591 539	嘉庆二十五年（1820）3 895 772
杭州府	洪武二十四年（1391）700 792	弘治五年（1492）637 139	隆庆年间（1567—1572）508 000	康熙二十一年（1682）292 042	乾隆四十九年（1784）2 075 212	嘉庆二十五年（1820）3 189 838
嘉兴府	宣德年间（1398—1435）833 150	成化年间（1447—1487）735 194	嘉靖年间（1522—1566）797 170	康熙四十年（1701）567 917	乾隆三十四年（1769）2 313 583	嘉庆二十五年（1820）2 805 120
湖州府	洪武二十四年（1391）810 244	天顺六年（1462）500 308	嘉靖、隆庆年间（1522—1572）（户数）134 860	康熙二十年（1681）（人丁数）293 168	乾隆十一年（1746）（人丁数）346 610	嘉庆二十五年（1820）2 566 137
太仓州①	—	—	嘉靖九年（1530年）（户数）53 316	康熙三十三年（1694）217 220	乾隆六十年（1795）199 312②	嘉庆二十五年（1820）1 772 230
总计	6 694 666	4 776 414	5 373 141③	—	—	22 334 035④

　　资料来源：梁方仲：《中国历代户口、田地、田赋统计》，上海：上海人民出版社1980年版；葛剑雄：《中国人口发展史》，成都：四川人民出版社2020年版。

---

　　①　太仓原隶属苏州府，明弘治十年（1497）置太仓州，清雍正二年（1724）升格为太仓直隶州。

　　②　据《太湖地区农业史稿》第11页，清乾隆六十年（1795）太仓直隶州的人口数为199 312。

　　③　据梁方仲《中国历代户口、田地、田赋统计》（上海人民出版社1980年版）甲表69续：明万历六年（1578）浙江每户平均口数为3.34人，则湖州府嘉靖、隆庆年间人口大约为450 432人；松江府万历六年每户平均口数为2.22人，则太仓州嘉靖九年（1530）的人口数约为118 361人；相关数据相加得出总人口数。

　　④　据《中国历代户口、田地、田赋统计》甲表88：清嘉庆二十五年（1820）太仓直隶州人口1 772 230人，加上六府人数，共有22 334 035人。

经过 14 年之久(1851—1864)的太平天国农民战争,全国人口由 1851 年的 4.3 亿,下降到 1864 年的 2.6 亿,减少 40%。其中江南地区人口损失尤为惨重,往往数十里村无炊烟,野无人迹。道光十年(1830 年),苏州府人丁数 3 412 694 人,同治四年(1865 年),人丁数减至 1 288 145 人,少了 200 多万人。道光十八年(1838),嘉兴府人口数 2 933 764 人,同治十二年(1873)下降到 952 053 人。① 同治三年(1864 年)松江府人数下降到 2 629 786 人,光绪七年(1881)才恢复到 2 907 093 人。清末战乱加上天灾和重赋所带来的剧烈人口变动,必然对太湖地区农业生产及农村社会造成严重影响。

二、赋税苛重与农业商品生产发展

唐代后期,太湖地区已经成为国家重要的财赋之地,韩愈曾有"当今赋出于天下,江南居十九"之谓。② 明代邱濬在《大学衍义补》卷二十四补充说:"以今观之,浙东西又居江南十九,而苏、松、常、嘉、湖五郡,又居两浙十九也。"他还以苏州为例说,苏州一府七县的田地数只占天下的百分之一,而其税粮却占全国的百分之十,"其科征之重,民力之竭可知也已"。强调苏、松、常、杭、嘉、湖地区在国家赋税中的重要性以及当地农民负担之苛重。

明清之际,关于江南以及太湖地区赋役苛重的议论还有很多。海瑞曾感慨:"江南粮差之重,天下无有,古今无有。"③据相关统计数据,明代初期苏松土地占比不到全国的 2%,却承担了 13%—15% 的米粮赋税。明代洪武、弘治、万历年间,苏州地区亩均征粮额分别是全国的 8.2 倍、3.1 倍和 5.9 倍,松江则是全国的 6.9 倍、5.1 倍和 6.4 倍,常州府亦高达 2.4 倍、2.9 倍和 3.1 倍。(表 1-2)加上杭嘉湖三府,太湖六府共承担全国约 1/5 的赋税。清雍正十三年(1735),杭嘉湖三府所征米数占浙江全省总数的 85.43%,银两占全省总数的 39.62%。康雍时期浙江粮食交纳占全国总数的 1/3 以上,江苏在乾隆年间也达到 1/4,而太湖各府州又在江浙二省中占比最高。④

---

①　梁方仲:《中国历代户口、田地、田赋统计》,第 450,436 页。

②　[唐]韩愈:《送陆歙州诗序》,[唐]韩愈撰,马其昶校注,马茂元整理:《韩昌黎文集校注》,上海:上海古籍出版社 1986 年版,第 231 页。

③　[明]海瑞撰,陈义钟编校:《海瑞集》,北京:中华书局 1962 年版,第 240 页。

④　梁方仲:《中国历代户口、田地、田赋统计》,第 435 页。

表1-2　明代太湖地区诸府亩均征课米麦数（升）

年　代	苏州府	松江府	常州府	浙江	全国
洪武二十六年(1393)	28.53	23.77	8.19	5.32	3.46
弘治十五年(1502)	13.48	21.87	12.32	5.31	4.30
万历六年(1578)	22.51	24.29	11.85	5.40	3.80

资料来源：梁方仲：《中国历代户口、田地、田赋统计》，乙表36，第346页。

　　沉重的赋税负担对农业生产和农民生活造成严重影响。据明正德《松江府志》卷四"风俗"：当地民众主要从事纺织业，因为"田家收获，输官偿息外，未卒岁，室庐已空，其衣食全赖此。"明末黄廷鹄有奏折称："国家财赋，专倚三吴，而苏、松独甲于天下，则其劬劳疾痛之状，亦独倍于天下。"[1]明代太湖地区尤其是苏松一带重赋苦民，已成为突出的社会问题。重税使得太湖地区农民抗租行为不断，官方则严加禁止及惩处。清代张海珊《甲子救荒私议》：其时苏松地区土狭人稠，一般农户田地不到十亩，只能去佃耕豪户的田地，"一家八口，除纳豪户租，仅得半，他无所资焉。于是下户困，困则不能不抗租。"[2]乾隆五十七年(1792)、道光十四年(1834)苏州府均因佃农抗租而立永禁抗租碑。道光十四年的碑文载："除札饬苏州府，通饬各县抄示晓谕，立石永禁外，合亟申明例案，严行禁约……尔等当知佃田纳租，理所应办。"[3]这反映出明清太湖地区的农业生产也是在严苛的社会经济环境中进行的。

　　另外，明清时期的赋税压力以及货币税的实施，迫使农民家庭经济有一部分转化为商品生产，这在棉纺织业中表现尤为突出。明末徐光启《农政全书》卷三十五"木棉"：明代松江府"所由供百万之赋，三百年而尚存。视昔者，全赖此一机一杼而已。非独松也，苏杭常镇之币帛枲苎，嘉湖之丝纩，皆恃此女红末业，上供赋税，下给俯仰。若求诸田亩之收，则必不可办。"明代俞森《荒政丛书》卷五也说，妇女"数月之织，可供数口之用，其余或换钱易粟，或纳税完官"。这种农家手工业商品生产与农业紧密结合，增强了小农经济的稳定性，也提高了农民忍受苦难的能力。但农民从事商品生产之直接目的不在于盈利，而在于纳税和维持生计，所谓"以织助耕""以副养农"。这样，生产过程中延长的劳动时间和投入的人力资源一般不计入成本。

---

① ［明］陈子龙等选辑：《明经世文编》卷五〇三，北京：中华书局1962年版，第5536页。
② 洪焕椿编：《明清苏州农村经济资料》，南京：江苏古籍出版社1988年版，第613页。
③ 洪焕椿编：《明清苏州农村经济资料》，第615—617页。

在赋税负担以及农民生存的压力之下,除家庭手工业以外,当地传统农业生产门类如棉花、蚕桑、茶叶、瓜果蔬菜的商品性生产也有进一步发展演变。一是粮食生产的商品化趋势不断加强,二是植棉业、蚕桑业和新兴的烟草种植业发展迅速。洪武元年(1368),朱元璋下令"凡民田五亩至十亩者,栽桑、麻、木棉各半亩,十亩以上倍之。麻亩征八两,木棉亩四两。栽桑以四年起科"①。至明弘治年间(1488—1505),棉花种植已遍及天下。明天启(1621—1627)时,松江府农田"大半植棉,当不止百万亩"②,且不同的棉花品种适应了各种棉布纺织的需要。清代,棉花种植面积继续扩大,有学者择要列举了清代方志中的棉花生产资料,从中统计出全国共有 16 省区 280 个州县种植棉花。③ 烟草种植扩展的速度不亚于棉花。明代中叶,烟草种植首先引入福建、广东等地,明末传至江浙。到了嘉道年间(1796—1850),江浙地区烟草种植已相当普遍。只是明清时期这种迫于外部压力,且经济环境恶劣的农业商品生产,最终并没有给农民生计带来多少改善,反而往往使其落入贫困破产的陷阱之中。

三、工商业繁荣与市镇增多

明清太湖地区工商业繁荣,市镇数量大为增加,商品粮的需求量越来越大,粮食商品化趋势加强,丝棉贸易兴盛。据明万历《杭州府志》卷二十四"市镇"记载,当时杭州城里有各种各样的商品交易市场。松江府在隆庆万历年以来,"生齿浩繁,民居稠密,幸享承平,足称富庶,倘兵燹陡发,驱民入城,无论乡镇,即四郊外十里许,计男妇不下二十余万矣"④。浙江乌青镇洪武初年时还比较衰败,而到了成化、弘治年间,"升平既久,户口日繁,十里以内,民居相接,烟火万家"⑤。苏州吴江县,明弘治、正德年间已有 4 镇 3 市,到明嘉靖年间增加到 4 镇 10 市,明万历时更是发展到 7 镇 10 市。湖州府、嘉兴府、常州府的市镇数量,明清时也有较大增加。据统计,明代太湖地区的市镇数为 316 个,清代增至 459 个。(表 1－3)其中苏州府的市镇数,明代比宋代增加了 80 个,清代又比明代增加了 30 个。清代苏州籍宫廷画家徐

①　[清]张廷玉等修:《明史》卷七十八"志第五十四·食货二",北京:中华书局 1974 年版,第1894 页。
②　[明]徐光启撰,石声汉校注,石定枎订补:《农政全书校注》(中)卷三十五"木棉",北京:中华书局 2020 年版,第 1235 页。
③　郑昌淦:《明清农村商品经济》,北京:中国人民大学出版社 1989 年版,第 191—234 页。
④　[明]范濂:《云间据目抄》卷五,南京:江苏广陵古籍刻印社 1983 年版,第 125 页。
⑤　[清]董世宁:乾隆《乌青镇志》卷二"形势",《中国地方志集成》"乡镇志专辑"(23),上海:上海书店 1992 年版,第 230 页。

扬的《姑苏繁华图》细致地描绘了乾隆时期苏州街市百业兴旺、人文荟萃的繁荣景象，画面中城郊江南水乡的田园风光也很引人注目。（图1-4）清中叶，苏、松、常、杭、嘉、湖6府53县，平均每县拥有八九个市镇。

表1-3　宋明清太湖地区各府市镇个数

	宋	明	清
苏州府	11	91	121
松江府	10	62	100
常州府	13	57	67
杭州府	13	43	86
嘉兴府	17	41	49
湖州府	7	22	56
合计	71	316	459

资料来源：樊树志：《明清长江三角洲的市镇网络》，《复旦学报》（社科版），1987年第2期。

明清商品经济的发展以及粮食、棉花、蚕丝等农产品贸易的扩大，还使得太湖地区出现不少专门的交易市场或集镇。苏州因稻米贸易而成为东南地区最重要的稻米集散中心，当时著名的米市码头有枫桥、浒墅关、平望、周庄、唐市等地。太仓州的鹤王镇为棉花集散中心，这里靠近浏河，交通便利，附近州县的棉花都涌向鹤王镇出售，大小船只往来不绝。湖州双林镇则是

图1-4　清中期苏州城镇和田园

图片来源：[清]徐扬：《姑苏繁华图》，北京：中信出版社2016年版。

太湖地区最大的丝市,每当蚕丝上市,各地丝商云集,成为嘉湖蚕乡的贸易中心。清初思想家唐甄曰:"吴丝衣天下,聚于双林,吴越闽番至海岛,皆来市焉。"①

当地商品经济的发展以及市镇化的加快,促使农村劳动力大量转移到城镇,从事手工业及副业。宣德、正统年间曾任江南巡抚的周忱谈到,苏松地区"流寓者"数量很多,"天下之民,常怀土而重迁;苏松之民,则尝轻其乡,而乐于转徙"。② 苏州丝织业发达,常有数十成百人立于桥头街巷,待人雇用的场景。"工匠各有专能,匠有常主,计日受值。"那些没有"常主"以及缺乏专门技能的雇工,则只能站立在桥头街边,临时待雇。③

总之,明清太湖地区城镇和手工业的繁荣为商业提供了有利条件,而城镇工商业的发展又对农业商品性生产起到了拉动作用。大量农产品进入市场,进一步打破了当地自给自足的传统生产体系,使越来越多的农户由单纯使用价值的生产转变为交换价值、使用价值兼顾的生产,其中以蚕桑、棉花为代表的农业商品生产发展最为迅速。

第三节　农业历史文化积累

从上古到明清时期,太湖地区的社会经济由落后变为领先,应是农业生产不断发展的结果。在长期的农业生活中,当地民众创造并传承下来的生产技术、生活习俗和思想观念等,构成特色鲜明的农业文化体系。本节简要阐述太湖地区史前至宋元时期农业发生发展的过程及基本特点,以便对明清时期当地农业发展演变的历史基础有一个总体认识。

一、原始稻作农业的形成

太湖地区同样经历了由采猎经济向农业经济过渡的阶段,只是由于考古资料有限,新石器时代当地农业发生的具体情况尚难以把握。从现有资料来看,这里的史前文化发展序列,主要是马家浜—崧泽—良渚三个类型。

①　[清]贺长龄辑,魏源参订:《清经世文编》卷三十七"户政十二·农政中",北京:中华书局1992年版,第910页。

②　[明]陈子龙等辑:《明经世文编》卷二十二,北京:中华书局1962年版,第174页。

③　[清]陈梦雷编:《古今图书集成·职方典》卷六七六"苏州府部·风俗考",上海:中华书局1934年影印本。

这三种文化的具体年代，大约距今 7 000 年至 3 500 年。[①]

马家浜文化所反映的农业面貌，已由砍倒烧光的生荒制作制，进入耜耕为主的熟荒耕作制阶段。从考古资料看，在浙江桐乡罗家角马家浜文化遗址第三、第四文化层发现 4 把骨耜；在江苏武进圩墩新石器文化遗址，发现 1 件残木铲。这表明当时的农业已开始进行翻土整地，还有一定的中耕措施。再以罗家角遗址出土的稻谷种类来说，籼稻占大多数，而粳稻所占比重较小。[②] 稻作史专家游修龄先生认为，粳稻大致是由籼稻演变产生的，这反映出当地水稻的栽培已有相当长的时间。罗家角遗址出土的一件陶猪，腹部浑圆下垂，形象与现代家猪接近；该遗址还发现大量水牛遗骸，据推测，当时太湖先民已饲养水牛。[③]

崧泽文化多个墓葬中都发现了石犁。这些石犁形体比较小，平面略成等腰三角形。石犁由石耜发展而来，石犁的出现表明当时的土地垦耕效率有所提高。良渚文化时期的农具形制有较大进步，数量也明显增加，呈现出专业化和多样化趋势，表明已普遍使用犁耕。吴兴钱山漾遗址还出土了一种新型中耕工具——石制耘田器，显示出耕作技术较以前有所提高。在作物栽培方面，良渚文化遗址中普遍发现水稻遗存，水稻生产规模很大。在钱山漾遗址中，还发现苎麻等作物以及苎麻布片、丝织品遗存，说明手工业也有很大发展。农业是古代社会文明发展的基础，如果将良渚遗址所出土的丰富稻作农业遗存与大量玉器、精细的制陶技术以及大型古城建筑工程结合起来，就可以判断这一时期太湖流域正在迈入文明社会的门槛。

不过，尽管马家浜文化中农业已成为人们主要的生活来源，但是从相关遗址中出土的大量兽骨以及捕鱼工具看，即使在较晚的良渚文化时期，渔猎经济仍然占据重要地位。后世江南地区"饭稻羹鱼"的生活特点，实际上早在原始农业阶段就已形成了。

二、先秦两汉吴越地区原始农业向传统农业的转变

春秋战国时期，诸侯争霸，太湖地区归属不定。春秋时，苏南和太湖大部分属吴国，桐乡、崇德以南归越国；战国初年越王勾践灭吴，太湖地区全归越国；楚灭越后，太湖地区又纳入楚国版图。秦汉推行郡县制，太湖地区各

①　吴汝祚：《太湖地区的史前农业》，《农业考古》1987 年第 2 期。

②　罗家角考古队：《桐乡县罗家角遗址发掘报告》，《浙江省文物考古学刊》，北京：文物出版社 1981 年版，第 14 页。

③　张明华：《罗家角遗址的动物群》，《浙江省文物考古所学刊》，北京：文物出版社 1981 年版，第 43 页。

县统属会稽郡,郡治设于吴县(今苏州);东汉永建四年(129),以钱塘江为界,将会稽郡一析为二:钱塘以东仍称会稽,治所设在山阴县(今绍兴);钱塘以西为吴郡,郡治仍在吴。

据古史传说,吴、越建国很早,但直至春秋中期以后才见诸史籍。春秋末年至战国初年,吴、越两国相继执盟中原,称霸全国,一度使太湖地区的地位大为提升。吴越由小变大,由弱变强,最后与晋、楚交相争霸,实际上与其农业发展有密切关系。吴王阖闾采纳伍子胥的建议,筑城郭,立仓库,备战积粮,国力达到鼎盛。越国被吴国打败后,越王勾践按照范蠡的策略,十年不收赋税,鼓励开辟田地,增加粮食生产,繁息人口,国家很快就出现了"府仓实,民众殷"的局面,最终战胜吴国,称霸天下。从《吴越春秋》和《越绝书》记载来看,春秋时代吴越两国都以发展农牧渔业为基础,先后崛起并相互抗争,在一定程度上刺激了当地农业技术的进步。在农具方面,吴越以青铜兵器著称全国,还因铸造兵器的需要而发明冶铁乃至炼钢术,为铁农具的制造提供了条件。作物种植开始重视除草护苗,注意选用良种。勾践"蒸粟还吴"的故事,就从一个侧面反映出吴越人已有明确的良种概念,并开始重视良种选育及利用:勾践十三年(前484),越国谎称受灾,吴借粟万石救之。第二年"越王粟稔,拣择精粟而蒸还于吴"。吴王见越国的谷粒长大,便说"越地肥沃,其种甚嘉,可留使吴民植之"。结果,吴种越粟,"粟种杀而无生者,吴民大饥"。[①]

秦汉时期,天下统一,秦皇汉武巡游全国,吴越地区的水路交通有所改善,农业开发逐步拓展。在水利方面,吴越时期,通江淮的水路,由奔牛的孟河入江。秦始皇南巡,于太湖西北开挖奔牛至丹徒间的岗地,使江南河的入江口,在镇江与江北运河的通江口隔江相连。同时,在太湖东南,令会稽驻军于由拳(今嘉兴)修筑马塘陂,还开凿了一条由嘉兴至杭州,并东达浙江、水陆兼通的陵道:"秦始皇造道陵南,可通陵道,到由拳塞,同起马塘,湛以为陂,治陵水道到钱唐,越地,通浙江。"[②]秦时从镇江至杭州,尚有吴江一段未通。汉武帝时,在吴江太湖东部沿湖开挖出一条南北长100多里的河道,与嘉兴、杭州的陵道相接,从而使杭州和苏州进一步与镇江的通江口相沟通。另外,史籍中常称太湖地区"有江海之害",因而海塘建设和河湖调蓄也很重要。据《水经注》"浙江水"所引《钱唐记》,汉代曾在钱塘江口修筑过"防海大塘",这是中国历史上关于海塘修筑的最早记载。上述水利工程,对当地的

①　[汉]赵晔:《吴越春秋》卷九,南京:江苏古籍出版社1999年版,第147页。
②　李步嘉校释:《越绝书校释》卷二"越绝外传记·吴地传",北京:中华书局2013年版,第40页。

农业开发起到了一定促进作用。再如，汉代太湖地区虽然地广人稀，稻作方式粗放，但铁农具已开始采用，农业的性质逐步发生改变。

三、六朝时期以北人南迁为动力的农业开发

三国两晋南北朝时期，太湖地区及江南一带，先后分属孙吴、晋和南朝的宋、齐、梁、陈六个政权割据统治，所以史学界也称其为"六朝"。秦汉时期，吴越地区农业开发有限，经济相对落后。汉末战乱和西晋永嘉之乱，迫使北方民众背井离乡，大量南迁，为太湖地区输入了劳动力以及农耕技术，从而有力促进了当地的农业开发与社会进步。

从东汉末年起，吴国就注重招引流民和增加户口。那些在战乱中招抚及掳掠来的民众，很多成为孙吴屯田上的劳动力。据文献记载，孙吴屯田，从建安八年（203）起全面推行，形式有民屯、军屯两种。屯田由东向西绵延几千里，而重点在太湖流域。其中太湖北缘的毗陵（今常州）是吴国最大的民屯区，"赤乌中，诸君出部伍。新都都尉陈表、吴郡都尉顾承各率所领人会佃毗陵，男女各数万口"。① 民垦军屯，使得太湖周边的农业生产呈现出一派新景象。西晋左思《吴都赋》描绘：当时苏州一带"国税再熟之稻，乡贡八蚕之绵"，水稻种植和桑蚕业已呈兴盛之势。只是由于缺乏耕牛等原因，三国至西晋时期江南的水田耕作"皆以火耕水耨为便"，即稻作技术依然比较原始。到了东晋南朝时期，太湖流域的农业发展才得到更大发展。

西晋末年永嘉之乱以后，北方又陷入"五胡十六国"的离乱时代，与之相伴随的则是北人的持续南移过程："海内大乱，独江东差安，中国士民避乱者多南渡江。"② 在这次大迁徙中，东晋和南朝通过在江南侨置郡县的做法安置流民，使得人口流向更加集中于太湖一带。其中以京口（今镇江）和晋陵（今常州）二地侨置州郡最多，仅晋陵一地，就侨置十五六个郡级和60个县级政府。③ 这次中原人口的南移，不仅人数多、时间长，而且士族和富商巨贾所占比例较高，由此带来的社会财富大转移也对太湖地区社会经济的发展产生了重大影响。

西晋王室和大批高门望族、仕宦之家南渡，既提高了江南地区的经济和文化水平，也增加了农业开发的资金投入。以荒地开垦为例，南迁世族地主和当地豪强"封略山湖""广占荒田"，并利用大量南迁农民，垦辟土地。再

---

① ［晋］陈寿：《三国志》卷五十二"吴书·诸葛融传"注，北京：中华书局1971年版，第1236页。
② ［宋］司马光编撰：《资治通鉴》卷八十七"晋纪九"，北京：中华书局1956年版，第2766页。
③ 蒋福亚：《略论三吴地区的开发》，《江海学刊》1986年第2期。

如,这一时期既有政府主持兴建的大型农田水利工程,也有富家大户出资,贫苦百姓出力完成的中小型水利工程。前者如东晋太兴四年(321),晋陵内史张闿在曲阿(今丹阳)建"新丰塘",溉田 800 余顷。太湖流域以水田种稻为主业,所以水利工程的作用很显著。常熟原名"海虞",晋以后重视筑圩修渠,农业旱涝保收,故其更名取常年丰熟之意。江南庄园的兴建,也与北方士族的移居有密切关系。如南朝宋孔灵符在永兴(今杭州萧山)所建大庄园,"周回三十三里,水陆地二百六十五顷,含带二山,又有果园九处"。① 这些庄园往往农林牧副兼营,饶裕自给。

另外,太湖地区早期的农业开发基本上集中在平原地区。西晋以后,流民纷至沓来,平原已不敷开垦,从而出现了农业向山林、沼泽和滩涂推进的趋势。据《晋书·郭文传》记载,郭文原是河内轵(今河南济源)人,因洛阳战乱,他徒步挑担逃到吴兴、余杭,在山中大力开辟土地,"区种菽麦"。这说明晋时太湖地区的某些山地,已因流民的涌入而被垦种,而且采用了北方旱作的耕种方式。对于东晋南朝太湖地区农业的长足进步,司马光《资治通鉴》"梁纪十九"提到:"自晋氏渡江,三吴最富庶,贡赋商旅,皆出其地。及侯景之乱,掠金帛既尽,乃掠人而食之,或卖于北境,遗民殆尽矣。"② 晋朝司马氏渡江南下以来,太湖流域成为天下最富庶的地区,只是后来的侯景之乱对当地经济和社会破坏很大。

四、隋唐五代水利兴修与稻作技术的进步

隋朝统治短暂,但其完成了国家统一和修建大运河的伟业,对后世南方经济的发展产生了重大影响。唐朝前期,关中地区所产粮食已难以满足京师的需求,"故常转东南之粟",太湖周边成为京城长安重要的粮食补给地。唐代安史之乱,导致中原地区大范围人烟断绝,满目萧条,社会经济遭到严重摧残。这不仅促成了中国经济重心的南移,还使得京畿地区乃至社稷安危更加依赖于江南及淮南地区的财赋供应,所谓"天下大计,仰于东南"。③

首先,塘浦圩田水利系统逐步完善。太湖地区东临大海,为周高中低的蝶形盆地,沿海常遭潮汐侵袭,沿湖洼地夏秋时又多有洪涝灾害。于是,抗洪防涝、防止海潮侵淹,自古以来就是当地的两大水利建设重点。隋唐五代时期,不仅海塘和湖堤修筑较好,而且形成了历史上最为完备和有效的塘浦

---

① [南朝梁]沈约:《宋书·孔季恭传附弟灵符传》,北京:中华书局 1974 年版,第 1533 页。

② [宋]司马光编撰:《资治通鉴》卷一百六十三"梁纪十九",北京:中华书局 1956 年版,第 5045 页。

③ [宋]欧阳修、宋祁:《新唐书》列传第九十"权德舆传",北京:中华书局 1975 年版,第 5076 页。

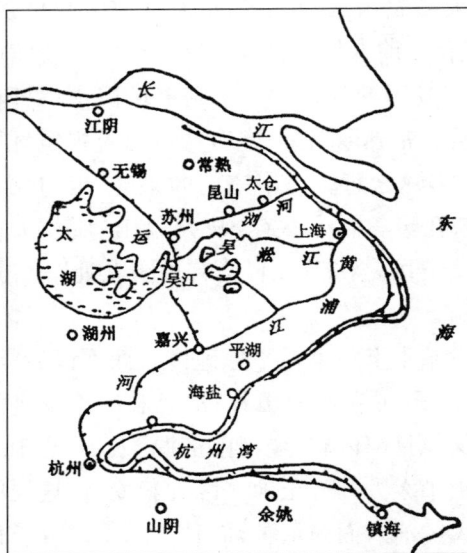

图 1-5　江浙海塘示意图

图片来源：张芳：《中国古代灌溉工程技术史》，
太原：山西教育出版社 2009 年版，第 229 页。

圩田制度。在拦挡海潮方面，以往在沿海地区修建的塘堤工程，中唐时期大多年久失修。开元元年（713），采盐官重修捍海塘堤，共长 124 里；同时，还在松江境内修筑华亭海塘。这使得钱塘江口至长江口的海塘初步连接起来，并较好地解决了海潮为害问题。（图 1-5）在湖堤修筑方面，在汉代和六朝时，吴兴等地沿太湖南岸和西岸，已构筑湖堤以减轻内涝，唐代涝害主要集中在东部洼地。于是，唐元和五年（810），人们在吴兴又修建了一条东起平望，北达苏州的堤塘，此即后世所说的"吴江塘路"。吴江堤塘建成后，太湖的堤岸从西南的吴兴至东北的苏州，基本上环湖连成一线，从而减轻了太湖东部沿海地区的海侵和内涝危害，同时也为这里的农业开发创造了条件。

五代时期太湖地区水利建设颇有成效。吴越王钱镠在前代屯田的基础上，采取各种措施进行农田整治，包括开浚出海干河，建立塘浦排灌系统；设置堰闸，调节水位，抗旱防涝；兴建海塘，保障内陆安全；设置撩浅军，负责塘浦养护。这些举措使得当地形成"五里一纵浦，七里十里一横塘"的塘浦圩田体系，五代至宋三百年间也成为当地历史上水旱灾害最少的时期。

其次，水利建设促进了田地的拓展。唐中期以来，江浙海塘和吴江塘路的兴修，使得太湖以东和沿海一带的低洼地开发成为可能。唐代宗广德年间（763—764），江浙海塘修筑不久，苏州地方政府就在嘉禾（今嘉兴）一带组织大规模屯田，据说"浙西有三屯，嘉禾为大"，"嘉禾土田二十七屯，广轮曲折，千有余里"。原来的闲田荒壤经过开沟洫、筑堤岸，成为旱涝保收的良田，时人赞曰："嘉禾一穰，江淮为之康；嘉禾一歉，江淮为之俭。"[1]元和八年（813），常州刺史孟简开挖古孟渎河，长 40 里，建设良田 4 000 多顷。可以

---

[1]　[唐]李翰：《苏州嘉兴屯田纪绩颂并序》，《全唐文》卷四三〇，北京：中华书局 1983 年版，第 4375 页。

说,唐代太湖地区的农田开发与水利建设一起,进入一个新纪元。

再次就是水田农具有了很大改进,火耕水耨被精耕细作所替代。晚唐江南文人陆龟蒙曾隐居松江甫里,对农业比较熟悉,他所写的《耒耜经》一文详细记载了江东犁(曲辕犁)的结构和功用。除了江东犁之外,文中还附带提到耙和砺礋这两种碎土整地工具,介绍了水田土壤耕作程序:"耕而后有爬……爬而后有砺礋焉,有碌碡焉。"可见当时江东农民整地时,先用牛犁耕翻,接着用耙破碎土垡,然后再用砺礋或碌碡打碎压实土壤。这标志着唐代太湖地区的稻田整地,已达到了相当精细的程度。

综上,隋唐五代是太湖地区农业发展的一个重要时期,拉开了中国经济文化重心南移的序幕。

五、宋元农业深度开发与稻作技术体系的成熟

宋代江南地区相对安定,加之北人南迁等多种因素的影响,当地农业生产取得更大进步,这主要表现在稻麦复种逐步推广、耕地扩大和农业综合经营等方面。不过,宋代的围湖造田,也对水土环境造成了较为严重的影响。

以稻麦两熟制来说,宋太宗时期朝廷提倡在南方种麦,当时吴郡(今苏州)"其稼,则刈麦种禾,一岁再熟",[①]粮食产量有了较大增长。这也可从漕粮数量上得到某些印证:入宋以后,江南漕粮数量一般常额为600万石,最高年份达到700万—800万石,比唐朝的最高年额300万石翻了一番还多。南宋初年,北人大量南迁,面食需求剧增,导致小麦价格上涨,农户种麦之利倍于种稻,加之种麦不交租,江南地区形成"竞种春稼,极目不减淮北"的局面。[②] 麦子种植增多,也意味着稻麦复种更加普遍,粮食产量进一步提高。

同时,人口迁移和增长引发的粮食需求,推动了农业技术的改进,这在南宋陈旉所著《农书》中有集中反映。陈旉长期在江苏经营农业,他总结了土地利用、粪肥积制、耕牛饲养、栽桑养蚕等方面的技术经验,以及用养结合、地力常新壮的农学理论,反映出长江北沿和江南的农桑经营情况。[③] 就江南稻田耕作技术而言,南宋人高斯德曾说,他看到浙江人整治田地,竭心尽力,比蜀中精细得多:(春季)土壤松解,经多次深耕细耙,土壤变得细碎而紧致,便于禾苗立根生长。水稻长起来以后,大暑时放掉田中的水,让阳光曝晒,以稳固稻苗的根基,称为"靠田"。稻根扎牢后,再车水入田,称为"还

---

① ［宋］朱长文撰,金菊林校点:《吴郡图经续记》卷上"物产",南京:江苏古籍出版社1999年版,第9页。

② ［宋］庄绰:《鸡肋编》卷上,载《历代史料笔记丛刊》,北京:中华书局1983年版,第36页。

③ 中国农业遗产研究室编著:《中国农学史》下册,北京:科学出版社1984年版,第37页。

水"。还水之后,稻苗就一天天地茂盛起来,即使遇到干旱天气,也不用担心收成。稻子成熟后,上等田地一亩可收五六石。① 苏州农民治田同样很勤勉:"吴中之民,开荒垦洼种粳稻,又种菜麦麻豆,耕无废圩,刈无遗陇……所以吴中之农专事人力,故谚曰'苏湖熟,天下足',勤所致也。"②

这一时期因稻田灌溉和排水需要而发展起来的龙骨水车(即翻车),成为太湖地区最具特色的农具之一。这种水车形制大小不一,有手摇、脚踏的,也有畜力和风力带动的。它可以随地架设,在临水处车水入田;还可以多架水车配合使用,尽快排涝救苗,或者把水汲入地势较高的旱田。苏轼《无锡道中赋水车》一诗描绘了水车的形制与功用。南宋诗人范成大称:"下田戽水出江流,高垅翻江逆上沟;地势不齐人力尽,丁男长在踏车头。"稻麦轮作的推广、水田耕作技术的成熟、蚕桑生产的扩大,加上水车的普遍使用,反映出太湖地区以水稻为核心的农业生产体系趋于成熟。

南宋是太湖地区农业发展的重要时期。北宋灭亡后,宋室南迁,定都临安。四方民众,云集江浙一带,太湖流域人口激增。这必然会对粮食供给带来很大压力,促使土地开发的扩展以及围湖造田之风的兴起。当时不仅太湖滨湖及湖中多有豪族大户、军队筑圩造田,丹阳练湖、无锡和武进的芙蓉湖、华亭淀山湖等,也有人围垦。练湖在南宋时基本废弃不治,堤岸倒塌残缺,不能蓄水排灌,"强家因而专利,耕以为田,遂致淤淀。岁月既久,其害滋广"③。这种乱筑滥围现象,破坏了河湖天然的蓄泄机能,造成严重的水旱灾害。宋孝宗时期,曾发布过"复田为湖"命令,但由于围田得益者主要是王公贵族和官僚地主,所以有令难行。时人卫泾曾撰文说,隆兴、乾道之后,豪宗大姓迭出,相继围湖造田,陂湖之利日益减少。④

元朝属蒙古族政权,起于游牧,在其先后攻灭西夏、金和南宋的过程中,以及立国之初,全国的农业生产曾遭到较为严重的摧残和破坏。虽然宋元战乱对太湖流域的危害相对较轻,但这里是蒙元统治者漕粮征取的主要来源地,严苛的赋税加上尖锐的民族矛盾,导致当地农业生产呈萎缩之势。元代太湖流域农业发展的亮色,当属松江一带的棉花种植。至元二十六年(1289),元政府在南方设置"木棉提举司",大力倡导和推广植棉。不过,大

---

① [宋]高斯德:《耻堂存稿》卷五《宁国府劝农文》,影印文渊阁《四库全书》本,上海:上海古籍出版社1987年版,第1182册,第88页。

② [宋]吴泳:《鹤林集》卷三十九《隆兴府劝农文》,影印文渊阁《四库全书》本第1176册,第383页。

③ [元]脱脱等:《宋史》卷九十七"河渠七",北京:中华书局1977年版,第2405页。

④ [宋]卫泾:《后乐集》卷十八《论围田札子》,影印文渊阁《四库全书》本第1169册,第654页。

致由于植棉技术落后、效益不高,江南棉花生产一直没有大的起色。现在一般认为,太湖地区棉业的兴盛与黄道婆的技术推广有密切关系。黄道婆是上海乌泥泾人,年轻时流落崖州(今海南崖县),从黎人那里学会了木棉纺织技术。元贞年间(1295—1297)她回到家乡,见乡亲们生活困苦,便亲自植棉纺织,并热心传授纺织技术。当地老百姓纷纷仿效,有1 000余家靠纺线织布而变得丰衣足食。乌泥泾棉纺织业的发展效应,刺激了棉花种植面积的扩大。到了明清时期,上海县附近及整个松江地区,逐渐变成一个植棉纺织中心。

　　宋元及其以前太湖地区长期积累的经济与文化成果,为后世的农业发展奠定了坚实基础。明清时期,太湖流域的农业生产总体上依然以稻作为中心,但在各种自然与社会因素的作用下,其粮食、棉花、桑蚕、畜牧、林果、渔业的多种经营达到了新的水平,相关耕作栽培及饲养技术更加精细,土地开发利用范围进一步扩大,农业商品生产空前繁荣。与此相关,太湖流域也成为中国人口最为密集以及经济文化最为发达的地区。史入近代,尤其是20世纪初期以来,西方科技通过各种途径传入中国,太湖地区靠海沿江区位优势明显,经济文化发展条件良好,这里又成为中国农业近代化变革的重要基地。

第二章　圩田建设与水利兴修

　　水土资源是农业发展的基本条件,改水治土,是人类农业活动的重要组成部分。《尚书·禹贡》曾将全国分为九州,太湖地区所在的扬州,土地质量被列为"下下",属最低等级,所谓"厥土惟涂泥,厥田惟下下"。①春秋战国以后,当地民众积极治水营田,水土资源开发利用取得明显成效。在低洼平原区,人们开河筑塘,兴建圩田系统;在高亢丘陵区,修塘筑坝,防洪蓄水。太湖地区东临大海,常受海潮侵袭、海水倒灌的影响,于是,历代不断修筑完善海塘工程,捍海挡潮,保护田地村舍。大约从宋代开始,这里已成为水网密布,阡陌纵横,盛产稻桑的殷阜之区。明清时期,太湖流域人地矛盾加剧,水环境格局发生变化,人们在扩大耕地面积,发挥原有田地增产潜力方面,又采取了不少新举措,农业水土资源利用达到了新高度,当地经济文化发展水平也在全国首屈一指。明人吴尔成曾说:"吴中之财赋甲天下,而财赋之源在农田,农田之源在水利。"②历史上太湖流域的农业生产状况及经济地位变化如此巨大,显然与其圩田建设及水利工程兴修有密切关系。

第一节　明清以前太湖地区的农田水利概况

　　太湖古称泽国,经过自然沧桑演变,发育成辽阔坦荡的太湖平原,为农业生产创造了条件。前已述及,太湖流域地势周高中低,向外溢流排水较困难,易于积水或发生涝灾。在浅沼洼地,必须有相应的水利设施,解决洪涝问题,才能保障农业生产的正常进行。唐宋至明清时期,太湖地区在水系整治、海塘湖堤修筑和圩田建设等方面取得巨大成就,同时也有不少失败的教

---

①　王世舜、王翠叶译注:《尚书》,北京:中华书局 2012 年版,第 65 页。
②　[明]张国维:《吴中水利全书》卷二十二《吴尔成水田修浚议》,影印文渊阁《四库全书》本第578 册,第 844 页。

训。本书主要论述与农业发展直接相关的圩田水利问题，水系整治和海塘修筑仅附带提及。

一、宋代塘浦圩田系统的损毁

古代港、浦、渎都是指与江河湖泊相通的小河及沟渠。圩田（亦称围田）是在低洼地区筑堤以围田挡水的意思。太湖地区的圩田，早期比较分散。自汉唐以来，随着海塘湖堤的兴建和完善，当地逐步形成"纵浦（溇）横塘，位位相接"的水网圩田系统，即塘浦圩田。吴越时期，圩田系统塘浦深阔，堤岸高厚，分级控制，蓄泄兼顾，低田防涝，高田抗旱，岁多丰稔。进一步来说，唐五代时期，太湖圩区圩圩相接，圩田规模很大，一圩的面积可达一两万亩。这种以横塘纵浦为四界的大圩，以完整的河网为依附，是屯田制的产物。宋代随着河网的毁坏、屯政的废弛和田地私营的发展，当地水利与航运、围田与治水、蓄水与泄水等矛盾日益突出，各方面的利益关系相互交织，并不断发生冲突，塘浦圩田系统的大圩制逐渐解体。

（一）北宋时期

北宋治水以漕运为纲，"江南不稔则取之浙右，浙右不稔则取之淮南，故慢于农政，不复修举。江南圩田、浙西河塘，大半隳废，失东南之大利"。[1] 为了贪图漕运方便，地方官员不惜拆毁堤防堰闸等工程设施，导致河网失去控制而趋于紊乱。后来，又为挽牵漕舟之需，于淞江、太湖之间筑吴江长堤，在吴淞江的进水口修建长桥。太湖东缘横亘长堤和长桥，湖水下泄遇阻，影响下游冲淤，从而引起通江出海港浦淤塞。北宋中期，太湖圩区水利条件恶化，吴淞江逐渐萎缩，东北三十六浦除白茆、福山等港还较为通畅外，余均严重淤塞，东南出海诸港也大都宣泄不畅。

另外，地主制经济的发展，也使得塘浦圩田系统难以为继。北宋郏亶《奏苏州治水六失六得》和《治田利害七论》曾详举当时破坏圩田水利的各种问题。例如，农户为行船停舟方便，任意决开圩岸；农家侵耕堤坡岸脚，造成圩岸坍塌；圩边农户不愿出田起土给公众修圩；地主只管收租，不肯筑圩；有的圩岸虽已修好，但因傍圩未修而"连延毁坏"；贫富同圩，出力不齐而影响修圩；政府开浚河浦标准不足等。[2] 此外，分散经营，低田排涝任务重，高、低田矛盾加大，也是拆圩的原因。大圩制遭到自发破坏的种种倾向，在吴越

① ［宋］范仲淹：《范文正奏议》卷上"治体"，《答手诏条陈十事》，影印文渊阁《四库全书》本第427册，第11页。

② ［宋］范成大撰，陆振岳校点：《吴郡志》卷十九"水利上"，南京：江苏古籍出版社1999年版，第268页。

后期已现端倪，北宋时期益发严重。结果，日毁月损，田圩荡然，洪水危害加重，圩区大片良田变为茫茫白水。

圩田水利日趋毁坏，北宋政府却未能集中官方和民间力量，进行大规模修治，只是下令让当地官员劝导老百姓组织起来，分散修筑小圩，"人户一二十家，自作塍岸，各高五尺"①。小圩修筑合法并日益兴盛，使得以塘浦为界的大圩，逐渐被分割为犬牙交错、分散零乱的小圩，塘浦纵横的大圩古制最终趋于解体。其后，王纯臣、郏亶等人曾试图恢复高圩深浦的大圩体制，但因社会经济条件已发生变化，成效甚微。其结果是水系越来越乱，圩子越分越小，大多数圩子的面积在一两千亩甚至数百亩。

与此相关，南宋黄震《申嘉兴府修田塍状》指出："田岸之事小，水利之事大。田岸之事在民，在民者在官不必虑。水利之事在官，在官者在民不得为。"②这里所讲的水利之事应指疏浚河道等大型工程，而田岸之事则指田塍圩岸的修筑和维护活动。他认为，官方和民间在水利建设中应明确各自职责，政府要发挥兴修大中型水利工程的职能，民间则应承担修建小型农田水利的责任。这实际上反映出当时圩田水利小型化并主要由民间承担的事实。

（二）南宋时期

南宋时期，太湖塘浦圩田继续遭到毁坏，历史上有不少人将其归咎于豪门富室的盲目围垦。宋室南渡以后，强宗巨室巧立名目，大肆围占河湖滩地，有利不让，造成水面日蹙，水道阻塞，圩区水利进一步恶化，洪涝灾害加重。南宋淳熙年间，位于太湖东南的淀山湖被围垦，获得田地两万亩，但主要泄水道均被堵塞。洪水上涨，反而淹没周围大片良田。江湖水面日趋缩小，河网越来越紊乱，蓄泄功能严重下降。久旱则高田无水灌溉，水田变为旱原；雨多则低地排水困难，积涝成灾，圩田变为沼泽。

对于盲目围垦所造成的危害，许多有识之士深感担忧，大力呼吁毁围禁围。南宋大臣卫泾说："缘江并湖，民间良田何啻数千百顷，皆异时之无水旱者。围田一兴，修筑塍岸，水所由出入之路，顿至隔绝。"③而且围田的灌溉疏决常以邻为壑，过去少有水旱的良田反为其所害，损失很大，加深了社会矛盾。南宋淳熙十年（1183），大理寺丞张抑言："近者浙西豪宗，每遇旱岁，占湖为田，筑为长堤，中植榆柳，外捍菱芦，于是旧为田者，始隔水之出入。

---

①　[宋]范成大撰，陆振岳校点：《吴郡志》卷十九"水利上"，第 270 页。

②　[明]张国维：《吴中水利全书》卷十五《黄震申嘉兴府修田塍状》，影印文渊阁《四库全书》本第 578 册，第 504 页。

③　[宋]卫泾：《后乐集·论围田札子》，影印文渊阁《四库全书》本"集部四"，第 1169 册，第 654 页。

苏、湖、常、秀昔有水患,今多旱灾,盖出于此。"[1]南宋庆元二年(1196)户部尚书袁说友也建议政府采取措施,严禁围湖造田:"浙西围田相望,皆千百亩,陂塘溇渎,悉为田畴,有水则无地可潴,有旱则无水可庾。不严禁之,后将益甚,无复稔岁矣。"[2]南宋以来,人们论及太湖水利,围田几成众矢之的。

南宋政府也认识到太湖流域肆意围垦的危害,曾多次发布诏令加以禁止。但围田者多是世家大户,言行凌驾官府之上,所以有令难行。禁垦令难以实施,盲目围垦愈演愈烈,导致太湖圩田水利日益恶化,农业灾害频发。虽然太湖地区的水网圩田都是围垦湖沼洼地而成,但它们是治水、治田相结合的产物,盲目乱围江、湖水域,只管围垦造田,不管治水,必然会破坏水系,加重洪涝灾害,导致塘浦圩田系统崩溃。[3]

二、宋代太湖地区农田水利建设成绩

北宋建立后,原属十国之一的吴越钱氏和平献纳版图,其原有的水利工程得以较好地保留。随着宋初几十年太湖地区人口的增长以及土地垦殖的扩大,加之水利设施怠于修治,日渐堕坏,水旱灾害便随之而来。此后,当地水利时修时废,自然灾害也开始加剧。但总体而言,太湖地区农田水利在两宋尤其是南宋以后,还是获得了一定程度的治理,粮食生产在全国首屈一指。

镇江府地处太湖上游,山地丘陵较多,陂塘修治对农业生产不可或缺。丹阳县城北的练湖,南朝时其水源丰富,占地广大。宋时豪民瓜分湖面,侵湖为田,导致排蓄不畅,水旱灾害加剧,周边民田深受其害。后经政府多次治理,湖面基本维持在"幅员四十里"的范围。[4] 其他如丹阳县南的丁义渎以及金坛县的万束陂、莲陂等在宋代也注意加以修治,用于灌溉稻田。

常州府宜兴县,其东部缘于太湖,地势低平,北宋时一度水患严重,民不聊生。两宋时期,地方官发动民众治水溉田,取得一定成效。嘉祐六年(1061),宜兴县尉阮洪疏四十九渎,田禾大稔;治平四年(1067),宜兴知县楼闶疏浚四十二渎,并于熙宁元年(1068)复开一渎,民颂之名"楼公渎";宣和初年,两浙提举赵霖修在平江、常州等地开一江、一港、四浦、五十八渎,已见成绩。[5]

苏州府及东南相邻州县地处太湖下游,多置水田,吴淞江横贯其间。宋

---

①②　[元]脱脱等:《宋史》卷一百七十三,《食货志·农田》,第4188页。

③　汪家伦:《古代太湖地区治理水网圩田的若干经验教训》,《江苏水利》1980年第2期。

④　[元]脱脱等:《宋史》卷九十七,《河渠志·东南诸水》,第2405页。

⑤　[元]脱脱等:《宋史》卷九十七,《河渠志·东南诸水》,第2388页。

代吴淞江仍为太湖泄洪入海的主要通道。庆历二年（1042）在吴淞江、太湖之间所修筑的吴江长堤，阻碍了太湖泄水口向外排水。这不仅导致夏秋其间湖水常常溢出，淹灌苏、湖、常三州民田，还使得吴淞江水流变缓，下游淤积缩狭，加上沿海潮汐的顶托，水流经常壅滞不畅。结果是潦水肆虐，冲毁田地房舍，苏州及秀州华亭一带深受其害。于是浚治塘浦河道，同时取土加筑堤防，防止洪涝成灾，就成为当地水利建设的主要任务。宋代尤其是宋室南渡以后，太湖流域已成为全国水利田最多的地区。南宋诗人范成大曾描绘说，苏州一带"畎浍脉分，原田棋布。丘阜之间，灌以机械；沮洳之滨，环以茭楗。则潟卤硗确，变为膏泽之野；萍藻葭苇，垦为杭稻之陆。故岁一顺成，则粒米狼戾，四方取给，充然有余"。① 诗人眼前的江南田园景象，正是人们与水土环境抗争的结果。

总之，宋代水利建设以浚治排涝河道为主，重点集中在太湖以北及东北达江通海港浦，上自常州武进，下至苏州嘉定；次为吴淞江、昆山塘等左右纵浦。从农田水利兴建的主体来看，塍岸修治一般为地方官劝导，民户承担，很少由政府组织进行，实践中往往因利益纠葛等问题，影响统筹操作，实施效果不理想。

三、元代太湖地区的河道整治与圩田修筑

元代任仁发曾在《水利议》中说：吴越钱氏建国 100 多年，仅长兴年间发生一次水灾；宋室南渡 150 年，仅景定年间（1260—1264）发生一次水灾；而今水灾频仍，一两年三四年就发生一次。据统计，元朝 90 余年间，太湖地区发生水灾 17 次、旱灾 6 次。② 水灾频发应是事实，但这并不证明这一时期当地的水利兴修毫无建树。

长期的围湖造田以及水利失修，使得元代太湖地区的农业灾害明显加重，元朝政府不得不大力治水筑圩，发展农业，保障其财赋来源，其举措主要包括疏浚吴淞江和低洼地治理。成宗大德二年（1298），元政府于平江路（今苏州）设都水庸田司，管理田围修筑，疏浚河道。时有官员认为："浙西水乡，农事为重，河道田围，必常修浚，二事可以兼行，而不可偏废。"③成宗大德八年（1304）和泰定元年（1324），曾任都水少监的任仁发主持吴淞江治理工程，成效令人瞩目。任氏主张："浚河港，必深阔；筑围岸，必高厚；置闸窦，必多

---

① ［宋］范成大撰，陆振岳点校：《吴郡志》卷三十七"县记"，第 530 页。
② 郑肇经主编：《太湖水利技术史》，第 255 页。
③ ［明］姚文灏辑录，汪家伦校注：《浙西水利书校注》，《元书·吴执中言顺导水势》，北京：农业出版社 1984 年版，第 75 页。

广。设遇水旱,就三者而乘除之,自然不能为害。"①如果遭遇水旱灾害,三方面的举措综合运用,防治效果自然更好。这种以汇流排水为重点,综合考虑圩田修筑的思想,对元代太湖水利有重要影响。另据明代《续文献通考·水利田》记载,元至大初年,江浙行省还制定了圩岸规制即圩岸修筑标准,目的在于"遇旱则车水灌救,遇涝则泄水通流"。

总之,元代太湖流域水利建设已着手将大河流的疏浚与圩田系统的修治综合考虑,并取得了一定效果。但是,吴淞江的淤塞趋势此时已难以扭转,黄浦江作为吴淞江的支流,水势日大,这种情况一直到元末也没有改变。

第二节　明清太湖圩田水利系统的演变

明初建都南京,太湖地区成为其直接的经济支撑。明朝迁都北京之后以及有清一代,漕粮仍然要靠江南供给,所以明清时期对太湖地区的水利建设颇为重视,在开浚河道、海塘修筑方面有重大举措。不过,这一时期的农田水利兴修依然以地方及民间为主体,朝廷一般只派人督察。

一、太湖水系变化与圩田水利

（一）掣淞入浏及东坝兴筑对太湖水系的影响

宋元以来太湖以东的农业开发,集中表现为大片水面的围垦。但圩田的持续利用,必须能够经受水环境变迁所带来的负面影响尤其是洪涝灾害的威胁。当时涝灾的形成大致有太湖以东泄水不畅和太湖以西来水不定两个原因。对于前者,从宋代浚治东北、东南港浦,到元朝疏浚吴淞江,官方治水取得一定成效。然而大水之年,通海河道的上游和中游地区依然难以泄水,洪涝威胁严重。② 常熟、昆山各地的港汊,又被民众筑堰建坝,导致排水受阻,水灾加剧。入明后,东北方向的浏河等继续承担泄水任务,分担吴淞江中游的积水。而东南方向仍须有一条干道代替吴淞江,才能缓解吴淞江以南包括淀山湖一带的积水。永乐元年(1403),户部尚书夏原吉受命负责江南治水,他采纳华亭诸生叶宗行的建议,并结合实地调研,顺应以上两个水流变迁趋势,主持"掣淞入浏"和开凿范家浜引大黄浦入海两大水利工程,

---

① ［明］姚文灏编辑,汪家伦校注:《浙西水利书校注》,《元书·任都水〈水利议答〉》,第62页。
② ［明］卢熊:《苏州府志》卷三"水利",《中国方志丛书》,据明洪武十二年抄本影印,台北:成文出版社1983年版,第197—219页。

一度保障了苏松地区的圩田开发。

"掣淞入浏"即通过夏驾浦导吴淞江中游水入刘家河入海。但因刘家河出海近直,大江口水位较高,海潮倒灌严重,与吴淞江涨潮相抵撞,使得夏驾浦以下很容易淤塞,于是,明中期吴淞江和浏河的淤垫都在加剧。缪启愉先生就曾将这一过程概括为"从掣淞入浏到淞、浏并淤"①,很有见地。后来,高乡海岸线继续向外延伸,也使得原吴淞江下游许多河道淤狭加快。相比之下,黄埔入海工程比较成功。其主要措施是挖深凿宽范家浜,使其南接大黄浦,北接吴淞江近海江段,江浦合流,冲泄入海。到了清后期,曾是东北干河的浏河,已变为一条普通港浦,导致太湖泄水排洪只能依靠黄浦一江承担。

对于太湖以西来水不定的问题,明前期曾将高淳境内旧的胥溪五堰改筑为东坝,目的在于消除太湖下游旱涝难测的隐患,保障当地粮食生产的稳定。而东坝的修筑却牺牲了高淳一带的圩田利益,明代中后期,高淳民众和官员一直恳请朝廷废除堤坝,但始终未能奏效。另外,东坝的修筑减弱了太湖入水和泄水的水势。据明隆庆《长洲县志》估计,东坝使太湖入水量比宋元时减少将近七成,太湖以东洪水泛滥的可能性大为降低。但是,太湖向东出水的水势随之骤减,淤塞的吴淞江得不到充足来水,日渐衰微,更不敌南面的黄浦,大有被占夺之势。

关于太湖水系的变化,明代水利专家、苏州吴江人沈启的《吴江水考》卷一"水道考"中指出:"数年来,水势日徙而南,盖以黄浦在南,日决而大;而大吴淞在北,日垫而微。"吴淞江日益淤塞,修浚无能为力,泄水不得不依靠其他河道。淞浏共淤,黄浦坐大,形成 15 世纪以来太湖流域以东南泄水为主导的新格局,太湖水系整治和圩区规划、圩田修筑以及相关赋役制度改革,就是以此为基础而展开的。②

(二)水系变化对圩田水利的影响

具体到农业环境而言,黄浦虽宽,却难以宣泄全区之水,洪水出路问题日显突出;上游因盲目垦山,水土流失加重。余杭南湖、长兴西湖等重要陂湖加速淤废,蓄洪功能衰退;乱围乱垦,江湖淤滩续有发展,水系愈加紊乱,一遇洪涝,弥漫无涯。明代以来,空前严重的灾害,推动着圩区民众同洪涝相抗争,致力于解决太湖水的出路问题,同时注重筑圩建闸,圩田水利建设日益增多,并由此积累了丰富的圩区规划治理经验。

---

① 缪启愉编著:《太湖塘浦圩田史研究》,第71—73 页。
② 谢湜:《明前期江南水利格局的整体转变及相关问题》,《史学集刊》,2011 年第 4 期。

对于太湖地区农田水利及其治理问题,明代人探讨较多并对治田与治水的关系有清楚认识:

> 吴中之田虽有荒熟贵贱之不同,大都低乡病潦,高乡病旱,不出二病而已。病潦者则以修筑圩岸为急,圩岸既各高厚,虽有水溢,自难溃入而淹没之矣。病旱者则以开浚沟洫为急,沟洫既各深通,虽旱干自可引流而灌注之矣。二者不易之论也。①

意思是说,苏州一带的田地情况虽然各有不同,但都有一个共同特点,即低乡怕涝,高乡惧旱。易于遭受涝灾的低乡以修筑圩岸挡水为急务,易于受旱的高乡则以开浚沟渠排灌为要事。以这种治水思想为指导,明清时期太湖地区水利兴修和圩田治理达到新高度。就水利工程数量而言,据《江苏水利全书》统计,明代太湖地区兴修水利工程有 1 000 多次,清代有 2 000 多次,主要是圩田区的筑圩、浚河、建闸工程,尤其重视圩岸的修筑。② 大量水利工程的实施使得圩田整治技术有了明显进步。例如,明代开始在圩内修筑"径塍""戗岸",以便实行高低分级控制,减少洪涝损失;为抗御较大的洪涝灾害,一些圩区实行联圩并圩的工程措施;对圩岸的规格要求、修筑方法、养护管理措施等,都做了严格规定。与圩田水利技术的进步相关,明代周忱、姚文灏、金藻、史鉴、耿橘、吕光洵、陈瑚、何宜、吴诏、朱袞、徐光启等,都对圩田水利问题有深入研究。其中明万历时期常熟知县耿橘所著《常熟县水利全书》,对浚河筑圩技术进行了全面总结。

清代除疏浚河道、修筑海塘这样的大型水利工程之外,民间的水利活动主要是水网圩区的浚浦筑圩工程和山区塘、堰、坝的修筑。苏州光福镇濒临太湖,"凡山之无磊石者,频湖之可筑岸者,悉皆耕种"。③ 这里的菱塘岸、永安塘、西华塘,都筑堤为田。太湖流域多数圩田属于四周高,中间低的"釜形圩"或"仰盂圩",嘉庆年间,孙峻的《筑圩图说》一书,对修筑和利用"仰盂圩"的技术经验及管理方法有详细总结,还阐述了筑圩过程中所出现的过程及管理方面的各种弊端。书中所讲的筑圩基本方法是通过修筑高厚坚实的外围及分格控制的塍岸(抢岸),对圩田实行高低分区、分级控制,以达到水不

---

① 　[明]张内蕴、周大韶:《三吴水考》卷十四"巡按直隶监察御史林治田六事",影印文渊阁《四库全书》本第 577 册,第 531 页。

② 　武同举:《江苏水利全书》,江苏水利实验处印行,1950 年。

③ 　[清]徐傅编,王金庸辑补:《光福志》卷一"风俗",据清光绪二十六年修,民国十八年重印本影印,《中国方志丛书》,台北:成文出版社 1983 年版,第 63 页。

乱行，易于戽救之目的。

二、塘浦圩田系统的演变

太湖平原形成后，东部外缘继续向外伸展，环湖滩地也涨塌不定，逐渐向湖面扩展。环湖湖堤的修筑，为堤外圩田的开发创造了条件，同时促进了环湖滩地的淤涨。唐五代时期兴盛一时的塘浦圩田系统，主要分布在太湖以东地区，宋元以来已遭到支解和毁坏，到了明清时期，大圩制已被小圩制所取代。唐宋尤其是明清时期，人们因地制宜，采取横塘纵溇的工程布置，将环湖沙涂芦丛之地改造为良田，开发出独特的溇港圩田形式。以下在吸收前人成果的基础上，首先梳理明清时期塘浦圩田的小圩化问题。

唐五代时期，与当时的屯田开发方式有关，太湖地区圩田规模很大。范仲淹说："江南旧有圩田，每一圩方数十里，如大城。中有河渠，外有门闸。旱则开闸引江水之利，潦则闭闸拒江水之害，旱涝不及，为农美利。"[①]按照郑躬《吴门水利书》所记载的规格，圩区五里七里而为一纵浦，七里十里为一横塘，那么一个圩田的面积大致在 1.3 万—2.6 万亩。

到了北宋时期，由于社会经济条件的变化，塘浦圩田系统开始解体，同时小圩制出现。大圩的损毁和民修小圩的出现，导致圩区水系混乱，圩堤延长而脆弱，抗御洪涝的能力下降。每遇洪水，除了个别圩岸高厚的大圩能维护农田，实现稻麦两熟以外，一般小圩往往"众田皆没"。因此，宋嘉祐五年（1060），王纯臣提出："令苏、湖、常、秀修作田塍，位位相接，以御风涛。"[②]这实际上是要求联小圩为大圩，恢复大圩体制。后来郑躬也强调，恢复深浦高圩是治理太湖圩田的根本途径。王、郑之说虽为后人称述，但宋以来实行大圩制的社会条件已不复存在。

为了适应小农经济的生产格局，明代开始有很多人士提倡分圩，以便分区治理。"人求一己田宅之利便而坏之，见止一时，隳坏既久，则复之甚难"[③]，圩田细分化的趋势已难以改变。明清时期，数百亩至一两千亩的圩田居多数，万亩以上的大圩基本消失。据明万历《秀水县志》卷一"舆地志·乡都"记载，当时秀水县 3 000 亩以上的圩田有 17 个，3 000—5 000 亩的有 69 个，2 000 亩以下的 145 个。从文献记载还可以看出，这种大圩分割为小

---

①　[宋]范仲淹：《范文正奏议》卷上"治体"，《答手诏条陈十事》，影印文渊阁《四库全书》本第 427 册，第 10 页。

②　[明]姚文灏编辑，汪家伦校注：《浙西水利书校注》，《宋书·朱秘书长文治水篇》，第 22 页。

③　[明]张内蕴、周大韶：《三吴水考》卷八《黄震论泄水书》，影印文渊阁《四库全书》本第 577 册，第 292 页。

圩的情况,是出于当时农田排灌的需要,并受到官方倡导。明宣德七年(1432),苏州知府况钟《修浚田圩及江湖水利奏》说:

> 本府(苏州)吴江等七县,滨临湖海,田地低洼。每田一圩多则六七千亩,少则三四千亩。四周高筑圩岸,圩内各分岸塍。遇有旱涝,傍河车戽。递年多被圩内人民于各处泾河罱取河泥,浇壅田亩,以致傍河田地,渐积高阜,旱涝不堪车戽。①

于是,况钟主张派遣农官实地踏勘,若有大面积圩田,就要求拆分为小圩田,小圩的面积以 500 亩为标准,"圩旁深浚泾河,坚筑夹岸,通接外河,以便车戽"。明弘治年间工部主事姚文灏所撰《筑圩事宜》也说:低乡大圩,一旦遭遇雨涝便茫然一片,庄稼失收,一定要督率圩户将大圩分为小圩,经常发生水灾的地方,一圩不要超过 300 亩,偶尔受灾的地方,一圩不超过 500 亩。② 为倡导分圩,他还记录了民间传唱的《修圩歌》:"教尔分小圩,圩小水易除,废田苦不多,救得千家禾。"③明代苏州昆山人王同祖《论治田法》提出,分筑小圩为治田三策之一:"小圩之田,民力易集,塍岸易完。或时遇水,则车戽易遍,水潦易去。"他还比较说:大圩占地广阔,塍岸较长,大雨时难以防御。加之居民远近和民力贫富不同,地形高下不均,从而造成大圩田遇灾不救者,十居八九。因此,王同祖主张一块圩田的面积大小,应以二三百亩为标准。④

一般认为,圩田系统的小圩制既是历史上个体经济发展的产物,也是圩区传统水利系统毁坏的结果。长期以来,因为田地分散经营,加之水政废弛,圩岸残破,大圩内地势高低不一,又缺乏分区分级控制设施,所以,在排水和灌溉、维护管理费用分摊等方面矛盾突出。正如明万历时曾任吴江知县的赵梦麟所论:"夫围大而涝,则车戽之力不能齐,是坐视其淹也。旱则车戽之水不能到,是立待其槁也。"⑤大圩系统毁坏后,分修小圩,适应了当时农户经济发展的特点,有利于排涝和灌溉,也便于组织维修,对圩区农业生

---

① [明]况钟撰,吴奈夫校:《况太守集》,南京:江苏人民出版社 1983 年版,第 93 页。

② [明]张内蕴、周大韶:《三吴水考》卷十四《主事姚文灏治田条约》,影印文渊阁《四库全书》本第 577 册,第 529 页。

③ [明]赵锦修,张衮纂,刘徐昌点校:《嘉靖江阴县志》卷九"河防记"引姚文灏《修圩歌》,上海:上海古籍出版社 2011 年版,第 177 页。

④ [明]张内蕴、周大韶:《三吴水考》卷十四"水田考",影印文渊阁《四库全书》本第 577 册,第 524 页。

⑤ [明]董份:《董学士泌园集》卷十三《吴江明府赵侯异政编序》,明万历间董嗣茂刻本,《四库全书存目丛书》集部第 107 册,济南:齐鲁书社 1997 年版。

产起到了积极作用。

不过，与宋代的情况类似，分割小圩使得太湖圩田区的水系更为紊乱，而且小圩堤防标准不高，相应设施不配套，防御洪涝的能力较低。耿橘在《常熟县水利全书》中指出，小圩即使圩岸高厚，圩内无河港、水闸等设施，只能防御小旱小涝，不能防御大旱大涝。要改变这种不利状况，耿橘主张改造小圩，建设如范仲淹所述的"大圩之制"，并且要修建斗闸、河渠系统。就常熟地区的水网整治问题，他提出按照主要河道所环绕的范围，"随河做岸，连搭成围，大者合数十圩，数千亩共筑一围，小者即一圩数十亩自筑一围亦可"。就是说，要沿着河道修建大堤圩，由此把小圩联结成大圩。圩区扩大后，再根据圩内地形高低修筑"戗岸"，既对大堤起到加固和保护作用，也利于实现分级控制。如果圩内原有河道不能满足调蓄需求，就另外开挖内河。对此，徐光启《农政全书》卷十五"水利"解释说："盖大围如城垣，小戗如院落，二者不可缺一。万一水溃外围，才及一戗，可以力扞。即多及数戗，亦可以众力扞。"应该说，耿橘改造圩区的意见基本合理，但当时只能在局部地区实施，难以大范围推广。[①]（图2-1）

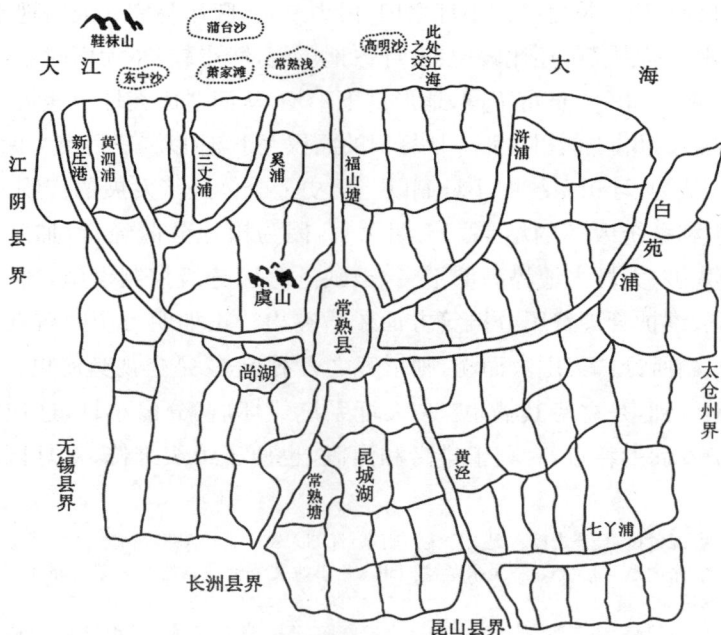

图2-1　明代常熟圩田示意图

图片来源：据［明］耿橘《常熟县水利全书》影印明刻本绘制。

---

① 郑肇经主编：《太湖水利技术史》，第120页。

对于太湖地区"分圩"的因素,还有学者从其他层面做了分析。日本滨岛敦俊认为大圩分割是随着土地开发进入饱和状态而出现的,目标是使水路细密化并建立排灌措施,把圩心湿地改造成田亩,推进土地的集约化利用。[1] 王建革则从环境史角度分析说,15世纪后黄浦江成为太湖泄水的主通道后,太湖以东水流环境的变化,是低乡小圩普遍化的重要原因:在太湖东南,数百条横向河流泾浜汇水进入黄浦江,原来的纵向圩岸反而会起障水作用,所以拆除大圩就成了适应水流变化的措施;另外,黄浦江分水较多,太湖清水能力减弱,难抵浑潮,人们只得利用泾浜小圩、小水流和坝堰系统应付浑潮并以之引潮灌溉,原有的大圩局面当然不存在了。[2]

三、溇港圩田的形成与拓展

溇港圩田主要分布于太湖西缘、南缘和东缘,太湖北边和东北边也有一部分,但不典型。西缘和南缘的溇港圩田大约形成于中唐以后,明清时期开发提速。东缘地带因处于太湖泄水要道,湖田及溇港圩田形成时期较晚,但扩展较快。[3](图2-2)

(一)苕溪和荆溪的溇港圩田

太湖流域西部和西南部山丘众多,地势高耸,太湖两大源流苕溪和荆溪,源短流急,具有山溪型水文特征。两条山溪大雨时激流奔突,汇注低地,易于泛滥成灾;干旱时水源不足,稻田用水短缺。针对这一特征,当地民众在苕溪和荆溪尾闾,运用"横塘纵溇"措施,主动控制蓄泄,以消除旱涝灾害。这种排水沟渠系统以湖田开发为基础,横向塘河叫"横塘"或"横港",分泄入太湖的纵向小渠则称为"溇"或"港""浦""渎"。其具体作用一是扩散山洪急流,通过众溇汇入太湖;二是通过横塘、纵溇和斗闸的控制,引水溉田。

1. 苕溪溇港圩田

溇港圩田的开发首先在于横塘的修筑。据研究,大约从春秋至三国孙吴时期,太湖西南缘长兴一带的沿湖横塘逐步形成。唐开成年间(836—840),湖州刺史杨汉公又主持修建了东起吴兴城北,西接长兴县入箬溪,折北通往顾渚茶山的蒲帆塘。历代对于吴兴至长兴北部沿湖塘堤的修筑,有利于湖区围垦造田。

---

① [日]滨岛敦俊:《土地开发与客商活动——明代中期江南地主之投资活动》,载中央研究院第二届国际汉学论文集编辑委员会编:《中央研究院第二届国际汉学会议论文集(明清与近代史组)》,台北中央研究院1989年,第101—122页。

② 王建革:《水流环境与吴淞江流域的田制(10—15世纪)》,《中国农史》2008年第3期。

③ 郑肇经主编:《太湖水利技术史》,第96页。

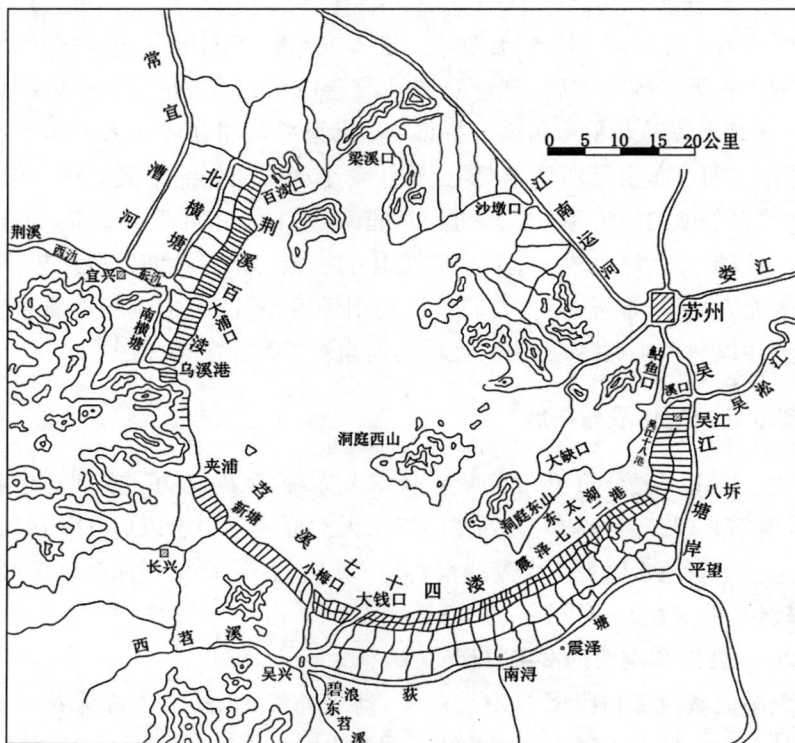

图 2 - 2   太湖环湖溇港圩田示意图

图片来源：郑肇经主编：《太湖水利技术史》，第 97 页。

　　太湖南缘的塘河，西起吴兴，东至南浔，始筑于晋。因其地多芦荻，故称荻塘。唐贞元时湖州刺史于頔重新修筑后，始称頔塘。頔塘雨涝时可捍水防洪，干旱时可以开塘灌溉，为塘北沿湖滩地的开发创造了有利条件。据考证，当初荻塘的修筑并非紧靠湖边，它的北面与湖尚有一定距离，即存在大片湖滩地。横塘分流泄水入太湖的溇港，大致在荻塘初建时就已开挖。荻塘筑成之初，塘岸与湖面之间的滩地还不是很宽阔，后因湖滩坍涨不定，逐步向湖面扩张，形成菱芦之地。冬春湖水退缩，湖边露出浅滩，人们在疏浚溇港时，需要预先在浅滩上挑出深沟，通到湖水深处，以便于泄水或引灌。于是，湖滩逐步向湖面伸展，溇港随之延长并不断加密。但溇港延伸过长，又不利于排灌和区间运输，便需要在纵溇之间加筑横塘。同时人们利用开挖横塘纵溇的土方修筑堤岸，建成溇港圩田（湖田）。即湖田建设与纵溇横塘开挖，大体上是相辅相成，同步进行的，共同反映出溇港圩田的发展。由于各地淤淀的速度不同，高程起伏有差别，加上人类活动的影响，在横塘纵溇间又分布着若干漾荡，对溇港圩区的滞涝和引灌起着调节作用。① 唐宋以来，溇港圩田的开发与扩展，有力促进了湖州一带的自然环境改善与社会经济繁荣。

元代戴表元（1244—1310）《湖州》诗曰："山从天目成群出，水傍太湖分港流。行遍江南清丽地，人生只合住湖州。"②诗中描绘出湖州的山水景观，并说这里是最宜居的地方。许多人由此记住了湖州的美好，但却不知湖州的美好是由其"溇港圩田"所造就的。元末明初，长兴沿湖有溇港25条，吴兴有38溇，后来长兴增加到36溇，一般总称74溇。清代道光时期，顿塘北距湖滨已达20里上下。不过，由于缺乏维护，清末这些溇港渐趋

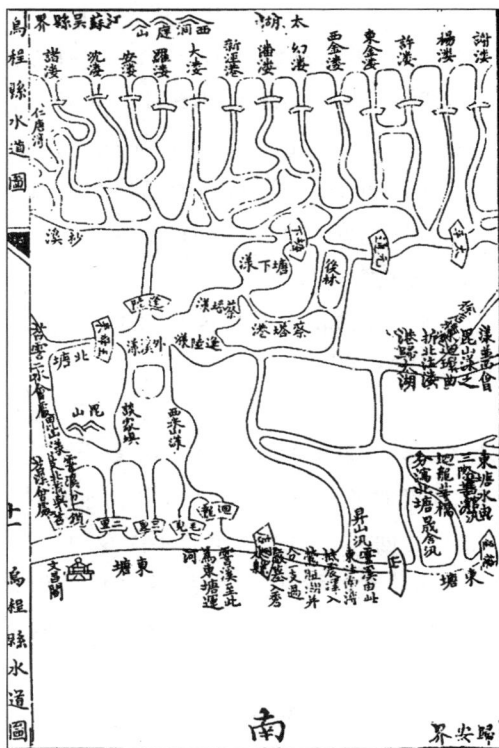

图 2 - 3　湖州乌程县溇港（中部）
图片来源：[清]王凤生纂修：《浙西水利备考》，影印本，《中国方志丛书》，台北：成文出版社1983年版，第141页。

淤塞。据凌介禧踏勘，苕溪74溇，除夹浦、新塘、小梅、大钱、杨溇等还比较深通外，其余溇港大都淤塞。③ 后来由于凌介禧的积极倡议与参与，在当地政府主持下，湖州溇港和荻塘得以逐步疏浚。道光十二年，荻塘重修工程竣工，凌介禧撰《重修湖州东塘记》。（图2-3）

据20世纪80年代调查，长兴、吴兴二县湖岸共长约62公里，有74条河港。其中长兴的夹浦、新塘与吴兴的小梅、大钱诸溇港最大，担负着主要的排引任务。④ 后来随着环湖大堤的修筑、河港建设以及口门的封堵控制，

---

① 郑肇经主编：《太湖水利技术史》，第100页。

② [元]戴表元著，陆晓冬、黄天美点校：《戴表元集》（下册），杭州：浙江古籍出版社2014年版，第641页。

③ [清]凌介禧：《东南水利略》卷六"再上帅大中丞水利三大要利弊书"，载马宁主编：《中国水利志丛刊》(36)，扬州：广陵书社2006年版。

④ 郑肇经主编：《太湖水利技术史》，第102页。

这些溇港淤塞日益严重，很多消失不见。近年来，水利文化遗产保护受到重视，湖州地区的溇港经过多次治理，又焕发出新活力。现在湖州一带的溇港主要由堤防、溇港漾塘、溇港圩田和古桥、古庙等部分组成，集水利、生态、文化功能于一体。2016年11月，湖州溇港被列入第三批世界灌溉工程遗产名录。2017年，以溇港水利为基础的湖州桑基鱼塘系统又被联合国粮农组织列入全球重要农业文化遗产名录。

2. 荆溪溇港圩田

太湖西岸溇港北起百渎口，南至长兴县界，主要是为了宣泄荆溪之水，故称"荆溪百渎"。

明王同祖《太湖考》："古人之治太湖也……又以荆溪不能当西来众流奔注之势，遂于震泽口疏为百渎，而又开横塘以贯之。"① 另据嘉庆《宜兴县志》记载，宜兴地形卑下，各方来水群会于荆溪，下泄百渎。因百渎并非都与荆溪相连通，西北方向的来水若不能及时分泄出去，必然导致洪水漫溢，"赖有横塘自北及南以衍其流，然后分下百渎以入湖，方无壅涨之患"。② 百渎贯连着横塘，荆溪的来水由南北横塘入百渎而分流，向东泄入太湖，避免洪水泛滥。

横塘百渎历代都有开浚，港渎或塞或通，实际超过百数。荆溪横塘百渎的修浚，有利于沿湖滩地的利用和湖田的扩展。另外，在太湖北面和东北沿岸的湖滩平原，也有类似溇港圩田的开发。只因这里并非太湖主要源委所关，且太湖和长江水位时有高低差异，各港水流多少不定，其水利影响不如东、南、西三面溇港那样突出。

据20世纪80年代调查，沿太湖西岸不到50公里间，还有港渎近百条，平均每隔半公里就有一条，此外还有许多无名港汊。③ 后来随着环太湖大堤的修筑以及通湖河港的建设，这里的水文控制以及排涝防洪能力加强，西岸传统溇港大多已消失。

（二）吴江和震泽的溇港圩田

太湖西面属上游，东面属下游，湖面自西向东倾斜，西水东趋出湖。在洞庭东山还没有与其北面的滨湖淤陆相连以前，处于湖水宣泄处的吴江、平望一带正当其冲，形成强烈的浪蚀现象，淤涨现象不明显。唐宋以来，吴江

---

① ［明］张内蕴、周大韶：《三吴水考》卷二"太湖考"，影印文渊阁《四库全书》本第577册，第110页。

② ［清］阮升基等修，宁楷等撰：《宜兴县志》卷一"山川"，据嘉庆二年刊本影印，《中国方志集成》，台北：成文出版社1970年版，第32页。

③ 郑肇经主编：《太湖水利技术史》，第103页。

塘路等水利工程的兴建以及太湖周边山地开发和水土流失的加剧,使得泥沙淤积增多,改变了东太湖岸西滩地坍塌和淤涨的趋势,从而促成了湖田的形成及溇港圩田的扩展。

1. 太湖东部滩地湖田的淤涨

唐元和五年(810),为了解决漕运风险和牵路问题,创筑从平望经吴江到苏州的塘堤,统称"吴江塘路"。塘路南接荻塘,成为太湖东缘的一条横港。吴江塘路为水陆交通提供了便利,同时促成了岸东塘浦圩田的形成,以及岸西的湖滩淤涨和湖田扩展。由于塘路处于太湖泄水通道,阻碍了湖水宣泄,从而给当地治水与治田的矛盾增添了新的因素。

吴江塘路筑成后,淤淀于太湖中的泥沙随水流东漂,被塘岸所阻,沉淀于岸侧而逐渐形成淤滩。不过,在日夜不息的风涛冲击之下,岸西淤滩曾经长期处于涨塌不定的状态,总体上是坍塌多于浮涨,甚至连塘岸都有崩塌的危险。为此,人们采取了一些塘岸修护措施,但直到南宋初年,岸西滩地依然很有限,塘路还是紧邻湖滨。元至正六年(1346),人们又在吴江长桥以南的太湖急溜地段修筑板石塘,称为"至正石塘"。乾隆《吴江县志》卷一"疆土"记载,自从至正石塘修筑后,阻遏了太湖水势,"塘西遂积土为平陆矣"。这反映出元以后太湖东缘淤淀开始涨多塌少,滩地湖田逐渐向湖面扩展。

除上述水利工程导致的东太湖岸西滩地扩展以外,元明以来太湖周边山地开发的扩大以及水土流失的加剧,增加了太湖中的泥沙含量,从而导致清代太湖以东水文和生态的变化,以及湖滩地的快速扩展。其中吴江长桥一带的变化最为显著。例如,在吴江长桥以南,由于运河各段塘路的水流环境不同,湖田发展的情况也有不同。徐大业在"条

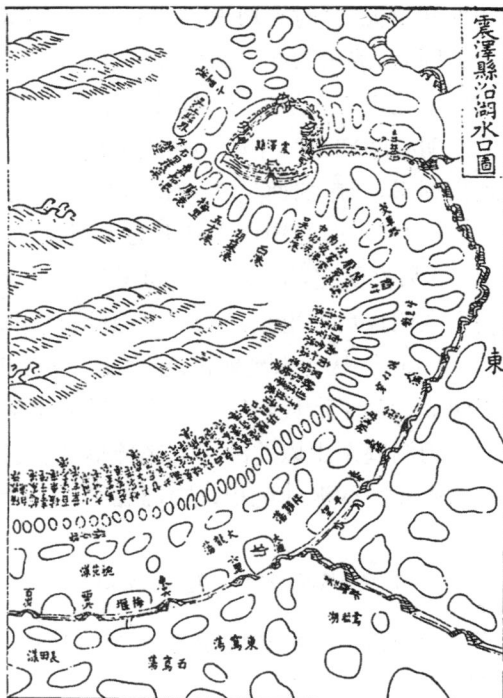

图 2-4　太湖东部河港与湖滩地

图片来源:［清］金友理:《太湖备考》,第24页。

陈修塘事宜略"中说,过去吴江塘路以南的塘岸是用石砌还是土筑,主要取决于风浪冲击的强度。① 清代淤地扩展,早期石塘距湖已远,湖浪拍岸情形不再,许多石塘已经被圩田或淤地包围。石塘以内形成许多湖泊和湖田,菱草路、牛毛墩、浪打穿和唐家湖一带都是湖田区。(图2-4)据金友理《太湖备考》记载,牛茅墩开始时仅是东湖中的一个小墩,后来逐渐淤积成田,清末"周围二十余里尽为膏腴,其卑下者,亦皆低田芦苇,并无湖形"。尽管原有的石塘仍作运河堤岸之用,但塘石缺损处用土填筑即可,不必再用石块补修。因为"今两面皆膏腴,无冲激之患",石塘已不重要。② 随着湖田的发展,河网逐渐形成,而石塘损毁,泄水窦也大量废没。为排泄太湖洪水,"多增水窦,为最要急"③。

湖田形成之后的主要治理措施是疏通支流。明代沈启曾指出湖田支河的作用:"右自牛茅墩至此为东南泄水第一要处,其间支河漫衍,介然用之,则通;间然舍之,则塞。"④由于出水河港清淤疏塞的作用,吴淞江的主流从吴江长桥转移至瓜泾口。瓜泾港在明代时"阔二十五丈,东入吴淞江",清时"阔处三十二丈,狭处亦二十余丈,盖此处为吴淞北口"。⑤瓜泾口在吴江长桥的北部,水流转移使吴江长桥附近的来水减少,淤塞因此加强。湖滩田形成初期并不稳定,时有坍塌,但随着环境变化和人工治理,坍塌一般会逐渐减少。同时,涨田却在不断增加。在淤涨大规模向西扩展的同时,太湖东岸湖内分化出许多横向河网,吴江上游一带七十二溇的环境也发生很大变化。从明嘉靖四十三年(1564)成书的《吴江水考》看,当时吴江和震泽镇等已远离湖岸,塘岸西面吴江南和稍东的南湖、东湖已成平陆。乾隆《震泽县志》卷二记载:"向时湖塘之外即为太湖,今塘外浮涨成田者,近者一里,远者三里。"⑥另据研究,平望、震泽间早期有众多湖泊与太湖隔开,震泽和平望距湖岸在明代后期也只是二三里,到清代明显扩展,少则七八里,多则20里以上。⑦ 可见,从元末到明清之际的二三百年间,吴江塘路以西湖滩地的淤涨很明显。到了清代,吴江、震泽一带的湖滩田扩展进一步加速。

因为洞庭东山以北的广大区域早就有淤塞和湖田产生,东、西洞庭山和苏州西南丘陵的泥沙沉积,使其间的广阔水面缩小,形成著名的大缺口。随

---

① ③ 〔清〕倪师孟等:乾隆《吴江县志》卷四十三"经略三·修塘",《中国方志集成》"江苏府县志志辑"(20),第204,205页。

② 〔清〕倪师孟等:乾隆《震泽县志》卷二十八"经略一·治水一",《中国地方志集成》"江苏府县志辑"(23),第262页。

④ ⑤ 〔明〕沈启撰,〔清〕黄象曦辑:《吴江水考增辑》卷二"水治考下"。

⑥ 〔清〕沈彤、倪师孟撰,陈其弟点校:乾隆《震泽县志》,扬州:广陵书社2016年版,第46页。

⑦ 缪启愉编著:《太湖塘浦圩田史研究》,第52页。

着清代太湖大缺口的缩狭、淤封和东太湖的形成,湖水不能直趋吴江十八港下泄,而是要绕过洞庭东山进入东太湖,水流迂回散漫,冲淤无力,导致下游河港淤积加速,"涨浮于坍"的趋势尤为显著,滩地湖田的扩展加速。同时,大缺口的合拢使得东太湖地区因相对封闭而变得风平浪静,茭、芦等耐水植物大量生长,也促进了湖滩和湖田的形成。也就是说,明代以来尤其是清代吴江塘岸全线以西及平望附近的頔塘以北,环绕太湖涨出的土地在不断增加,而东太湖地区的水流、植被和淤塞状态都对湖田的产生具有关键作用。①

2. 吴江、震泽溇港圩田的形成及其影响

东部环湖滩地的淤涨为湖田开发创造了条件,也促成了滨湖地带溇港圩田系统的形成。

前已述及,吴江塘西的湖滩元明以后才比较稳定地扩展开来,所以太湖东缘溇港开挖,晚于南缘和西缘。《吴江水考》中已载有"吴江十八港"和"震泽七十二港",故推测它们大约形成于明代中叶以后。其中前者北起瓜泾口,南至八坼镇大浦港,有河港 18 条;后者北起大浦港以南,至吴江塘岸的终点平望,再折向西南到达江浙分界的胡溇(今属湖州里镇),筑成挖河港72 条。震泽七十二港环绕太湖东南,连通吴江塘和頔塘,其 2/3 以上属頔塘系统。随着滩地向湖面的伸展和治水围田活动的不断推进,这些溇港也在逐渐延长。② 据乾隆《震泽县志》记载,湖滩开始的时候是茭芦之地,时间久了就会被开发为稻田,"成田之后,必令通舟、戽水,于是每隔一二里疏港一条,潦则泄堵水以出湖,旱则引湖以溉田,皆土人为之以济溇旁田地者也。试观诸溇之内,有横塘一条,屈曲以贯诸溇其端"。③ 即溇港是为救济湖田而开发的,发生涝灾时可以泄水出湖,天旱时可以引湖水灌溉;各个溇港的前端还用横塘贯通起来,便于更好地排灌和航运。这种横塘纵溇的布置形式,据说源于湖田开发较早的湖洲、嘉兴一带。先纵溇后横港,再加上置闸,这一配套的水利措施推动了湖田区水道网络的形成以及圩田建设,同时也改变了当地的水土环境和农业生产面貌。

在东太湖西部和北部,清乾隆年间太湖大缺口以北为湖田淤积区,但尚未连成片,横泾平原仍由许多淤陆所构成,相互之间被大片水面所隔开。湖田扩展一方面推动横泾平原淤陆扩大,也推动大缺口闭合。1830 年前后,

---

① 王建革:《清代东太湖地区的湖田与水文生态》,《清史研究》2012 年第 1 期。
② 郑肇经主编:《太湖水利技术史》,第 108 页。
③ [清]沈彤、倪师孟撰,陈其弟点校:《乾隆震泽县志》卷二,第 46 页。

横泾平原大扩展，大缺口也淤合，东山岛与苏州成为一体的半岛。[①] 洞庭东山以前孤立地位于湖中，与苏州西南山丘隔着广阔的湖面，两边淤涨才形成看似缺口的近千丈湖面。到了清初，这个大缺口仅有 56 丈，水流湍急。[②] 泥沙的淤积使大缺口逐步缩狭淤塞，以至完全闭合，中间只剩一条普通河港。[③] 此后，东太湖湖流更加平稳，西部湖田区连为一体。随着大缺口的淤塞，西太湖与东太湖隔离，横泾平原也由原来的连片滩地湖田，发展为圩田系统。

在太湖东南缘、吴江西南，儒林六都（今苏州市吴江区七都镇）东西 12 里，南北 5 里，属于沮洳之地，这里的湖田形成、演变及其利用过程有一定典型性。"其在滨湖，尤易淤塞。盖当北风震荡，浊流内灌，迨恬水退，则清水去而淤泥留，每岁所积不下尺许。况六都一区又适当西北风腾涌之冲乎！是以港之宽者变而狭，深者变而浅。而人贪种植，又从而帮填之。遂使昔日之支河，今悉化为平陆矣。"[④]据乾隆《儒林六都志》"水利"记载，儒林六都北境有排水溇港 12 条，南境有王家漾等 18 个荡漾，但由于泥沙沉积和湖滩围垦，溇港及荡漾多有淤塞，必须每年疏浚才不至于全淤。

初垦的湖田土壤有较多的腐殖质，"种植水稻，不须施肥，但地势过于低湿，不宜麦作，年仅稻熟一熟，余则任其休闲"。[⑤] 湖田经多年垦殖，形成稳定的圩田系统之后，有了圩岸保护和溇港配合，既可以种稻，也可以养鱼栽桑。另外，湖滩地开始围垦时，豪强大圩起主导作用，当圩田发展到一定程度，就被逐步筑为小圩。清乾隆时期，儒林六都的圩田已基本是小圩，圩岸广泛填土植桑。"栽桑育蚕，湖郡最盛，里与之邻，故蚕桑独重。然唯湖溇、薛阜等处桑最繁茂，下无寸草，上无附枝。时去其木之蠹，而厚以培之，枝大而长，叶泽而厚。一亩之地，收桑常两千余斤，可饲蚕十余筐。"在吴溇以东及南乡各圩，因为管理不够精细及地势低洼、桑根浸水等原因，桑叶产量较低。[⑥]

桑树不耐水湿，圩岸栽桑，既可以培壅固岸，也可以促进湖田土壤淤高。经过长期经营，儒林六都圩田泥积土高，有能力抵御大水灾。"邑号称泽国，厥田下下，故农民不苦旱而苦水……独吾里土势甚高，又皆小圩，无有合二

---

①　潘凤英：《太湖东山连岛沙坝形成的探讨》，《南京师院学报》（自然科学版）1981 年第 2 期。

②　[清]吴庄：《豹留集》"大缺口水利论"，清乾隆刻本，第 56 页。

③　缪启愉编著：《太湖塘浦圩田史研究》，第 56 页。

④　[清]孙阳顾纂，吴江市七都镇人民政府等编：乾隆《儒林六都志》，扬州：广陵书社 2010 年版，第 14 页。

⑤　徐伯符：《太湖湖田之研究》，载于萧铮主编：《民国二十年代中国大陆土地问题资料》（第 74 册），台北：成文出版社 1977 年版，第 39243，39300 页。

⑥　[清]孙阳顾纂，吴江市七都镇人民政府等编：乾隆《儒林六都志》"土田"，第 12 页。

三千亩为一圩者。圩小,则人力易齐,而便于车救。土高,则小水难犯,而常获丰收。又刈稻之后,得以广种菜、麦、蚕豆,以为春熟。"①圩田小,进出水方便,有利于土壤培肥,适宜种植水稻和各种经济作物,实现高产而高租额:"湖滨业地租价,上者每亩三两,次亦二两五六钱。近因地货价贱,每亩以二两为断,水旱无饶。桑地于蚕毕取租,业地则于冬底取租。"②

吴江一带的溇港圩田是当地民众与不利自然环境长期抗争的产物,在当时的技术条件下,其修筑和维护极为艰难。吴江地区水高田低,田面常与河底相平,低洼地甚至低于河底。大面积围垦湖田,要付出艰苦的劳动。溇港圩田的开发,一般是乘冬季水浅而湖滩显露时,抢筑围塘,挡住外水,同时开挖溇港,用以排灌和运输。因为在滩地淤积基础上开挖形成的湖田河网有网无纲,不能稳定地发挥排蓄作用,多依赖政府和乡村的水利兴修来维持其运行。圩田筑成后,需要建立相应的组织与管理制度,如推选塘长圩长,组织"大棚车"制度,建立"岁修"制度,订立禁约等。否则,就难以战胜天灾人祸,发挥圩田的生产效益。

另一方面,在自然和人为因素的双重作用下,伴随着吴江塘路溇港圩田系统的开发,太湖水下泄不畅,河港淤塞,洪涝灾害频发的现象有所加剧,从而给官方治水和航运带来巨大困扰,这些地区的湖田围垦也长期为政府所禁。"吴郡之水,不患其源之不通,而患其流之不泄。凡苏松兴利之处,即吴兴去害之由。"③太湖源委是否通畅,与苏松杭湖诸郡利害攸关。吴江、平望一带的岸西出水口日益淤狭,宣泄不利,洪水时节会抬高太湖水位,造成大面积洪涝。因此,谋求解决溇港圩田发展过程中太湖出水口的畅通问题,明代以来官方和民间都曾做了很多努力。④ 20 世纪 50 年代以后,随着现代化机械工程及水利技术的使用,以及太浦河和望虞河的开通等,太湖流域东部的疏水防洪能力大为提升,泄水加快,这里的洪涝问题才逐步得以解决。但其负面影响是当地的水流状态及水环境发生了明显改变,相关的农业生态景观也趋于消失。⑤

总体而言,溇港圩田系统的创建,使环湖肥沃的淤滩得到了开发利用。它与塘浦圩田异曲同工,相互补充,促进了太湖地区田地的拓展和稻桑生产的增

---

①② ［清］孙阳顾纂,吴江市七都镇人民政府等编:乾隆《儒林六都志》"土田",第 10,13 页。

③ ［清］王凤生纂修,梁恭辰重校:《浙西水利备考》"湖州府水道总说",据道光四年修,光绪四年重刊本影印,《中国方志丛书》,台北:成文出版社 1983 年版,第 126 页。

④ 郑肇经主编:《太湖水利技术史》,第 110 页。

⑤ 王建革:《太湖流域的治水传统与水生态文明的承传》,《云南大学学报》(社会科学版)2019年第 3 期。

加,成为江南农业持续发展的一个新增长点。[1] 后人反复称道的江南"桑基鱼塘"和"桑基圩田"农业生态系统,就是在溇港圩田基础上发展起来的。

第三节　圩区水利规划与圩田治理举措

千百年来,太湖地区官民将治田与治水相结合,历经艰辛,不断探索,在圩区的分级分区控制,圩内圩外水系调配和内外水面安排等水利规划方面,积累了丰富的实践经验,以尽力满足防洪除涝、灌溉以及航运等各方面的需要,促进农业生产发展。

一、圩内分区分级控制措施

前已述及,与社会经济条件和水环境的变化相适应,明清时期太湖地区的圩田规模已小圩化。不过,分割小圩使水系进一步紊乱,而且小圩堤防标准不高,工程多不配套,防御洪涝的能力较弱,常难以经受狂风暴雨的袭击。这样,人们在圩区规划和圩田治理的实践中,就要想方设法克服这些弊端,抗御自然灾害,保障农业生产的顺利进行。

(一)"径塍"和"戗岸"修筑

明清时期,太湖东缘水流出路淤浅阻滞,泄水不畅,圩区洪涝威胁趋于严重。一般而言,圩内土地比较平坦,但不免有高低起伏。大雨时行,高地径流向低区汇集,低地排涝负担加重;雨过天晴之后,高地径流流失,河水低落,引灌困难。有时堤圩一二处进水,猝不及防,殃及全圩,俗名"走圩"[2]。为了做到主动防御,保障粮食收成,当地民众摸索出一套具有分区分级控制作用的圩田排水工程措施。(图 2-5)

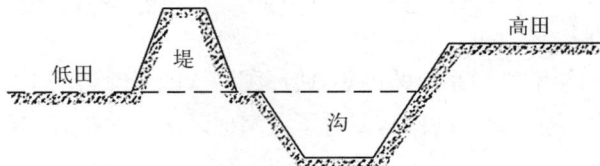

图 2-5　分级控制堤岸示意图

图片来源:郑肇经主编:《太湖水利技术史》,第 122 页。

---

[1]　王建革:《清代东太湖地区的圩田与水文生态》,《清史研究》2012 年第 1 期。

[2]　[清]孙峻、[明]耿橘撰,汪家伦整理:《筑圩图说及筑圩法》,北京:农业出版社 1980 年版,第 11 页。

明代中期,何宜《水利策略》总结:"凡围内有径塍者,遇涝易于车戽,是以常年有收。"他提出的"径塍"修筑要求是:田户凡是大围有田地三四百亩者,必须修筑径塍一条;五六百亩者,须筑径塍二条;七八百亩者,都应加数增筑。[①] 照此规划,大致每 200 亩筑堤岸一条,以便进行分区控制。后来适应小田块排灌的需要,径塍布置增多。据康熙《归安县志》所载范碛《水利管见》所言:"每田五六十亩或百亩,即筑一大塍,间隔彼此。"这样更利于分区防涝,避免因局部水灾而影响全圩。

因自然和人为因素的影响,圩区各方圩田的圩形和地势极为复杂。如耿橘《常熟县水利全书》所言,有四周高中间低的"仰盂圩",有中间高四周低的"复盆圩",有半边高半边低的"倾斜圩",还有高低弯曲各不相同的"不等形圩"。圩形地势复杂就会带来各种各样的旱涝矛盾:下雨时高水低流,加重低地除涝负担。因此,耿橘提出圩内分区控制应随地形高差分别修筑戗岸:"圩田无论大小,中间必有稍高稍低之别,若不分别彼此,各立戗岸,将一隙受水,遍围汪洋。"防治办法是"围内细加区分,某高某低、某稍高、某稍低、某太高、某太低,随其形势截断,另筑小岸以防之"。[②] 明代周孔教《浚筑河圩公移》:"一圩自分旱涝,必用戗岸以分之。戗者,隔别彼此之名。"[③]清代青浦人孙峻于嘉庆十八年(1813)写成的《筑圩图说》进一步说明"戗"的含义:"纵横条直,有捍格左右、不通高下之势,名抢。"这里的"抢"同"戗","戗岸"即分级控制的堤岸。

圩内分级控制的岸线修筑,依据地势高差情况而定,一般分为高、中、低三级。要求在高田外缘开沟取土,低地外沿培土筑堤,这样既可以解决筑堤的土料来源,又为高片开拓了调蓄库容,一举两得。各级岸线修成后,低田被围在戗堤内,戗堤外侧有截水沟环绕,"外沟以受高田之水,使不内浸;内堤以卫低田之稼,俾免外入"。(图 2-6)同时,圩内有

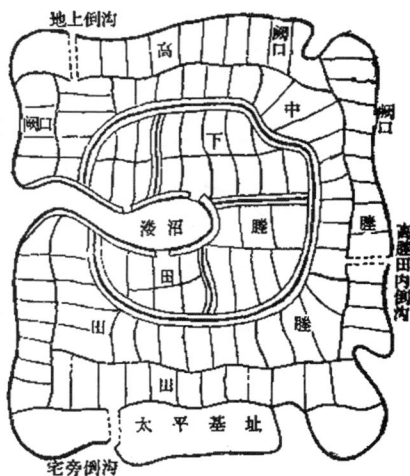

图 2-6　仰盂圩分级分区控制示意图

图片来源:郑肇经主编:《太湖水利技术史》,第 123 页。

---

①　[明]姚文灏编辑,汪家伦校注:《浙西水利书校注》,引录《何布政宜水利策略》,第 98 页。

②　[清]孙峻、[明]耿橘撰,汪家伦整理:《筑圩图说及筑圩法》,第 17 页。

③　[明]方越贡修,陈继儒纂:崇祯三年《松江府志》卷十七"水利中",《日本藏中国罕见地方志丛刊》,北京:书目文献出版社 1991 年版,第 452 页。

了防洪系统，也有利于遭遇洪涝时分区抢救，保障全圩安全。耿橘曾说，实现了分区分级控制的圩田，"旱涝有救，高下俱熟，乃称美田"。①

（二）仰盂圩的"围截"与"分抢"

就圩内地势高低分布情况来看，大多数圩子四周高，中间低，形如仰盂，故称"仰盂圩"或"釜形圩"。仰盂圩地形复杂，旱涝矛盾突出，尤其是处于圩心的锅底田，高水下压，排水较难，涝渍威胁更大。孙峻的《筑圩图说》，系统总结当地运用"围""抢"设施，治理仰盂圩的实践经验。（图2-7,2-8）利用圩心洼荡作为滞涝区，并从圩心低陷处开挖溇沼，直通外河，以便于蓄水和泄洪："旱年坝塞溇口，留水灌溉；水年开通溇口，泄水耕作"②。具体措施包括两个方面：

第一，"围""抢"工程。首先圩田外围堤岸要高厚坚实，然后按照地势高差，将田地分为高塍田、中塍田和下塍田三级，分别修筑岸塍，使各级田块自成高低不同的独立区段，以便进行梯级控制。每级田地又修筑小塍岸，以20亩、30亩为一区，或10亩、15亩为单元，分格控制。这样，就使得"高低围截"和"大小分抢"互相配合，达到排灌自如、水不乱行的效果。

图2-7　圩内有塘有抢易戽救图
图片来源：据［清］孙峻《筑圩图说》绘。

图2-8　圩内有塘无抢难戽救图
图片来源：据［清］孙峻《筑圩图说》绘。

第二，分级分区排水。圩内三级田地，下塍田地势最低，处于圩心，称为"锅底田"，其外围堤岸要两面培筑"畔岸"（即子岸）进行防护。下塍田外围不开缺口，从圩内低洼处疏凿溇沼通外河，溇口设闸启闭，可控制蓄水并泄

①②　［清］孙峻、［明］耿橘撰，汪家伦整理：《筑圩图说及筑圩法》，第9,18页。

洪。中塍田的积水不排入下塍田，也不经过下塍田排出，而是通过在上塍区开挖倒沟排出圩外，称为"倒拔中塍水"。上塍田处于全圩外缘，全部依赖圩岸防护。若一二处进水，就会害及全圩，俗称"走圩"。所以，外圩堤岸必须通体高阔坚实。高塍区积水不向中塍或下塍区排放，而是由外围所开挖的缺口排出，称为"撤除上塍水"。

通过以上措施，使各区水系自成体系，达到高水高排，低水低排，高低分开，互不干扰的效果。如果外潮汛涨，不能自流排泄，分区分格控制设施也便于分区进行戽救。孙峻《筑圩图说》还对分级控制的实际效益做了对比。（图2-7,图2-8）书中将水稻禾苗被淹程度形象地分为八种情况：（1）"青绿依然"，指未受水淹影响；（2）"没稻眼"，指稍被浸淹；（3）"露梢"，早稻苗，生长得力，水浸淹虽深，而苗梢挺露在外，安然无恙；（4）"蚂蝗搭"，水淹之后，苗叶上粘着薹草，"水退随薹而落，如蚂蝗之搭于泥上，为蚂蝗搭"；（5）"游青"，稻苗遭水淹后，软弱无力，水退去之后漂浮在水面上，故称；（6）"水里苗"，苗在水下；（7）"水底耗"，苗在水底已经腐烂；（8）"杳没无踪"，汪洋一片，无可救治。由上图可知，有"抢岸"控制的圩田，水淹后可及时戽救，除很少部分属于"水底耗"以外，其余基本有收，而且大半稻苗受害较轻，影响不大。而无"抢岸"的情况就大不相同，中塍以下稻苗全部被淹没，高塍田受害也很重，且因无抢岸分格控制，难施戽救。

据《筑圩图说》序，孙峻曾在家乡孙家圩下区荒塍试行"围""抢"控制，效果显著。此后，他的治田办法在全县推行，低洼荒地全部变为良田，当地近30年没有发生水灾。道光二十九年（1849）大水以后，孙峻的方法废而不用，结果低区灾荒又开始频繁发生。同治八年（1869）春季，青浦低区再行修圩，因无"围""抢"分级控制，五月大雨，圩田受灾严重。"乡民日夜戽救，呼号迫切"，天晴水退之后，每天报灾者达数十上百人。"询其圩岸，则云不没也；问其田畴，则云被淹也。"①这反映出仰盂圩有无"围""抢"控制措施，利害差别很大。

（三）水车戽水与大棚车排涝

太湖圩区地势低洼，即使人们修筑了各种抗御洪涝的水利工程，但大雨时行，圩田涝灾仍难以避免。为了尽快排除农田积水，及时播种或挽救稻苗，人们必须尽力戽水，有时还要把很多水车集中起来，组织民众加快戽水除涝，形成"大棚车"制度。

---

① ［清］孙峻、［明］耿橘撰，汪家伦整理：《筑圩图说及筑圩法》"陈其元序"，第1页。

1. 水车戽水救稻

在太湖圩田区尤其是湖田区,在春夏雨涝涨水,农田往往成为一片汪洋。而这个时节正是稻田的秧苗期,稻苗对淹水敏感,农民应对涝灾的办法先是水车戽水,然后采取其他措施。

在太湖岸边,民众的经验是"如果水太多,淹过'稻眼'时,稻就会淹死"。"稻眼"位置是在水稻上方叶与茎的连接点,在大多数时期内,这里就是孕育幼穗的部位。当地人认为这部分被淹了,六七天之内,稻就会枯萎。从栽培学上讲,正在分化的幼穗往往处于花粉母细胞的减数分裂期,这时的细胞对呼吸作用极为敏感,这一部位被淹六七天,生殖生长基本上就会停止。即使水退后成科长穗,也是不结实的空穗。夏秋之季,从稻穗分化期开始,水稻对水淹的敏感期就开始了。稻穗分化期淹水 10 天,颖花分化受到抑制,稻穗虽可伸长,但不能出穗结实;在孕穗期,淹水 6 天就会使大部分水稻不能出穗;到出穗期,淹水 2—4 天,出水后尚能开花结实,6 天以上,因花粉、花药死亡,出水后虽开花不能授粉,最后使穗子枯干不实。所以,越到生长后期,水稻对水灾越敏感,灾后的排水也越发重要。① 在低地湖田,一旦成灾,往往难以恢复生产。

明人致力于修圩筑岸,圩田系统逐渐完善,人们主要依靠水车戽水救苗,过程极其艰辛:"五月风雨大,潢潦卑莫受。田稚俯就没,浊浪扼其首。排濯灡荡间,性命存亦苟……掘土窒渗塍,倩车仰邻佑。督戽靡日夜,救死岂容久。并力役老少,足茧筋亦纠。水面青针芒,稍出九死后。"②意思是说,五月发生涝灾,老百姓拼命车水排涝,日夜不停,挽救灭顶濒死的秧苗。

2. 大棚车排水

明代永乐年间,浙西洪灾频发,户部尚书夏原吉奉命治理。在防洪除涝过程中,夏原吉曾采用集中水车,加快排除田中积水的方法,并作《踏车叹》一诗,感叹农夫车水排涝的艰辛:"东吴之地真水乡,两岸涝涨非寻常……车兮既集人兮少,点检农夫下乡保。妇男壮健记姓名,尽使踏车车宿潦。自朝至暮无停时,足行车转如星驰。粮头里长坐击鼓,相催相迫惟嫌迟。乘舟晓向车边看,忍视艰难民疾患。"③据诗中描述,河道疏浚之后,民众随即面临排除圩田积潦,恢复生产的问题。地方政府为此调集了大量水车,但踏车人手不足。于是,从农夫、妇女到乡保,都被粮头里长动员和组织起来,去踏车

① 丁颖主编:《中国水稻栽培学》,北京:农业出版社 1961 年版,第 471 页。
② [明]沈周:《石田诗抄》卷九"悯禾",影印文渊阁《四库全书》本第 1249 册,第 705 页。
③ [明]陈威、俞时修,顾清纂:正德《松江府志》卷三二,《天一阁藏明代方志选刊续编》第六册,上海:上海古籍书店 1990 年版。

排水。踏车之民，竭尽全力，昼夜不停，饥饿困乏至极也不得休息，粮头里长还嫌车水缓慢，不断催逼。夏原吉还感叹说，来日一定奏报朝廷体恤老百姓，还要让那些饱食终日、无所事事的人去扶犁耕田，体验农夫的艰辛。

明宣德年间周忱巡抚江南，实行"大棚车"戽水法，亦为后世所推崇。明弘治《吴江志》记载：

> 吴地平夷，尽为田，略无旷土，然滨江傍湖最为低洼。凡春夏之交，梅雨连绵，外涨泛滥，淹没随之。农家结集车戽，号为大棚车。人无老幼，远近毕集。往往击鼓鸣柝以限作息，至有累日连月，朝车暮涨，而不得暂休者。故乡民每见经旬之雨，皆蹙頞……周文襄公巡抚之时，令概县排年里长，每名置官车一辆。假如某都某围田被水淹没，则粮长拘集官车若干辆，督令人夫并工车戽，须臾之间水去皆尽。而又官给口粮以赈之。自文襄公去后，不复有此良法矣。[1]

从组织方式来看，周忱的做法与夏原吉的集体踏车并无实质差别，也是由粮长召集排年里长，把水车集中起来进行排水作业。不同的是，周忱时政府令排年里长置办官车，并给予车水农民相应的口粮赈济，故又称"官车法"。这样的措施也只是在周忱手里实施过。而不管有没有官方支持，太湖圩区这种集中人力水车排水的形式及场景，却长期存在着。因为圩区稻田一旦发生水灾，往往需要通力合作戽水，才有可能挽回部分损失。

乾隆《吴江县志》所载"江乡水旱谣"有水旱交替以及大棚车戽水的景象：

> 吴江滨湖地最下，农夫终日无闲暇……入冬便怕春水多，添修圩岸纷奔波。那知徂夏天不雨，火云晒裂田中土……东港西泊看渐涸，桔橰鸦轧空闻声。雨工懒眠呼不起，秋针初长半干死。幸留强半过黄梅，私心只愿瓜皮水。连旬一雨忽凭陵，潮头日挟狂飚增。斗门渐没少救策，忧潦还如忧旱迫。村村催踏大棚车，依旧号呼晨至夕。昔车入，今车出，出入何曾有了期。[2]

---

[1]　[明]莫旦：弘治《吴江志》卷六"风俗"，据明弘治元年刊本影印，台北：台湾学生书局 1987 年版，第 233 页。

[2]　[清]倪师孟等：《吴江县志》卷五十"集诗"，据清乾隆十二年修石印重印本影印，《中国方志丛书》，台北：成文出版社 1975 年版，第 1443 页。

上文反映出，清代吴江一带水稻生产既忧旱又苦涝。当时湖田扩展，泥沙淤滞，许多河道淤塞，春旱时无水灌溉，而夏天又接着发生雨涝，排水不畅，圩田很快被淹，人们只好用大棚车车水救灾。

清康熙二十七年（1688）张圆真《乌青文献》卷三："遇大雨连绵，河水泛滥，则集合圩之车，戽水以救，谓之'大棚'，北乡为多。遇亢旱水涸，沟浍先干，则用长车递引溪河之水，传戽入田，谓之'打缠'，南乡为多。"清光绪《光福志》卷一"风俗"记载："积水之地，层层以水车踏动，递相引水，以达于田。故每举，人以百数，车以二十数，俗谓之'踏塘车'"。[①] 明清时期，一遇到雨涝灾害，太湖周边的农民往往会动员起来，组织水车，相互协助，集体排水保田。集结起来用于排水的水车队，一直被人们称为"大棚车"。

二、圩内河网布置与圩外水系调整

圩内河网和圩外水系是一个整体，它们之间是矛盾统一的关系。不过，历史上的圩田内外河网的关系常常遭受破坏，导致圩田难以发挥应有的效益。明清时期，太湖地区民众努力谋求内外河网的合理配置，以图解决洪涝与干旱之间的矛盾。

（一）圩内河网布置与排灌安排

圩内河渠与圩堤、斗闸三位一体，是保障农田水利的基本设施。圩内河渠担负滞涝、灌溉和田间运输任务，河网布置合理，有利于防治水旱灾害，促进农业生产。《吴江水考·水治考》称，如果圩内无一定的河渠配置，成为大片实心田，则"旱涝俱病，车戽苦之"。

对于圩内河网的布置，耿橘《筑圩法》不仅提出"因形制宜""相度地势"的原则，还制订了具体规划，要求按照圩内地势点，配合分级岸线，"或开十字河，或丁字、一字、月样、弓样等河"，河道条数视圩田大小而定，"小者一道，大者数道"；河道两端通到圩堤，并于河口要害处建闸，主动控制蓄泄。[②] 开河和戗岸应同时进行，即用挖河所取泥土，就地修筑戗堤。圩内河网布置，还涉及圩内水面安排或蓄水灌溉问题。对圩内水面占多大比例较为合理，历来说法不一。明代金藻《三江水利论》就太湖平田提出 1/10 的蓄水比例："大约有田十亩，开池一亩，有田一顷，开潭十亩，平时可以养鱼，旱月可以救稻。"明代俞汝为则从抗御大旱的角度出发，提出更高的蓄水标准：

---

① ［清］徐傅编，王金庸辑补《光福志》卷一"风俗"，据光绪二十六年修，民国十八年重印本影印，《中国方志丛书》，台北：成文出版社 1983 年版，第 63 页。

② ［清］孙峻、［明］耿橘撰，汪家伦整理：《筑圩图说及筑圩法》，第 18 页。

"细访老农云,每十亩之中,用二亩为积水沟,才可救五十日不雨。若十分全旱年分,尚不免于枯竭,况一亩乎？大抵水田稻苗,全赖水养。"①圩内沟渠池荡,既要用于蓄水灌溉,又要调蓄雨涝,情况比较复杂。从灌溉角度看,圩内水面积大,有利于雨时滞涝,旱时引灌;而蓄水面积过大,挖废耕地过多,就会降低土地利用率。

总之,湖圩区河港纷歧,主要问题在于涝渍危害。所以,圩区水利重点是深浚河网,合理调配圩内外水面积,以便更好地排水除涝。

（二）圩外水系治理与水源利用

圩区外河的作用也是多方面的,包括排水、引水、调蓄、航运等。圩内工程效益的发挥,离不开圩外水系的治理。唐五代时期,太湖圩田区横塘纵浦交织,塘浦深阔,圩内圩外行水畅通,涝排旱灌,圩外河网较好地发挥了农田水利功能,保障了作物收成。北宋以后,圩外塘浦毁坏、水系混乱,应是太湖圩区洪涝灾害频繁的重要原因之一。加之宋以后政府治水侧重入江入海河道的疏浚,而对圩区内外河网未作统一筹划,致使圩区内外水流不通,洪涝问题难以得到有效解决。

前已述及,宋代以来太湖圩田普遍小圩化,这使得水系更加紊乱,且小堤圩的防洪能力明显降低。于是,明代耿橘主张联并小圩,建立大圩之制。对于改造小圩时外河网的布局与治理问题,耿橘主张在原有骨干河道之间,联圩并圩,并以原有河道作为圩外河渠,以利滞洪排涝。针对当时河流治理"抱干遗枝"的倾向,他提出干支并举的意见。因为圩田大多依附支河,圩外支河与圩田的排涝、引灌效果关系更大。如果只治干河而不浚支河,天旱时干河水很难逆上进入支河,雨涝时支河又排水不畅。他还用树木枝干来比喻河流,说树木千百枝叶皆附于一干而生,看似主干为重,然而"敷叶、开花、结子,功在于枝"。②耿橘认为,圩外河渠的治理,必须由干及支,干支并举,二者配套进行。这样,圩内外干支河网才能保持行水畅通,发挥应有的作用。

就稻田灌溉来说,太湖圩区水源丰富,但并非任何时候都能满足生产需要。在当地蓄水不足时,也须从江、湖引水。耿橘总结当时的农业生产经验,指出灌溉用水以湖水为好,所谓"水利,用湖不用江为第一良法"③。因为江水混浊,江潮浮沙淤垫河流,又渗害苗心,而且潮位有涨有落,水源不稳

---

① ［明］徐光启撰,石声汉校注,石定枎订补:《农政全书校注》卷十六,第459页。

② ［明］张国维:《吴中水利全书》卷十六《耿橘议浚白茆等河浦申》,影印文渊阁《四库全书》本第578册,第604页。

③ ［清］孙峻、［明］耿橘撰,汪家伦整理:《筑圩图说及筑圩法》,第22页。

定;湖水澄清,水源稳定,底泥淤腐,通湖河沟还可罱泥肥田,田愈美而河愈深,能够防止河沟淤塞。他还举例说,常熟县南一带用湖水灌溉的效益,明显优于东北沿江用江水灌田的效益。因此,耿橘强调深浚河浦,"取湖水无穷之利"①。

与上述圩田排灌以及圩内外河渠治理的历史相关,近年来王建革教授对历史上太湖圩田区的水流及水环境问题做了深入研究,提出当代水利建设应借鉴古人"活水周流"的整体治水经验。他说:五代时期的塘浦圩田水利体系,使太湖以东形成全局式的活水周流形势。宋代以后,吴江长桥的修建和大量小水体的开发,使整体性的水周流受阻。在官方疏浚和治理下,仍存在活水周流的局部环境。明代黄浦江承担主要的太湖出水水流以后,治水者试图恢复局部活水周流局面,解决死水化和旱田化问题。20 世纪 50 年代以来,太浦河和望虞河作为太湖入江通道,缩短了水流的回流路线,联圩体系取代了圩外河的自流。在现代工业化背景下,封闭的圩田和水网造成了当地水系的死水化和污水化。今人若能借鉴历史经验,在一定程度上恢复古代的活水周流,应有益于水环境质量的提高以及水景观的改善。②

三、圩堤修筑与养护技术

圩区的规划要通过水工技术来实现,其主要包括修圩、浚河、置闸三个方面。明清时期,太湖地区圩堤的修筑、养护等都达到了较高水平。耿橘《常熟县水利全书》中"筑圩法"指出:"有田无岸,与无田同;岸不高厚,与无岸同;岸高厚而无子岸,与不高厚同。"③强调修堤之重要性,并总结了具体技术措施。

(一)圩岸、戗堤规格及其作用

圩岸或称堤岸,是圩田的根本。唐五代时期太湖地区塘浦阔深,堤岸高厚,防水排涝效果显著。宋代,高圩深浦的大圩制演变为民修小圩,修筑标准低,抗洪能力弱,导致涝灾频发。元代江浙行省督治圩田,规定了五等圩岸体式。明清时期,圩岸修筑标准较前代有所提高。

明代姚文灏弘治年间曾参与苏松、浙西治水之事,其《修筑圩垣事宜》记载了五等岸体式:田地比水面低者,圩岸底部宽一丈五尺;田地与水面相平

---

① [清]孙峻、[明]耿橘撰,汪家伦整理:《筑圩图说及筑圩法》,第 23 页。
② 王建革:《江南"活水周流"的历史经验与现实对策》,《云南师范大学学报》(哲学社会科学版)2018 年第 5 期。
③ [清]孙峻、[明]耿橘撰,汪家伦整理:《筑圩图说及筑圩法》,第 16 页。

者,圩岸底部宽一丈四尺;田地高于水面一尺者,圩岸底部宽一丈二尺;田地高于水面二尺者,圩岸底部宽一丈;田地高出水面三尺者,圩岸底部宽九尺。圩岸顶部面积和宽度比底部各减少一半,堤岸高度也以水为标准,内外面各离水八尺。① 清代的圩岸规格,大致与明代相同。② 明清时所规定的圩岸体式,指的都是正岸。而圩岸除了正岸之外,还有"畔岸"。畔岸即"戗堤",又称"子岸"或"附岸"。子岸一般筑在地势洼下和濒临湖荡的正岸背水坡,也有筑在临水坡的,有的甚至两侧都筑。子岸通常低于正岸顶高,多与洪水位相平,但顶、基部都较正岸为宽。子岸可作正岸的支撑,还能弥补正岸坡度之不足,增大堤防断面,达到抗塌防渗之目的。另外,正堤兼作道路,子堤不作他用,其上可以种植蓝等农作物。因为种蓝要经常培土,久之有利于固堤。

清代孙峻《筑圩图说》对修筑畔岸的作用有明确论述,并总结了有无畔岸的利弊:"低区所珍惜者泥土,下塘围抢诸岸,通体高厚,泥土莫给,畔岸事半功倍,易于措手。抑且高阔之岸,岸址必松,松则畔泄,卒救不效;畔岸卑下,人众践踏,牛羊蹂躏,故得岸址坚实,无畔水渗漏之虑。"③意思是低洼地区泥土很难获得,围岸抢岸通体高厚,但因泥土缺乏,修筑往往不够坚实;畔岸易于修筑,可以加固岸基较松的正岸,且畔岸较低矮,上面有牛羊行走践踏,使得岸基坚实,不用担心跑水渗漏。

(二)堤岸修筑

为了提高筑堤质量,保障堤岸坚固耐久,维护全圩安全,太湖圩区民众在筑堤技术和堤岸养护方面积累了丰富的经验。

1. 筑堤技术

太湖圩田区总体上比较平坦,但地势有起伏。当地民众因地制宜,根据堤工难易程度,采取相应技术措施,兴筑圩岸,保证工程质量。据《常熟县水利全书》"筑圩法"记载,堤工难易有三等:在水中修筑堤岸或两水夹堤者为一等堤工;平地筑堤为二等堤工;修补有些残破坍塌的旧堤岸为三等堤工。④堤工等级划分之后,先在施工难度较大的工段修筑一段岸式,以便各堤按照其规格进行修筑。

---

① [明]赵锦修,张衮纂,刘徐昌点校:嘉靖《江阴县志》卷九"河防记",上海:上海古籍出版社2011年版,第175页。
② 郑肇经主编:《太湖水利技术史》,第137页。
③④ [清]孙峻、[明]耿橘撰,汪家伦整理:《筑圩图说及筑圩法》,第11,16页。

就一等堤工而言,湖荡区水中筑堤极为艰难。沈括《梦溪笔谈》卷十三记载了北宋嘉祐时修筑至和塘,用木桩、竹席作夹板填筑泥土,在水中筑堤的技术。耿橘认为它有推广价值,专门予以总结,并提出一等堤工需要官府补贴经费,二等和三等堤工则利用民间筹集的水利款来修筑。

堤岸是否坚固,基础最为重要。耿橘说:"下脚不实,则上身不坚,务要十倍工夫,坚筑下脚。"[①]具体施工方法是堤身逐层填土夯筑:堤高一丈,下面五尺分十次夯筑,每次加土夯实后得五寸;上面五尺因承受水压较小,可分五次加土夯实。濒临湖荡和汇角等圩段,易受风浪冲击,夯筑要更为坚实,或者用石块驳砌。圩岸和隔堤上都要做好大小车水沟,并在水门置闸,避免临时破堤出水。

2. 取土措施

在低洼地区,筑堤最大的困难是无处取土。为了解决土源问题,古人主要采取以下措施。

一是开河取土。宋代郏亶《水利书》提出,古人修筑圩田,开挖的塘浦既阔又深,重要目的在于取土筑岸,而不是只为排除积水。明代何宜《水利策略》提出,修筑大圩岸时,苦于无土,可根据外河水深浅来确定取土方法,如果围外河水浅狭,就将河水车干取土;如果外河深阔,则将围内沟渠车干取土,浚河取土一举两得。明代嘉善人周鼎《水利议略》中说:本邑地势卑下,积旬淫雨辄内外交浸,若圩田内修筑隔水堤岸,遇雨涝时可以分区扞救,但问题在于修筑田塍时,无土可取。如果为了取土筑堤,"揭取旁近田面,才四五寸",田地就变得很瘠薄,难以种庄稼。周鼎提出,可在圩内开河取土,修筑堤隔,"或五百亩,或三百亩为率,凿深沟,广二丈,旁为塍,广八尺,袤一百二十丈,不过坏田四五亩,而四五百亩皆无内浸之忧"[②]。这样就以较小的代价,保障了全圩四五百亩田地的安全。

二是抽槽取土。在湖荡圩区,圩内河渠既多,溇港又深,田地也好像浮在水上,筑堤时几乎无土可取。对于这样的地区,耿橘《常熟县水利全书》中提出可先利用圩内菱芦草荡和不耕种的荒田瘠地挖土。若土源仍然不足,可在田内开挖临时沟洫取土。但临时沟应距堤脚两丈以外,以免因"岸高沟深,内外水浸"而造成堤岸坍塌。临时沟深度一般不超过二三尺,宁广勿深,这样以后容易填塞。临时沟开挖取土之后,必须当年在河外罱泥或在圩内

---

① [清]孙峻、[明]耿橘撰,汪家伦整理:《筑圩图说及筑圩法》,第18页。
② [清]江峰青等修,顾福仁等纂:《嘉善县志》卷二"水利",据光绪十八年刊本影印,《中国方志丛书》,台北:成文出版社1970年版,第49页。

挑土填平。①

三是"抽田肋"取土。如果确实需要在田内取土筑堤,方法更为讲究。若铲去田面肥土,田会变瘠薄;若深掘成坑,又妨碍耕作。于是,耿橘提出一种"抽田肋"方法:在田内"方一尺,取一锹",四散均匀挖土,形成像鱼鳞一样的浅坑。挖掘的小土坑,以后罱河泥填平复原。这种取土法的优点是"岸既筑成,河又浚深,田益加肥",缺点是用力多而见工少,不适合在土料用量大、工程任务紧的情况下采用。②

另外,修筑堤岸对土料的质量也有讲究。如果土料没有较好的压实性和防渗性,就达不到高厚坚实的筑堤要求。对此,《常熟县水利全书》总结了圩区民众选土用土的经验,提到当地不宜用来筑堤的三种土壤乌山土、灰萝土和竖门土及其性状缺陷,并总结了应对措施。

(三)堤岸养护与管理

堤岸筑成后,还要采取措施经常加以养护管理。因为长年累月的风吹雨打、水冲浪激,乃至人为破坏等,都可能导致圩岸坍塌损毁,从而难以持续发挥工程的应有作用。

1. 种草植树

堤岸种草,可以抵御风吹雨打和波浪冲刷。"永乐中,东南大水,命尚书夏忠靖公治之。其法:常以春初编集民夫修筑圩岸,取土于附近之田,以杵坚筑,务令牢固……又令民于岸上种蓝,不许种豆,种蓝则土日增而岸高,种豆则土随根去而岸日削也。"③只是人为破坏等因素,常使许多圩岸的植被难以维持。《芙蓉湖修堤录》中云:新筑堤岸"全赖草根蟠结,年久不致塌颓"。④ 圩岸上的草木,春夏季节不许樵采。冬春季节维护堤圩时,若临水坡没有崩塌现象,尽量不要动土修补,以免损伤原有草皮。明代弘治年间姚文灏在苏州主持修筑堤圩时,所立《昆山塘碑》记录了多首民间水利歌谣,其中《修圩歌》曰:"修圩莫修外,留得草根在。草积土则坚,不怕风浪喧。修圩只修内,培得脚跟大。脚大岸自高,不怕东风潮。"⑤

堤岸上栽植的树木,民间一般选择耐水湿、生长快的杨树、柳树。《吴江水考》记载:在圩岸之外约一二丈远的地方,制作栅栏,种植茭草和杨树,称为"外护"。风浪受到第一道栅栏绿植的阻拦,势头变弱,可以减缓对堤岸的

---

①② 〔清〕孙峻、〔明〕耿橘撰,汪家伦整理:《筑圩图说及筑圩法》,第19页。
③ 〔明〕方岳贡修、陈继儒纂:崇祯《松江府志》卷十八"水利",《日本藏中国罕见地方志丛刊》,第482页。
④ 〔清〕张之杲等修纂:《芙蓉湖修堤录》卷一"永禁碑",光绪十五年活字本。
⑤ 〔明〕赵锦修、张衮纂,刘徐昌点校:嘉靖《江阴县志》卷九"河防记",第177页。

直接冲击。崇祯《松江府志》:修筑圩岸,"经岁草生土实,三年增土,植杨向外,使根可匝岸,待其稍长,岁芟其枝,恐受摇动,岸善崩也"。① 为了防止树型过大,迎风招摇,撼动堤身,还要年年修剪树枝。面临湖荡的堤段,受风浪冲激较大,容易损坏,除了一般护堤措施外,还要在岸内修筑抵水岸,岸外增筑"护岸"。

2. 日常管理制度与维护措施

圩堤修成后,随即建立管理组织,推选塘长或圩长,并制定相应的维护制度。"塘长圩长,沿堤分岸,纠察巡警。岸之漏者塞,疏者实,冲者捍,坍者缮,低者崇,隘者培"②。塘长圩长在日常巡查过程中,发现圩岸出现问题要及时处理,防止"水走岸崩"情况发生。遇到大雨涝灾,塘长还要紧急组织"大棚车",防洪排涝。具体做法是"计田派人,计人派车,计车料水,建标立限,时验刻量,更番戽踏,日夜无休,聚散有时,催督有法"。③ 每年冬春农闲时节,塘长还要组织人力物力进行"岁修"。这种"岁修"制度,长期坚持,不仅维护了圩田安全,还创造出不少维修堤岸、消除隐患的技术措施。

圩区有的堤段因为施工质量不好,或因地基土壤松软,易发生渗水现象。白天将田中积水车干,晚上水又涨起来了,影响作物生长。明代何宜《水利策略》中记载了解决渗水的措施:在堤岸中心开掘一沟槽,深及外河的底部,随之罱取河泥,填到沟槽一半深度,待河泥稍微变干之后,用杵捣筑坚实;再次罱河泥填满沟槽,这样水就不会渗漏了。④ 这种挖沟槽罱取河泥填筑防渗的措施,曾在浙江吴兴地区长期沿用。年代久远的老岸,常因动物打洞穿穴而出现小漏洞。对小漏洞,也要求及时发现并填塞处理。⑤ 为了防止人为破坏,各圩在岸上竖立禁约碑,针对一些因私损公和危害圩堤安全的行为,严加禁止。清道光二十六年(1846)芙蓉圩所立"永禁碑",包括八条硬性规定,对圩田保护起到了积极作用。

总之,太湖流域地势低洼,河塘众多,利用好地理条件,修筑圩田,变水害为水利历来是当务之急。圩田建设需要综合规划、科学修筑、统一管理及有效维护才能更好地发挥效益。否则,圩田经济利益的相互争夺必然导致水利环境恶化、农业灾害频发。

---

① [明]方岳贡修,陈继儒纂:崇祯《松江府志》卷十八"水利",第482页。
②③ [明]沈启:《吴江水考》卷二"水蚀考",扬州:广陵书社2006年版。
④ [明]姚文灏编,汪家伦校注:《浙西水利书校注》,引录《何布政宜水利策略》,第98页。
⑤ [明]沈启撰,[清]黄象曦增辑:《吴江水考增辑》卷二,引录《郑樟华条例》,清光绪二十年吴江黄氏刊本。

第四节　大型圩田水利工程芙蓉圩的修筑与维护

　　芙蓉圩位于江苏无锡、武进、江阴三县之间,原为古芙蓉湖。芙蓉湖因湖中生长芙蓉而得名,又称上湖、射贵湖、无锡湖。它最早见于东汉《越绝书》:"无锡湖,周万五千顷。"[①]芙蓉湖的围垦成圩过程漫长,明清时进入一个新阶段,在圩田修建、维护以及用水管理等方面都形成了一定特色,可看作太湖流域大规模圩田水利工程的典型案例之一。(图2-9)本节在总结芙蓉圩修筑技术的基础上,主要从水利社会史的角度,阐述其维护与利用情况。

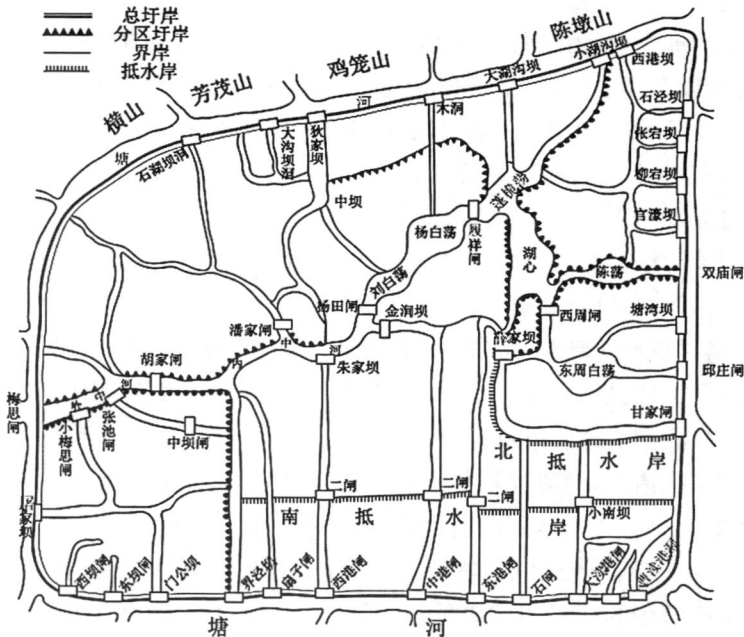

图2-9　芙蓉圩工程示意图

图片来源:郑肇经主编:《太湖水利技术史》据《芙蓉湖修堤录》附图绘制,第127页。

---

　　① 李步嘉校释:《越绝书校释》卷二"越绝外传记·吴地传",第38页。

一、芙蓉圩成圩过程

芙蓉湖的围垦经历了漫长的历史过程,圩田开发屡有兴废。唐宋时变化比较剧烈,尤其是宋代元祐后的数百年间一直是"时湖时田",灾害不断。南宋咸淳年间《毗陵志》称:"(芙蓉湖)岁久湮塞,今多成圩矣。"这一时期芙蓉湖东南部较浅的地方已围垦成田,但西北部较深之处仍保留湖泊地貌。

从明初开始,芙蓉湖治理进入新阶段,筑堤修坝时有大举动。明宣德年间,周忱巡抚江南,看到芙蓉湖长期湮废,下决心予以治理。他总结前人经验,从大局着眼,通盘谋划,上堵下泄,化害为利,"筑溧阳东坝以捍上水,开江阴黄田诸港以泄下流"①。就是一边修筑堤坝,阻止江水流入湖中,一边开辟江阴黄田诸港,将湖水排入长江。于是湖水浅的地方都显露出来了,人们筑堤成圩,开辟良田十多万亩。

周忱治理之后,由于圩岸及堰闸设施尚不完善,未能有效控制江潮倒灌,芙蓉圩以及周边小圩,常常被水淹没,农业生产依然受到很大制约,所谓"地极低洼,产稻不产麦,俗称不麦低田"。且当时赋税较高,"锡民尤苦之"。② 嘉靖四十年(1561)和万历六年(1578)当地发大水,民众动荡离散,芙蓉湖也显现出来了。万历八年(1580)武进县丞郭之藩以工代赈,会同无锡县重修芙蓉圩,周回60多里,"北障江潮,南捍湖水",收到良好效果。万历三十年(1602),常州知府欧阳东风依据圩内地形,将大圩分割为小圩;他不畏强权,通过修筑新坝,解决了沿塘魏国公庄田决塘引灌和洪涝泄水对低处民田的危害,"民田由是得稳"。他还利用公帑,大力修筑南围堤以及内圩围埂、坝岸、石洞、石闸等也都予以建设,于是大圩内外堤障始称完善。③ 以后又经过多次治理,到清乾隆年间,"大围内诸小圩,旨规方起筑,周九千零九十七丈有奇,其中无锡大围岸包小圩一百,武进大围岸包小圩二百"。④ 至此,芙蓉圩修筑基本完成,开始更好地发挥其排灌效益。

关于芙蓉圩的面积,旧称"西湖芙蓉圩为田十万八千余亩,新平田七万余亩,属无锡者三之一,为田二万余亩"⑤。明清时期的1亩约当今0.92市

① [清]佚名纂:《无锡斗门小志》,据清末抄本影印,《中国地方志集成》"乡镇志专辑"(14),第142页。

② [清]佚名纂:《无锡斗门小志》,第143页。

③ [清]王其淦等修,汤成烈纂:光绪《武进阳湖县志》卷三"舆地·水利",《中国地方志集成》"江苏府县志辑"(37),第479页。

④ [清]黄印辑:《锡金识小录》卷二"芙蓉圩图考",《中国方志丛书》,台北:成文出版社1983年版,第103页。

⑤ [清]佚名纂:《无锡斗门小志》,第142页。

亩,这样芙蓉圩的田地面积约为 9.9 万市亩。据民国时期的调查,全圩面积与水道合计约 6.5 万余亩,水道约占全圩 1/4,低田不麦之区约占全圩 1/2,稻麦两熟的良田约占全圩 1/4。[①]

总体来看,圩田建设是随着太湖流域的农业开发而兴起的,随着水利环境变化和围湖造田的发展,宋代以来开始了大圩分为小圩的过程,这种情况在太湖流域东部比较普遍,而在湖西地区仍然有芙蓉圩这样的大圩存在。1949 年以后,当地又经历了联圩、并圩和基本农田水利建设等,最终形成了现代的圩田景观。

二、修筑技术与维护管理措施

(一)分区分级工程

据光绪《重修芙蓉圩堤录》记载,芙蓉圩修筑的技术措施,主要是圩内分区分级控制工程的布置,主要包括界岸、抵水岸、分区堤岸及小圩岸等。芙蓉圩面积广大,界岸把总圩分隔为两大圩区,东北部属武进县,西南部属无锡县。界岸高厚坚实,规制仅次于总圩外围堤岸,面宽一丈,底宽一丈八尺,岸高六尺,外加子岸四尺。圩岸的具体分布是,从甘家闸北垅起,到薛家坝东半座止,为东 21 圩屏障;从薛家坝西半座起,到狄家坝止,属西 44 圩屏障;自横河沟梢起,到界径坝止,为武进县政成乡二圩的屏障,可挡住无锡高地的水流。这样的布置将全圩内的高田、低田分割开来,有利于防御洪水。在修筑过程中,为了确保圩岸坚固,又在其一侧加筑抵水岸。抵水岸属于分级控制堤线,修筑在高田低地之间,可阻挡高田水流下泻低田。分区圩岸和界岸相连接,将总圩分隔为若干区域。小圩岸布置在各个大圩内部,实际上起分区分格控制的作用。

平时江湖水位低落时,芙蓉圩外河北流入江;降雨多而涨潮时,江水则出现倒流现象。圩内河道一般是西水东流,旱时内外河水相平;涨潮倒灌时,外水可以倒流入圩。为了主动控制蓄泄,或排或灌,人们在总圩堤上设置外闸,分区分级堤岸设置内闸。总圩北面靠山,汛期山水与北面外水汇合,水势较大,所以北岸一律不设闸,仅有几处涵洞,八座外闸分别设置南、东、西三面的总圩岸上。

通过上述圩堤工程的布置,以及内外闸、坝堰、涵洞等设施的配合,使内外高低之水有所节制,基本实现内外分开、高低分开和旱涝分开的要求,使圩内高处不干涸,低处不淹没,高田和低田都得到保护,成为历史上圩区分

---

① ［民国］林保元:《芙蓉圩调查报告》,《太湖流域水利季刊》1929 年第 2 卷第 4 期。

级控制较好的一个实例。

（二）排水除涝举措

芙蓉圩地形四周高，中间低，为一大型仰盂圩。圩区地势低洼，保证圩田收成的关键是排水防涝。芙蓉圩内包进了若干湖荡、洼淀作为滞涝库容，加上纵横河渠，圩内水面积约占总面积的 25%，这对汛期调蓄水涝，降低排涝峰量是有利的。但因田面低，外水位高，汛期雨涝除部分高片或利用落潮间隙争取自排外，主要依靠人工戽排，采取的排水方法有两种。

第一，"提塘"和"挺塘"。芙蓉圩的内河主要有干河和支河两级。高低片之间的沟河既互相贯通，又有斗闸分级控制。在外水高于内水的情况下，由低区戽到高区，再由高区戽到外河，称为"提塘"。在内外河水势平缓时，自流外排缓慢，不适应生产要求，这时则从低处往高处内河合力车戽，以抬高高处内河水位；待其高于外河水位时，一边打开外闸，一边继续车戽，使内河水位不断增高，自流排出外河，该举措称为"挺塘"。这样可以提高排涝效果，减轻低片区水涝压力。在雨涝严重时可以动员全圩力量，组织大量水车分区排水"挺塘"。道光二十年(1840)，春雨连降 10 多天，圩田积水数尺，庄稼无法播种，民众动荡不安。时任阳湖知县的张之杲紧急组织水车千架，连戽十日，水势渐落，"水稻得以播插，圩民散者复聚"。[①]

第二，"冬月竭池"。在冬月枯水季节，组织大棚车将内河水车出外河，以预降内河水位。既可以排除田间积水，免除夏收作物的渍害，又腾出一定的河容，承纳汛期雨水，防患于未然。

上述工程布置和排水措施，达到了相当高的技术水平，有利于当地农业发展和社会稳定。清代道光年间，当地民众为芙蓉圩建亭立碑，乡贤特撰《颂德碑记》，以记录芙蓉湖的历史变迁，赞颂周忱和张之杲的修堤功绩。其中纪念张知县并见证古芙蓉圩工程的"张公堤"碑有幸存留至今，于 2015 年被重新竖立在常州市武进区横山桥镇双庙村。

（三）日常维护管理

芙蓉圩由湖泊改造而成，地势低洼，所以堤圩工程经常遭受暴雨洪涝袭击，稻麦容易淹水失收，甚至发生堤圩损毁的情况，圩区民众的生活往往陷入悲惨境地。据记载，芙蓉圩"形如坦盆，四围稍隆起，中心极洼下"，降雨稍多，就有洪涝之虞。[②] 虽然明清时期芙蓉圩内部工程设施已逐渐完善，但大水灾依然导致其多次破圩，小灾则不胜枚举。为应对这种不利状况，当地就

---

① ［清］张之杲等修纂：《芙蓉湖修堤录》卷一"颂德碑记"。
② ［清］黄印辑：《锡金识小录》卷二"芙蓉圩图考"，第 106 页。

形成了一套水利设施的维护管理制度。

芙蓉圩的大围岸延袤 63 里,其属武进者 42 里,属无锡者 21 里,规模宏大,维护难度很高,稍有疏忽,就会带来严重后果。为了保护大圩,每年都要进行修护,外堤五年一小修,十年一大修;内岸一年一小修,三年一大修。在险要之处,要丈量闭关标明段落,归属十甲共同管理。一般岸段则"照围内田亩,圩长承管,按田派夫,每当春融,上岸补葺,各守疆界",凡是遇到圩内外雨涝涨水,一律从大围庨出,以保证全圩安全。闸坝的管理原则上由近闸居民承管,给予一定的报酬,或者由涨水的各圩轮流值守;坝则分段交给圩长承管。具体安排人员时,遵循各圩岸、坝洞、闸坝均归由田地多者经管的原则。

对危害大围、界岸的种种行为,严加制止,并由县令勒石永禁。这些禁令,主要在于防止一些建筑设施或生产活动侵损围岸,引发水灾。《芙蓉湖修堤录》卷一"永禁碑":

> 大围界岸及圩中各岸塍种作取利,侵削岸身,是宜永禁;傍岸鱼池须沿堤石礮,方准养鱼,倘不礮砌,贪便渔利,是宜永禁;大围界岸全凭草根蟠固,止许秋分后对田人樵斫,若非时刈割,以及放牧牛羊,是宜永禁;尽水出塘,务设旱闸,或私开围岸,填筑不坚,以致猝不及防,是宜永禁。①

显然,除了大围以外,界岸、子岸等堤岸,以及闸、坝、洞等水利设施物建筑也受到了严格保护,这在一定程度上维护了芙蓉圩的存续和利用。如果仅有良好的工程布置和排水措施,而缺乏日常维护管理,则无法保障芙蓉圩的正常运转。

三、水利纠纷及其处理措施

芙蓉圩分区分级控制的实现和排灌效益的发挥,牵涉各方面的经济利益,离不开行政力量的干预。前已述及,芙蓉圩是围湖成田,属无锡、武进二县分管,为了分界,在圩中筑有界岸。

修筑界岸首先是为了防御高埠之水进入低田,作用很重要:"阳之田有低于锡者,锡之田有低于阳者,全赖划疆以守,不使邻国为壑。"另外,界岸还为两县分段管理提供了方便,由此形成责任分担的规章制度。《芙蓉湖修堤录》卷五"界岸说"记载:

---

① ［清］张之杲等修纂:《芙蓉湖修堤录》卷一"永禁碑"。

界岸为圩心大堤,由甘家坝起,至里住坝,两岸夹河,南岸则锡邑人承管,北岸则阳邑人承管。自里住坝过黄婆湾,至杨田闸,则阳邑人承管,由杨田闸至界径坝,则锡邑人承管。其莫家港西岸则又政成人修之。若杨田闸至狄家坝连接界岸,地而北为阳邑,东西圩界岸全系阳邑,与锡邑无涉。

责任和权利看似明确,但是阳、锡地域邻近,利害相关,水利上的矛盾和争端难以避免。有些水利问题比较复杂,通过地方政府处理起来也有一定难度。万历年间,武进县丞郭之藩向上级报告,感叹"地关两县,心力不齐":近年来修建圩塍工程,因不了解本县各圩与无锡、江阴两县濒湖圩田"地壤相接,形势互倚",所以未能行文知会,一起协作修筑,从而使得本县已筑成的堤防遭受隔壁县地洪水冲荡,结果田地被淹没,堤圩工程也废弃不修,其势同归。[①]

除了筑圩以外,戽水排灌也是主要矛盾来源。芙蓉圩"自筑圩以来,无通圩戽水出塘法",每次遭遇洪涝,圩西面的田地还可以支撑下去,东面的洪水则无处排泄,只能坐以待毙。道光二十一年(1841),由阳湖县出面,联合无锡县共同行动,"谕饬通圩戽水出塘,移会锡邑,一体遵照"。可见,此前两县组织的"大棚车"戽水行动,基本上是各自为战,到道光时才在地方政府主持下联合起来,获得了较好效果。如果脱离官方的主导而由民间自主管理,情形就大不相同,"若概责成圩长,东嚣西叫,坐踞高处者必不乐为低处合戽,效尤观望,此推彼诿"。[②]

清代芙蓉圩区经常发生水利纠纷,往往要由官方出面方可解决。乾隆十九年(1754)大水,"(佳维)公鸠督西圩诸村落戽水救苗,竭尽劳瘁。而东圩之人志涣议杂,转相构讼,势甚煽动。公据理申诉,卒得直于官,活苗无算。圩人赖以粒食,皆公之力也"。[③] 道光三十年(1850年)大水,"(协占)公立车救田禾,因邻邑人霸阻灌塘成讼,公不惜家财,挺身而出,暨族兄容照、弟子英诸公讼之府庭,而灌塘旧章得定"。[④] 无锡吴氏世代居住于芙蓉圩吴慕湾村,毗邻阳邑(今阳湖),田地最为低下。每次遇到水灾需要将积水戽入高处的河塘排出,但被阳邑人上告阻挠而难以戽救,吴氏圩人只得极力抗

---

①　[清]张之杲等修纂:《芙蓉湖修堤录》卷八"武进县治农县丞郭为修复极低圩岸救治流离以充国赋事"。

②　[清]张之杲等修纂:《芙蓉湖修堤录》卷六"戽水说"。

③　[清]任九鈵:《任氏宗谱》卷十一"列传",光绪二十二年木活字本。

④　[清]吴用宾纂修:无锡《蓉湖吴氏族谱》卷七"协占吴公传",光绪六年木活字本。

争,获得戽水权利。

清咸丰初年,无锡吴氏家族又因戽救田禾与田地毗邻的阳湖人发生纠纷,后在常州府的干预下,双方讲和,制定戽水章程,矛盾才得以化解。

> (子英)公与堂兄又新、容照、鉴卫督率圩民大修界岸、圩岸,将水灌入界河,挺出外塘,戽救田禾。阳邑人率众霸戽,公遂偕数兄赴府县控诉,府邑尊饬谕阳邑率绅董押令阳邑人与公讲和,定"大则提塘,小则灌塘"八字为戽水永远章程。至今每逢水患,戽救甚便,民之赖其利者已三十年矣。[1]

除过戽水排涝之外,在围岸上开口引水,灌溉稻田,更是牵涉三县(阳湖、无锡、江阴)的利益。因分水不均而导致的纠纷,最终也是由级别更高的常州知府出面调解。道光二十年(1840)大圩溃决,官方因芙蓉圩常遭水患,立禁碑要求"永保围岸,不准私开,违者照例治罪"。咸丰年间,"讵今夏亢旱,阳邑刘行方、江邑刘春松胆大,私开三缺,藉称救田四千余亩,坝截上流潮水,以致下流附近四万余亩毫无勺水,争讼连年",于是,常州知府再次强调"遵守旧章",通告圩区民众严禁私自筑坝引水,以杜后患。[2]

总之,芙蓉圩作为明清时期少有的大圩,分属无锡、武进二县管理和使用,利益纠葛繁多,矛盾不断,仅靠民间力量无法完全解决当地的水利问题,最终只能诉诸行政部门,这一机制影响深远。有研究者指出,在士绅权力强大的太湖地区,像芙蓉圩这样小范围地域社会的建构与运作,是多种因素共同作用的产物,行政力量则居于决定地位。[3]

第五节 湖州溇港浚治机制及其官民合作模式

湖州地处太湖水系上游,地势低洼,又承接东西苕溪来水,其北部沿湖溇港塘堤的修筑与维护管理,有利于防洪抗旱和围垦造田,官方和民间历来相当重视,所以这里的溇港修浚和圩田开发历史较早并长期延续,且明清两

---

[1] [清]吴用宾纂修:无锡《蓉湖吴氏族谱》卷七"子英吴公暨薛孺人传",光绪六年活字本。

[2] [清]庄毓鋐、陆鼎翰纂修:光绪《武阳志余》卷六"碑示·咸丰六年常州知府平翰永禁芙蓉圩开坝碑",《中国地方志集成》"江苏府县志辑"(38),第274页。

[3] 孙景超:《圩田环境与江南地域社会——以芙蓉圩地区为中心的讨论》,《农业考古》2013年第4期。

代地方文献的相关记载也比较丰富。本章第二节简述了湖州溇港圩田的形成与发展过程，并述及溇港修浚是湖田扩展以及圩田系统形成的基础。这里进一步以湖州溇港修浚及其圩田治理为例证，主要从管理组织、修浚制度与经费筹措等三个方面，分析湖州溇港浚治的机制，探究其"官民合作"运行模式的形成与演变过程，并阐述溇港修浚与当地圩田桑基农业发展的关系。

一、明代官方的湖州溇港修浚与徭役摊派制度

溇港管理涉及筑堤、清淤、修闸等技术活动，同时涉及人员调派、资金筹集等事务，通常需要专门的组织进行运作和协调。五代时期吴越王钱镠所设"都水营田使"及其统辖的"撩浅军"①，应具有溇港浚治管理职能。宋元时期先后在太湖地区设立的"开江兵""水军三部""浙西都水庸田司"等水利机构，都参与了溇港疏浚管理及相关的圩田水利建设。

明代吴淞江淤塞，太湖地区的水流环境发生较大变化，湖荡地的圈围利用更加普遍，圩田荡地大为扩展，这在湖州南缘和东缘的湖州、震泽和吴江一带表现最为明显。随着溇港塘浦水利的发展，明代出现了专门的溇港管理机构。明洪武二年（1369），乌程县设立大钱湖口巡检司，长兴县设立皋塘太湖口巡检司，专门负责溇闸管理。德清县"明洪武年设溇之制，每溇有役夫十名，铁钯十把，簌箕兼备。守御所中每年拨一千户以董事，同于长兴之三十六溇。去淤泥以通水利，不独便舟楫之往来也"②。"役夫"的设置表明，此时溇港管理已经被纳入徭役体系。

在徭役体系下，明初溇港浚治以"照田之法"为统筹人力度支的原则，"照田拨夫，照夫分工，大户出食，小户出力，此不易之良法也"③。依据照田拨夫的原则，每次浚治溇港需统计其地"应拨夫"的田亩，按照所修港道长度计算用工总量，最后计算应拨夫数；依据"照夫分工"原则，"近河得利"处每30亩出一夫，稍远处每50亩一夫，再远者每100亩出一夫；"大户出食，小户出力"，则是允许"大户"雇佣人手参与兴修。"照田之法"解决了溇港浚治中的劳力度支问题，即以劳动力的平均负担为原则，完善了民夫征招体制，适应了明初太湖周边土地分散的情况，一定程度上降低了地方政府的管理

---

①　［元］任仁发：《水利集》卷三，上海师范大学图书馆藏明代抄本。

②　［清］嵇曾筠等监修，沈翼机等编纂：雍正《浙江通志》卷五十五"水利四·湖州府"，影印文渊阁《四库全书》本第 520 册，第 446 页。

③　［明］张国维：《吴中水利全书》卷二十二"毛节卿水利议"，文渊阁《四库全书》本第 578 册，第 825 页。

成本。

"永乐以后，自监司以及郡县，俱设有水利官，专治农事。每圩编立塘长，即其有田者充之。岁以农隙，官率塘长循行阡陌间，督其筑修圩塍，开治水道；水旱之岁，责其启闭沟缺，时其守护，而检报灾数焉。"①明成祖永乐年(1403—1424)以后，自上而下设置水利官员，溇港修浚逐步制度化。修浚事务由各圩塘长负责，基层水利官员监督。各圩塘长率领本圩居民，乘农闲时修筑圩堤、疏浚港道，完成岁修任务；遇水旱灾害即负责及时启闭溇闸，以减少损失，同时向官府汇报灾情。可以看出，明代官府曾在小圩制发展的基础上，利用赋役体系，发挥乡绅地主的作用，建立起一套行之有效的溇港修浚制度。

到明代后期，农政荒废，各级水利官员渐次裁撤，塘长修圩浚港之制流于形式，溇港管理体制也出现一些变化。此前的"役夫"体制与"照田之法"高度依赖于完善的徭役体制。伴随着徭役的银差化，以田产多寡为依据的"照亩科派"制度成为分派水利劳力负担的主要原则。万历四十二年(1614)，乌程知县曾国桢奉命勘察溇港，发现杨溇等19处应加以修缮，并提出筹备兴工的具体措施，"议令有田家照亩科派，主者出银，贫者出力，多以钱计，少以分计，疏浚通流，筑崩补坏，陆续完修"。② 依据"照亩科派"原则，凡溇港周边田户均需参与溇港浚治，但地主与佃户的参与方式并不相同，即地主只需提供资金，而佃户仍以劳力负担的形式参与，这里实际上涉及溇港修浚的经费来源问题。

唐末五代直至元代，溇港修浚经费均以公帑为主。明代以后，地方政府组织溇港修浚，其筹资方式除了直接从公帑支取外，还采取了向受益田户摊派的方式。前述明初溇港浚治"照田拨夫"，同时允许"大户出食，小户出力"的人力支度原则，实际上是以受益田户负担差役的形式，削减了地方政府雇佣人手的财政支出。明中后期，徭役逐渐银差化，"照田之法"亦为"照亩科派"所替代。在这一体制下，乡绅地主为避免服差役所支付的银钱，成为溇港修浚资金的重要来源之一。

随着治理机制的改进，明代溇港修浚一度步入正轨并形成一定制度。从相关文献来看，明代见诸记载的湖州溇港修浚工程共计 10 次，平均每23.8 年举办一次，相对前代较为频繁，且工程规模也比较大。(表 2 - 1)

---

① 　［清］郑元庆笺释：《石柱记笺释》，载王云五主编：《丛书集成初编》"史地类"，第 3170 册，上海：商务印书馆 1937 年版。

② 　［明］刘沂春记修，徐守纲编辑，潘士遴汇次：崇祯《乌程县志》卷二"水利·溇港"，《日本藏中国罕见地方志丛刊》(10)，北京：书目文献出版社 1991 年版，第 259 页。

表 2‐1   明代湖州溇港修浚工程一览

时间	主持者	修浚情况
洪武十年(1377)	蒋忠(通判)	疏浚溇港,民甚便之。
洪武二十八年(1395)	王福(主簿)	浚治 36 溇,并设浚溇之制。
成化十年(1474)	李智(通判)	重浚溇港 38 条。
成化十七年(1481)	姚章复(典史)	浚泥桥港、潘溇及沿湖各淤溇。
弘治七年(1494)	——	重浚长兴 34 溇港。
弘治八年(1495)	徐贯	开浚各溇。
正德十六年(1521)	——	浚大钱、小梅等 72 溇港。
嘉靖元年(1522)	颜如环(水利郎中)	浚大钱等 72 溇港。
嘉靖十七年(1538)	贺恩(知县)	浚徐溇 140 丈。
万历四十二年(1614)	曾国祯(知县)	浚杨溇等 19 处溇港。

资料来源:[清]凌介禧:《东南水利略》,载《中国水利志丛刊》第 35 册,扬州:广陵书社 2006 年版。

二、清代湖州溇港浚治与官民合作模式的形成

清初溇港管理延续明代机制,即在大钱湖口设巡检司,配合地方政府对溇港实行管理,"去淤泥""通水利"。清代中后期,江南地区水灾频繁,加上太平天国战乱对社会经济造成严重破坏,地方政府已无力对农田水利设施进行有效管理,太湖诸溇港淤塞严重。于是,乡绅地主开始积极参与溇港治理,成效明显。

清同治年间(1862—1875),乌程(今湖州)人徐有珂注重实用之学,尤精水利。鉴于当地溇港年久失修,徐氏便写信给时任苏州知府的吴云,提出重浚 36 溇港的建议。二人共同拟定的《重浚溇港章程六条》,上报后得到浙江省巡抚和湖州府的支持,湖州府还颁行了《溇港岁修十条》。同治十年(1871)冬,徐有珂与候补知府史书青、绅士钮福等人共同督浚 36 溇,历四年完工。

《重浚三十六溇议》提出,长兴、乌程二县溇口积年淤塞,此前官府修浚,深度和长度都不够,并未有效解决排水难题:"如不重浚加深,则当霉雨连朝,山水奔腾,壅决不得;八湖如食遇噎,反涌横吐,无所不至,而圩田坏矣。"①针对此前存在的弊端,徐、吴二人提出"修溇六条":"立水则""估土

----

① [清]吴云:《重浚三十六溇议》,载[清]刘锦藻:《清朝续文献通考》卷十三"田赋考十三",杭州:浙江古籍出版社 2000 年版,第 7609 页。

方""权民力""乘天时""申官禁""筹工费",认为修浚溇港,应加强工程管理,发挥民间力量的作用,着重解决好施工技术以及资金筹措问题。例如,雇佣民壮应按照其所开挖的土方,给足工食:"农夫竭一日之力,早作晚息,可开一方;其上岸卸土,自四丈起至十丈止,以七丈为率,包工每方须给制钱八百文,器具归民自备。官可省事,民亦乐从。"施工时应当申明官禁,排除不利因素的影响,将妨碍疏浚的"鱼籪芦墩"铲除净尽,民户不得阻挠。①

同治十年,湖州府颁行的《溇港岁修十条》,同样主张官民分工协作,让乡绅地主在水利建设中发挥应有的作用。"从来事尽归官,每至久而废弛,视为具文;事尽归绅,则又漫无稽查,徒滋浮议。今定钱由绅管,工则官监,互相筹商,即以互相钤制。"②依据这样的原则,溇港岁修工程由地方政府统筹,令地方官于重要水利枢纽处设衙署,负责监督施工;选拔乡绅负责管理岁修经费,并将经费收支情况按季上报知府,以备查阅。在修浚技术措施等方面,《溇港岁修十条》也做出若干规定。例如,"疏治宜轮":太湖水流倒灌,导致溇口处淤泥沉积,零星修浚不能从根本上解决问题。为此规定每年大修六座溇港,每六年完成36溇轮修,再结合零星修浚,可取得良好的施工成效:"似此轮流大修,又有小修以善其后,经理得人,自可常常深通。"③再如,"启闭宜慎":规定除若干大溇因商船来往频繁,可不闭闸外,其余各溇霜降时闭闸,清明时启闸,以减少溇口淤塞。《溇港岁修十条》全面吸收了当地民间积累的溇港疏浚经验,它的颁行标志着湖州府"官民合办"的溇港管理体制基本形成。

清代溇港修浚资金来源比明代更趋多样化。一方面,公帑依然是修浚资金的稳定来源。在工程开始之前,地方官会同僚属编列预算,经上报批准,从库银中支取修浚经费,用于耗材、工食、运输等花费。"雍正八年,总督臣李卫委湖协守备范宗尧、湖州府知府唐绍祖,动给帑银一千四百六十五两有奇,修浚大钱、小梅石塘并诸港之间。"④清中期以前,国家财政情况尚好,中央政府对地方水利事业也较为支持,湖州溇港修浚有一定资金保障。到了清中后期,财政紧张,溇港修浚资金筹集只得采取多元化的方式。一是按亩摊派。沿用明代制度,依据田地面积、受水远近、受益多少确定不同的征

---

① ［清］吴云:《重浚三十六溇议》,载［清］刘锦藻:《清朝续文献通考》卷十三"田赋考十三",第7610页。

②③ ［清］潘玉璂、冯健修,周学濬、汪曰桢纂:光绪《乌程县志》卷二十六"水利",《中国地方志集成》"浙江府县志辑"(26),第902,903页。

④ ［清］嵇曾筠等监修,沈翼机等编纂:雍正《浙江通志》卷五十五"水利四·湖州府",影印文渊阁《四库全书本》第520册,第440页。

收标准，此后再加以摊派。二是以桑支农。在湖州一带开征丝绢，筹集修浚经费，这是湖州乡绅吴云等人最先提出的设想。

> 若湖郡，则不宜摊于田，而宜摊于丝也……湖丝极旺时，出洋十万包，寇乱后仅三万包，桑少故也。每包一千三百二十两，约售洋钱五百元，今拟每包抽开河费两元，民间每家所出无几。售得百元者出四角，轻而易举，而于河工可立办。每年六万，三年为限，则十八万矣。①

这一提议切实可行，获得不少乡绅赞同，进而受到地方政府重视。《溇港岁修十条》规定，溇港修浚经费中，官帑未能补足的部分，"每包丝抽捐二元，以三年为度"，此外还规定"所酬之款，仍散用于民间；即年来挑浚之泥，无不加培桑土"。② 以桑支农的创举，有效弥补了地方政府财政的不足，一定程度上减轻了兵灾之后水利摊派给农民带来的负担。

表 2-2　清代湖州府溇港修浚工程一览

时间	主持者	修浚详情
康熙十年(1671 年)	—	修碧浪湖、溇港，设闸座。
康熙四十六年(1707 年)	—	修碧浪湖、溇港，设闸座。
康熙四十七年(1708 年)	章绍圣(知府)	修各溇并建闸。
雍正五年(1727 年)	陈时夏(巡抚)	疏浚沿湖各溇。
雍正六年(1728 年)	唐绍祖(知府)	疏浚沿湖各溇。
雍正七年(1729 年)	唐绍祖(知府)	浚乌程 27 溇，长兴 23 溇。
雍正八年(1730 年)	唐绍祖(知府)	修大钱、小梅港与各溇闸。
乾隆四年(1739 年)	—	修碧浪湖、溇港，设闸座。
乾隆八年(1743 年)	—	浚乌程 36 溇。
乾隆二十七年(1762 年)	李堂(知府)	浚乌程、长兴 64 溇。
嘉庆元年(1796 年)	善庆(知府)	疏浚 64 溇。
道光九年(1829 年)	吴其泰(知府)	浚乌程 36 溇、长兴 22 溇。

① ［清］吴云：《重浚三十六溇议》，载［清］刘锦藻：《清朝续文献通考》卷十三"田赋考十三"，第7610 页。

② ［清］潘玉璿、冯健修，周学濬、汪曰桢纂：光绪《乌程县志》卷二十六"水利"，《中国地方志集成》"浙江府县志辑"(26)，第 903 页。

续　表

时间	主持者	修浚详情
同治五年(1866 年)	沈丙莹(乡绅)	浚乌程、长兴溇港。
同治九年(1870 年)	陆心源(乡绅)	浚寺桥、泥桥等溇。
同治十年(1871 年)	陆心源(乡绅)	浚安港、罗溇等 22 溇。
同治十一年(1872 年)	—	浚北塘河。
同治十三年(1874 年)	—	浚胡溇、乔溇等 6 溇。
光绪元年(1875 年)	—	浚西山、顾家等 6 溇。

资料来源：[清]潘玉璿、冯健修，周学濬、汪曰桢纂：光绪《乌程县志》卷二十六"水利"，《中国地方志集成》"浙江府县志辑"(26)。

清代湖州府见于文献记载的溇港浚治工程共计 18 次，平均每 11.4 年举办一次，较明代更为频繁。(表 2－2)以乾隆二十七年(1762)为界，此前湖州溇港浚治平均每 9.2 年举办一次，其中雍正五年至八年(1727—1730)每年都有修浚，且工程规模较大。这应与此期国家财政相对稳定，地方政府有余力兴办水利有关。清中期以后，尤其是嘉庆、道光年间，当地水灾频繁，再加后期遭逢战乱，地方政府忙于救灾，溇港修浚管理几乎陷入停顿，百余年间有记载的浚治工程仅有 2 次。为扭转水利荒废的局面，地方政府采取了多种应对措施，除了拓展修浚经费筹措渠道外，还鼓励乡绅地主阶层积极参与溇港浚治，并将浚治工程直接交由乡绅主持，给予其更多的自主权。故自同治五年(1866)以后，溇港修浚体系得以恢复，至光绪元年(1875)共完成 6 次修浚工程。

三、溇港浚治与桑基稻田开发

治田必先治水，圩田开发与溇港修浚相辅相成。唐代以来太湖流域民众努力实施农业开发，环太湖垦区逐渐连为一片，并不断扩大，湖田占据了原本的沼泽与水域。为了解决灌溉与排涝问题，湖田开垦通常伴随着溇港的开挖。明清时期，为适应不断扩大的农业用地需求，沿湖岸的围垦活动步伐亦逐渐加快，环湖滩地逐渐向湖中延伸。随着明初以来众多横塘纵溇的修浚，以及溇港管理制度的不断完善，以新开辟的自然圩和众多墩岛为基础的溇港圩田系统逐步成型。溇港圩田扩展与利用过程在环湖滩地开发较早的湖州一带表现比较典型。

若将溇港和圩田分而论之，溇港用于排灌运输，相互连通，公共性更强，所以更需要依赖政府力量及民间协作来疏浚治理；圩田建设离不开溇港治理，但其本身私有性较强，更仰赖田地所有者的开发与维护。湖州等地所称的荡田、荡地、圩荡田、圩田，概念接近，甚至不加区分，因为它们实际上都是私人圈占的水利田的一种。如果说这些田地称呼有区别的话，可能仅是其所处的开发阶段有所不同。荡田起初就是指沿湖积水长草而没有筑堤垦熟的土地，也可称为荡地。经过长期围垦造田和溇港开挖，湖田荡地才逐渐变成连片的平畴沃野。就溇港圩田的形成过程来说，湖州临湖一带地势低洼，多浅滩菱芦之地，这些湖滩地时间久了就会被圈占开发为稻田。随着湖滩地向湖面的伸展，需要开挖溇港以救济湖田，治水围田活动不断推进，溇港也在逐渐延长，起到涝排旱灌的作用。当然，溇港筑成后，还要不断疏浚维护，才能发挥应有的效益。同时，人们利用开挖横塘纵溇的土方修筑堤岸，经过长期努力建成溇港圩田。

　　相较宋元时期而言，明清太湖南缘的圩田系统充分适应了小农经济的发展趋势，其规模适度，配套灌溉设施完善，且独具特色。据崇祯《乌程县志》记载，当时乌程县共五十三都，大小田圩计 3 306 座。① 各圩管理有序，并在圩堤上立石，"高二尺许，上刻某字圩，其田若干亩……每区每圩皆有之"。② 当地百姓通过圩堤修筑、河道疏浚、堰闸建设，构建了一套完善的灌排系统。在汛期利用横塘分散水力，由分布于溇港系统中的湖塘蓄积洪水、减缓水势；在旱时又利用溇港从太湖引水灌溉，从而使得乌程一带成为膏腴之地。

　　长兴一带还因地制宜，形成"圲"和"坦"两种土地利用方式。前者是其圩田修筑特色之一。据清同治《长兴县志》记载："吾邑之田，凡在污下及当水之冲者，必有圩岸，围之如斗之状，其名曰圲。若在山麓平坦处者，名曰坦。"③意思是在地势低洼和易于遭受水灾的地方，当地人必然要修筑圩岸，将田地围护起来，形制如斗状，其名曰"圲"。"圲埂修筑，计圲内业主按田均派，每年亩派银一分，设一印簿，分晰注登，择圲田多者为牌头，银簿俱令执掌。"④圲区为湖州所独有，其形制充分适应了当地背山临水的自然环境，反映出随着溇港体系的完善，这里的田地开发已由地势较高的山麓平坦处，进

---

① ［明］刘沂春记修，徐守纲编辑，潘士遴汇次：崇祯《乌程县志》卷二"圩"，《日本藏中国罕见地方志丛刊》(10)，第 245 页。

② ［清］赵定邦等修，丁宝书等纂：同治《长兴县志》卷六"田赋"，《中国地方志集成》"浙江府县志辑"(28)，上海：上海书店出版社 2000 年版，第 128 页。

③ ［清］赵定邦等修，丁宝书等纂：《长兴县志》卷一下"疆域·乡都"，第 49 页。

④ ［清］赵定邦等修，丁宝书等纂：《长兴县志》卷一下"疆域·乡都"，第 51 页。

一步向沿湖河滩低地区扩展。

　　明清湖州地区溇港圩田建设的另一个特点，是适应湖田滩地向滨湖多水区拓展的趋势，将田地开发、圩岸修筑与堤岸植桑结合起来，修筑桑基鱼塘、桑基圩田，以满足桑蚕丝织业日益发展的需要。宋元以来，圩荡田成为太湖平原区分布较广的低洼田，与圩田分布于葑淤较快的碟形洼地不同，其主要分布于葑淤较慢的湖泊洼地，即处于湖荡积水区，土地利用率很低，稻作产量不高。所以，圩荡田的开发重点在于圩岸，而圩岸正是栽桑之处。[①]　明代朱国桢曾说，湖州的圩田开发首在堤利："堤之功莫利于下乡之田。"[②]低洼地经常遭受雨涝灾害，荡埂圩岸上的桑地水土流失严重，影响桑树生长。于是，当地农民利用秋冬季的河泥或人畜粪尿壅培桑地，并为桑根培土。清初张履祥《补农书》"策溇上生业"所做的田地规划中说，在溇泾的围田旁开凿池塘，"凿池之土，可以培基。基不必高，池必宜深。其余土可以培周池之地"。这里的地基是指桑地基，桑性喜燥，故桑地必高起。[③]　另外，每年可挖取池塘中的淤泥，为桑竹培土施肥："池中淤泥，每岁起之，以培桑竹"。张氏的规划将治水、治田与栽桑相结合，实际上源于当地农民长期的溇港疏浚与桑树培植实践。因栽桑养蚕之利远胜于水稻种植，故湖州的桑基鱼塘系多处于临湖新垦地区，规模庞大且相对集中，形成独特的农业景观。

　　综上，明清时期湖州地区湖田开垦规模的扩大，与当地溇港系统的完善密切相关。由于灌溉和排涝便利性有所提高，当地垦区不断向北延展，环湖滩地逐渐化作稻田桑基。时至今日，当地的溇港圩田系统仍在发挥作用。

---

　　① 　王建革、周晴：《宋元时期江南运河对嘉湖平原圩田体系的影响》，《风景园林》2019 年第12 期。

　　② 　[明]朱国桢：《涌幢小品》卷之六"隄利"，北京：中华书局 1959 年版，第 138 页。

　　③ 　[清]张履祥辑补，陈恒力校释，王达参校、增订：《补农书校释》，北京：农业出版社 1983 年版，第 179 页。

第三章　水稻品种增加与稻作技术演进

太湖地区粮食生产以稻作为主体，水稻品种资源和栽培技术经验积累十分丰厚。明清时期社会经济条件的变化与桑棉商品生产的扩大，使得这里的水稻种植面积增长有限，但栽培技术更为精细和完善，尤其是品种培育、土地整理、肥料施用、灌溉、耘耥和烤田等方面的技术经验在传沿前代的基础上有很大提高，并体现出明确的生态意义。另外，水稻栽培的精细化也使得水田劳作更加艰辛，农家用大量汗水浇灌出对生活的希望。有些方面的变化如人力翻土工具铁搭的广泛使用，也在一定程度上反映出当地稻米生产的困境和无奈。学界以往偏重于探讨水稻生产的经济效益问题，并试图由此反映明清社会发展内卷化的态势，而对稻作技术进步及劳动投入问题有所忽略，未能充分注意到稻作区民众对水稻生产的坚守过程及其原因。从明清水稻品种资源的丰富程度和生产技术的精细化方面加以考察，也许会加深对传统稻作的生态内涵与社会经济意义的认识。

第一节　水稻品种与育种技术

在长期的水稻生产过程中，太湖地区民众因地制宜，有意识地选育水稻良种，水稻产量和品质不断提高。明清时期，当地自然环境和社会经济条件的变迁，催生出更多的水稻品种，其中抗逆性较强和品质优良者大为增加，品种命名、结构以及继承性方面也形成一定的区域特点，是区域稻作农业的重要成就之一。这些水稻品种资源所承载的基因材料及文化信息，对今天的水稻新品种培育仍有很高的利用价值。本节主要利用方志资料，阐述明清太湖地区水稻品种的构成与沿革问题。

一、粳、籼、糯品种构成与沿革

（一）品种构成

粳（亦作稉、秔、粇）、籼（亦称秈）和糯（亦作稬、稉、穤、秫）是中国稻种的基本分类。一般来说，粳米、籼米可以炊饭煮粥，多作主食；糯米可用来制作糕点或酿酒，多作副食。

考古资料表明，太湖地区新石器时代遗址，如桐乡罗家角遗址、吴县草鞋山遗址、余姚河姆渡遗址、常州墩圩遗址、青浦崧泽遗址、吴兴钱山漾遗址、良渚遗址等，均有碳化稻谷出土。经鉴定，这些出土稻谷均是籼、粳并存，籼稻占大多数。

传统农业时代，太湖地区的水稻生产发展较快，粳稻和糯稻品种不断增加，籼稻大为减少。唐宋时期，这里的水稻栽培技术体系趋于完善，并出现关于水稻品种的系统记载。有学者以现存地方志的记载为主要依据，整理出宋元太湖地区的水稻品种（不含重复品种）82 个，其中粳稻品种 64 个，占 78％，糯稻品种 18 个，占 22％；明代这里的水稻品种有 196 个，仅嘉靖《吴江县志》记载的水稻品种就有 100 多个，其中籼粳稻 67 种、糯稻 37 种；清代太湖地区水稻品种达到 380 个，比明代增加近 1 倍。[①] 明末清初，张履祥曾提到："吾邑四平，无山陵，川泽之间，土滋田沃，宜黄白稻，民间所植，秫一而粳十，其大较也。"[②]即浙江桐乡一带主要种植粳稻，秫稻（糯稻）很少。清乾隆十五年（1750）《太湖备考》卷六"物产"中说："粳、糯、籼三种，糯少于粳，籼又少于糯。"

不过，对于太湖流域曾经培育和种植过的各类水稻品种的确切数字，却难以得到明确答案。因为新旧品种不断更替，有些种植广、影响大的稻种可能载入志书，而其他品种则可能来去匆匆，不留踪迹。由于许多水稻品种并未载入方志中，所以当地实际的水稻品种数量可能还会多一些。[③]

明清时期，太湖地区仅见诸文献记载的水稻品种就有五六百种，其繁富程度令人惊叹。在这种情况下，关注文献中出现较多以及不断传沿的水稻品种也许更有意义，因为这些被频繁记载的品种，可能就是当时种植最多或者最能满足人们需求的品种。

（二）水稻良种传沿

有研究者对比了宋元方志与明清方志所记载的太湖地区粳稻、籼稻和

---

① 闵宗殿：《明清时期太湖地区的水稻品种》，《古今农业》1999 年第 2 期。

② ［清］张履祥著，陈祖武点校：《杨园先生全集》卷十七"赤米记"，北京：中华书局 2002 年版，第 505 页。

③ 游修龄、曾雄生：《中国稻作文化史》，第 78 页。

糯稻品种的沿革及名称演化情况，指出明清太湖地区的水稻品种名称更为丰富，并体现了优胜劣汰的品种传承规律。例如，如"百日稻"还有"穿珠稻""穿珠白""百日熟""掣犁望""百日赤""百日穿珠""香穤"等名称；宋元方志中所见的各种水稻品种在明清方志中出现的频次有明显差别，出现频次较高者应是那些具有优良性状的品种，或环境适应性强，或产量高，或品质好等。从粳（籼）稻品种沿革的统计数据看，宋元太湖方志中记载的"红莲稻"，在明清相关方志中出现 45 次，"六十日稻"出现 33 次，"早白稻"和"晚白稻"分别出现 47 和 41 次，"雪里拣"出现 20 次，"闪西风"出现 21 次，"金城稻"出现 23 次，"乌口稻"出现 20 次；从糯稻品种沿革的统计数据看，宋元太湖方志中记载的"赶陈糯"，在明清相关方志中出现 51 次，"金钗糯"（菊花黄）出现 41 次，"羊脂"出现 38 次，"虎斑"出现 37 次，"秋风糯"出现 21 次。①

　　为了对明清太湖地区频繁出现或种植较多的粳（籼）稻和糯稻水稻品种有一个直观认识，这里利用本书"绪论"中特别提及的《方志·物产》资料，整理相关水稻品种记载，并以之为文本信息，创建词云图，进行可视化展示。②

　　《方志·物产》中共包括明清太湖地区粳（籼）稻名称 395 个，记载频数前 20 的粳（籼）稻名称分别为"香粳""早白稻""晚白""紫芒稻""六十日""金成稻""箭子稻""中秋稻""乌口稻""红莲稻""下马看""师姑粳""雪里拣""黄粳籼""麦争场""百日赤""救公饥""乌稻""晚稻""早稻"。（图 3－1）这一结果与 16 世纪黄省曾《稻品》中关于太湖地区主要粳稻品种的记载大体一致。

图 3－1　明清太湖地区粳（籼）稻词云图

---

① 李日葵：《明清时期太湖地区水稻品种资源研究》，南京农业大学硕士论文，2010 年，第 13 页。

② 词云图是文本信息可视化技术之一。词云基于计算机算法，对文本中词频较高的"关键词"通过颜色、字体、大小及其他视觉形式予以突出，形成关键词云层，进而过滤次要信息而突出主旨信息，以实现快速领略关键信息之目的。

　　《方志·物产》中共有明清太湖地区糯稻名称 242 个,记载频数前 20 的名称分别为"赶陈糯""羊须糯""虎皮糯""羊脂糯""铁粳糯""金钗糯""胭脂糯""鹅脂糯""芦花糯""秋风糯""闪西风""矮儿糯""芦黄糯""小娘糯""马鬃糯""榧子糯""观音糯""红莲稻""青秆糯""乌须糯"。(图 3-2)其中包含主要糯稻品种如"赶陈糯""羊须糯""羊脂糯""虎皮糯""金钗糯""小娘糯"等。

图 3-2　明清太湖地区糯稻词云图

　　这里再使用 ArcMap 对明清方志中出现频次较高的水稻品种地域分布情况进行可视化呈现。(图 3-3)从图中可知,各府(州)达到一定记载频次的主要水稻品种资源数量(见括号内)从高到低依次为苏州府(25)、松江府(23)、湖州府(23)、太仓州(19)、嘉兴府(19)、常州府(11)、杭州府(4),排名前二的为苏州府和松江府,排名最后的是杭州府。如果记载频次较高者可以看作当地长期种植的水稻品种,那么,这可能意味着苏松地区的水稻品种资源数量较多,且长期保持稳定。值得注意的是,苏、松二府又是明清太湖地区赋税负担最重的地区,社会生态与其他府州有所不同。这似乎说明在沉重的赋税负担之下,苏、松二府农民为了满足赋税缴纳和保证水稻生产效益等方面的需要,不得不注重若干传统水稻良种的种植,不敢做出应有的变通。而杭州府的水稻品种记载比较分散,应是当地水稻生产变化较大,品种资源不是很固定。

　　明清时期的一些水稻良种也延用到民国及其以后。20 世纪 50 年代,有学者调查发现明代《稻品》中所列的"雪里拣""师姑粳"等 11 个品种,在嘉兴、平湖一带仍有种植。① 游修龄先生在 50 年代中期江苏省农家品种的种植记录中,找到《稻品》中已有的 7 个品种,其中"老来青"即《稻品》中所记载

---

① 董巽观、董久之:《稻品笺》(初稿),1958 年油印本,转引自《中国稻作史》,第 97 页。

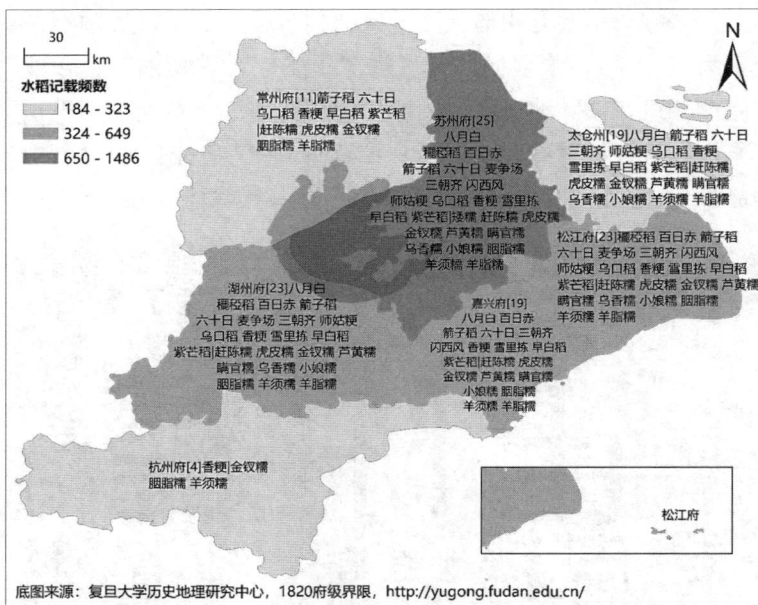

图 3‑3　明清太湖地区主要水稻品种的府州分布

的"紫芒稻"，"太湖青"即"雪里拣"，"田鸡青"即"师姑粳"。后来经过调查、种植和观察，这些古稻种还被作为优良农家品种推荐给各地采用。①

二、水稻品种培育与命名

（一）育种技术

明清太湖地区水稻良种的大量出现，与日臻成熟的选育技术密切相关。当时人们普遍采用粒选法和穗选法，即选择色纯而饱满的籽粒或稻穗，留作稻种。明代邝璠《便民图纂》卷三记载了吴地的选种措施："稻有粳、糯，常岁别收，选好穗纯色者晒干，拣去莨稗，筛簸净，用稻草包裹。每包二斗五升或三斗，高悬屋梁以防鼠耗。"要选择成熟度好、籽粒饱满的稻穗晒干，拣除杂草，脱粒后用稻草包裹起来存放。留种数量一般按照每亩田留种一斗来计算，但必须多留一些，防止短缺。留种时还要按各种稻谷成熟期迟早的不同，做到分收分藏，以保持品种的纯洁性：

尤谨择其熟之齐否迟早，各置一处，不可杂，晒极干。稻、麦种，晒时以竹簟摊薄晒之，晚，以物覆之，勿聚罨，令伤伏热；极干时，拾簟置檐

① 游修龄：《中国稻作史》，第99页。

下高架，掠去日气，簸去浮秕，令极净，洗瓦器，微火炕之，冷过收贮……稻种少者，亦可择肥好之稿，断一节，悬当风，如黍粟。

　　另一种选育技术是"单科"选择，系统繁殖法。清康熙《几暇格物编》有一段文字，记述康熙皇帝在"御田"中发现并培育出早熟且品质好的"御稻米"。该品种的选育方法是在稻田中选取与众不同的"一科"，通过单独繁育而形成的，据说曾在苏州一带加以推广。也许江南稻农很早就采用"单科"选择法来培育水稻品种了，当地的很多水稻良种就是这样繁育成的，只是历史上有人把这种发明归到了皇帝名下。

　　水稻品种可塑性较大，不同的环境条件，可能使其同一品种产生不同的变异。只要勤于观察、选择和繁育，使水稻变异的优良性状得到固定和加强，就有可能培育出新品种。在品种选育过程中，除注重稻米产量和品质之外，太湖稻农还会考虑水稻能否提供更多的秸秆以满足烧柴、喂牛、搓绳、造纸等需求，能否在各种生长环境下获得好收成，稻米的色、香、味、形能否满足特定需求等。于是，在太湖地区的自然环境下，经过稻农长期的精心培育，当地以粳、糯型稻谷为主体，产生了丰富多彩的水稻品种。例如，"深水红""一丈红""长水红""乌口稻"等属于耐水耐寒品种；"红绿稻"久旱不枯，适宜种在高陇上；"松江赤"耐咸耐卤；"铁秆早黄糯"茎秆坚挺，耐强风，成熟时也不会倒伏。水稻穗色有红、黑、黄、青之别，米粒有短、长、细、粗、大、小之异，播种期有三月、四月、五月、六月的差别，收获期长短则从五六十天到一百五六十天不等。此外，稻米有的性软，有的性硬；有的柔而不黏，有的糯而带滑；有的以味香著称，有的则以色白闻名。

（二）品种命名

　　从《齐民要术》来看，古代作物品种命名有三种基本方式："以人姓氏为名目，亦有观形立名，亦有会意为称。"就水稻品种而言，以人名、地名为依据的命名法只占极少数，绝大多数水稻品种采用的是"观形立名"和"会意为称"两种命名方式。前者即现代所谓的按植物学特征命名，后者则相当于按生理生育特性命名。[①] 经过自然进化和人工选育的双重作用，明清时期太湖地区已形成数量繁多、性状及用途各异的水稻地方品种。如果将这些水稻名称加以大致梳理，就会发现其命名方法多种多样，极大地充实了传统作物的命名体系，有些极富太湖水乡文化意趣。

---

① 游修龄:《中国稻作史》，第 118 页。

　　一是以外观命名，即根据水稻植株各部位的形状、色泽以及植株高矮来命名：粳、籼稻品种名称如鹌鹑斑、白谷籼、碧绿身、赤谷稻、赤粳、赤芒、初秆黄、大头红、大乌芒、大叶黄、光头白、黑泥乌、红莲稻、黄秆籼、黄莲稻、黄皮稻、灰稻、鸡骨黄、靠塘青、鹅管白、鹅爪黄、高脚白、李子红、荔子黄、芦花乌、深水红、乌粒稻、乌芒、薄壳稻、细叶黄、下马羡、雪里拣、鸭嘴黄（半芒）、雁来青、茨菇籼、隔岸撺、羊脂糕、野猪籼、一丈红、紫芒稻、紫染头、吊杀鸡、箭子稻、鸡脚、河泥粳、飞来凤、小籼稻、蟹爪、长水红、长腰米、靠篱望、观音籼、矮脚八哥、矮黄、矮其黄；糯稻品种名称如白果糯、白壳糯、白糯、扁蒲糯、马鬃糯、赤糯、短其糯（长水红）、堆珠糯、鹅脂糯、佛手糯、瓜熟糯、光头糯、红糯（血糯）、黄粳糯、黄壳糯、黄芒、虎斑糯、花壳糯、姜黄糯、金钗糯（菊花黄）、橘皮糯、靠塘青①、懒晒糯、栗壳糯、芦花糯、落霜青、麻皮糯、鳗鲡糯、牛腿糯、葡萄糯、茄花糯、铁杆糯、团头糯、乌芒糯、乌丝糯、喜珠糯、细叶糯、虾须、蟹壳糯、血糯（红莲糯）、鸭嘴糯、胭脂糯、羊毛糯、杨梅糯、水晶糯、芝麻糯、珠糯、枣子糯、矮脚糯、矮子糯。

　　二是以种植早晚及生育期来命名：八十日稻、百日籼（万年黄）、半夏稻、赶陈籼（赶冬春稻）、六十日（早籼、小籼、带犁回、救公饥、早红莲、救工饥、瓜熟稻）、六旬稻、等西风、蝉鸣稻、麦争场、七十日、秋稻、秋分稻、秋前割、鹊不知、闪西风（早中秋、中秋稻）、拖犁归、晚稻、晚禾、晚花、五十日占、再熟稻、早百哥、早禾、早花、早粳、早芦籼、早十日（雀不知）、稻里拣、彷徨稻；百日糯、参社糯、陈糯、待西风、定陈糯、赶陈糯、赶犁糯、秋分糯、闪西风（赶中秋、早中秋）②、社交糯、社糯、晚花、晚糯、晚秋糯、早糯（赶陈糯）、中秋糯、灶王糯、匀暖糯。

　　三是根据香味命名：香粳、香红莲、香黄莲、香粳、香珠稻、香珠晓稻、香滋米、杨梅香；香粳糯、香糯、香珠糯、香子糯、羊明香。

　　四是根据产量多少命名：包十石、秕六升、悭五石、五石稻；六升谷。

　　五是按照突出性状命名：以粳籼糯、籼谷糯为名者，可能是偏向籼性的糯种；不道糯，也称瞒官糯、冷粒糯、秋风糯、奸米，介于粳糯两者之间，品质低而产量高，农民多以其代替粳米交租，故又称"瞒官糯"，吴语的"不道"即

---

　　① 康熙二十四年（1685）《嘉兴县志》卷三："靠塘青（糯之早者）"，嘉庆四年（1799）《嘉兴县志》卷十七"物产"："粳之迟者靠塘青"，故"靠塘青"在粳（籼）稻、糯稻名录中均有出现。
　　② 大部分地方志中记载"闪西风"为粳稻品种，而明正德元年（1506）《姑苏志》卷十四记载："糯之属十二：金钗糯（粒长，宜酿酒）、闪西风（一名中秋）"，即"闪西风"在粳（籼）稻、糯稻名录中均有出现。

"不能讲"之意；①一种名为"酒米"的糯稻则专用于酿酒。

六是根据相关人物或家族命名：御稻、陈家稻、徐家稻、周家稻、张家白、救公饥、顾公拣、将军稻、舜耕稻；野人糯、小娘糯。吴语"小娘"指豆蔻年华的少女，故"小娘糯"寓意此稻品质好而性脆弱，不能耐受风吹雨打；"师姑稻"，米白无芒，就像光头一样，吴语"师姑"是指尼姑。

七是以产地命名：占城稻、川稻、淮稻、杭州粳、江阴黄粳、嘉兴黄、松江赤、木渎香、宁波籼、睦州红、泰州红、宣州白、宜兴白、云南稻、新罗散；湖西糯、嘉兴糯、雷州糯、松江糯、吴江糯、西洋糯、蛮糯。

八是以水稻适宜的水土和气候条件来命名：粳、籼稻如冷水稻（冷水红）、冷水结、旱稻、野稻；糯稻如冷糯、旱糯、撖杀天、沙糯。

九是综合命名：晚颊芒、晚八哥、迟芒、先兴黄、老来红、老来乌稻、老无鬓、八月白稻、百日赤、六月白、秋前白、晚黄稻、晚青川、晚乌、晚香白稻、早白、早赤芒、早乌稻、早黄、七月白；铁秆早黄糯、朱砂糯（胭脂糯）、见霜青糯、晚白糯、早黄糯、早白糯、早红糯。

三、水稻品种的类型特点

水稻品种的性状包括生育期、株型、穗形、抗病虫害、肥料反应、抗逆性、产量、品质等，明清时期太湖地区水稻品种呈现出多样化的发展趋势，时代特点突出，这主要表现在水稻品种总量丰富、类型齐全、地域适应性强、优质稻品增多等几个方面。水稻品种类型所呈现的特点，既有社会经济方面的原因，也与气候、水土条件的变化有关。

（一）晚稻种植多于早稻，早稻有所发展

从方志及农书记载看，明清太湖地区水稻品种繁多，早熟稻如"带犁回""瓜熟稻""蝉鸣稻"，中熟稻如"社糯""秋风糯""闪西风"，晚熟水稻如"晚白稻""晚乌"等；还有直接以生育期长短命名的，如"三十日""五十日""六十日""七十日""八十日""百日赤"等。尽管这一时期已有不少早稻品种，但水稻种植仍以晚稻为中心，早稻不多，且早稻多是籼稻。

明代黄省曾《稻品》所录35个水稻品种中，早稻和中稻各有8个，晚稻有19个，晚稻占一半以上。这些稻品，既有粳稻，也有糯稻，晚粳和晚糯成为明清太湖地区的主要水稻品种类型。清乾隆《青浦县志》记载："兹乡农事，全赖秋禾，而禾之种类至繁。大约早稻出时，米价稍昂，而收成稍薄，故农人惟种晚禾。"即青浦农民从收成多少考虑，只种晚稻。道光二十年

---

① 　明代《稻品》所记"秋风糯""瞒官糯"与徐光启《农遗杂疏》记载的"不道糯"，似为同一品种。

(1840)《嘉兴府志》"物产"记载:杭州府的仁和、钱塘、海宁三州县,以及嘉兴、湖州二府,地势较低,向来多种晚稻。有学者统计,明清太湖地区发展起来的早稻品种有 52 个,约占品种总数的 13.2%。① 晚稻种植多,是因为其产量高而品质好;另外,晚稻一般为粳稻,漕粮征粳稻,而早稻为籼稻,农民自食。"早稻,籼也;晚稻,粳也。江南输粮,以粳不以籼,虽种之不足供赋。"②江南重赋,农民为了纳粮完税,必须多种晚稻。

太湖平原地区,一般种植晚稻,若有早稻种植,必有一定原因。明清时期,当地人多地少,加之棉桑争田等原因,稻米短缺,早稻品种可以缓解春夏之交的青黄不接问题,多为贫苦农民所食。明洪武十二年(1379)《苏州府志》记:小籼禾三月种,七月熟,生长期短,"农家舂谷碾米,赖以续食"。清康熙《乌程县志》"物产"记载:早籼、晚籼,七八月份即可成熟,"田家种以续陈米之不洽",但不能多种,因其不耐秋风,且收成较低。同治《盛湖志》卷三"物产"记载:"稻,早熟者为芦籼,贫无力者种之可先得食,然味较劣。其收获最迟者曰晚稻,粒大而圆,味甘美。"③另外,早稻上市早,新米能卖好价钱。明末徐光启《农遗杂疏》:"麦争场"早熟,农民要依靠它出售获利,因为"新者争市之,价贵也"。可见早稻口味较差,产量也低,主要供抗灾救饥之用,或用以贩卖。

有些地方种植生育期短的早稻是为了避开自然灾害。据乾隆《上海县志》卷一记载:顺治五、六年间,当地种植的晚稻,扬花而不结实,秋季西风一起,连阡累陌,满眼白荻花,稻谷则颗粒无收。后来早稻下种稍迟,也是如此。于是,生长期更短的"百日稻""六十日稻"就出现了。如今甚至有名为"五十日"的稻谷,但不知其种子是何处传来的。④

丘陵山地气温较低,难于种植生育期长的晚粳稻品种,因而多种早稻。乾隆十四年(1749)《长兴县志》记载:"山乡多种黄籼,籼早熟。居民于八月间收获,接续陈米不足。"光绪《奉贤县志》卷十九"风土志"记载:东乡地势高仰,只适宜种植棉花和蚕豆,种稻很少见,且地气较早,必须清明浸种,谷雨插秧,所以当地稻种向来有"百日稻""六十日稻"等名称,如今更有五十日就

---

① 闵宗殿:《明清时期太湖地区的水稻品种》,《古今农业》1999 年第 2 期。

② [清]李彦章:《江南催耕课稻编》,清刻榕园全集本。

③ [清]仲廷机:《盛湖志》卷三"物产",据民国十四年乌程周庆云刊本影印,《中国地方志集成》"乡镇志辑",南京:江苏古籍出版社 1992 年版,第 457 页。

④ [清]范廷傑修,皇甫枢纂:乾隆《上海县志》,《中国地方志集成》"善本方志辑·第一编",南京:凤凰出版社 2014 年版,第 34 页。

可收获的稻种。①

对临水湖田而言,湖田初成期,圩岸不完善,易于发生水灾,人们不得不种早稻。随着湖田逐渐向外扩展,原有水利系统趋于稳定,才能够支持晚稻栽培。"吴中洼田,亦种早稻,仅十之二,其平田皆晚稻。而询吴农之秋成,则早稻赢晚稻,数载于兹矣。"②清中后期吴中滨湖地区的早稻种植面积约在二成以上,并且早稻的收成往往超过晚稻,因为其能较好地抗御水灾。

(二)抗逆性品种增多

太湖周边平原环绕,丘陵山地大多集中在西部和西南一带。在平原地区,自然水系和人工河道非常发达,最东面又是东海海域,河网、湖泊、海洋水系相互联结。这种多元化的地理环境要素,决定了在这片土地上会出现各种与之相适应的水稻品种。

太湖地区东面靠海,田地盐碱度较高,且多沙土,促使人们去选育或引进耐盐碱及抗沙土的水稻品种。明崇祯《松江府志》卷六"物产"记载:"松江赤"的特性是不怕盐碱,可抵御咸潮,"近海口之田,不得不种之"。嘉庆七年(1802)《太仓州志》卷十七记载:"雀不知,诸稻未熟,此先登场,故名。种宜沙土,沿海多种之。"

耐水耐旱、耐肥耐瘠的品种更为丰富。据明崇祯四年(1631)《松江府志》卷六"物产"记载,"一丈红"能在较深的水中种植,"绝能耐水,水深三四尺,漫散种其中,能从水底抽芽,出水与常稻同熟,但须厚壅耳"。而在一些地势高亢的旱田,抗旱品种能派上用场。旱稻,"性柔,微香,种不须水,瓜菜畦旁,木棉田畔,皆可种。极省人力,收谷亦少"③。"早白稻"产量较高,但对肥料的反应比较敏感,施肥要恰到好处:"只肥壅不易调停,少壅不长,多壅又损苗,但喜其米粒粗硬而多饭,所宜多种。"④清同治十三年(1874)《湖州府志》指出田地类型要与所种植的水稻品种类型相对应:"水田曰圩田,多种秔;山田曰畈田,多种籼;湖滩成田,无圩岸者曰湖田,则种芦籼,其性如

①　[清]韩佩金等修,张文虎等纂:《奉贤县志》,据清光绪四年刊本影印,《中国方志丛书》,第958页。

②　[清]魏源著,中华书局编辑部编:《魏源集》,北京:中华书局2009年版,第490页。

③　[清]博润修,姚光发等纂:光绪《松江府续志》卷五"疆域志·物产"引《上海志》,《中国地方志集成》"上海府县志辑",上海:上海书店1991年版,第122页。

④　[清]张履祥辑补,陈恒力校释,王达参校、增订:《补农书校释》,第38页。

芦,不畏水淹,盖即黄龙稻也。"①

　　另外,除因地制宜的因素以外,明清时期气候相对寒冷,变化也较为剧烈,干旱与水涝时有交替,病虫灾害发生频繁,这种农业环境条件促使人们注重培育抗逆性较强的水稻品种。② 即虽然气候转寒,江南农家的水稻种植依然能应对自如。

　　总之,太湖地区不论是临海受潮的盐碱地、沙土地,还是圩田深水区、平原高地区,都有相适应的水稻品种。至于明清方志所记特色水稻品种,实际上也是水稻品种地域类型多样化的表现。正如明弘治《吴江志》所言,当地农民种稻不仅量力而为,还能做到"择其土之所宜"。土地类型多样,水稻品种因地制宜,促进了当地品种类型的多样化发展。

　　（三）优质稻米及酒用糯稻品种增加

　　衡量水稻品种的优劣有多种指标,而最基本的指标当然是其品质好坏或利用价值高低。唐宋以来尤其是明清时期,随着太湖流域经济文化的发展和粮食商品化程度的提高,优质稻米以及酒用糯米的市场需求不断增加,其价格也普遍高于普通大米,从而对水稻新品种的定向培育产生了重要引导作用。

　　1. 箭子稻

　　箭子稻,一种晚粳稻品种,以品质好而著称。宋元丰七年(1084)《吴郡图经续记》记载箭子稻品质最优,每年供应京师:"稻有早晚,其名品甚繁,农民随其力之所及,择其土之所宜,以次种焉。惟号'箭子'者为最,岁供京师。"③明清时期,箭子稻仍属品质最好的稻谷,在太湖地区广泛栽培。明代黄省曾《稻品》记载:"其粒细长而白,味甘而香,九月而熟,是谓稻之上品,曰箭子。"④明崇祯四年(1631)《松江府志》卷六"物产"也记载,箭子稻是"稻品之最高者,即晚白稻而更胜。今海内共推江南晚米,此种尤第一"。

　　2. 白粮

　　白粮(亦称"白稻"),也是一种晚熟粳稻,色白味美,在明代已作为馈赠佳品。据明弘治《吴江志》卷六"土产"记载,这种稻"干圆洁白,其色赛雪。官派小民,春以输官,不下巨万。今富家亦有自春用者,馈送于人,作行赆重

　　① [清]宗源瀚等修,周学濬等纂:《湖州府志》卷三十二"物产",据清同治十三年刊本影印,《中国方志丛书》,台北:成文出版社1970年,第609页。
　　② 陈家其:《明清时期气候变化对太湖流域农业经济的影响》,《中国农史》1991年第3期。
　　③ [宋]朱长文撰,金菊林校点:《吴郡图经续记》卷上"物产",第9页。
　　④ [明]黄省曾:《理生玉镜稻品》卷上,载王云五主编:《丛书集成初编》第1469册,上海:商务印书馆1937年版,第1页。

礼也。"①清康熙二十三年(1684)《吴江县志》卷十七"物产":白稻,"粒大而圆,味甘美,他邑所无,出震泽者尤佳。其价高于常米十二三,此则大江以南所绝无者。"吴江震泽所产白稻品质最好,价格也明显高于一般稻米。乾隆十一年(1746)《震泽县志》卷四"物产":当时品质最好且闻名于其他郡省的是晚白稻,"稻粒大而圆,味甘平,出檀丘者佳,远人争来籴之。其价高于常米十之一"。震泽晚白米价格要比普通米高出 10%。从方志记载还可看出,"软黄粳"属于白粮的一种。乾隆十二年(1747)《苏州府志》卷十二记载:"软黄粳粒大,色白,性软,味香美";道光三年(1823)《苏州府志》卷二十不仅记载了软黄粳的特色,还说这种水稻宋时已成名,据传北宋宦官杨戬"请籴粳米输后苑,责以米样如苏州",即北宋时宫中买米,曾以苏州的白粳米为品质标准。

3. 香稻

香稻还有香穊、红莲稻、香粳稻、忙炒籼、香子、香粳等称呼,因地而异,应是香气浓郁的一类品种。明崇祯四年《松江府志》卷六"物产·香稻"注引《魏文帝与朝臣书》曰:"江表闻长沙有好米,何得比吴中香稻耶!上风炊之,五里闻香。"可见吴地的香稻在魏晋时期就已出名。南宋范成大记载:"陆龟蒙《别墅怀归》诗曰:'遥为晚花吟白菊,近炊香稻识红莲。'则唐人已贵此米,中间绝,不种,二十年来农家始复种,米粒肥而香。"②反映出唐代红莲稻很受重视,只是后来没人种了,南宋时期人们开始恢复种植。松江的香稻在明代比较有名:香子"其在松江,粒小而性柔,有红芒、白芒之等";七月而熟为香秔,"其粒小色斑,以三五十粒入它米数升炊之,芬芳馨美者,谓之香子"。③ 光绪十一年(1885)《丹阳县志》卷二十九记载:粳稻,"多出东乡,近城惟西南乡有之,俗曰晚稻。又有香珠晚稻,一名黑秬,亦名香子,用炊为饭,香溢邻舍,官府馈遗多用之。"这里所说的香珠晚稻,炊饭时香气浓郁,常作为官府的馈赠品,应与前述《稻品》记载的香秔为同一品种。宣统三年(1911)《信义镇志稿》卷二十"物产":"稻属有数十种,其最著名者曰红莲稻,俗呼乌香粳,性柔腻、色红、味香,最宜煮粥,惟收成短歉,故种之者鲜。"红莲稻米性柔滑而油性大,味道香美,最适合煮粥,只是产量较低,所以种的人很少。

---

① ［明］莫旦：弘治《吴江志》,台北：台湾学生书局 1987 年版,第 240 页。
② ［宋］范成大：《吴郡志》卷三十"土物下",南京：江苏古籍出版社 1986 年版。
③ ［明］黄省曾：《理生玉镜稻品》卷上,载王云五主编：《丛书集成初编》第 1469 册,第 5 页。

4. 酒米

酒米主要是指适宜酿酒的糯稻品种。明嘉靖八年(1529)《吴邑志》卷十四记载:金钗糯,"米粒长,最宜酿酒,得酒倍多"。晚糯,"粒大色白芒长,熟最晚,酿酒佳"。① 嘉庆四年(1799)《嘉兴县志》卷十七"物产":嘉兴芦黄糯,"粒大而色白,芒长而熟最晚,其色易变,酿酒最佳"。丹阳出产的酒米向来有名,清光绪十一年(1885)《丹阳县志》卷二十九:"糯稻,崇明、绍兴酿酒用之,亦名酒米。有酒米出三阳,丹阳为最良之谚。"据研究,适宜酿酒且出酒率高的糯稻品种有金钗糯、细叶糯、鹅脂糯、芦黄糯、枣子糯、细叶糯、红糯、禾绿糯、葡萄糯、落霜青、鳗鲡糯、茄糯、碧绿身13个。②

江南地区盛产糯米,黄酒酿造自古有名,酒风较盛。清初《补农书》的作者张履祥指出,天下粮食不足,是因为秫谷这种酿酒原料种得过多。清末包世臣在《郡县农政》中估计,苏州一府九县每年消耗在酿酒上的粮食达数百万石,认为这是导致民穷而不能御灾的重要原因,并对社会上的饮酒风气予以抨击,呼吁减少酒米消耗,节约粮食。③ 有研究认为,酿酒业的兴盛使得糯稻的需求量大大增长,明清时期太湖地区有 1/3 以上的稻田用来种植糯稻。④

另外,农家生产和生活离不开绳索的使用,而稻区编制绳索的主要原料就是稻草。所以,这一时期还出现一些具有独特性状的水稻品种,如茎秆柔韧,耐磨抗拉,可用以搓绳、织草鞋等。康熙《昆山县志稿》记载:黄粳籼,"秸细,堪为搊绳、织屦之用。"⑤乾隆十四年《安吉县志》卷八"物产"记载,乌节糯"草色微黑,性柔韧,粒甚稀,种此者藉其草以绞绳捆屦耳";宣统《吴上元三县合志》记载:麻筋糯,"其秆软而韧,可用以缚篱",但因其稻谷产量较低,农民一般种植较少,仅满足自家稻草使用即可。

有学者依据方志及其他文献的记载,统计得到唐至民国时期太湖地区的优质水稻品种 72 个,还按色、香、味以及用途的不同,将这些品种分为 6 个类型:芳香型品种,如香子、香子糯、香粳、红莲稻等;柔软型的瓜熟稻、一矩馨、金坛糯、羊脂糯等;洁白型的晚白、雪里拣、水晶糯、银条籼等;宜粥型的薄十分等;宜酒型的金钗糯、白壳糯、鹅脂糯等;滋补型的血糯等。⑥ 其中

---

①　[明]杨循吉纂,陈其弟点校:《吴邑志》卷十四"土产",扬州:广陵书社 2006 年版,第 105 页。

②　闵宗殿:《明清时期太湖地区的水稻品种》,《古今农业》1999 年第 2 期。

③　[清]包世臣著,潘竟翰点校:《齐民四术》,北京:中华书局 2001 年版,第 58 页。

④　顾人和:《太湖地区粮食生产的历史考略》,《经济地理》1987 年第 4 期。

⑤　[清]董正位等纂,昆山市地方志编委会等联合点校:《康熙昆山县志稿》,南京:江苏科学技术出版社 1994 年版。

⑥　闵宗殿:《太湖地区历史上的优质水稻品种资源》,《古今农业》1994 年第 1 期。

明清时期的优质水稻品种资源尤为引人注目。（表3-1，3-2）

表3-1　明清太湖地区优质粳籼稻品种及其传沿情况

品种名称	类型	特征	种植时期					最早文献记载
			唐	宋	明	清	民国	
红莲稻	粳	香	＊	＊	＊	＊	＊	陆龟蒙《别墅怀局》诗
香粳	粳	香	＊	＊	＊	＊	＊	《新唐书·地理志》
香子	粳	香		＊	＊	＊	＊	淳祐《玉峰志》
雪里拣	粳	白		＊				宝祐《琴川志》
天落黄	粳	香			＊	＊		崇祯十五年《吴县志》
云南稻	粳	香			＊	＊		嘉靖三十七年《吴江县志》
白花珠	粳	香			＊			崇祯四年《松江府志》
光头黄粳	粳	香			＊			弘治十二年《常熟县志》
软颈黄粳	粳	香				＊	＊	弘治十二年《常熟县志》
香黄莲	粳	香			＊	＊		崇祯十五年《太仓州志》
瓜熟稻	粳	柔				＊	＊	弘治《湖州府志》
上秆青	粳	白			＊			洪武十二年《苏州府志》
中秋稻	粳	白			＊	＊	＊	正德元年《姑苏志》
乌儿稻	粳	白			＊	＊	＊	洪武十二年《苏州府志》
银杏白	粳	白			＊	＊	＊	嘉靖二十八年《仁和县志》
薄十分	粳	宜粥			＊			崇祯十五年《吴县志》
芋芳黄	粳	香				＊	＊	乾隆十二年《苏州府志》
一秬馨	粳	柔				＊	＊	光绪九年《扬舍堡城志稿》
长黄稻	粳	柔				＊	＊	光绪九年《扬舍堡城志稿》
李子红	粳	柔				＊	＊	光绪十五年《罗店镇志》
罗汉黄	粳	柔				＊	＊	光绪三十年《常昭合志稿》
河泥黄	粳	柔				＊		嘉庆七年《太仓州志》
晚白	粳	白				＊		乾隆十一年《震泽县志》
箭子	粳	香		＊	＊	＊	＊	《吴郡图经续记》
百日种	籼	香				＊		乾隆十二年《苏州府志》
银条籼	籼	白				＊	＊	嘉庆二年《宜兴县旧志》
乌籼	籼	香			＊			王象晋《群芳谱》

　　资料来源：据闵宗殿：《太湖地区历史上的优质水稻品种资源》（表一）整理。＊表示当时可能有种植。

表 3-2   明清太湖地区优质糯稻品种及其传沿情况

品种名称	类型	特征	种植时期					最早文献记载
			唐	宋	明	清	民国	
青秆糯	糯	柔		＊	＊	＊	＊	宝祐《琴川志》
金钗糯	糯	宜酒		＊	＊	＊	＊	嘉泰元年《吴兴志》
赶陈糯	糯	宜酒		＊	＊	＊	＊	淳祐《玉峰志》
鹅脂糯	糯	宜酒		＊	＊	＊		宋·张方平诗
乌香糯	糯	香			＊			弘治《湖州府志》
香子糯	糯	香			＊	＊	＊	嘉靖十七年《昆山县志》
羊脂糯	糯	柔			＊		＊	正德《姑苏志》
团头糯	糯	柔			＊			弘治十二年《常熟县志》
细叶糯	糯	柔			＊			弘治十二年《常熟县志》
白壳糯	糯	宜酒			＊	＊	＊	天启《平湖县志》
水晶糯	糯	白			＊			嘉靖十七年《昆山县志》
禾绿糯	糯	宜酒			＊			天启《平湖县志》
芦黄糯	糯	宜酒				＊		洪武十二年《苏州府志》
枣子糯	糯	宜酒			＊		＊	万历四十五年《常熟县私志》
血糯	糯	滋补				＊		万历三十九年《崇德县志》
鳗鲡糯	糯	柔				＊		光绪六年《周庄镇志》
红糯	糯	宜酒				＊	＊	光绪九年《扬舍堡城志》
呕血糯	糯	滋补				＊		光绪九年《扬舍堡城志》
茄糯	糯	宜酒				＊	＊	乾隆二十六年《元和县志》
落霜青	糯	宜酒				＊		光绪三十年《常昭合志稿》
葡萄糯	糯	宜酒				＊	＊	同治十一年《安吉县志》
碧绿身	糯	宜酒				＊		乾隆三十年《武进县志》

资料来源：据闵宗殿：《太湖地区历史上的优质水稻品种资源》（表一）整理。＊表示当时可能有种植。

第二节   水田土壤耕作技术

唐宋时期太湖地区的水田耕作技术已趋于精细完善，后世长期沿用。明清时期，当地土地整理的变化主要体现在更加注重深耕和施肥改土，人力耕作工具铁搭得到广泛使用。

一、重视深耕

（一）深耕的具体要求

明清时期，太湖地区民众将中国农业多耕深耕的传统技术发挥到了极致。明末清初《沈氏农书》曰："古称'深耕易耨'，以知田地全要垦深。切不可贪阴雨闲工；须要老晴天气。"[1]清道光时期的《潘丰豫庄本书》对深耕的要求更为具体：正月，"上半月再耕，要耕得极深，不可将就。惊蛰前两日再耕，要松细匀遍。"[2]对于深耕的要求，有人提到应达到二尺左右。清末奚诚《耕心农话》"树艺法言"记载："所耕之地，必垦至二尺余。"[3]耕深达到二尺，其实难以做到，普通农家土地垦翻深度一般在七八寸左右。明人徐献忠《吴兴掌故集》卷十三记载："湖耕深而种稀。其土力本饶，沃种不稀者，至秋多病虫。"[4]《沈氏农书》说："二三层起深，每工只垦半亩，倒六七分"，是指用铁搭垦翻过后，再在原地补垦一两次，以保持耕作深度。第一层起深，一般可达到五六寸，第二三层起深，深度可增加四五寸，总共可达到七八寸以上。[5]

明代溧阳马一龙《农说》中对稻田深耕提出了具体指标："农家栽禾，启土九寸为深，三寸为浅。"并要求根据地势和土壤情况来决定翻耕程度，"启原宜深，启隰宜浅。深以接其生气，浅以就其天阳。"[6]这里的"生气""天阳"是指土壤的水气热状况。牛耕的深度一般为三寸左右，即民间所说的"老三寸"。牛耕的耕层较浅，水稻扎根不深，会影响其生长发育和产量。马一龙要求耕地深度达到九寸，是"老三寸"的三倍，这实际上是用铁搭多次垦翻才能达到的效果。

（二）对深耕作用的认识

重视深耕，提出明确指标，反映了古人对深耕与高产关系的认识。太湖地区土壤一般比较肥沃，深耕既可加厚耕作层，使下层土壤肥力得到释放，还可使基肥深入土中，促进作物根系发育，提高土壤蓄水保肥及抗旱能力，达到增产目的。

《沈氏农书》指出，要提高稻田追肥的效果，"一在垦倒极深，深则肥气深

---

① ［清］张履祥辑补，陈恒力校释，王达参校、增订：《补农书校释》，第 25 页。
② ［清］潘曾沂：《潘丰豫庄本书》，清道光甲午年刻本。
③ ［清］奚诚：《耕心农话》（光绪元年自序）上下册，抄本，中国农业遗产研究室藏。
④ ［明］徐献忠：《吴兴掌故集》，明嘉靖三十九年刊本，《中国方志丛书》"华中地方·第四八四号"，台北：成文出版社 1983 年版，第 775 页。
⑤ 陈恒力编著，王达参校：《补农书研究》，北京：中华书局 1958 年版，第 156 页。
⑥ 宋湛庆编著：《〈农说〉的整理和研究》，南京：东南大学出版社 1990 年版，第 33 页。

入土中,徐徐讨力,且根派深远,苗干必壮实,可耐水旱,纵接力(追肥)薄,而原来壅力可以支持。"①奚诚《耕心农话》则从水稻分蘖角度分析深耕的增产机理:"凡稻五节,下二节在土,生根须,能发枝干。上三节一干直上,生穗结实……若精于树艺培植,根深入土有尺六七寸者,其下二节,必长大力足。根须茂盛,所生枝干,皆能结实,而有五七穗之稻。"②深耕可促进水稻分蘖,提高产量,这是作者亲身观察和体会得来的认识。

奚诚还指出:"今农不知深耕培土之妙,其所莳之秧,入土不过三四寸,又将根须拳曲在土,故下二节不克舒展长大,即所生之孙支,谚谓窜头者,细弱不堪,势难结实,虽结亦不肥绽,反分其枝干之力,以致亏收也。"③不注意深耕培土而导致插秧不合规格,水稻根须入土较浅,就会产生"孙支"或"窜头"这样难以结实的无效分蘖,影响稻谷产量。另外,如果深耕不到位,水稻根系入土不深,后期还容易倒伏。

不过也不能片面追求深耕,而是要根据作物种类、熟土层厚度、肥料多少等情况综合考虑翻耕深度。清包世臣《齐民四术》卷一"任土"说,田地入春解冻后要及时耕作整理,同时指出"耕宜率常,勿太深。若起老土,即硬软不相入,能害禾。又漏田不保泽。"④"老土"即犁底层,其土层未经熟化,有机质含量少,质地坚实,如一次翻起过多,就会造成土壤肥力下降。同时,犁底层被破坏,会导致水肥漏失。

二、耕耙耖结合与田地整理

耕、耙、耖是南方水田的土壤耕作技术,三个环节配套成系,并要借助曲辕犁、耙等相应的畜力农具来完成。这个耕作技术体系大约形成于唐代,至迟在宋代已趋于成熟和完善。明代《便民图纂》记载的吴歌《耕田竹枝词》通俗易懂:"翻耕须是力勤劳,才听鸡啼便出郊。耙得了时还要耖,工程限定在明朝。""耙过还须耖一番,田中泥块要匀摊。摊得匀时秧好插,摊弗匀时插也难。"⑤(图3-4)以下依据明清农书和方志,对太湖地区土壤耕作的特点稍作总结。

---

① [清]张履祥辑补,陈恒力校释,王达参校、增订:《补农书校释》,第36页。
②③ [清]奚诚:《耕心农话》上下册,抄本,中国农业遗产研究室藏。
④ [清]包世臣著,潘竟翰点校:《齐民四术》,第9页。
⑤ [明]邝璠撰,石声汉、康成懿校注:《便民图纂校注》,北京:中华书局2021年版,第3—4页。

图 3-4　"耕田""耖田"图

图片来源：[明]邝璠撰，石声汉、康成懿校注：《便民图纂校注》，第 3、4 页。

（一）犁、耙、耖等农具的使用

据陆龟蒙《耒耜经》记载，唐代江东地区已采用曲辕犁来耕翻土地了。这种犁的最大特点是犁辕短而曲，轻巧灵活，坚固耐用，并可通过犁箭调节耕地深浅，借犁铧翻转泥土，特别适合水田耕作。水田耙、耖应为太湖地区稻农创制的畜力耕田农具。"耙"有刀耙和齿耙两种形式，用于牛犁翻耕之后，耙碎土块，疏通田泥，促进土壤熟化。"耖"上部有横梁扶手，下部横梁装有一列钉齿，用于耕、耙之后将土块划得更加细碎。

道光十四年（1834），云间（今上海松江县西）人姜皋所撰的《浦泖农咨》介绍了苏松地区常用的几种水田耕作农具，包括耙、犁、铁搭的价钱、形制和功用：

> 农具于水车之外，耙最贵，须三四千，其形如横床，下三木，铁刀钉于木下，共三层刀，二十余把，以划泥务碎也。犁价一千文，以木为之，头镶以铁，正而带偏，用以起土者。铁搭，三四百文，置之四齿、五齿不等，齿齐排如刀，中疏，上镶竹柄，用以垦田倒地者。①

从文中记载看，田地耕翻后，接着进行耙、耖，使得土壤细碎、匀实。宋应星

---

① ［清］姜皋：《浦泖农咨》，清道光十四年刊，上海图书馆影印本，中国农业遗产研究室藏。

《天工开物》卷上"乃粒·稻工"："凡一耕之后，勤者再耕、三耕，然后施耙，则土质匀碎，而其中膏脉释化也。"①乾隆《安吉州志》卷八："将插种，先犁之，以反其土，次用耙再耖，皆碎其土块，使之细而匀。"《潘丰豫庄本书》记载："田要翻得深，耙得碎"，如果耙功到位，则土壤疏松、匀细又平实，水稻扎根稳固，"自然耐旱，不生诸病"；若耙功不到位，水稻下种出苗，"立根在粗土，根土不相着，不耐旱"，就会出现倒垂死、虫咬死、干死等病症。② 奚诚《耕心农话》则强调耖的作用："耖得松细而匀，使种后苗根向下直生，着土牢固，自然力厚，则不患大风摇撼，雨水漂泊。且田底难燥，遇旱无妨。"③可见耙、耖到位后，土壤疏松匀细，可使得苗根与土壤紧密结合，水稻耐旱又不生病虫害。有一种翻垦之后没有经过耙耖的稻田，被称为"镬盖田"，意思是土块如锅盖那么大，显然不利于水稻种植。

（二）田地"垦""倒"与铁搭的使用

冬季稻子收获后，要对稻田进行多次深耕整理。据文献记载，太湖地区称种稻之前的第一次翻土为"垦"。垦地一般在冬月，咸丰《南浔镇志》有垦冬田的记载。《耕心农话》"树艺法言"记载："凡种两熟稻者，冬天犁地，深二尺余。"冬季翻耕，冻晒结合，可借助自然力促进土壤风化，达到"土脉细润"的效果。再者，"土经冰过，则高不坚垎，卑不淤滞，锄易松细，且解郁蒸之厉气，而害稼诸虫及子，尽皆冻死也"。④ 通过冬耕晒垡还能改善土壤生态，并消灭越冬虫卵。

垦田之后的翻土为"倒"，按初垦的相反方向进行。比如初垦从左向右进行，畦棱已翻起成型，第二、三次就反方向从右向左垦耕，把已翻起的畦棱倒平。明清之际嘉湖地区对水田的"倒"有精细要求："春间倒二次，尤要老晴时节。头番倒不必太细，只要棱层通晒，彻底翻身，合坨倒好。"⑤"倒"应在天气晴好的时候进行，而且畦棱应整齐分明，使翻起的土块全部能够晒到。如果冬耕、春耕不力，水土不调和，就会影响稻谷收成。文中"坨"是嘉湖地区的说法，同治《湖州府志》卷三十有"锄地分坨"的记载，其下附注："坨，土之加高处也"，即坨相当于翻起的土棱泥块。"合坨倒好"的意思是整个田地的垦翻晒垡要到位。民国时期，这种稻田的"垦""倒"传统依然在延续。民国六年（1917）《双林镇志》："冬月刈稻后，即将田垦转，以深为贵，至来春二、三月，重加翻劚，谓之'钞（耖）田'，总欲其土块细碎，得水融和也"。⑥ 如果耕作不

① ［明］宋应星著，潘吉星译注：《天工开物译注》，上海：上海古籍出版社 2016 年版，第 11 页。
② ［清］潘曾沂：《潘丰豫庄本书》，清道光甲午年（1834）刻本。
③ ［清］奚诚：《耕心农话》上下册，抄本。
④ ［清］奚诚撰：《耕心农话》"树艺法言"。
⑤ ［清］张履祥辑补，陈恒力校释，王达参校、增订：《补农书校释》，第 25 页。
⑥ ［清］蔡蓉升原纂：《双林镇志》，上海：商务印书馆铅印本，民国六年版。

到位,那些未经冬垦,到插秧时才临时整理的田地,称为"笤帚田",意为收割后遗留下的稻茬还残留在田中,看起来就像刷锅用的笤帚。

　　关于明清江南田地垦翻过程中牛犁和铁搭的使用问题,清末姜皋《浦泖农咨》中说:垦耕水田主要是为了令土壤松细,"上农多以牛耕,无牛者用铁搭垦之。"铁搭有尖齿、板齿和四齿、两齿之别。尖齿入土较深,可耕翻旱地,破碎硬土;板齿用于浅锄碎土;四齿用于水田碎土,并拉平田面;两齿者用于主要用于旱地作物的株间中耕除草。(图3-5)耕、耙、耖使用牛力,是唐宋以后通行的做法,但明清太湖地区垦田广泛采用人力铁搭,使用牛耕的记载较少。如《沈氏农书》没有谈及牛耕,却多次提到"垦""倒"要用铁搭。张履祥《补农书》认为当地不适合用牛耕:"吾乡田不宜牛耕,用人力最难。"[1]从清乾隆时期徐扬所绘的《姑苏繁华图》可以发现,在苏州城外各处农田和村庄中,正在用铁搭垦耕及肩扛铁搭的农夫达24位之多,而牛耕场景仅有一处,可见当时铁搭使用之普遍。据《潘丰豫庄本书》记载,直到19世纪30年代,苏州一带依然采用铁搭垦翻土壤,还有"春翻田,惊蛰前,一铁搭,值万钱"的说法,文下附注:"一铁搭,直下土中二尺许,言其深耳。"[2]意思是铁搭翻地很深,可以增产。

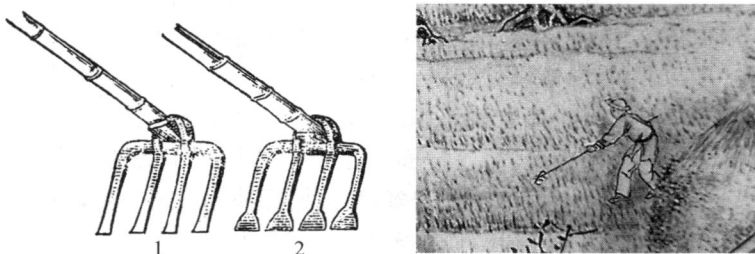

图3-5　铁搭以及农夫用铁搭垦耕的情景
(1. 垦地用　2. 垦田用)

图片来源:陈恒力编著,王达参校:《补农书研究》,第156页;[清]徐扬:《姑苏繁华图》。

　　19世纪中叶太平天国运动以后,太湖地区人口锐减,客民迁到浙西一带垦荒,劳力缺少,为了节省工费才较多地采用牛耕,土著民也逐渐效仿。民国二十五年(1936)《乌青镇志》卷七追记:清咸丰、同治时期,当地两次遭遇兵燹,村落变为废墟,田地荒芜不耕,"豫、楚、皖及本省宁、绍、台之客民咸来垦荒,其耕耘多用牛功……乡民近亦有用牛力耕田者。惟无力置牛,恒以资租赁"。

---

①　[清]张履祥辑补,陈恒力校释,王达参校、增订:《补农书校释》,第101页。
②　[清]潘曾沂:《潘丰豫庄本书》,清道光甲午年刻本。

三、铁搭广泛使用的原因

铁搭翻地使用人力，与牛耕相比显然效率低下。《浦泖农咨》比较了人垦与牛耕的效率，指出用铁搭一人一日只可耕田一亩，"率十人当一牛"。那么，为何明清时期农村经济较为发达的太湖地区弃牛耕而用铁搭？从时人的认识和后世学者的讨论来看，其原因主要在于经济方面。[①]

当时普通农家拥有的田地有限，买牛、养牛用于整地耕种，费用过高。《浦泖农咨》记载：

> 耕牛用水牛、黄牛二种，价亦不甚悬殊。其最上者须四十余千递减至七八千而止，现在通用者大率二十千左右而已。计一牛之力，除车水外可耕田五六十亩，自四月至九月不须上料，但得一人斫青草饲之。九月以后，每日饲以棉花核饼两张，稻草三十斤，统计之亦日须七八十钱也。[②]

养牛费用不低，而且牛还有被盗窃、病死等风险，好像只有"上农"耕田才用得起牛力。《天工开物》卷上"乃粒"记载："吴郡力田者以锄代耜，不借牛力。愚见贫农之家，会计牛值与水草之资、窃盗死病之变，不若人力亦便。"[③]意思是苏州地区的农家用铁锄代替牛犁，是因为他们难以负担购买和饲养耕牛的费用，况且耕牛还有被盗窃、生病和死亡的意外损失，所以觉得用人力翻耕更划算些。牛耕效率高，又节省人力，而贫苦农家不能采用，一方面属于一种经济理性，另一方面也是出于"财力"不济的无奈。反过来说，如果农家经济条件较好，田地较多，自然愿意使用牛耕，这样既可以抓住农时，增加粮食产量，又可以节省很多力气，不会太过劳苦。

此外，太湖地区农民宁愿采用人力铁搭翻耕，而不愿意养牛耕田，还与明清时期的农业生产状况有关。据相关方志和农书记载，当地以稻作为核心，普遍多种一季春花，一年两熟。养牛可以耕种更多的土地，但要种植饲草，挤占麦田菜地。农民九月份收稻之后，随即种植麦子等春花作物，"假如有牛者供办十亩，无牛用锄而勤者半之。既已无牛，则秋获之后田中无复刍牧之患，而菽、麦、麻、蔬诸种纷纷可种。以再获偿半荒之亩，似亦相当也。"[④]如果有耕牛的农户能种田 10 亩，而没有耕牛的农户使用铁搭翻耕，辛勤劳作，也能够耕种相当于前者一半的田地。既然没有养牛，那么秋收之后，也就省去了在田里种饲草及放牧的麻烦，可以腾出手来种植豆、麦、麻、

---

　　① 李伯重：《曲辕犁与铁搭》，《光明日报》2002 年 5 月 8 日；曾雄生：《从江东犁到铁搭：9 世纪到 19 世纪江南的缩影》，《中国经济史研究》2003 年第 1 期。

　　② ［清］姜皋：《浦泖农咨》，清道光十四年刊，上海图书馆影印本。

　　③④ ［明］宋应星著，潘吉星译注：《天工开物译注》卷上"乃粒"，第 12 页。

蔬菜等作物。这样,用二次收获来补偿不能耕种另一半田地的损失,似乎收获与有耕牛的家庭基本相当。因此,农民养牛耕田的积极性不高。加之当时人口增长迅速,劳动力充裕,又没有其他好的出路,贫苦农家自然愿意用人力来替代畜力,以节省生产成本。

农家用铁搭而弃牛耕,与太湖地区的农田土壤环境也有一定关系。《沈氏农书》指出,耕翻应在天气晴好的时节,干耕晒垡,做到"棱层通晒,彻底翻身"①。但是,太湖地区地势低洼,土质黏重,干耕非一般耕牛所能胜任,不得不灌水后再耕,效果就不及干耕。因此,农民在劳动力许可的情况下,宁愿用铁搭垦翻。铁搭较之牛耕,耕翻深度也有优势,且可以将耕、耙、耖等作业集中完成,毕其功于一役,正好适应了稻田深耕细耙的要求。

第三节　育秧与移栽

传统的水稻栽培是先育秧后移栽,有一定时令地宜要求和技术规范。明万历十八年(1590)《宜兴县志》卷一"民事"总结了整个育秧与移栽过程:"凡种稻,高田宜夏至前,大率清明日则以稻谷浴芽,俗谓浸稻种。谷雨日则以谷芽入田,俗谓撒秧。芒种日,则圩田早插禾苗,俗谓蒔秧,高田差后。芒种后,大雨时行,俗谓梅雨,则高下田俱一时齐插禾苗。"明天启二年(1622)《海盐县图经》卷四"方域篇"也记载:立夏时节给秧田施肥,浸稻种。浸种催芽五天后,将稻种撒到秧田中,再过五天稻秧就长齐了。芒种后夏至前梅雨时节,垦耕整理稻田,并施底肥,开始拔秧插栽。尤其是芒种之后,高田低地都要整地插秧,为了不误农时,农家相互帮助,男女老幼都要劳作。以下对育秧和移栽两个环节的具体技术措施予以总结,并阐述插秧密度大小与水稻产量高低的关系。

一、育秧

水稻育秧移栽具有减轻草害的作用,尤其是随着南方多熟制的发展,育秧移栽成为解决农时矛盾的有效措施。南宋陈旉《农书》"善其根苗篇"对水稻育秧技术的记载已较为完备,农谚中也有"秧好半年田"的表述。明代马一龙《农说》中还解释了育秧移栽的原理:"移苗置之别土,二土之气,交并于一苗,生气积盛矣。"②

---

① [清]张履祥辑补,陈恒力校释,王达参校、增订:《补农书校释》,第25页。
② 宋湛庆编著:《〈农说〉的整理和研究》,第45页。

（一）秧田整治

宋元时期要求做到秧田无杂草、田面平整。明末《沈氏农书》说,秧田首先要消除稗草,方法是先把表土刮去一寸多,扫净再垦耕。一般来讲,秧田还要用平板摩平泥面。清吴邦庆《泽农要录》卷三记载,平板是用一块木板制作的"平摩种秧泥田器",可使用牛力或人力牵拉,"摩田须平,方可受种,即得放水,浸渍匀停,秧出必齐"。①《浦泖农咨》要求"秧田宜平宜松"。这些说法流传下来,成为衡量秧田质量的标准。

（二）浸种、催芽和下种

太湖地区有早稻、中稻、晚稻之分,浸种时间也有区别。邝璠《便民图纂》卷三"浸稻种":早稻在清明之前,晚稻在谷雨之前,将种子包投放在河水中,白天浸没,晚上收回,稻芽容易长出来。如果芽没有长出,就用草覆盖催芽。芽子长到二三分左右,拆开种子包抖擞松散撒到田里。撒种子时必须天气晴朗,这样秧苗易于竖立生长,也需要观察潮水的涨落情况。撒种二三天之后,再撒稻草灰于种子上面,则秧苗容易生根。②（图3-6）马一龙《农说》中对浸种前的收种事项也有要求,认为稻种收存得好,催芽时又很注意施肥除草,稻秧质量才会有所保证;书中还说,常见的一些浸种催芽做法,急切粗放,使得水稻在育秧期就受到了伤害,实不可取。③

　　图3-6　"浸种"　　　　　　图3-7　"布种"

图片来源:[明]邝璠撰,石声汉、康成懿校注:《便民图纂校注》,第2,5页。

---

①　[清]吴邦庆:《泽农要录》,清道光刻本。
②　[明]邝璠撰,石声汉、康成懿校注:《便民图纂校注》,第33页。
③　宋湛庆编著:《〈农说〉的整理和研究》,第43页。

关于秧田的播种量，《潘丰豫庄本书》记载："每田一亩，下种三升足矣。"清光绪九年(1883)《松江府续志》则说："稻种每亩需谷一斗二升。"水稻品种及秧田、本田情况不同，都可能导致秧田用种量有差别。

浸种催芽后应均匀播撒。《便民图纂》竹枝词曰："初发秧芽未长成，撒来田里要均平。还愁鸟雀飞来吃，密密将灰盖一层。"(图 3 - 7)稻种均匀撒播之后，田面上还要盖上一层草木灰，防止鸟雀啄食。《浦泖农咨》记载："撒秧宜匀宜浅，出落时宜干，干则根入泥不深，异日拔时不至脱根。"①撒种时秧田要稍干，以免稻秧入泥过深，日后拔秧时容易断根。

二、移栽

（一）秧龄掌握

一般播种后 30 天，稻秧即可拔起移栽。《天工开物》卷上"乃粒"："秧生三十日，即拔起分栽"②；《浦泖农咨》载：撒种后"一月后可分矣，俗谓满月秧"。不过，地势不同，秧龄也有长短之别。明万历《宜兴县志》和清康熙《常州府志》提到，谷雨日撒种，至芒种后，圩田分秧插稻，大约要过一个半月；高田由于灌溉问题，一直要到夏至前后梅雨来临时才可插秧，这样从落种到插秧经过了将近两个月时间。不过，秧龄太长会出现秧田拔节、插后抽穗、结籽稀少的现象。

秧龄也有用秧的高度作标准的，从六七寸到尺余不等。清嘉庆《珠里小志》：稻秧，"以灰盖之，以粪洒之，长五六寸，用妇女拔之，谓之'拔秧'"③。清代归安人许旦复《农事幼闻》载，稻秧"初出细如针，所谓秧针也。长及尺，便可取种矣。"④

（二）插秧时节

明嘉靖《太仓州志》引《吴门事类》："吴俗以春分节后种、大暑节后刈者为早稻。芒种节后及夏至节种，白露节后刈者为中稻。夏至节后十日内种，至寒露节后刈者为晚稻。"⑤明代吴地水稻的插秧时节已基本定型。早稻插秧一般要求在谷雨前，中晚稻大致在芒种之后。另外，田地高下不同，具体插秧时间也要有所变通。《便民图纂》载："插秧在芒种前后，低田宜早，以防

①　[清]姜皋：《浦泖农咨》，清道光十四年刊，上海图书馆影印本。

②　[明]宋应星著，潘吉星译注：《天工开物译注》卷上"乃粒"，第 8 页。

③　[清]周郁滨纂，戴扬本整理：《珠里小志》，上海：上海社会科学院出版社 2005 年版，第 21 页。

④　[清]汪曰桢纂：《南浔镇志》卷二十一"农桑一"引，据同治二年刊本影印，《中国地方志集成》"乡镇志专辑"(22)，第 231 页。

⑤　[明]周士佐修，张寅纂：嘉靖《太仓州志》，载《天一阁藏明代方志选刊续编》，上海：上海书店出版社 2014 年版。

图 3-8　"插莳"

图片来源:[明]邝璠撰,石声汉、康成懿校注:《便民图纂校注》,第 7 页。

水涝;高田宜迟以防冷侵。"①(图 3-8)

人们不仅关注插秧种稻的时机,还提出通过调整种稻时间早晚以应对病虫害的措施。嘉湖地区的《沈氏农书》说:"种田之法,不在乎早。本处土薄,早种每患生虫。若其年有水种田,则芒种前后插莳为上;若旱年,车水种田,便到夏至也无妨。"②有水之年,插秧时间以芒种前后为好;若遇到旱年,需要车水灌溉,则可推迟到夏至。

嘉湖以外的地方,也存在这种情况。据清嘉庆《长兴县志》卷十四"风俗"引述:立夏前五六天浸种,三四天就能发芽,赶在夏至前插秧,叫做"夏前秧",夏至后插秧就会减产。夏至日插秧称为开秧门,后三天为头时,过后五天为中时,再往后七天为末时(总共 15 天)。虽然头时种稻为上,但种早易招虫,为保险起见,老农宁愿选择中时:"头时种者为上,末时种者为下时。然或节气早,则先种者多蛀,故老农以中时为万全。"③《耕心农话》所记吴中的水稻插秧时间也趋于晚迟:"今农以四五月起工。其莳也,必过夏至,竟有迟至六月者。"

可见,太湖地区晚稻插秧时间呈现推后的趋势,清代后期有的地方迟至农历六月才插秧,这应当与宋代以来推行的稻麦两熟制有关。如《潘丰豫庄本书》所言:"田有宿麦,遂废春耕,而大概莳秧在刈麦后。"即插秧时间因收割冬麦和整理田地而推迟了。

（三）插秧技术规范

插秧是一项技术活,劳动强度也很大。清光绪《罗店镇志》卷一"插秧歌"生动地描述了插秧过程和要求:

小满撒谷芒种过,白梅雨少黄梅多。田泥滑滑秧泼泼,屈指落种已

---

①　[明]邝璠撰,石声汉、康成懿校注:《便民图纂校注》,第 34 页。

②　[清]张履祥辑补,陈恒力校释,王达参校、增订:《补农书校释》,第 28 页。

③　[清]邢澍等修,钱大昕等纂:《长兴县志》,《中国方志丛书》,台北:成文出版社 1983 年版,第 860,864 页。

满月。黄犊未买天车田，桔槔尤挂破屋边。西邻老翁相向道，今年雨多
种宜早……东村邻舍来西岭，通力合作古所云。青苗拔得束成把，众中
谁打头行者。鱼群雁序次第分，田间揖逊亦有文。一家沾体并涂足，顷
刻春云满田绿。吁嗟插秧秧未长，富家修栈官修仓。

明清太湖地区农书和方志对当地插秧的具体要求有较多记载。《便民
图纂》卷三载："拔秧，就水洗根去泥，有稗草即拣出。每作一小束，插莳耕熟
水田内，约五六茎为一丛，六科为一行，科行宜直，以利耘耥。又宜浅插则易
发。"[①]康熙《乌青文献》卷三"农桑"："芒种后拔秧，洗根去泥，拣出稗草，趁
天阴时，急忙莳插。"还指出分辨稗与秧的方法："叶上光滑，色微黑者为稗；
叶有锋芒，色微黄者为秧。"插秧前先要拔秧，并洗根去泥，同时除去稗草。
稗草的幼苗和稻苗很难区分，不易除尽，且先于稻穗成熟落粒。加上稗穗很
小，很容易混在打谷过程中，如果等稗草抽穗时才去拔除，就会影响水稻生
长，所以最好在拔秧时就予以辨别并剔除。

插秧时手法与步法要协调一致。左手握秧把，右手分秧，自左至右横
插，恰好达到六穴的宽度。《浦泖农咨》要求：

> 种秧……以六科为一坎。其法，农人两足踏泥，退行而种，两足之
> 中，插秧两科，两足左右各插两科；以秧科不落漏而匀且直者为上，纵为
> 坎，横为肋，肋不宜阔，阔则少种；又不宜窄，窄则挡板不能转侧，且秧长
> 不通风，易致虫伤奥死之患。[②]

插秧时，脚步后退不可太频繁，如果田泥中充满脚窝，秧插进去就会成
为秆根。插秧不能太稠密，也不能过于稀疏，"密则虑秋后热伤，疏则地有遗
利也"。插秧深度一般应浅一些，但在浅插原则下，还要根据田土和早晚稻
类型而灵活掌握。例如，连作晚稻插秧时正值夏季高温，太浅会烫死秧苗，
所以入水要深些。江南农谚说："早稻水上飘，晚稻插齐腰。""飘"形容插秧
浅，"齐腰"形容插秧深。

值得提及的是，清宣统元年（1909）春，美国土壤学家富兰克林·H.金
教授在浙江嘉兴进行农业考察时，不仅详细观察并描述了当地农民合作插
秧的方式方法及效率，还拍摄了四张反映插秧进程的照片，忠实记录了太湖

---

① ［明］邝璠撰，石声汉、康成懿校注：《便民图纂校注》，第34页。
② ［清］姜皋：《浦泖农咨》，清道光十四年刊，上海图书馆影印本。

图 3-9　农民在田里插秧的情景

图片来源:富兰克林·H.金著,程存旺、石嫣译:《四千年农夫》,第 251 页。

稻区农民辛勤劳作的历史瞬间。(图 3-9)尤其是其总结的插秧过程及方法与中国古文献的记载基本一致,甚至更为具体。

> 移植工作一般都是由几个家庭通过换工的方式完成的。田里间距 6 英尺拉起一条直线,7 个男人并排,一人插六行苗,行距 1 英尺。一窝秧 6 到 8 株,窝距 8 到 9 英寸。男人们一手抓着一小捆水稻,另一只手分出其中的几根水稻秧,抓着它们的根部,然后迅速地将它们插进田里。秧根不包泥土,每插一窝只有一个动作,飞快地一下接一下,横着插完六窝,再插下一排。他们是倒退着插秧的。从头到尾插完稻田的一部分后,就把剩下的秧扔到待插的另一个部分,再拉上线从头开始,直到插满整块稻田。我们了解到,在土地已经被犁耕过,水稻秧已经被成捆地运到田里的情况下,通常一个男劳动力每天能给两亩约合三分之一英亩的稻田插秧。①

可见,插秧时要求行株距要规范整齐,疏密合适。为此,人们常使用秧绳(或称为秧界绳)加以约束。金氏的记载是每隔四五尺拉一根秧绳,每行插六科,行与行之间隔六寸多。秧苗移栽后纵横成行,有利于水稻生长和田间管理。

三、插秧密度与亩产量估算

明末清初,太湖地区插秧密度保持在较高水平,但已形成一些基本规范。明末嘉湖地区插秧密度一亩达到 2 万科左右,清代应有所下降。《浦泖

---

① 　[美]富兰克林·H.金著,程存旺、石嫣译:《四千年农夫》,北京:东方出版社 2016 年版,第 250 页。

农咨》记载的插秧密度为 1.44 万科,有些地方的插秧密度甚至降为 1 万多科。当然,太湖地区地域广阔,各地插秧密度有差别;即使同一个地方,田地条件不一样,插秧密度也不相同。

马一龙《农说》曰:栽秧疏密要根据土壤的肥瘠来掌握,"疏者每亩约七千二百科,密则数踰于万"①。明代天启《海盐县图经》卷四"方域篇"载:"凡田一亩⋯⋯颗六为肋,肋八为个,亩获稻为个者三百六十。上农遇岁,个可得米七合,亩可得米二石五斗。"②1 亩约有 17 280 科(360×8×6),收成好的话,每亩可收 2.5 石米。明 1 亩合今 0.951 2 市亩,核算今 1 亩栽 18 166 科。

清同治《南浔镇志》卷廿一引《农事幼闻》记载:下秧"必界以绳,谓之秧界绳。每一界为一埭,埭约广三尺,种秧六窠,层层相次,每层前后约空八寸,谓之'段'。"③这里的"段"即株距。3 尺距离种 6 科,行距为 5 寸,株距为 8 寸。清营造尺标准,相当于今市尺的 95.1%,5 寸相当于 4.755 市寸,8 寸相当于 7.608 市寸,则每科稻面积为 36.176 平方市寸,1 亩插秧科数约为 16 585(6 000/0.361 76)。根据 20 世纪 50 年代陈恒力等对浙江桐乡杨园村的调查,外来绍兴人(客民)的习惯是行距 6 寸,株距 1 尺 2 寸,当地农民的习惯是行距 5 寸,株距 1 尺,则每市亩的科数分别约为 8 333 科和 1.2 万科。④

相关文献记载还反映出,明清时期的插秧密度已因时因地形成一些基本规范,并成为人们推算亩产量的重要依据,所以当时的农学家往往把插秧密度或栽稻个数与亩产量联系在一起加以叙述。清初太仓人陆世仪记载:

> 今江南种田法,每人莳秧六科,相去八寸,则一步之地,当得科六十余。刈获之日,每人刈稻一行为六科,又一行为十二科,为一铺。收束之日,或二铺、三铺、四铺、五铺为一束不等。二铺为上,三铺为中,四五铺为下。今以三铺言,每地一步可得禾二束,每一束得米五合,二束共得米一升。一亩二百四十步,当得合四百八十束,米二石四斗。其二铺者,每步约得禾两束半,米一升五合,一亩该得三石六斗之数。今江南湖荡膏腴处,地辟工修者大约如此。其余常田,大致三铺为束者得一石五六,二铺为束者得二石五六。此地力薄,亦种艺不得法也。⑤

① 宋湛庆编著:《〈农说〉的整理与研究》,第 47 页。

② [明]樊维城、胡震亨等纂修:《海盐县图经》,据明天启四年刊本影印,《中国方志丛书》,第 336 页。

③ [清]汪曰桢:《南浔镇志》,《中国地方志集成》"乡镇志专辑"(22)下册,第 231 页。

④ 陈恒力编著,王达参校:《补农书研究》,北京:中华书局 1958 年版,第 165 页。

⑤ [清]陆世仪:《陆桴亭思辨录辑要》卷十一,《丛书集成新编》第 668 册,上海:商务印书馆 1936 年版,第 111 页。

可见，当地水稻亩产量大致可分为三等，头等（好水田的"二铺"）为3.6石，次等（好水田的"三铺"和一般水田的"二铺"）为2.5石，末等（一般水田的"三铺"）为1.5石。李伯重先生根据上述记载，推算出太仓地区水稻插秧密度大约为60株/步×240步/亩＝14 400株/亩，低于明末海盐县和明清湖州，而与清末农学家姜皋所在的松江地区相近，并在江南地区普遍采用；据亩产量与插秧密度的关系，可重新估算1823—1833年松江府华娄地区的水稻亩产量：在1823年以前，其水稻平均亩产量大约为3石，而在1823—1833年则为1.7石左右，均与过去学界对该地水稻亩产约2石的估计有一定差异。[①] 根据耕地品质和插秧密度推算亩产量，应比一些笼统推算法可靠一些。

第四节　灌溉、耘耥和烤田

明清太湖地区稻作强调"粪多力勤"，在灌溉、耘耥和烤田等田间管理环节，积累了丰富的技术经验，虽然过程很艰辛，投入劳动量也很大，但生产和生态效益都比较明显。

一、稻田灌溉

（一）灌溉措施

古人曰："稻，水种也"，水稻生长需水量很大，缺水对其产量和品质都有影响。所以，水稻的每个生长环节都有一定的灌溉要求。

在水稻出秧和插秧时，要按时按量灌水。太湖农谚说："水是田家娘，无水秧不长。"《浦泖农咨》曰："芒已出土，亟宜灌水，不可过大。夜则放之，以受露也。日则灌之，以敌日也。"《沈氏农书》记载，插秧时机应根据水旱情况来判断，旱年候雨不到，应车水插莳："须一日车水，次日削平田底，第三日插秧，使土中热气散尽，后则无虫蛀之患。"

水稻插秧之后要不时灌溉。据明天启《海盐县图经》记载，水稻唯有立秋前十天，需要停止浇灌，使其立根稳固，其余的日子不论白天还是晚上，田中都不能缺水，"收获多寡，壹视戽水勤惰"。太湖地区普遍种植晚稻，立秋前后为水稻孕穗期。这个时候需水最多，供水充足才能满足幼穗分化发育的需要。否则，不仅枝梗及颖花形成受阻，减少穗粒，还会发生畸形花和不

---

① 李伯重：《一八二三年至一八三三年间华亭—娄县地区水稻亩产量——一种新研究方法的尝试》，《历史研究》2007年第6期。

孕小穗,对产量影响很大。明清时期,稻农对水分多少与稻作成败的关系已有充分认识:"干在立秋后,才裂缝便要车水,盖处暑正做胎,此时不可缺水。古云:处暑根头白,农夫吃一吓。"①当地民谚也说:"千车万车,不如处暑一车。"可见水稻孕穗期间需要大量水分,如果缺水就会严重减产。

单季晚稻的抽穗期大多在白露以后,这时气温逐渐下降,因此要保证一定量的水分供应,这样能够调节稻田日间温湿度,为水稻生长发育创造良好的环境条件。《沈氏农书》上卷"运田地法"总结:"但自立秋以后,断断不可缺水,水少则车,直至斫稻为止。俗云:'稻如莺色红,全得水来供。'若值天气骤寒,霜早,凡田中有水,霜不损稻;无水之田,稻即秕矣。先农有言:'饱水足谷',此之谓也。"②立秋以后,水稻需水量减少,但田里不能没有水,否则就会影响抽穗结实。清乾隆十四年(1749)《安吉州志》记载:"待土裂,以水浸灌之,始用灰粪或菜豆饼屑撒田内,谓之'下料',又有洒以豆油者,俟谷成熟,方可去水。其或雨泽愆期,则车戽之劳,昼夜不息。"水稻孕穗以后,田里便不能缺水,直到稻谷成熟。如果天旱无雨,就要车水入田,昼夜不能停息。

稻田灌溉还应注意水温的控制,在三伏天尤其要避免因热田灌水而损苗。清代《潘丰豫庄本书》记载:"三伏天太阳逼热,田水朝踏夜干。若下半日踏水,先要放些进来,收了田里的热气,连忙放去,再踏新水进来,养在田里,这法则最好,不生虫病。"③可见人们在三伏天戽水灌溉,先要利用水流排走郁积在田里的热气,然后再车入新水,目的在于预防病虫害发生。

(二)桔槔、水车的使用与高田灌溉

太湖地区水网密布,但往往水低田高,或者天旱无雨,这个时候就需要借助戽斗、桔槔和水车(也称龙骨车、翻车)等工具提水灌溉。另外,这里的田地还常常因雨涝而积水,也需要利用水车尽快排水救苗。明清时期,水车成为太湖地区使用较多的一种排灌器具,在水稻生产中发挥了重要作用。本书第二章圩田水利部分阐述了当地集中水车,采用大棚车方式排涝救灾的情况。这里主要介绍民间利用桔槔、水车进行稻田灌溉的情况,尤其关注高田灌溉之艰难。

在从动力上来说,当地的水车主要有人力水车(踏水车、手摇拔车)和牛拉水车两种,前者使用最多。(图3-10,3-11)前已述及,水稻在生长过程中需水量很大,能否顺利灌溉是决定丰歉的关键因素。清代顾禄《清嘉录》

---

① ［清］张履祥辑补,陈恒力校释,王达参校、增订:《补农书校释》上卷"运田地法",第33页。
② ［清］张履祥辑补,陈恒力校释,王达参校、增订:《补农书校释》,第36页。
③ ［清］潘曾沂:《潘丰豫庄本书》,清道光甲午年刻本。

卷四记载太湖地区四月份有"小满动三车"的习俗，"三车"指丝车、油车、田车，田车即踏水车。"小满乍来……插秧之人，又各带土分科。设遇梅雨泛溢，则集桔槔以救之。旱则用连车，递引溪河之水，传戽入田，谓之踏水车。"①水车的形制大小以及使用方式，也因地势高低不同而有所差别。尤其是在太湖地区的高田地带，由于不能引水自流灌溉，农民不得不从蓄水池或从附近河流中戽水灌田，需要投入大量劳力，非常艰辛。

图 3-10　"车戽"

图片来源：[明]邝璠撰，石声汉、康成懿校注：《便民图纂校注》，第 10 页。

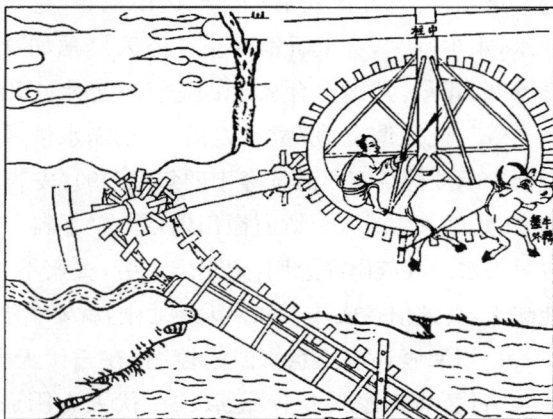

图 3-11　"牛力转盘水车"

图片来源：[明]宋应星著，潘吉星译注：《天工开物译注》，第 19 页。

　　明代何良俊曾对比松江府东部与西部水稻种植情况，记述了高田车水种稻之艰难。

　　　　夫均粮，本因其不均而欲均之也。然各处皆已均过，而松江独未者，盖各处之田，虽有肥瘠不同，然未有如松江之高下悬绝者。夫东西两乡，不但土有肥瘠，西乡田低水平，易于车戽，夫妻二人可种二十五亩，稍勤者可至三十亩。且土肥获多，每亩收三石者不论，只说收二石五斗，每岁可得米七八十石矣。故取租有一石六七斗者。东乡田高岸陡，车皆直竖，无异于汲水。稍不到，苗尽槁死，每遇旱岁，车声彻夜不休。夫妻二人竭力耕种，止可五亩。若年岁丰熟，每亩收一石五斗。故取租多者八斗，少者只黄豆四五斗耳，农夫终岁勤动，还租之后，不够二三月饭米。即望来岁麦熟，以为种田资本。至夏中只吃粗麦粥，日夜车

---

①　[清]顾禄撰，王迈校点：《清嘉录》，南京：江苏古籍出版社 1999 年版，第 88 页。

水,足底皆穿,其与西乡吃鱼干白米饭种田者,天渊不同矣。[1]

可见松江东部高田种稻,亩产量仅为西部低田的 50%—60%,户产量(以夫妻二人计)则为 8%—12%,高田种稻更不容易,农民生活艰辛。

这样田高岸陡或田高水远,灌溉艰难的记载还有很多。明天启二年(1622)《海盐县图经》载:"近水者单车,水稍远者双车,悉用人力,高阜者戽水,间用牛车。"相比人力踏车而言,牛力水车省时省力,效率较高,在明清太湖地区也有应用。清姚廷遴《历年记》记载,康熙三十二年(1693)上海地区大旱,农户因牛车戽水而引发纠纷:"初七日,邻人争水,扛张伯英家水车两部,因伊在上水头,每潮到,两部牛车戽水,下流无涓滴故也。"[2]但牛力水车投入更高,也不易安放,所以使用的局限性较大,似乎仅有一些富裕农户及缺少劳力的地方有所采用。清道光元年(1821)《石门县志》卷四:"徐王熙曰:农人戽水,全资人力,不若他邑之借力于牛。"说明牛力水车的使用有一定的地域性。

另外,水车修造费用较高,贫苦农民普遍使用桔槔提水灌溉。明天启二年(1622)《海盐县图经》记载,种稻"桔槔力居多"。清康熙二十七年(1688)《乌青文献》卷三记载:插秧时"用桔槔灌田,旱入涝出"。可见,明清太湖地区人力和牛力水车的使用比前代明显增多,但桔槔这种简易提水工具在水稻栽培中的使用仍然很普遍。清乾隆时黄印记载了无锡一带的高田灌溉情况:

> 惟高田去通河远,故浚池积水以溉田。苟池水既竭,而欲引通河之水,则必用桔槔数十重,先戽水入池,历数池以至田。此惟有资者能之,贫人无力,多任其槁死。若去通河十里,虽富人亦无可如何。故田之善否,惟视其地陂池之大小……是高阜之乡,较近水之地,其艰十倍不啻也。[3]

就是说,高田与河水距离较远,要在田地旁边开挖池塘,蓄水灌溉。如果池水枯竭了,地势又不平,就要用很多桔槔先戽水入池,经过数个池塘才能将水引到田里,灌溉任务尤其繁重,往往只有富人才能做到。穷人遇天旱而无

---

① ［明］何良俊:《四友斋丛说》卷十四,北京:中华书局 1959 年版,第 115 页。

② ［清］姚廷遴:《历年记》,载《清代日记汇抄》,上海:上海人民出版社 1982 年版,第 144 页。

③ ［清］黄印辑:《锡金识小录》卷一"备参上·地亩等则",据光绪二十二年刊本影印,《中国方志丛书》,台北:成文出版社 1983 年版,第 49 页。

力戽水浇灌，只能眼看着稻苗枯死。

二、耘田技术

耘田是稻作田间管理中最苦最累的农活。元代王祯《农书》记："江东等处农家，皆以双手耘田，匍匐禾间，膝行而前，日曝于上，泥侵于下，诚可嗟悯。"[1]清人纪端《耘田叹》诗句："田父前来言，耕田耘最苦。日晒背欲皱，虫咬血成乳。蹲身苗叶中，气咽不得吐。微风摇绿凉，其铦能割股。苗草不两立，草势强如弩。一耘还再耘，尚嫌功莽卤。"[2]为了减轻劳动强度并进行适当的劳动保护，人们发明了多种耘田辅助工具，如耘爪、薅马、荡胸、臂篝、指篛等。

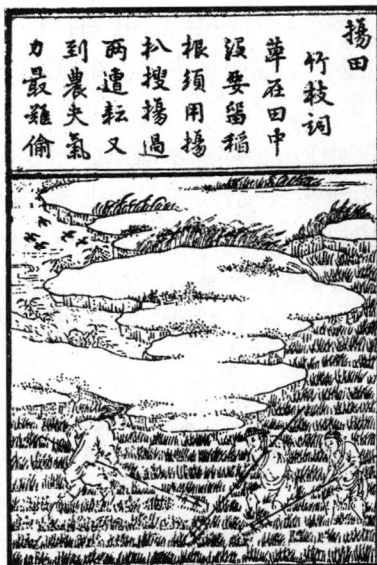
图3-12 "荡田"

图3-13 "耘田"

图片来源：[明]邝璠撰，石声汉、康成懿校注：《便民图纂校注》，第8，9页。

江南耘田主要包括荡（耥、揚）和耘两种劳作过程，一般先耥后耘，耥耘结合。（图3-12，图3-13）荡田所用的是"荡杷"，清许旦复《农事幼闻》对其形制及功用有细致描述："揚杷之制，板长尺半，首广二寸，末广三寸，板下

---

① ［元］王祯撰，孙显斌、攸兴超点校：《王祯农书》（上），长沙：湖南科学技术出版社2014年版，第281页。
② ［清］汪曰桢：《南浔镇志》卷二十一"农桑一"引，据同治二年（1863）刊本影印，《中国地方志集成》"乡镇志专辑"（22）下册，第233页。

匀排铁钉五层,作微弯似钩势,上装竹竿,抽曳往来于苗之空段间,令草根尽起,不致复生。"①荡田之后还要耘田:"撝田就空段间抽曳之,而每层六窠之中间,或生细草,则撝所不及也,故又加以耘之功。"②《农事幼闻》还解释说,耘撝结合可以使除草和松土更为彻底:

> 耘者膝跪行于苗间,两手匍匐而前,细剔苗根之草。虑苗叶伤其胯,编竹片为簾,缚两股间,谓之耘田马。盖撝则横推,耘则直攦,一纵一横,事交济而功递密也。然撝立而耘跪,又当三伏烈日中,农夫劳瘁,无过斯时。③

《浦泖农咨》也记载了耘耥的劳作过程及所使用的工具。"耘则以一膝跪于污泥,两手于稻科左右扒去泥之高下不匀者,兼去杂草而下壅壮。后又须耘一次,务令稻根须浮于壅上。"荡前端形如木屐,一面有长钉齿,安装在长竿上,"转侧于田肋中,使泥性松而稻根易于滋长。"耘荡一般要进行三次,当地称之为"三通"。"插下约二十日,便当拔草,所谓做头通也……自小暑至立秋,凡三耘三挡,谓之三通。"并指出除草要从秧田开始,如果头通耘荡细致彻底,以后也比较省力。④

当然,太湖各地自然条件不同,耘田程序也有所差别。《沈氏农书》所见湖州的情况是:从小暑后到立秋总共不过30多天,中耕除草必须安排四次:"锄荡耘四番生活——锄二,荡一,耘一,均匀排定,总之不可免。"⑤《乌青文献》卷三载:水稻长起来的时候,用荡耙在稻行间推拉松土,可使稻根生长旺盛,而且"荡断横根,则根直生向下"。"五六日后耘去稗草,再停五六日又耘一次。谚云:一粥一饭饿不杀,一耘一荡荒不杀。"另据《农事幼闻》来看,耘的次数还可视杂草多少而定,或一次,或二三次,耘草之后就可以撝田了。

耘荡过程烦琐而劳苦,稻农却一点也不敢疏忽。人们认识到耘耥不仅能除草松土,还可促进水稻根系下扎,防止倒伏,提高产量。江南农谚云:"耘禾抖动泥,赛过一道犁",生动地说明了耘田的重要性。奚诚《耕心农话》:耘田之后,"不三五日间,稻苗蔚然,殊胜用粪"。⑥ 书中还指出,酷暑耘田,把拔除的莠草和泥深埋于稻根之下,草腐烂之后就变成了肥料,可促进稻谷生长。从现代农学角度看,耘田可以将田间杂草除去并压入泥中,增加

①②③　[清]汪曰桢:《南浔镇志》卷二十一"农桑一"引,第232页。

④　[清]姜皋:《浦泖农咨》,清道光十四年刊,上海图书馆影印本。

⑤　[清]张履祥辑补,陈恒力校释,王达参校、增订:《补农书校释》,第32页。

⑥　[清]奚诚:《耕心农话》上下册,抄本。

土壤有机质，还可把空气带入耕作层，促进土壤微生物的活动以及有机质矿化，释放出有效养分，其生态作用显而易见。

三、烤田经验

水稻喜水好光热，但在不同的生长阶段，稻谷对水分及其他环境条件的要求有所不同，于是，人们采取相应的干湿调节措施来控制其水分供给。烤田又称为晒田、干田等，是稻田水层管理的一项重要技术，它的出现与古人对于水稻生态的认识有关。

人们将水稻根系分为"顶根"和"横根"两类，后者又称"丝根"。烤田的作用在于抑制横根生长，属固本措施，这一点与耘稻的作用基本相同。不过，耘稻是人力用荡耙将横根切断，而烤田则是通过土壤干裂的方式，利用自然力消除横根，以促进顶根生长。

> 立秋边，或荡干，或耘干，必要田干缝裂方好。古人云，六月不干田，无米莫怨天。惟此一干，则根派深远，苗秆苍老，结秀成实，水旱不能为患矣。干在立秋前，便多干几日无妨；干在立秋后，才裂缝便要车水，盖处暑正做胎，此时不可缺水。[1]

立秋是干田的分界点，因为立秋之后，水稻开始孕穗，进入另一个生长发育阶段，田地就不能干裂缺水了。清乾隆《乌青镇志》等方志中内容也继承了上述干田经验。从文献记载还可发现，江南民众对于立秋前后干田与灌水的关系，把握很精细："稻，水种也，天泽未易，常微桔槔力居多。惟立秋前十日，宜稍干之，令根固，馀日水昼夜不得乏绝，收入多寡一视戽水勤惰"[2]；乾隆十四年(1749)《安吉州志》载："待土裂，以水浸灌之，谓之'还水'。"就是说，在立秋之前10天，稻田"稍干"即可，干田程度要降低，而立秋后，田地开裂，灌水就要跟上。

烤田效果如何，与天气是否晴热也有关系。《农政全书》卷十一载："谚云：六月不热，五谷不结。老农云：稿稻天气，又当下壅时，最要晴。"[3]江浙地区相关农谚也有不少，如"五月热，有米吃""六月盖被，有谷无米"，"六月

---

① [清]张履祥辑补，陈恒力校释，王达参校、增订：《补农书校释》，第33页。

② [明]樊维城、胡震亨等纂修：《海盐县图经》卷四，据明天启四年刊本影印，《中国方志丛书》，台北：成文出版社1983年版，第336页。

③ [明]徐光启撰，石声汉校注，石定枎订补：《农政全书校注》(上)卷十一"农事·占候"，第311页。

勿热,稻谷勿结""端午不把扇,早稻去一半"。① 当地民众充分认识到,五六月份高温天气对于水稻增产有重要作用。

从现代农学角度看,烤田能减少水分供应,可抑止稻苗地上部第一二节间疯长,促使根系向下生长,防止倒伏减产,并且田土干裂,可增加土壤含氧量,促使土壤有机质分解与矿化,释放有效养分。干田在分蘖末期进行,可加速无效分蘖的死亡,促进养分及早向主茎转移,使稻穗在分化初期就能获得足够的营养。立秋前后,正是江南地区单季晚稻从营养生长向生殖生长转变的关键时期,抓住这个时机烤田,并把烤田与灌水结合起来,是保证水稻正常生长发育的重要措施。

第五节　施肥与病虫害防治

明清时期太湖地区水稻与大小麦、油菜、蚕豆等春花作物的轮作复种制比较普遍,为了达到增产效果,粪肥积制和施用的技术要求明显提高,病虫害防治也形成了一定特色。

一、常用肥料种类及其积制经验

明清时期江南的农家肥大致可分为粪肥、饼肥、糟渣肥、河塘泥、绿肥、草木灰等几大类,都属于有机肥,其来源不同,积制、施用也各有讲究。

(一)粪肥

传统时代农田施用粪肥最为广泛。这类肥料不仅可以培养地力,补充种植业需从土壤中摄取的氮、磷、钾及各种微量元素,还能改善土壤性状。

《沈氏农书》中既有嘉湖农民正月窖垃圾、窖磨路②、去苏杭买粪,四月去平望买牛壅磨路,以及往杭州买人粪的记载,更有大段关于农家养猪羊积肥的内容。例如,书中提到饲养湖羊 11 只,每年可净得肥料 300 担,饲养一头母猪,再加上小猪,一年可得粪 80 担,还说"种田地,肥壅最为要紧""种田养猪,第一要紧"。③ 该书的作者沈氏为太湖南岸乡村的一个经营地主,他充分体会到粪肥对农业增产的重要性,一年中有专门的粪肥积制和购买安排。一般农户无力购买粪肥,所以不仅注意在日常生活中积攒肥料,还将饲

---

① 《浙江农业科学》编辑部编:《浙江农谚解说》(《浙江农业科学丛刊》),1965 年版。
② 磨路,作坊中的磨子或碾子用牛拉转,牛路上的垫草和土与牛的粪尿混在一起,经牛来回践踏所形成的粪肥。
③ [清]张履祥辑补,陈恒力校释,王达参校、增订:《补农书校释》,第 56—89 页。

养猪羊与种植水稻结合起来，尽量做到农业资源的循环利用。粪肥对粮食增产不可或缺，太湖地区有人就将积肥卖钱作为生财之道。据清初酌元亭主人的小说《掘新坑悭鬼成财主》描写，湖州乌程县义乡村有一位穆太公，在自家门前修建豪华粪屋（厕所），并免费提供手纸，吸引全村人来上厕所，收集粪便，出售换钱，变成了财主，后来同村人仿效他的做法，争抢粪肥生意，由此产生了纠纷，还酿成人命案。①

另外，除过乡间村野，古代江南城镇地区的粪肥收集和利用也很受重视。据南宋吴自牧《梦粱录》记载，当时杭州已有专人收集城里的粪尿用于肥田。明清时期，不仅有挑粪担的人沿街收集粪尿，而且城镇里的粪坑（即公共厕所），往往租给乡下的富农。清代中叶苏州还备有专船，"挨河收粪"，效果很好。包世臣曾建议南京仿效苏州的做法，将所收的粪肥卖给农民。《农政全书》卷七"农事"载："田附廓多肥饶，以粪多故。村落中民居稠密处亦然。凡通水处，多肥饶，以粪壅便故。"②太湖流域城镇分布广，水路运输发达，为粪肥收集和利用提供了很大方便。宋代以来江南能成为富甲天下的鱼米之乡以及国家赋税的主要来源地，与当地在粪肥积制和利用方面的努力有着密切关系。③

（二）饼肥和糟渣肥

饼肥和糟渣肥是利用农产品加工后形成的剩糟残渣所制作的肥料。饼肥有菜籽饼、芝麻饼、棉籽饼、豆饼等；糟渣肥包括豆腐渣、糖渣、油渣、酒糟、醋糟等。17 世纪后期成书的《致富奇书广集》记载："今江南用麻饼、豆饼压田，则多收。"人们还注意到饼肥"其力慢而不迅疾"，肥效较迟缓，一般宜做基肥。④ 饼肥内所含的氮素主要为蛋白质形态，磷也以各种有机态存在，必须经过微生物分解，变成氨态氮和无机磷酸盐后，才能被作物吸收，发挥肥效。饼肥含氮丰富、体小量轻、便于运输施用，明清时期成为重要的商品性肥料。清同治《南浔镇志》卷二十一引《农事幼闻》：稻田"草既净后，加以肥泽之功，谓之'下壅'。富家多用豆饼，椎碎成屑，匀撒苗间。"⑤饼肥的使用一般限于富裕农户，贫苦农家买不起饼肥，就用各种沤烂的杂草撒入田中作为肥料。

---

① ［清］酌元亭主人编：《照世杯》，上海：上海古籍出版社 1956 年版。

② ［明］徐光启撰，石声汉校注，石定枟订补：《农政全书校注》（上），第 188 页。

③ 李伯重：《粪土重于万户侯》，载王兆成主编：《历史学家茶座》，济南：山东人民出版社 2007 年第 3 期，第 64 页。

④ ［清］董世宁：乾隆《乌青镇志》卷二"农桑"，《中国地方志集成》"乡镇志专辑"（23），第 234 页。

⑤ ［清］汪曰桢：同治《南浔镇志》，《中国地方志集成》"乡镇志专辑"（22），第 233 页。

（三）泥肥

泥肥指河泥、沟泥、湖泥、塘泥等，在疏浚河塘时把其中淤淀的肥泥挖起堆沤，对培肥水稻田以及桑田很有效。宋元时期，罱泥已成为太湖地区农民经常性的积肥活动。明清时期，粪肥紧缺，罱泥更为普遍，人们对河塘泥的作用也有了进一步认识。从《沈氏农书》的记载来看，嘉湖地区全年除四月至七月之外，其他八个月都安排了罱河泥的劳动。清代江苏金匮（今属无锡）人钱泳说："上浜一浚，为利无穷……其地瘠者，每年以罱泥取污，即为肥田之利。"①浚池挖起的淤泥不仅可以培高土地，改变其卑湿状况，还能改良土壤，增加土壤肥力。

（四）绿肥及杂草、水草

紫云英（*Astragalus sinicus* L.）是太湖地区的主要绿肥作物，又有花草、红花草等别名。明清时期当地稻麦复种及稻棉轮作较多，肥料需求增加，红花草的肥效受到充分肯定。农民一般在每年农历八九月份在稻田中套种红花草，次年三月份盛花期直接翻耕入田，当作绿肥；或者将紫云英收割后拌入河泥沤制，作为稻田肥料。此外，利用猪羊圈栏中沤烂的杂草，以及在河荡中捞取的菱草、藻类等作为肥料，也成为当地农民的习惯。据文献记载，稻田施追肥，富裕人家常用豆饼，"贫家力不能致饼，则用猪羊栏中腐草，当暑天臭秽不可近，将桶贮之，挂于项下胸前，两手捞取，分掷周行田间，必匀必遍。或有捲取水草，作烂成泥"。② 贫苦农家买不起饼肥，就用猪羊圈中的腐草以及在河中捞取的水草等，经堆沤腐烂后撒入田中，作为水稻的追肥。

（五）以堆沤熟化为重点的粪肥积制方法

传统农业用肥包括人畜粪尿、农作物秸秆、树叶、青草、绿肥、生活垃圾、河塘泥等，以有机肥为主，因而强调施用熟粪。即生粪要经过堆积沤制，腐熟后才能施入田中。这样既能更好地发挥肥效，还能减少病虫害的发生。为了加快腐熟，并避免堆沤时丧失养分，人们想了不少办法。明清时期，太湖地区农民所采用的"沤泡法""窖粪法""煨粪法"等，实际上都是加快农家肥腐熟的肥料积制方法。

南宋陈旉《农书》提到，江南农家多置"粪屋"积沤窖肥。清代奚诚《耕心农话》详细记载了当地的窖粪法：

① ［清］钱泳撰，孟斐校点：《履园丛话》卷四"水学·浚池"，上海：上海古籍出版社2012年版，第69页。

② ［清］汪曰祯：同治《南浔镇志》，《中国地方志集成》"乡镇志专辑"（22），第233页。

人粪虽肥而性热，多用害稼，暴粪尤酷。故于秋冬农隙时，深掘大坑，先投树叶、乱草、糠秕等，用火煨过，乘热倒下粪秽垃圾，令其蒸透，方以河泥封面，谓之窖粪。来春用此垫底下种，则花、稻之精神，都在蕊穗之上。①

其主要是通过对肥源的加温密封，促进微生物活动，加快粪肥腐熟和养分释放，增加速效性成分，促进棉花、水稻的生殖生长。

二、稻田施肥技术

图3-14　"下壅"

图片来源：[明]邝璠撰，石声汉、康成懿校注：《便民图纂校注》，第6页。

《沈氏农书》"运田地法"将水稻栽培的关键问题归结为粪肥施用和劳力投入两大方面，用"粪多力勤"四个字加以概括。《便民图纂》"竹枝词"也说："稻禾全靠粪浇根。"（图3-14）从宋代陈旉《农书》以来，江南稻作施肥要求"用粪得理"，用粪量、施肥早晚以及施肥方法都有讲究，其中沈氏"看苗施肥"的水稻追肥经验尤为精湛。

（一）水稻施基肥最为要紧

《沈氏农书》载："凡种田总不出粪多力勤四字，而垫底尤为要紧。"②江南人把"基肥"称为"垫底""坐兜""胎肥"等；把追肥叫做"接力""托腰"等。沈氏指出施用基肥应该结合深耕来进行："若壅灰与牛粪，则撒于初倒之后，下次倒入土中更好。"深耕施肥的好处是："深则肥气深入土中，徐徐讨力，且根派深远，苗干必壮实，可耐水旱。纵接力薄，而原来壅力可以支持；即再多壅，譬如健人善饭，量高多饮，亦不害事。"③

稻田施基肥还要注意时机的把握，并与追肥相配合。《乌青文献》卷三"农桑"载：用粪不可太早，太早了后期肥力接不上，到了立秋时节稻谷生长大多会停滞而不扬花结实；"春初先罱河泥以草罨而腐之，临种担以作底，其

---

① ［清］奚诚：《耕心农话》上下册，抄本。
②③ ［清］张履祥辑补，陈恒力校释，王达参校、增订：《补农书校释》，第29,36页。

力虽慢而长。伏暑时,稍下灰或豆饼(亦有用菜饼、麻饼者),其力慢而不迅疾,立秋后始下大肥壅,则力倍而穗长矣"。全面总结了当地稻田施用底肥和追肥的过程及注意事项。

基肥可以调节水稻生长发育过程中的养分供应,一般应施用肥效持久的有机肥,如厩肥、堆肥、草塘肥和绿肥等。从《沈氏农书》来看,嘉湖农民所施用的水稻基肥主要有:磨路(牛粪)、猪灰(猪厩肥)、坑灰(人粪尿)、河泥、草泥(草塘泥)等,大都是迟效性的,且施用量较大,约占总施肥量的一半以上。书中强调水稻要深施厩肥,符合农学原理。

(二) 水稻看苗追肥

追肥即作物生长期施用的肥料,以速效肥为主,以便及时满足作物对养分的需求和补充基肥的不足。《沈氏农书》"运田地法"记载:"盖田上生活,百凡容易,只有接力一壅,须相其时候,察其颜色,为农家最要紧机关。"水稻抽穗前稻苗颜色变黄时,追肥越多越好,"到了立秋,苗已长足,壅力已尽,秆必老,色必黄,接力愈多愈好"。[①] 沈氏指出,当时水稻追肥存在的主要问题是"无力之家,既苦少壅薄收;粪多之家,每患过肥谷秕。究其根源,总为壅嫩苗之故。"意思是贫穷农户苦于无粪可施,庄稼收成少,富户多粪之家,则担心粪壅过多而庄稼产量不高,其原因都在施肥偏早,时机不当。通过对稻谷生态的长期观察,嘉湖民众总结出看苗色施肥的具体方法:

> 下接力,须在处暑后,苗做胎时,在苗色正黄之时。如苗色不黄,断不可下接力;到底不黄,到底不可下也。若苗茂密,度其力短,俟抽穗之后,每亩下饼三斗,自足接其力。切不可未黄先下,致好苗而无好稻。[②]

从现代农学角度来看,施追肥时,沈氏强调苗色的"黄"与"不黄",实际上与稻谷生长发育过程中的养分变化和输送有关。稻株内的养料在幼穗分化前后,主要贮积在叶片和叶鞘中。孕穗后期,养料就从叶片和叶鞘向茎秆输送,以满足抽穗、开花和灌浆的需要。抽穗之前叶片落黄(由绿转黄),说明养料顺利运转至茎秆,用于抽穗结实。如果抽穗开花时叶色依然深绿,表明叶片中氮素养分含量很高,碳水化合物大量消耗在蛋白质和叶绿素合成过程中,向茎秆和稻穗输送的养料减少,稻穗营养不足,导致"有好苗而无好稻",秕谷增多。如果叶片不落黄就施肥,既浪费粪肥,还可能引起徒长倒伏。这种落黄生态的把握与施肥时机、数量的把握,需要用心观察和长期实

---

①②　[清]张履祥辑补,陈恒力校释,王达参校、增订:《补农书校释》,第35,36页。

践经验的积累，所以农谚形容其"有钱难买"。20世纪六七十年代，江苏著名民间水稻专家陈永康总结的水稻"三黑三白"栽培法，应是古代看苗施肥法的继承与发展。

（三）水稻"三通"施肥法

清末松江地区富裕农民栽培水稻要施肥三遍，第一遍用红花草等绿肥，还可用河泥和腐烂的水草等，第二遍用猪粪等农家肥，第三遍用豆饼。光绪《松江府续志》卷五"疆域志·风俗"对这种施肥方式及其注意事项做了详细阐述：

> 肥田者俗谓膏壅，上农用三通，头通红花草也（寒露前后将草子撒于稻肋内，到斫稻时草子已青，冬生春长，三月而花，蔓衍满田，垦田时翻压于土下，不日即烂，肥不可言。案：谚云，种田种到老，不要忘记草）。然非上等高田，不能撒草（撒草后遇雨，田中放水，则草子漂去；冬春雨雪，田有积水，草亦消萎）。草子亦亩须四五升（又有罱泥……于定水河起罱泥，以臭黑者为上。秋末冬初无工之时，罱成堆于田旁，将杂草扰和，令其臭腐，然后锄松敲碎，撒于田内亦可，抵红花草之半。案：定水河内有水草兼两岸树叶坠积臭烂，故可壅田）。二通膏壅多用猪践（先以稻草灰铺匀于猪圈内，令猪践踏搅和而成者），亩须十担。三通用豆饼（出关东者为大饼，个重六七十斤，从浒关来为裹饼，个重二十四斤，用大鑔刨下，敲碎撒于田内），亩须四五十斤。①

这种"三通"施肥法首先使用绿肥，再用猪粪，最后用豆饼，属于基肥与追肥结合，迟效肥与速效肥结合的一套比较完整的水稻施肥体系。不过，文中说明只有"上农"即富裕农户才有能力采用这种施肥方法，而贫苦农民既买不起草籽种植绿肥，也无力养猪积肥，只能赊豆饼来肥田，"其壅力暂而土易坚，故其收成每歉"。"三通"施肥法增产效果好，但需要较多投入，在当时的水稻生产中似乎未能普遍应用。

三、病虫害防治

太湖地区水稻生产自古发达，稻作病虫害及鸟兽害防治经验丰富。不过，传统病虫害知识及其防治措施，主要是民众直接经验的总结，相关称呼

---

① ［清］博瑞等修，姚光发等纂：光绪《松江府续志》，据清光绪九年刊本影印，《中国地方志集成》"上海府县志辑"（3），第115页。

繁杂,一虫多名或虫名不知确指者较常见,很难与现代实验科学意义上的概念一一对应。好在前人已对古代病虫害名实做了不少考证工作,对一些重要稻作病虫害有了基本认识。[①] 这里吸收前人成果,联系当今的农药污染和生态破坏问题,就明清太湖地区水稻栽培中所遇到若干主要病虫害、鸟兽害及其防治措施予以阐述。

(一)主要虫害

水稻虫害包括蝗虫、螟虫、稻飞虱、叶蝉、黏虫等造成的灾害,病害可能包括白飐、缩科及蹲缩、稻瘟病等。

1. 蝗虫

蝗虫为杂食性昆虫,所到之处,几乎会将庄稼横扫一空,水稻首当其冲。蝗灾与水灾、旱灾并列,属于中国古代最严重的农业自然灾害之一。徐光启认为水旱为灾,很多地区还可以幸免,"惟旱极而蝗,数千里间草木皆尽,或牛马毛幡帜皆尽,其害尤惨,过于水旱也"。[②] 太湖地区水系发达,河网密布,历史上旱灾罕闻而水患颇多,蝗灾则时有发生。《清史稿·灾异志》记载,清康熙九年(1670):七月"丽水、桐乡、江山、常山大旱,蝗"。咸丰六年(1856)八月,锡金(无锡)发生了 200 多年来的第一次蝗灾,促成顾彦于次年写成《治蝗全法》四卷。

2. 螟虫

螟虫为鳞翅目有喙亚目螟蛾科昆虫的统称,在古代文献中泛指各种作物害虫,其为害仅次于蝗虫。螟虫有专食性,古人观察认为,螟虫从水稻茎秆吸取汁液,使得田间一片黄萎。宋代以来太湖流域水稻种植明显增加,成为稻螟为害最严重的地区之一,有些年份爆发在稻区的螟灾严重性超过蝗虫。《宋史·五行志》有两宋南方稻区螟害发生情况的记载,涉及太湖地区。明清以来,方志中有关螟灾的记录趋于详细。据统计,清嘉庆五年至光绪三十三年(1800—1907)108 年,有螟灾记录的年份有 35 年,平均每三年即发生一次,受害府州达 49 个。[③] 清朝以后螟害愈来愈频繁,几乎超过蝗灾。由于螟害蝗灾越来越严重,民国时期江苏和浙江发起成立了昆虫局,嘉兴、松江和昆山等地民间还组织了除螟会。

3. 稻飞虱和叶蝉

稻飞虱和叶蝉体形细小,古人不加区分,常统称为蚋、蚰虫、蠓虫等。明

① 游修龄:《中国稻作史》,第 181—196 页。
② [明]徐光启撰,石声汉校注,石定枎订补:《农政全书校注》(下)卷四十四"荒政",第 1671 页。
③ 游修龄:《中国稻作史》,第 187 页。

人胡震亨《海盐图经》卷十六"杂识篇"记载："明万历六年（1578）秋，有虫伤苗，岁歉。"但不明确是哪种虫灾，好在其注文所引崔嘉祥《崔鸣吾纪事》对万历六年海盐县的虫灾记载较详：

> 万历戊寅秋七月，有虫生苗间，细若蜉蝣蚁子，千百为群。即不食根节，不伤心叶，而一经其攒集，遂不复秀实。虽螟螣蟊贼之祸，不是过。田氓以苗虱呼之。说者谓是年多涝，田间宿水浸渍而生，捕之不得，驱之不去，卒莫知所以治之之术焉。[1]

据近代昆虫学家费耕雨考证，蜉蝣为蚍蜉（大蚁）之误，当指稻虱，而非蚜虫或浮沉子。[2]

历史上记载的水稻害虫还有稻苞虫、黏虫、蜚等，蟹、雀鸟、野鸭（凫鹭）、田鼠等也会损害水稻，让农民日夜担忧，只是文字信息很少，无法细述。

（二）主要病害

古人对水稻病害的认识和记录远不及虫害，因为真菌、细菌、病毒等病源肉眼看不见。结合现代植物病理知识考察，太湖地区的水稻病害可能有以下几种：

1. 白飒

古文献中的"白飒"可能是白叶枯病。《农政全书》卷十一"农事·占候"记载："白露雨为苦雨，稻禾沾之白飒，蔬菜沾之则味苦……其时之雨，片云来便雨。稻花见日吐出，阴雨则收。正吐之时，暴雨忽来，卒不能收，遂致白飒之患。"[3]意为白露时节下雨，稻花见雨后，未授粉就干枯了，颖包都变成白色，长不成籽粒。

2. 缩科、蹲缩

二者应属同一病害，类似水稻矮缩病。明代马一龙《农说》提到："叶虽丛生，亦必以渐消尽，而至于濯濯然，今俗谓缩科而已。"稻叶开始时生长旺盛，后来则逐渐枯萎脱落，只是剩下光秃秃的茎秆了，所以叫"缩科"。明代冯汝弼《祐山杂说》记述更为具体："嘉靖二十三年（1544），平湖、海盐大荒。五六月，禾苗盛长。至七月，即蹲缩黄萎，粪多者尤甚。间有五月望后插秧者，获如平

---

① ［明］樊维城、胡震亨等纂修：《海盐县图经》，《中国方志丛书》，台北：成文出版社 1983 年版，第 1317 页。

② 费耕雨：《稻虱考查录》，《中华农学会报》1939 年第 12 期。

③ ［明］徐光启撰，石声汉校注，石定枎订补：《农政全书校注》（上），第 312 页。

时。"①早插秧者,农历七月水稻出现蹲缩黄萎现象,晚插秧者收获如常。

3. 火烧瘟

《天工开物》卷上"乃粒·稻灾"提到"炎火"和"焦炎"两种病害表现:"明年田有粪肥,土脉发烧,东南风助暖,则尽发炎火,大坏苗穗,此一灾也。"②"凡苗吐穖(即抽穗)之后,暮夜鬼火游烧,此六灾也……凡禾穖叶遇之,立刻焦炎。"③田里的稻穗不经意间变得一片枯焦,就像火烧过一样,古人不能解释其发生原因,只能推测这种现象是由土脉发烧以及东南暖风所造成的,甚至以为是夜晚鬼火游烧所致。从其发生原因和表现来看,"炎火"和"焦炎"当指稻瘟病、赤枯病一类病害,农民形象地称其为"火烧瘟"。

(三)防治措施

太湖地区农民在长期的生产实践中摸索和积累了各种有效的水稻病虫害防治措施,其大致可分为人工防治、农业技术防治、药物防治和生物防治四个方面。

1. 人工防治

古代没有农药,普遍采用火诱、开沟陷杀、人力捕打、挖掘虫卵等人工治虫的方法。其中火诱法是利用蝗虫、螟蛾等昆虫的趋光特性予以烧杀。明人谢肇淛《五杂组》卷九"物部一"载:"江南无蝗,过江即有之,此理之不可晓者。当其盛时,飞蔽天日,虽所至禾黍无复子遗,然间有留一二顷独不食者,界畔截然,若有神焉……此虫赴火如归,若积薪燎原,且焚且瘗,百里之内可以立尽。江南人收成后多用火焚一番,不惟去秽草,亦防此等种类也。"④《农政全书》记载,开沟陷杀法适用于灭除蝗蝻,其主要办法是众人合力,各村邑相互配合,驱赶蝻虫跳入预先挖好的长沟(宽深各二尺)中,予以捕杀填埋。⑤(图3-15)徐光启还说:"昔年蝗至常州,数日而尽;虽缘

图3-15　开沟灭蝻

图片来源:[清]钱炘和辑:《捕蝗要诀》,同治八年楚北崇文书局刊本,第4页。

---

① [明]冯汝弼:《祐山杂说》,北京:中华书局1985年版,第17页。
②③ [明]宋应星著,潘吉星译注:《天工开物译注》,第14,16页。
④ [明]谢肇淛撰,傅成校点:《五杂组》,上海:上海古籍出版社2012年版,第169页。
⑤ [明]徐光启撰,石声汉校注,石定枎订补:《农政全书校注》(下),第1677页。

官勤,亦因民众。"①据清代钱炘和《捕蝗要诀》总结,古代人力捕蝗的方法有多种,包括"布围式""鱼箔式""合网式""抄袋式""围捕式"等,所借助的工具无非是扫帚、布围、竹箔、旧鞋、抄袋(类似捕虫网)等。

2. 技术防治

古代农民注重通过各种耕作栽培措施来预防或减轻病虫害。例如,深耕灌溉灭虫、选育抗虫品种、烤田防虫、实行轮作、清除杂草等。其中明清时期稻麦、稻棉轮作在太湖地区已经普遍实行,成为有效的病虫害防治手段。"凡高仰田,可棉可稻者,种棉二年,翻稻一年,即草根溃烂,土气肥厚,虫螟不生。多不得过三年,过则生虫。三年而无力种稻者,收棉后,周田作岸,积水过冬,入春冻解,防水候干,耕锄如法,可种棉。虫亦不生。"②其原理在于轮作制及积水冷冻破坏了害虫原有的生活环境,从而使其难以存活。《沈氏农书》"运田地法"记载:"一切损苗之虫,生子每在脚塍地滩之内,冬间铲削草根,另添新土,亦杀虫护苗之一法。"③当地农民熟悉稻田害虫生活史,注意到所有损坏稻苗的害虫,常在杂草枯叶或草根上产卵,在冬季清理田塍,铲除草根,另外添加新土,也可以杀虫护苗,取得良好防治效果。

3. 药物防治

太湖地区农民很早就知道利用植物性药物以及石灰等无机物,防治作物病虫害。从文献记载看,古代用植物油防治水稻害虫的方法,最早出现于宋代苏州地区。《宋史·五行志》云:"(淳熙)十二年(1185)八月,平江府有虫聚于禾穗,油洒之即堕,一夕,大雨尽涤之。"至清代,嘉庆四年(1799)《嘉兴县志》卷十六"农桑"中也有油类去虫的记载:"六月暑旱生虫,洒油以去之。"从油洒之即可去除的情景来看,这种害虫可能是稻飞虱一类的小虫。石灰治虫也是古代江南稻区所采用的方法。南宋陈旉《农书》提到,水稻"欲播种,撒石灰于渥漉泥之中,以去虫螟之害。"④《农政全书》"除蝗方":"用秆草灰、石灰灰,等分为细末,筛罗禾谷之上,蝗即不食。"⑤这是用石灰、草木灰撒在即将成熟的谷物上,来防治蝗虫为害。

4. 生物防治

太湖地区的生物防治法主要是养鸭治虫和稻田养鱼。清嘉庆时期汪志伊《荒政辑要》卷一"除蝗记"载:"凡禾稻经其蝝啮,虽秀出者坏。然尚未解

①⑤　[明]徐光启撰,石声汉校注,石定枎订补:《农政全书校注》(下),第1679页。

②　[明]徐光启撰,石声汉校注,石定枎订补:《农政全书校注》(中),第1235页。

③　[清]张履祥辑补,陈恒力校释,王达参校,增订:《补农书校释》,第74页。

④　[宋]陈旉:《农书》,北京:中华书局1956年版,第3页。

飞,鸭能食之。鸭群数百入稻畦中,螽顷刻尽,亦江南捕螽一法也。"①明确提到江南用群鸭灭除小蝗,见效迅速。清顾彦《治蝗全法》卷一"捕田中蝻法":"咸丰七年(1857)四月,无锡军嶂山山上之蝻,亦以鸭七八百捕,顷刻即尽。"②养鸭除了可以捕食蝗虫外,还能捕食稻田中的各种害虫,如飞虱、叶蝉、稻椿、黏虫等。稻田养鱼兼具除草、吃掉小虫及肥田作用,也是明清时期常见的生物防治方法。明代成化年间《湖州府志》:"鲫鱼出田间最肥,冬月味尤美。"田间出产的鲫鱼很可能是人工养殖的,而且人们已注意到稻与鱼共生互利,鱼很肥美。后来,清代湖州以及嘉兴、苏州的多种方志中也有类似记述。

第六节　水稻收获、碾打与加工

经过大半年育秧、插秧、耘耥、灌溉、施肥、病虫害防治等一系列艰辛的田间劳作,终于到了水稻成熟收获阶段,但生产过程远未结束。斫稻、晾晒、堆积、碾打等繁重的农活,依然让农民忙碌不已,并有受灾之忧。

一、收获

(一)斫稻

水稻收割民间称为刘稻、斫稻。太湖地区农谚云:"寒露无青稻,霜降一起倒",刘稻时间一般在霜降前后,早熟品种可提前一个月成熟,而较晚的迟至立冬收割。在明清时期当地稻麦轮作制已普及的情况下,大规模的晚稻收割时间基本都在农历九十月间。清光绪九年(1883)《松江府续志》记载了水稻收割的情形:"至斫稻,左手把稻,右手持镰(按:镰形如偃月。韩愈诗:新月似磨镰,是也)。近根而断之,一刀两科,三刀而成一把,两把合成一铺。"在近根处即割即收,尽可能保留稻秆,脱粒后稻秆可作燃料和饲草。(图3-16)

图3-16　"收割"

图片来源:[明]邝璠撰,石声汉、康成懿校注:《便民图纂校注》,第11页。

---

① [清]汪志伊辑:《荒政辑要》,台北:文海出版社1989年版,第18页。

② [清]顾彦辑:《治蝗全法》,光绪十四年犹白雪斋刻本。

在水稻收割时节，农民最担忧的是雨涝灾害。明人沈周"割稻"一诗即体现了水稻成熟时遭遇涝灾的情景：

> 我家低田水没肚，五男割稻冻慄股。劳劳似共雨争夺，稻芽渐向镰头吐。蓬蓬纂纂缀青针，稻既生芽禾应腐。腐余割得尚欢喜，计利当存十之五。小家伶仃止夫妇，稻烂水深无力取。口中之食眼中饱，忍见穗头沈着土。波间粒粒付鱼雁，一年生计空辛苦。但忧两口不聊生，未暇征租虑官府。老翁坐对沈龟哭，婆亦号咷向空釜。云昏月墨忘关门，隔壁咆哮一声虎。①

大意是田里稻子已成熟，而水灾却使稻穗生芽。如果家中有劳力，抢收及时，尚可获得一般产量。而村里的老夫妇无力抢收，只能眼看着稻谷烂在水中。这样不仅没有了口粮，官府还要催租，二人愁苦不堪，痛哭失声。

（二）晾晒

割稻后在晴朗之日就地晾晒，在田中的为"稻铺"，堆在田岸的称为"稻町"，登在场中的为"稻积"。清光绪九年《松江府续志》卷五记载："以穗接根，鳞次平铺田内。今日斫则后日收，所谓三日头晒铺也。"在水稻晒铺期间，农民最担心遇雨——在这三天中，若有一天下雨，稻谷的品质就会受到影响。在吴江一带，农家要将收割后的水稻捆扎起来，在竹签上晾晒。明代沈周《石田杂记》记载："吴江农家虽高田斫稻，必用竹签，每签稻五个，其穗下垂，盖新斫稻秆尚有生气，倒垂则其膏泽浸渍入米，每亩较不扦稻，米多五升。吴江以北不然，过水则用签。"②表明当地民众已知道利用水稻的后熟作用来提高出米率了。这里所说的竹签，即元代王祯《农书》

图 3 - 17　乔扦和稻堆

图片来源：《康熙御制耕织图》，天津：天津人民美术出版社 2006 年版。

---

① ［明］沈周：《石田诗抄》卷九"割稻"，影印文渊阁《四库全书》本第 1249 册，第 705 页。

② ［明］沈周：《石田杂记》，北京：中华书局 1985 年版，第 26 页。

中所提到的"乔扦"："农家收获,尤当及时。江南上雨下水,收稻必用乔扦、笐架,乃不遗失。"①乔扦用三根细竹竿制作,收获时支撑在有积水的田间,晾晒稻捆。笐架则是用竹木制作的三角形架子,形制较大,一般立在打谷场上,《耕织图诗·登场》中称为"高架"。(图3-17)也有在排干田水之后收割稻子,堆放在田间的情况。包世臣《齐民四术》载:"刈稻除择种外,宜堆田中,穗相向为圆堆。三日而后打,则谷皆熟,藏之仓。"这里是说稻子收割后,应该在田头堆放三天再碾打,才能全部成熟入仓。

(三)稻堆

经过晾晒之后的稻子就可以堆积起来,称为稻积,或稻堆。清光绪九年《松江府续志》载:"晒铺之后,乃以登场聚而叠之,谓之'稻穑场'。"稻堆是水稻收割之后,到脱粒之前所经历的一个阶段,时间有长有短,短则三五天,长则三五月。积稻成堆很有讲究,需要稻穗向里,层层堆叠紧实,防止雨水灌入。稻堆积起来后,可以在农闲时节再行脱粒,以缓解农忙时劳力紧张的状况;稻堆还具有后熟作用,是对稻米加工的一种预处理。

二、碾打脱粒

水稻脱粒,又称为打稻、掼稻,所用工具有连枷(亦作连耞)、稻床等。(图3-18)汉刘熙《释名》解释:"耞,加也。加杖于柄头,以挝穗而出谷也。"明代邝璠《便民图纂》"打稻竹枝词"记载:"连耞拍拍稻铺场,打落将来风里扬。"现今太湖地区农村偶尔还可见到用连枷脱粒的场景。稻床,是用竹木制作的框架型农具,前俯后仰,举起稻束,往床面上用力掼打,可使谷粒脱落。

太湖地区粳稻栽培较多,而粳稻脱粒相对困难,故以连枷拍打为主,而用作种子者也采用稻床掼打。② 宋应星《天工开物》卷上"粹精"载:"凡束手而击者,受击之物或用木桶或用石板。"如

图3-18 "连枷打稻"
图片来源:[明]邝璠撰,石声汉、康成懿校注:《便民图纂校注》,第13页。

---

① [明]王祯著,王毓瑚点校:《王祯农书》,北京:农业出版社1981年版,第81页。
② 姜彬:《稻作文化与江南民俗》,上海:上海文艺出版社1996年版,第148页。

果收获时节阴雨较多，不能登场，可用木桶在田间击取；天气晴朗的话，在田间放置石板打稻很方便。水稻脱粒也可以借用牛力，提高效率："凡服牛曳石滚压场中，视人手击取者力省三倍。但作种之谷恐磨去壳尖减削生机，故南方多种之家，场禾多藉牛力，而来年作种者，宁向石板击取也。"①种稻较多的农家，一般要把稻束运送到打谷场上平铺开来，用牛拉石碌碡碾压，这样可以节省力气，提高效率。但用作种子的稻谷最好用手掼打，因为石碌碡碾压会磨去谷壳尖，影响稻谷发芽。清光绪九年《松江府续志》则记载了先用"碌碡碾平"，再用稻床掼稻的脱粒方式。

脱粒之后还要经过簸扬或扬场的过程，所使用的工具有竹筛、风车等。《便民图纂》"收割竹枝词"："无雨无风斫稻天，斫归场上便心宽。芒头秕谷齐扬去，粒粒珍珠着斗量。"清光绪九年《松江府续志》载："然后筛之、风之。筛则编篾为帘，以竹为范，其形如盘而大。风则有车，亦以木为之。"风车即风扇车，南方打谷场上常用的木质农具，一般手摇起风，借助风力将糠秕、碎稻秆与籽粒分开。

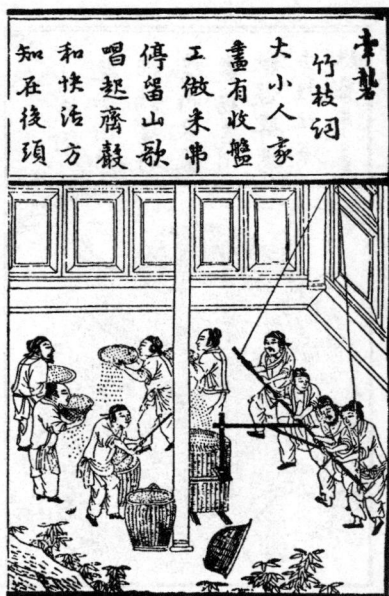

图 3-19　"牵砻"
图片来源：[明]邝璠撰，石声汉、康成懿校注：《便民图纂校注》，第13页。

三、砻谷与舂米

稻谷收获脱粒，并经过曝晒之后，才可以砻谷成米。稻谷去壳又称为砻谷，所用的工具为砻。（图 3-19）明天启四年（1624）《海盐县图经》卷四《方域篇·风土记》载："磨稻有砻，用木或用土而齿之，轻则不能去谷，重则惧伤米也。"砻的形制与磨类似，一般由砻斗、砻身上下两部分构成。砻谷时，先把谷子放进砻斗里，由两个人（或一人）用力推拉与砻斗相连的磨钩，使砻斗旋转起来碾磨稻谷，使谷壳和糙米相分离，并从砻斗的缺口流出来。砻谷形成的糙米一般不能用来做饭，还要经过舂米去皮精加工的过程。

① [明]宋应星著，潘吉星译注：《天工开物译注》，第38页。

舂米即碾米,"既筛既风,乃可下
臼舂",舂米使用的工具主要是碓。碓
有足踏手持的人力碓,也有借助水力
驱动的水碓。(图3-20)宋应星《天工
开物》对舂碓的工具和方法有详细记
载:"凡稻米既筛之后,入臼而舂,臼亦
两种。八口以上之家,掘地藏石臼其
上,臼量大者容五斗,小者半之。横木
穿插碓头(碓嘴冶铁为之,用醋淬合
上),足踏其末而舂之。不及则粗,太
过则粉,精粮从此出焉。晨炊无多者,
断木为手杵,其臼或木或石,以受舂
也。"①水碓省人力,舂米效率高,但要
设置在河滨地带且要引水冲击,受地
域条件限制较大,在太湖地区很少使
用。清同治十一年(1872)《安吉县志》
卷八载:"水碓舂者米最白,谓之'水碓

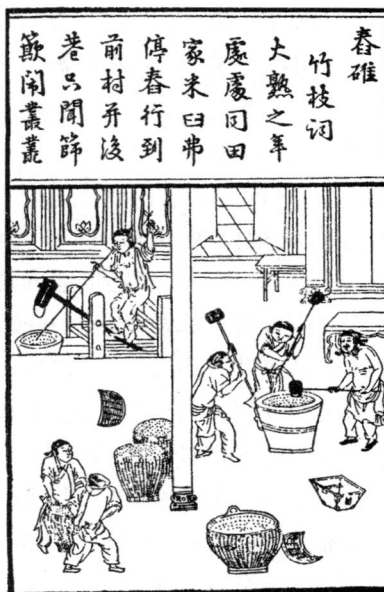

竖排文字(图内):

春碓
竹枝词
大熟之年
厪厪同田
家来臼弗
停舂行到
前村弄後
巷只闻筛
簸闹丛丛

图 3-20 "舂碓"
图片来源:[明]邝璠撰,石声汉、康成懿校注:《便民图纂校注》,第14页。

米'(惟南乡近孝丰处有之)。"湖州安吉孝丰地处天目山北麓,西苕溪上游,
该地有利用水碓的条件。

冬舂米是太湖地区特有的稻米加工贮藏习俗,至迟出现于宋代,明清文
献多有记载。南宋范成大所著《吴郡志》卷二"风俗"记载,腊月所舂碾的米
称为冬舂米:"腊日并力舂一岁粮,藏之土瓦甀中,经岁不蛀坏,谓之冬舂
米。"②范成大《腊月村田乐府十首》中还有《冬舂行》一诗:"腊中储蓄百事
利,第一先舂年计米……土仓瓦甀分盖藏,不蠹不腐尝新香……官租私债纷
如麻,有米冬舂能几家。"诗中说,农民将各种"官租私债"偿还之后,已很少
能有稻谷可以冬舂贮藏了,明清时期的情形应与前代相似。明弘治元年
(1488)《吴江志》"土产":"冬舂米,腊月多聚杵臼,并力舂之,为一岁计藏之
仓囷中,必俟发热过而后可食。色微黄、味佳,吴人所日常用者。范石湖有
冬舂行。"

腊月舂米,主要是因为时值农闲,劳动力比较充裕。明代太仓人陆容
《菽园杂记》卷二载:

---

① [明]宋应星著,潘吉星译注:《天工开物译注》,第40页。
② [明]范成大撰,陆振岳点校:《吴郡志》,南京:江苏古籍出版社1999年版,第14页。

> 吴中民家，计一岁食米若干石，至冬月，舂白以蓄之，名冬舂米。尝
> 疑开春农务将兴，不暇为此，及冬预为之。闻之老农云：不特为此，春气
> 动则米芽浮起，米粒亦不坚。此时舂者多碎而为粞，折耗颇多。冬月米
> 坚，折耗少，故及冬舂之。①

意思是说，吴地民众，估计一年所需口粮多少，将稻谷舂碓为白米，然后贮存
起来，名为冬舂米。作者还借老农之言说，冬月天燥米干，此时舂米不仅可
以利用农闲，还可以减少损耗，并改善米的品质。《清嘉录》卷十一还说明了
冬舂米的品级："入腊，计一岁之粮，舂白以蓄诸仓，名曰冬舂米。有四糙、发
极黄诸名。"并引述《长元志》说，冬舂米过去用药囤贮藏，现在则用仓廒，"其
米之杵多而好者，曰四糙；次米冬舂，间有七日即黄者，此为发极"。② 即品
质最好的冬舂米名为"四糙"，稍次的是"发极"。

春播、夏耘、秋收、冬藏，一年的水稻生产过程终于完成。无锡一带的歌
谣唱到："一年辛苦一年粮，余来正好完钱粮；若使年成加二好，添件棉裰过
寒凉。"③来年开春，农民们又将投入新一轮劳作之中。明清时期太湖地区
的水稻生产技术愈加精细完善，代表了传统稻作的最高技术水平，也反映出
水田劳作之艰辛。以上所述主要为太湖流域水田育秧栽培一季稻的生产过
程及相关技术经验，属于最普遍的稻作方式。对于当地存在的一些特殊稻
作方法，如直播稻、再生稻、连作稻、深水稻等，文中未能述及。④

　① ［明］陆容撰，佚之点校：《菽园杂记》，北京：中华书局 1985 年版，第 19 页。
　② ［清］顾禄撰，王迈校点：《清嘉录》，第 200 页。
　③ 顾颉刚等辑，王煦华整理：《吴歌·吴歌小史》，南京：江苏古籍出版社 1999 年版，第 504 页。
　④ 相关内容参阅游修龄《中国稻作史》，第 215—232 页；曾雄生《直播稻的历史研究》，《中国
农史》2005 年第 2 期。

第四章　稻作农业生产与生活习俗

在太湖地区,人们种稻食米,水稻生产对其衣食住行乃至婚丧嫁娶产生了深远影响,并由此形成了具有明显地域特色的民间习俗。这些稻作生产与生活习俗是当地民众在与天灾人祸不断抗争的过程中,逐步创造并积累起来的,其中包含了各种宜忌规定,形式多样,内容丰富,承载了人们在苦难环境中的生活信念及精神寄托,具有一定的道德规范和行为约束意义。本章选择与稻作生产与生活密切相关的民间习俗,重新梳理其内容要点及农耕文化意义,以便与上一章的水稻生产过程及技术经验相照应,对当地稻作农业历史文化形成较为全面的认识。

第一节　看天观象及其经验知识

稻谷是南方农民一年主要的生活来源,他们要靠田里的收获维持一家人的温饱,要向官府、地主纳税交租,还要应付日常的生老病死、人情往来,收成若有欠缺,全家人的生活可能就要陷入困境,农民对稻谷收成多少以及米价高低自然特别关心。而稻农既要辛勤劳作,还要靠天吃饭。在这种情况下,太湖稻区像其他农区一样,很早就形成了天气预测及年成占验的习俗,由此积累的丰富农业气象知识,常常以农谚歌谣的形式流传下来,大约成书于元末明初的《田家五行》一书对此有全面反映。[①] 书中内容难免有些迷信成分,但总体上是太湖地区民众长期生产、生活经验的总结。此外,太湖地区方志的风俗部分一般也对农业气象和占候经验有较多记载。

一、以日月风云的变化预测天气好坏

水旱问题直接关系到农业丰歉,太湖地区民众通过观察日月风云变化

---

① 北京图书馆藏有此书的明刻大本,题"田舍子娄元礼鹤天述";也有文献说此书为明朝陆泳所撰;书中引文主要参考江苏省建湖县《田家五行》选释小组《田家五行选释》(中华书局 1976 年版)。

来预测天气阴晴以及收成好坏的经验也很丰富。

（一）观察太阳变化预测天气

朝叉天，暮叉地，主晴，反此则雨。①

该谚语的意思是，如果太阳光束早晨射向天空（朝叉天），或者傍晚时射向大地（暮叉地），就预示着未来是晴天。如果太阳光束照射方向相反，未来几天可能要下雨。根据早晨或傍晚太阳穿过云隙或云边所形成的束状光线（民间称为"日脚"）的指向来预测晴雨，是古人常用的天气预报方法。在一些地区，还有"日脚叉地，雨在眼前""太阳伸脚要下雨，月亮起箍要刮风"等类似说法。

南耳晴，北耳雨，日生双耳，断风截雨。

"耳"即气象学上的"日耳"，有时也称"幻日"。太阳光线在透过高云时，云中水滴对光线的折射和反射作用会在太阳一侧或两侧出现一种彩色光带，就像太阳长了耳朵。出现在太阳南侧的叫"南耳"，出现在北侧的叫"北耳"，两侧都有的叫"双耳"。如果日耳形状很长，一直下垂到地面，则又称为"日幢"②。该谚语在中国南北方都适用，类似的说法也较多，如"太阳生耳朵，不见风就见雨""南洱风，北洱雨""单洱风，双洱雨"等。

日落云里走，雨在半夜后。

意思是落日沉到云里去了，后半夜就会下起雨来。《田家五行》"天文类·论日"载："谚云：乌云接日，明日不如今日。又云：日落云没，不雨定寒。又云：日落云里走，雨在半夜后。"当傍晚有大片暖锋云系从西边地平线上向东移动时，就会出现乌云接日的现象。这种云可能带来高层云或雨层云，从而预示着降雨天气的出现。另外，傍晚西方地平线附近的积状云在地方性热力的作用下逐渐发展起来，使云头向地平线扩张，也能造成"日落云里走"的现象。当这种云发展成积雨云，同时随着西来气流移向本地时，可能过不了多久就要下雨。

---

①②　《田家五行选释》，北京：中华书局1976年版，第10页；以下所引谚语未标明出处者，皆出自该书。

（二）观察云霞变化预测天气

> 日没胭脂红，无雨也有风。

"胭脂红"是指人们所看到的太阳光透过云层的颜色。晴天，空气中水汽较少，阳光中各色光波都较容易透过大气层到达地面，因此人们看到的是白光。当天气转阴时，空气中水分、尘埃增多，则波长短的光波（如紫色）受到阻碍，只有光波较长的红橙黄容易到达地面，这时候人眼看到的阳光便是类似胭脂红的颜色，也预示着未来可能刮风下雨。类似的谚语还有"日出胭脂红，勿是落雨便是风""日落西北满天红，不是雨，便是风"等。[①]

> 云行东，雨无踪，车马通；云行西，马溅泥，水没草；云行南，水潺潺，水涨潭；云行北，雨便足，好晒谷。

当云向南和向西移动时，天气会变阴下雨；当云向东和向北移动时，天气将会转晴。依据气象学知识，中国低压系统下的气流大多是自西向东移动，云的移动与同层气流移动的方向是一致的。于是，在低压系统前部吹起西风或者南风，云的移动方向自然是向东或向北。云向东走，吹的是西风，而西风从大陆吹来，所以水汽少，一般不会形成降雨；云向北走，吹的是南风，从海洋带来大量水汽，就较容易产生较多云彩。当人们看到云往西或者云往南移动时，说明低压系统即将离开本地，新的天气系统即将到来，在两个天气系统交替的区域，正常情况下会发生大范围降雨。

（三）依据风势和风向预测天气

太湖地区关于风的谚语也较多，如"西南转西北，搓绳来绊屋""东风急，雨太公"等，这些谚语是人们预测和抗御风灾的经验总结。

> 岁朝晨起看风云。

顾禄《清嘉录》卷一"正月"记载："农人岁朝晨起看风云，以卜田事。谚云：'岁朝东北，五禾大熟。岁朝西北风，大水害农功。'"作者案曰："九县《志》皆载：'元旦，风自东南来则岁大稔，东次之，东北又次之；西则歉。西北

---

① 王士均主编：《长三角农家谚语释义》，上海：上海社会科学院出版社2011年版，第312页。

有红、黄云则稔，白黑则歉。'"①意思是，农人在正月初一早晨起来要看风向和云色，预测当年的收成。东北风、东风、东南风预示丰收，西风预示减产；西北方向有红云、黄云预示丰产，白云和黑云则预示歉收。

> 恶风尽日没。

这句谚语至今仍在太湖地区流传，适用于秋冬季节。意思是说，大风到了太阳落下后就会停止。因为秋冬季节，高气压控制范围的太湖流域吹的是西风或西北风，白天温差大，则气流上下扰动较大，而夜晚温差低，气流扰动较弱，因此出现白天风大，晚上风小的情况。与上述原理相类似的气象谚语有："日出三竿，不急便宽。"如果太阳升高后，仍没有刮起大风，当天的风势就会缓解。

> 上风虽开，下风不散，主雨。

上风方向的云虽然散开了，但下风方向的云没有散开，预示着将要下雨。上风方向风速大，下风方向风速小，就会在水平方向上造成空气堆积，从而引起上升运动，空气冷却，便成云致雨。②与此相似的谚语云："上风皇，下风隘。无蓑衣，莫出外。"风来的方向，云被吹散；风去的方向，浓云密布。如果没有带雨衣，就不要出门了。

> 行得春风有夏雨。

《田家五行》："行得春风有夏雨，盖春之风数为夏之雨数，小大急缓亦如之。"这是一条关于春风与夏雨相关联的长期天气预报谚语，其中春风指偏东方向的风，夏雨指梅雨。意思是春季偏东风多，则夏季梅雨就会增多。据上海市气象部门验证，其符合率为 70%—80%。③

二、以物候现象预测天气

从《田家五行》等农书的记载看，除了观察日月风云等天气变化以外，太

---

①　[清]顾禄撰，王迈校点：《清嘉录》，第 11 页。
②　《田家五行选释》，第 23 页。
③　王士均主编：《长三角农家谚语释义》，第 349 页。

湖地区的人们还用大地上的物候如草木荣枯、花开花落、鸟兽出没等现象来预测天气状况,其中包含了不少科学道理。

(一)以草木生长状况预测天气

　　夏月暴热看窠草。

　　《田家五行》"草木类"载:"看窠草,一名干戈,谓其有刺故也,芦苇之属,丛生于地,夏月暴热之时,忽自枯死,主有水。"[1]窠草即斑草,俗称干戈、青戈,芦苇的一种,多年生草本植物,地下根茎粗壮,多生于山坡或河岸。农历六月天气酷热,看到窠草忽然枯死,则预示未来雨水偏多。民间与芦苇相关的天气预测经验还有:"芦苇穗子抽得长,谨防烂稻场",此谚语是根据芦花穗的长度预测秋季雨水的多少。在正常年份,芦花穗的长度平均在四到五寸,如果长到了七八寸,当年秋季雨水就会偏多,对晚稻收割影响较大。

　　丰苦水旱验岁草。

　　农民在孟春时节,通过观察荠菜、葶苈、藕、蒺藜等植物萌生的先后次序,来预测当年的"丰苦水旱"状况,这些植物则被称为"验岁草"。据《农桑衣食撮要》《本草纲目》《田家五行》等文献记载:"荠菜先生,岁欲甘;葶苈先生,岁欲苦;藕先生,岁欲雨;蒺藜先生,岁欲旱。"荠菜一般在土地田野中,其味甘美,荠菜生得早,预示着田地肥沃,庄稼丰收;葶苈一般生长在田边,其种子味苦,如果它生得早,可能当年的农作物收成不好。藕生长在水中,如果藕长出的时间较往年早,则当年雨多。蒺藜抗旱耐瘠,适应性很强,在沙地荒坡上都可以生长,如果蒺藜的生长比其他作物早,则当年天气多旱。

　　另外,《田家五行》"草木类"记载的扁豆花、枸杞花、藕花、冬青花、凤仙花等,如果比往年开花时间早,都是主水。因为在气候正常的年份里,植物的生长周期比较稳定。而在气候出现反常的时候,如春季回暖较早,气温升高较快,则春季雨水偏多,植物生长就会加快,花期也会提前。

---

①　《田家五行选释》,第36页。

（二）以飞禽的活动预测天气

人类有房舍衣物御寒避暑，对冷暖的感知自然不如动物灵敏。当天气变化时候，动物常能先于人类而有所反应，所谓"春江水暖鸭先知"。于是，古人很早就依据飞禽走兽的行为来预测天地自然的变化，以便及时调整农业活动，从容应对。

　　鸦浴风，鹊浴雨，八哥儿洗浴断风雨。

"浴"在这里是指鸟在天空盘旋。[1] 古人很早就注意到，乌鸦常在枝头栖息很久，且它的头总是对着风向，这样羽毛就不会被风吹乱。所以，通过观察乌鸦的身位，就能知道风从何方来。如果乌鸦在空中飞翔盘旋，不会立即停下来的话，说明风向发生了变化，阴雨天可能就要来了，此即所谓的"鸦浴风"。不过，"鹊浴雨，八哥儿洗浴断风雨"尚未得到很好的验证。

　　鸡宿迟，兆阴雨。

太湖农家普遍养鸡养鸭，当地也形成了利用家禽行为预测天气的习俗。《田家五行》"鸟兽类·论飞禽"载："家鸡上宿迟，主阴雨……母鸡背负鸡雏，谓之'鸡跎儿'，主雨。"意思是，鸡上窝迟，预示着将有阴雨。这是因为鸡喜干不喜湿，如果天气将要下雨，则空气中的湿度就会越来越大，气压降低，这样鸡窝里就显得沉闷潮湿，鸡就不愿意进窝了。雏鸡爬到母鸡背上去，应是出于自我保护的本能，也预示着阴雨天气将要来临。

　　鹊巢低，主水；高，主旱。

这条谚语是说，如果鹊巢架得低，预示来年雨水较多；鹊巢高，则预示来年较为干旱。太湖地区与鸟类有关的气象谚语还有很多：海燕，"忽成群而来，主风雨，谚云：乌肚雨，白肚风"。海边的人看到海燕成群飞来，就知道风雨要来了。逍遥鸟，"夜间听逍遥鸟叫，卜风雨，谚云：'一声风，二声雨，三声四声断风雨'"。人们晚上听到逍遥鸟啼叫，从其叫声能预测风雨；如果逍遥鸟叫声不止，那么预示着阴雨天气开始转晴。白鹭，"夏秋间雨阵将至，忽有

---

① 王士均主编：《长三角农家谚语释义》，第366页。

白鹭飞过,雨竟不至,名曰截雨"。① 白鹭有"截雨"的称号,据说如果在夏秋之间快要下雨的时候,看到有白鹭横空飞过,雨就不会降下来,所以称之为"截雨"。②

（三）依据走兽的行为预测天气

乡野间常见的动物如水獭、野鼠、猫、狗等的行为状况,也被人们用来预测天气变化。

> 獭窟近水,主旱;登岸,主水,有验。

《田家五行》这条记载说明,獭的洞穴如果靠近水边,则未来降水偏少;如果在河岸上,则未来雨水偏多。水獭对水的依赖性很强,主要栖息于河流和湖泊附近。如果天气干旱,水獭在近水处更便于生活和捕食。如果当年雨水较多,水獭就会选择在离水较远的地方打洞做窝,以避免被水淹没。③

> 围塍上野鼠爬泥,主有水,必到所爬处方止……铁鼠,其臭可恶,白日衔尾成行而出,主雨。

如果田塍上野鼠爬过,带有泥印,就预示着雨水将至,并且水会涨到野鼠所爬过的地方。铁鼠在白天衔着尾巴成行地出来,也是要下雨的征兆。鼠之所以能够预测天气,是因为鼠窝一般筑在田间或地下,如果雨天将至,鼠为了避免被淹,就会迁移到高处。

> 狗爬地,主阴雨;每眠灰堆高处,亦主雨。狗咬青草,主晴。狗向河边吃青草,主水退。

如果看到狗在刨地,预示着将有阴雨天气;狗到草木灰堆上去睡觉,也预示着要下雨。因为天将下雨时,空气湿度加大,而草木灰可以吸潮,所以狗会到灰堆上睡觉。看见狗咬青草,预示着是晴天。狗如果向河边去吃青草,预示河中的水将会退去。

---

① 《田家五行选释》第 40 页。
② 杨晓东:《灿烂的吴地鱼稻文化》,北京:当代中国出版社 1993 年版,第 32 页。
③ 刘自兵:《中国古代对水獭的认识与利用》,《三峡论坛》2013 年第 3 期。

（四）以鱼虫活动预测天气

> 水蛇盘蟠在高处，主水。高若干，涨若干。回头望下，水即至，望上
> 稍慢。水蛇及白鳗入虾笼中，皆主大风水作。

水蛇是江南田间常见的爬行动物，与其他蛇类相比，对天气变化较为敏感。据《田家五行》"鸟兽类·论杂虫"记载，阴雨天到来之前，气压降低，空气湿度增大，这时候水蛇就会从洞里出来，盘踞在芦苇上。还可根据水蛇盘踞高低以及蛇头张望的方向，判断雨水的大小缓急。类似的说法还有"蛇过道，大雨到"。有人曾记载了 45 次蛇过道现象，预报未来一两天会下雨，报准 41 次，准确率达到了 91%。[①]

> 田鸡叫得哑，低田好稻把；田鸡叫得响，田内好牵桨。

古代常用青蛙的叫声来预测天气，《田家五行》"鸟兽类·论杂虫"有多条类似记载："社蛤，虾蟆之属，叫得响亮成通，主晴，谚云：'社蛤叫三通，不用问家公。'田鸡喷水叫，主雨。""三月初三，听蛙声卜水旱。"古人从农历三月听到的青蛙叫声中来预测当年的旱涝趋势，很有科学道理。因为青蛙是靠两腮鼓膜的膨胀和收缩来发出声音的，天气晴朗的时候，气压高，湿度小，青蛙的鼓膜呈紧绷状态，发声响亮。反之，阴雨天来临时，青蛙的鼓膜较松弛，发音也变得低哑。

此外，太湖地区利用蚂蚁、蚯蚓、蚱蜢、蜻蜓、田螺、鳖的出没及活动情况来预测天气阴晴变化，也有一定科学性。

三、时令占验习俗

太湖地区民众注意到很多与时令节气相关的农业气象及物候问题，由此总结出颇有地域特色的时令占验俗谚。

（一）春季时令占验

1. 桃花水

"月内有暴水，谓之'桃花水'，有则多梅雨，无则亦无。"[②]桃花水是指阳春三月，桃树落花时节，江水暴涨。民间流传的谚语还有"发尽桃花水，必有

---

① 李志超：《农田里的气象故事》，北京：气象出版社 1986 年版，第 184 页。
② 《田家五行选释》"月占类·三月"，第 66 页。

旱黄梅""落尽三月桃花水,五月黄梅朝朝晴""清明桃花水,立夏田开裂"等。根据桃花水量的大小,可以预测当年梅雨季节的情况。如果春天桃花水多,夏季黄梅雨就减少;春天桃花水少,则夏季黄梅雨增多。即桃花水与黄梅雨的量呈反比关系,这早已为相关气象观察数据所证实。

2. 寒食雨

"寒食,清明前一日是,其日必雨,甚准。《荆楚岁时记》云:'冬至后一百五日,必有疾风甚雨,谓之寒食。'吴人专尚此日墓祭,谓之扫松,又谓之上坟,多值风雨,每年经验。"[1]这是《田家五行》作者对气象俗谚的验证,主要是说清明前的寒食节"多值风雨"。结合晚唐诗人杜牧"清明时节雨纷纷"的诗句,可以了解到清明时节江南地区春风细雨的气候特征。从现代气象学解释来看,造成这种天气的原因与其地处中纬度的地理位置、临海滨湖的环境和季节性空气运动有关。清明时节前后,正是冷暖气流交汇于长江一带的时间节点,因此这个时段经常下雨也就不足为奇了。

(二)夏季时令占验

1. 夏至风

"夏至在月初主水,此说全然不应;雨,谓之'淋时雨',主久雨。最怕西南风,谚云:'急风急没,慢风慢没。'往往立验。"[2]夏至当日,如果刮西南风,且西南风很强,则预示着农田很快就要被雨水淹没;如果风力较弱的话,农田也会被雨水慢慢淹没。原因在于时令进入夏季时,来自东南海洋的暖气流区域呈鼎盛状态,长江流域大都处于暖气团控制下。这时候如果当地刮起西南风,说明有来自西方或者西南方向的冷气团入侵,冷暖气团交汇,在锋面就容易产生降雨。而当人们能够感受到西南风时,说明此时入侵的冷气团已经暂时压制了当地暖气团,致使暖气流抬升,凝结水滴形成降雨。冷气团推进的速度,即是人们能感受到的来自西南方向的风力,风越大,说明冷气团推进越剧烈,从而降雨强度也越大。

2. 舶𣏾风

"有东南风及成块白云起,主有半月舶𣏾风,主退水兼主旱。"[3]小暑日的东南风称为舶𣏾风,广义的理解即东南沿海的信风。古代航海远行返航,在没有人力的情况下,只能依靠信风的力量来驱动。至农历六月,长江流域黄梅雨已进入尾声,这时候东南信风吹来,年初远行的船舶就借助东南风返

---

① 《田家五行选释》"月占类·三月",第64页。
② 《田家五行选释》"月占类·五月",第70页。
③ 《田家五行选释》"月占类·六月",第73页。

航。宋代苏东坡《舶棹风》诗曰:"三时已断黄梅雨,万里初来舶棹风。"这里的三时是指夏至后半个月。其实东南风在四月份的时候已经能明显感受到了,到了农历六月份的时候达到鼎盛,这时候长江下游地区包括太湖流域都是以东南风为主,天气炎热而少雨。

3. 黄梅颠倒转

《田家五行》"月占类·六月"载:"小暑日雨,名黄梅颠倒转,主水。"小暑日谚语的完整说法是"小暑一声雷,黄梅颠倒转"。小暑当天下雨,称为"黄梅颠倒转",预示当年雨水较多。小暑节气的时候,长江下游地区的梅雨季已进入尾声,炎夏即将到来。若气候正常的话,这个时候来自东南和南方的暖湿空气将冷空气逼回北方,长江下游地区被暖气团所控制,所以当地多是晴好天气。若小暑还在下雨,则说明冷气团势力尚未消退,冷暖空气仍处于胶着状态,从而形成阴雨天气。

(三)秋季时令占验

1. 白露前下雨

白露是二十四节气之一,白露节气的到来,预示着天气渐渐转凉。民间有"白露前是雨,白露后是鬼"①的说法,白露节气似乎成了判断下雨好坏的分水岭。在白露节气前,太湖流域的单季稻正处于抽穗期,此时应保证田地里水分充足。宋代陈师道《后山谈丛》记载:"岁自处暑至白露不雨,则稻虽秀而不实,吴地下湿不积,一凶则饥矣。"作者说,吴地低湿,没有粮食蓄积,处暑至白露节气之间不下雨,水稻吐穗扬花而难以结实,就会发生饥荒。明末《补农书》也说:水稻"盖处暑边正作胎,此时不可缺水。"水稻在秀穗期是需要水分的,如果缺水,稻穗就会干瘪减产。

2. 白露节及节后下雨

《田家五行》"月占类·八月"载:"谚云:白露日个雨,来一路,苦一路。"明代唐锦《弘治上海志》卷一"疆域志·风俗"载:"及白露日雨,皆为荒歉之应。"②认为白露日下雨是荒歉的征兆。明代王鏊《方麓集》卷十六载:"白露,禾吐花,最忌风雨,禾为之秕。"③白露时节之所以忌风雨,是因为水稻秀穗,如若遇到风雨,容易导致水稻结成秕谷。徐光启《农政全书》卷十一记载,"白露日雨为苦雨",对庄稼有害,可使得水稻染病,蔬菜味道变苦。④

---

① 《田家五行选释》"月占类·八月",第75页。
② [明]郭经修,唐锦纂:《弘治上海志》,载《天一阁藏明代方志选刊续编》(7),上海:上海书店1990年版。
③ [明]王鏊:《方麓集》,影印文渊阁《四库全书》"集部类六·别集五",第1285册,第468页。
④ [明]徐光启撰,石声汉校注、石定扶订补:《农政全书校注》(上),第312页。

在白露节气之后下雨也会造成农业减产,农民很担忧。古人认为过了白露节气,天气转凉,下的雨是"寒雨",对庄稼有害。也有人说,白露节前若没有雨,白露后下了雨也是枉然。明代田艺衡《香宇集》续集卷三十四"八月十五雨后见月诗序":"嘉靖四十二年(1563)秋八月,白露乍过,淫雨浃旬,至十五日淋漓未止。"①据作者记载,嘉靖四十二年秋,余杭白露节后的苦雨,下了15天还没有停止。

(四)冬季时令"腊前三白"占验

《田家五行》:"月令类·十二月"载:"腊前两三番雪,谓之腊前三白,大宜菜麦。"意思是说腊月里大雪节气前后下两三场雪,来年油菜、麦子等农作物就会丰收。实际上,不论南方还是北方,农民都知道,寒冬时节多下雪对农作物尤其是冬小麦很有好处,所以,"腊前三白"又称"麦见三白"。

北方民间早有"若要麦,见三白""正月见三白,田公笑赫赫"等谚语,明清太湖流域稻麦两熟已较为普遍,加之这一时期气候转寒,地方志和个人笔记中时见降雪以及雪灾的记载,江南农民也有了"麦见三白"的期待。人们之所以对"腊前三白"这么看重,是因为冬雪对于农作物生长发育具有明显的促进作用:

第一,降雪有利于蓄水抗旱,而且雪水自身的成分也能增加产量。冬季气温低,降雪后会在田间形成一层天然的覆盖层。雪层没有融化时,白色对阳光热量的吸收能力最差,这个白色覆盖层能够有效阻止土壤水分蒸发。雪层融化后,雪水会渗入土壤,补充土壤水分,这对于小麦、油菜等农作物来年的返青和生长十分有利。

第二,冬雪可防寒保温,增加田地含氮量。据研究,"雪盖一层被"有防寒保温效果。降雪形成的雪层较为松软,有大量空隙,其中的空气是热的不良导体,因此雪层下的热量不容易散发出去。同时雪层还阻隔了寒气入侵,保护了雪层下的农作物免受寒冷侵害,安全越冬。相关研究还表明,1升雪水含氮化物约7.5毫升,比一升雨水中含1.5毫升多5倍。②因为下雪时,雪可以吸收空气中的游离气体,通过化学反应,这些含氮的气体会变成氮化物附着在雪上。当雪融化时,氮化物就会随着雪水渗入土壤,从而增加土壤肥力。

第三,冬雪可以消灭在土中越冬的害虫和虫卵。降雪后形成的积雪阻

---

① ［明］田艺衡:《香芋集》,载余杭区地方志编纂委员会编:《余杭古籍再造丛书》,杭州:浙江古籍出版社2017年版。

② 杜顺义:《农村气象防灾减灾手册》,太原:山西科学技术出版社2009年版,第13页。

塞了地表空气的流通,会使一部分越冬害虫窒息而亡。雪在融化时,又要吸收很多热量,从而使得地表温度骤降,形成所谓"下雪不冷消雪冷"的现象。如果冬至到大寒期间普降大雪,白天在阳光的照射下,雪水融化后会渗入地下 10—20 厘米;而夜间气温降低,又使含水的土层冻结,这时候有些害虫和虫卵就会经受不住低温而被冻死。这对于麦子、油菜等越冬作物来说,相当于减少了来年生长期虫灾的危害。

第二节　稻作神灵崇拜与消灾祈福习俗

水稻是太湖地区的主要粮食作物,其收成直接关系到农家生计。水稻生长发育正值梅雨期、伏期、台风期,天气多变,灾害频发,在各种自然灾害面前,稻农们往往无能为力,只能祈求神灵保佑其庄稼丰收、生活安宁。于是,民间就产生和传承了各种神灵崇拜以及相关的消灾祈福礼俗。(表 4-1)

表 4-1　明清太湖地区的水稻生产习俗

祭祀名称	祭祀对象	祭祀时间
迎春、打春	春牛	立春日
加田财	田神	正月初四
谷　日	谷神	正月初八
驱　虫	刘猛将	正月十三日
兜田财	田神	元宵节
斋春牛	春牛	二月初一
田公田婆生日	田公田婆	二月二日
稻花生日	谷神	二月十二
牛食粽	耕牛	开犁之际
斋　犁	犁神	三月初一
斋土地神	土地神	支水车排灌稻田之际
祭蛇王	蛇王	四月十二日
祀刘猛将	田神	稻作的关键时节
斋谷神	谷神	育秧时节
开秧门	秧神	拔秧莳秧第一天

续　表

祭祀名称	祭祀对象	祭祀时间
汰脚日	土地神	莳秧完毕次日
斋龙宫	龙王	五月二十
烧田头	五谷神	六月初一
祈　雨	龙王、观音等	伏旱盛时
驱　虫	刘猛将等	七、八月稻田害虫盛时
稻生日	谷神	八月廿四
稻灯会	谷神	稻谷成熟之时
开镰祭	谷神	水稻成熟收获时期
拾穗头	谷神	获稻日
念太阳经	太阳菩萨	收割脱粒后第一天晒谷时
斋砻头	砻神	牵砻事毕
供灶神	灶神	碾出第一臼新米时
烧田角	田神	腊月廿四夜
斋牛棚	牛神	腊月廿四夜
斋猪圈	猪神	腊月廿四夜
照田财	田神	腊月廿三、廿五或正月十五夜

资料来源:[清]顾禄撰,王迈校点:《清嘉录》。

　　这些神灵大致可以分为宗教神、自然神和地方神三类。宗教神主要是佛教中的观音和道教中的八仙,其中观音尤受重视。人们相信观音能祈雨,松江地区还流传着观音赐稻种的故事。自然神是将与人类有密切关系的自然物神化,并赋予其人格。太湖地区民间流行着大量有关自然物的神灵信仰,如风神、雨神、土地神、龙王、牛王、谷神、稻神、仓王等。地方神是由当地有功于民的官员、舍生取义的英雄人物,以及惠及乡里的能工巧匠等演化而来的,如刘猛将、嘉兴西塘镇的护国随粮王、无锡的西水仙老爷和南水仙老爷等。神灵崇拜以及相关民俗活动,多少能给稻农带来一些心灵上的慰藉和坚持劳作的信念。以下选择若干具有一定代表性的稻作习俗予以阐述。

一、打春牛

太湖水乡的稻谷生产年复一年,不能停歇。官府为了显示重农和督促农民耕作,通常将立春日定为开耕日,并在这一天举行迎勾芒神、鞭春牛等活动。清代苏州吴县人顾禄《清嘉录》卷一记载的正月"打春"习俗:"立春日,太守集府堂,鞭牛碎之,谓之打春。农民竞以麻麦米豆抛打春牛。里胥以春球相馈贻,预兆丰稔。百姓买芒神、春牛亭子,置堂中,云宜田事。"①结合地方志等文献来看,太湖地区打春牛习俗的过程大致如下。

立春前一天,官府一般先在城镇东郊设坛祭祀泥塑的春牛和纸扎的勾芒神,然后将其迎接入城,并向城隍庙进发。迎接队伍由旌旗锣鼓引导,勾芒神披红戴绿,春牛贴金身、插金花,分别由四个人抬着前行,后面还跟随一个春官。春官扮演者头戴乌纱帽,身穿紫龙袍,手持牛鞭。跟在春官后面的是地方官吏、乡绅等,文官坐轿,武官骑马,差役、胥吏头上还要戴上柳枝。

春官沿途边鞭打春牛边歌唱:"一打风调雨顺;二打国泰民安;三打五谷丰登;四打六畜兴旺。"当勾芒神、春牛、春官经过时,等候在大街两边的民众要用粘有纸花的竹竿(俗称春鞭),争打春牛,并将米、麦、豆抛向春牛和春官。据说,如果打到春牛、掷中春官将来就会米谷入仓,万事如意。行礼完毕,泥塑春牛就被敲碎,民众将争抢到的"泥块"埋在自家稻田里,据说这样可保水稻丰收。这种由官府发起的迎春开耕仪式,在清代太湖地区已成为一项重要的民俗活动。

农谚云:"一年之计在于春""年大不如春大",立春是万物复苏、农耕开始的时节,自古以来太湖地区农家就对这一节气非常重视。除官方发起的打春活动之外,民间还有不少迎春习俗,如"爞春""报春""送贴春牛图"等。所谓爞春,就是在天井、台阶、正堂或房间内,点燃樟树枝叶用来熏蒸各个角落。人们相信爞春可驱散阴气,灭除害虫,可保风调雨顺。

对当地春季祈年报赛和腊月"跳灶王"等民俗活动中出现的不良现象,清人也有关注。《清嘉录》卷二:吴县"二三月间,里豪市侠,搭台旷野,醵钱演剧,谓之春戏台,以祈农祥。"作者案:"汤文正公抚吴告谕中有云:地方无赖棍徒,借祈年报赛为名,每至春时,出头敛财,排门科派,于田间空旷之地,高搭戏台,哄动远近,男妇群聚往观,举国若狂。"②即地方恶霸无赖常借春季祈年之名,变相向农家强索钱物,影响社会风气。

---

① 〔清〕顾禄撰,王迈校点:《清嘉录》,第3页。
② 〔清〕顾禄撰,王迈校点:《清嘉录》,第54页。

二、谷生日、稻生日、五谷生日

太湖地区流传的《新春十日歌》与自然神崇拜有关，即从正月一日至十日，依次为鸡、犬、豕、羊、牛、马、人、谷、天、地的生日。正月初八"谷生日"歌唱到："年初八，谷生日，农家户户祈丰年。世间一日没了谷，将有何物来充饥？一粒稻谷种下田，待到秋后九成收，不知费了力气几多许，才能捶砻掼稻吃新米。"①其中有教导人们重农惜粮的寓意。

在正月初八"谷生日"，"烧八寺香""坐三八"是主要礼俗。这一天清早，农家主妇提篮盛香烛，先到东郊寺庙点香燃烛，叩头祈求风调雨顺，谷米丰登，然后到南、西、北的各个寺庙行礼，去过八个寺庙才算礼毕，称"烧八寺香"。在杭州"烧八寺香"，必须到城外的圣因、灵隐、净慈、昭庆、凤林、虎跑、胜果、海潮八寺烧香。"坐三八"是谷日祈稻的另一种形式，太湖地区农谚云："头八晴，好年成；二八晴，种得成；三八晴，好收成。"农妇于正月初八、二月初八、三月初八晚，到当地庙宇通宵点烛诵经，祈求神灵保佑丰年。除向寺庙里的神灵祈年外，民众还有向土地神、祖灵祈年的做法。②例如，在稻生日时，农家会以糯米粉做成各式各样的粉团，祭祀稻神。

谷日礼俗的另一个重要内容是观天占候。谷日喜晴，最好还要下霜，晴和霜都预示丰年，所谓"头八晴，好年成""正月初八一朝霜，一个稻轮两个扛"。与谷日有关的二月初八、三月初八也喜晴。如果二月初八晴，预示插秧时风调雨顺；如果三月初八日晴，则预示收割时天气晴朗。③有些地方则以八月廿四日为稻生日，太湖农谚云："上午雨，灶上荒；下午雨，灶下荒；全天雨，大灾荒。"意思是，稻生日上午下雨，将缺米下锅；下午下雨，则缺柴烧火；全天下雨，就要发生大饥荒。

"谷"作为粮食作物的总称，当地也指代水稻，上述"谷生日"亦即"稻生日"。实际上，当地民众把水稻生长发育的各个阶段都神化了，认为不同的"稻神"专管水稻生长、发育、扬花、长穗、收割、碾打等，并有相应的祭祀礼俗，足见其对水稻丰歉的关切。如稻神在秧苗时期名为"秧姑娘"，稻开花时期称"稻花神"，水稻长出后叫"谷神"，稻谷碾成米是"米娘娘"。在浙北、苏南、沪西一带，收割后的稻子在打谷场的摆放方式是稻穗在内，稻根朝外，叠成圆箩状的"稻箩"，于是就产生了"稻箩神"。在九月十三稻箩神生日这天，农家要在稻箩旁祭拜，祈求天气晴朗。因为稻箩生日忌雨，农谚曰："九月十

---

①②③　姜彬主编:《稻作文化与江南民俗》,上海:上海文艺出版社 2001 年版,第 459,460 页。

三雨漾漾，稻箩顶上出新秧""九月十三晴，稻箩不结顶"。因为堆在打谷场上的稻箩，一旦遇上阴雨天气，不但耽误碾打脱粒，可能还会使稻谷霉变出芽。

除稻谷之外，太湖地区还有麦、粟、菽等其他粮食作物，于是就有了掌控各种粮食丰歉的"五谷神"，有时也简称"谷神"。民以食为天，在当地民众心目中，五谷神权力最大、地位最高，要管制财神、土地爷、灶司神等其他神明，古代曾流传着"谷神与财神比大"的故事。与此相关，古代社会江南各地建有五谷神庙，或与土地神一起合称为"土谷祠"，农家每逢四时八节、年初岁尾都要前去祭祀。其中五月廿五日五谷神生日这天的祭祀仪式最为隆重，家家户户都要准备牲物礼品，去五谷神庙祈求神灵保佑粮食丰产。据民间传说，五谷神生日忌晴喜雨，晴主歉收，雨主丰收。农谚云："五月廿五一场雨，水车搁进弄堂里。"这与稻生日喜晴忌雨相反。因为麦子、粟、豆类属于旱地作物，且常与水稻轮作，五月份降雨对其生长发育很重要。

三、土地神生日与社日

土地神源于先民对土地的感恩、期冀和崇拜。古代社会中，土地神又称"社""社神"，从西汉开始，社神就由国家统一祭祀，并被历代皇帝列为国家司典。每当春耕之时祭于社，谓之春祈；秋天收获后祭于社，谓之秋报；冬天杀牲祭于社，谓之"腊祭"；天旱求雨，则祈祷于社。无论历史如何演变，几千年来稻作农业礼俗都按照这一模式进行。在太湖流域，土地神或社神是稻作礼俗中影响最大的一个神系，不仅由此形成各种传统节日及地方性节日，人们还将其作为丰产神，在各个生产环节中进行祭祀。[①] 即人们崇拜土地神，春祈秋报，主要是因为土地神主宰作物的收成。

"聚财于地""有土斯有财"，在农业社会，人们通常把对土地的信仰与农作物丰歉联系在一起，很早就有了"社稷"的观念。古代农民以种地谋生，土地更成为他们的命根子，因而土地神在农民心目中地位很高，祭祀活动很常见，可以说贯穿于其生活的各个层面。与此相关，各地民间对土地神的生日也有不同说法，有的说是正月初十，有的说是二月初二，也有的说是八月十五，太湖地区也不例外。除土地神生日以外，其他节日也有祭祀土地神的礼俗。

例如，民间很早就有"九天十地"之说，以正月初十为土地神生日。《新年十日歌》唱道："年初十，地生日。有天还有地，比是爷娘不多异，人畜房屋

---

① 姜彬主编：《稻作文化与江南民俗》，第441页。

都依地,米麦百谷都生地。菜蔬几味拿来祭,祭他生日他欢喜。"再如,正月初八谷生日,农家会在田里插香点烛,祈求土地神保佑稻谷丰收;元宵节,在田头祭献糕点汤圆;三月初三、六月初六,在田头点香祭拜;十二月"谢年",在田头祭献三牲福礼、燃纸烛,还报土地。此外,当地民间还常将土地神供奉在家中,随时祭拜。

大约从明代开始,二月初二成为官民公认的土地神生日,相关祭祀活动也趋于兴盛。在苏州一带,古代官府衙门设"土地公祠",土地爷生日这天,官员衙役奉香火、置福礼前往祭拜;乡村建有"土地庙",设土地公、土地婆神像,届时家家户户前去祭祀,祈求一年稻谷丰收。在杭州,二月初二家家煎糕炒豆,祭祀土地神。

另外,传统"社日"也是祭祀土地神的节日,其来源很早。汉代以前只有春社,汉以后则有春、秋二社。立春后的第五个戊日为春社,立秋后的第五个戊日为秋社,时间大体在春分和秋分前后。相对而言,北方干旱缺水,所以更重视二月二"龙抬头"节日;南方水多田少,对土地神更加崇拜。明清以来,北方祭社习俗衰落,而南方依然盛行,同时土地庙进一步普及。春社按立春后第五个戊日推算,一般在二月初二前后,而这一天又是公认的土地神生日,所以南方地区包括太湖流域的社祭与土地神信仰相结合,祭祀活动较为隆重。明嘉靖《六合县志》载:"二月遇社日,各坊巷具牲醴,祭当境土地神,谓之土地,社祭毕会饮。秋八月遇社日亦然,主社者每社日一易。"《清嘉录》的记载比较详细:"(二月)二日,为土地神诞,俗称土地公公,大小官廨皆有其祠。官府谒祭,吏胥奉香火者,各牲乐以酬。村农亦家户壶浆,以祝神釐,俗称田公、田婆。"①从明清方志资料来看,江南"二月二"社日的主要活动是祭祀土地和聚社会饮,将祭土敬神与社交娱乐融合在一起。

四、插秧习俗

初夏的插秧时节是一年中最繁忙的日子,男女老少都要动员起来,亲戚邻里还要相互协助。插秧从立夏日前后开始,第一天称"开秧门"。农家要用香烛、酒菜供奉土地神,燃放鞭炮,祈求神灵护佑;同时要准备丰盛的饭菜以犒劳下田插秧的人,"种秧日食农夫,酒肉丰厚,谓之'种秧羹',邻里亦互相招饮"。②"早晨鲞鱼中午蛋,晚上一顿酒菜饭",并认为食鲞鱼是有"想头",期盼稻苗旺盛。鲞鱼头要朝南,表示种田天气晴好。有些地方插秧当

---

① [清]顾禄撰,王迈校点:《清嘉录》,第44页。
② [清]周郁滨纂,戴扬本整理:《珠里小志》,第21页。

日要吃团子和甜糕，预示收成年年高。一般第一个下田插秧的人，应是插秧能手，俗称为"上行手"，必须由户主指定或者经大家公推；最后一个下田插秧者称为"吆青手"，也应是插秧技术好的人。在长兴一带，开秧门那天，插秧人挑着第一担秧来到稻田，要先喊一声"老田公"，以请求田神保佑。浙西有些地方在拔秧之前，要先到田里燃香祭拜。

插秧还有许多禁忌。在杭嘉湖一带，插秧时忌讳二人之间传递秧把，认为这会使其日后成为冤家。甩秧苗时，要将秧把均匀地抛散到稻田中，不能将秧把甩到他人身上。因"秧"与"殃"谐音，人被秧苗打到叫"中秧"，预示可能要"遭殃"。插秧时捆秧苗的稻草不能乱扔，要放在已插好的稻田空行中。因为隔年稻草被看作是"娘"，秧苗是"子"，如果把不小心把秧苗插在稻草上，就是"子犯娘"，种田人以后会生病。其实这样做是为了防止扔在田间的稻草影响插秧质量。插秧完毕后，若有手中多余的秧苗，也不能乱扔，应成把地插在稻田边，预示当年多产稻谷，称之为"多秧"，据说还有镇妖避邪的作用。从水稻生产角度看，多插的秧苗可用于以后耘田时补苗。

插秧最后一天叫"关秧门"。如果当日天气晴好，就要赶在太阳落山前把秧苗全部插完。如果预计插秧不能按时完成，就要提前请亲朋帮忙。民间以为，天黑之前插秧还没有完工很不吉利。在插秧完工的当晚，农户一般要准备丰盛的酒饭以犒劳插秧的人，有些地方称为"吃关秧门酒"。插秧完毕后，有的地方还要举行"青苗会"这种庆祝活动。

五、龙王崇拜

民谚云："二月二日龙抬头，五月端午赛龙舟，九月重阳龙上天。"在太湖地区，这三个节日都与龙崇拜有关。民间认为，龙王能行云布雨，是管辖雨水的神灵，所以成为主要的求雨对象。另外，二月二、五月五、九月九这三个节日，分别是龙抬头、飞升和潜行的日子，同时也是五毒百虫出穴、横行和蛰伏的时候，而龙是鳞虫之精，龙出则百虫潜伏。在农民眼里，二月到九月既是天上的龙和地上的昆虫频繁活动的日子，也是水稻从开始耕种到田间管理，再到收获碾打的时期。在这七个多月中，人们起早贪黑，辛勤劳作，期盼风调雨顺，没有天灾与虫害。于是，太湖地区就出现了各种祈龙伏虫、驱灾辟邪的民俗活动。

在二月二龙抬头这一天，人们一大早就要到河边湖畔的龙王殿或龙潭，燃香跪拜，祈求龙王保佑。另外，"撒灰""斋田头"等引龙伏虫的活动也很多，并有不少讲究。如"撒灰"引龙要从家门口开始，用草木灰撒一条龙直到河边，再用谷糠撒一条龙接引到家，寓意送走懒（青）龙、引来钱（黄）龙，人财两旺。将草木灰撒在门口,可拦门辟灾;将草木灰撒在墙脚,呈龙蛇状,可以招福祥、避虫害。这一天民间还有很多禁忌,如忌挑水,以防水桶碰着龙身;忌推磨,防止推磨压伤龙头;忌动针线,以防针头刺伤龙眼。

五月份"五毒"开始活动,端午节各地民众水中赛龙舟,岸边舞龙灯,祈求龙王降伏毒虫。为防除五毒百虫为害,人们会在家里挂菖蒲、艾叶来避邪祛疫,调制"雄黄烧酒"饮用,或将雄黄酒涂抹在小孩额角,或喷洒在家中的角角落落。

九月初九传说是龙回天庭的日子,农家要准备三牲福礼到龙王庙祭祀,报答龙王一年来施雨降虫的功德。这一天人们还要佩戴茱萸、饮用菊花酒,以避开尚未潜伏的"五毒百虫"。

除上述与龙王崇拜相关的节日习俗外,太湖地区在遭遇旱灾时也会举办拜龙祈雨活动。水稻生长期间不能缺水,而灌溉防旱需要有水源保障。当地民谚曰:"有水无肥一半谷,有肥无水朝天哭。"就是说,水稻缺肥会减产,而缺水会绝收。太湖地区农历六七月份雨水偏少,尤其是夏至后进入伏期,十天半月往往滴雨不下,此时又正值水稻孕穗期间,最怕干旱。如果久旱不雨,土地干裂,水稻生长受阻,又非人力所能消除,农民就只得举行祈雨活动,向天求雨。有些县官逢干旱时,也会率领大小走卒到城隍庙举行祈雨典礼;县衙还会张贴一些讨好龙王的禁忌告示,如禁止屠宰、禁止饮酒以及禁止捕食鱼虾等,直至下雨为止。

民间认为,龙王一般情况下会尽职尽责,做好自己分内的事情,但有时也会懈怠和失职,导致雨旸不时。为了在干旱时节求得雨霖,老百姓在龙王面前想尽了办法,或祈求,或督促,或惩罚,方式多样,不一而足。太湖地区民众祈雨大致有"请龙""晒龙""送龙""酬龙"等几个程序,其中"晒龙"最具特色。每遇干旱,人们就将供奉在庙里的龙王抬到太阳底下暴晒,也让其体验炎热干旱的滋味,并许愿若能降雨,就立即将龙王抬回去。有的则一边暴晒,一边烧香燃烛祈求。有的地方没有龙王庙,就把本地崇奉的神祇抬出来在烈日下烤晒求雨。嘉兴、桐乡求雨时晒周仓;在湖州,庙里凡可以离位的菩萨都可抬出去暴晒。

太湖地区还有各种与龙崇拜相关的舞龙习俗,如上海"草龙"舞、昆山"狮龙"舞、无锡"段龙"舞等。在当地人心目中,龙主风雨、主谷、主子(男孩)、主富贵等,在不同时间、地点舞龙,意义也不相同。正月舞龙,去灾避邪保平安;新船出航舞龙,保风平浪静;干旱季节舞龙,保行云布雨;秋收季节舞龙,保五谷丰登。

六、照田蚕

"照田蚕"又称"烧田蚕""照田财""甩火把"等,是明清太湖流域普遍流行的一种岁时习俗,各地叫法不同,时间略有先后,大都在农历腊月二十三、腊月二十五、除夕、正月十五的夜间进行,主要内容是农家在乡间田野点火,并祈告神灵保佑稻谷、蚕桑双丰收。各地形式有所不同,有的地方还有职业性巫师如"赞神歌先生""太保先生"等主持相关祭祀礼仪,并演唱神歌,祈求神佛保佑田蚕丰收。照田蚕的火把最后要用来烧除野草,所以这一习俗可能具有一定的实用功能。也有研究认为它是一种有节日娱乐功能的民俗活动,并具有群体巫术活动的意义。①

正月十五夜半,有些地方的农家以稻草扎成小把,点燃后高举手中,边在田间奔走,边念诵祈福词。浙江嘉兴的祝词曰:"火把掼得高,三石六斗稳牢牢。火把掼到东,家里堆个大米囤;火把掼到南,国泰民安人心欢;火把掼到西,风调雨顺笑嘻嘻;火把掼到北,五谷丰登全家乐。"上海郊区的祝词:"我家田里长稻,别人田里长草。"念完祝词,还要用火把点燃田边的野草。②

苏州地区一般在腊月二十五日夜举行"照田财"仪式,据顾禄《清嘉录》卷十二"照田财"记载:"村农以长竿燃灯田间,云祈有秋,焰高者稔。"无锡流行的礼俗称为"加田财":元宵夜晚,稻农很早起来赶到自家田里,在田塍上加一块泥土,认为这样可以驱虫防灾,求得好年成。常熟的"烧发禄"则自正月十三日的上灯到十八日的落灯,稻农每天晚上都要赶到自家田中,手执点燃的稻草把,在田塍上来回奔跑,并口颂歌谣:"点点财,我家来。我家田里长大稻,人家田里都是草。"嘉兴农民元宵前将稻草扎成很高的草把,并装饰几根红绿飘带,放置于自家稻田中。元宵节黄昏,稻农敲锣打鼓,来到田头点燃草把。最后,将稻草灰撒在田里,祈求水稻丰收。

据调查,浙江部分稻区农民认为通过这项活动能提高收成。夜半放野火或"照田蚕"的过程中,有人会在田中用火把点燃茅草、茭白草,据说甩过火把的田地,次年收成普遍好,于是相沿成俗。③ 这可能是由于点火烧除田边的野草,能起到杀灭越冬害虫的作用。还有研究者认为,"照田蚕"应是太湖地区的人们对稻田湿地、苎麻地和芦苇滩地等进行田间管理的一种手段,

---

① 王利华:《"照田蚕"试探》,《中国农史》1997年第3期。

② 姜彬主编:《稻作文化与江南民俗》,第472页。

③ 刘健:《浙江省部分地区的稻作文化》,上海民间文艺家协会、上海民俗学会编:《中国民间文化·民间稻作文化研究》,上海:学林出版社1993年版,第34页。

具有独特的生态民俗学含义。①

可见,明清以来太湖地区各府县的"照田蚕"习俗称呼各异,具体民俗内容也有差别,有的尚具备一定的实用功能,而大多已演变成纯粹的礼仪性活动,表达出农民祈求丰收的愿望。

七、祭猛将

全国各地都有猛将信仰,但主要流行于太湖流域。据文献记载,吴地的猛将祭祀活动起源于南宋景定(1260—1264)时期,距今已有 750 多年历史。明清两朝,祭祀猛将被列为官方活动。明清至民国时期,苏州、嘉兴等地的猛将庙宇很多,每年正月,民间"闹猛将"活动兴盛。近年来,苏州一些村镇又恢复了这一古老的民俗活动。

明清方志、笔记中有不少关于猛将会、猛将庙的记述,有的还探讨了刘猛将信仰的来历。明正德《姑苏志》卷二七"坛庙上"载:"神本姓刘名锐,或云即宋名将刘锜弟,尝为先锋,陷敌保土者也。"清乾隆《苏州府志》称其"殁而为神,驱蝗江淮间有功"。同治《上海县志》卷十所记"刘猛将军祠"条按语:"神刘姓名承忠,元时官指挥,能驱蝗。元亡,自沉于河,世称刘猛将军。"②虽然民间说法不一,但一般都把刘猛将当作驱蝗神。旱与蝗是密切关联的,中国的蝗灾主要发生在黄淮一带,在南方稻作区并不是很普遍,但猛将信仰在吴地却最为流行,民俗活动兴盛不衰,大致是因为在苏州等地的民间信仰中,刘猛将不仅可以驱蝗,他还有较为广泛的神格意义。猛将信仰与其他神灵信仰有所不同,人们在祭祀猛将的同时,还可以抬着他奔走赛跑,与他一起嬉闹娱乐,故称"闹猛将""赛猛将",即在老百姓心目中,猛将神是最为平易近人的神,可以与民同乐。还有说法是刘猛将出生于江南,吴地是"猛将文化"的发源地,所以这里盛行猛将信仰。

明清时期,太湖地区祭祀刘猛将的活动多在正月进行,官方和民间并举。据袁景澜《吴郡岁华纪丽》考证,《明祀典》中已有祭祀刘猛将的记载,祭祀的时间为正月初一元旦日。清初,官方也出面组织猛将祭祀,祭祀时间定在正月十三日,苏州祭会非常有名。《清嘉录》卷一"祭猛将"条记载:

（正月）十三日,官府致祭刘猛将军之辰,游人骈集于吉祥庵……相

---

①　周晴:《岁时习俗的生态民俗学考察——以江南"照田蚕"为中心》,《民俗研究》2013 年第 2 期。

②　[清]应宝时等修,俞樾、方宗诚等纂《上海县志》,据同治十一年刊本影印,《中国方志丛书》,台北:成文出版社 1975 年版,第 722 页。

传神能驱蝗,天旱祷雨辄应,为福畎亩,故乡人酬答,尤为心愫。前后数日,各乡村民,击牲献醴,抬像游街,以赛猛将之神,谓之"待猛将"。穹窿山一带农人舁猛将,奔走如飞,倾跌为乐,不为慢亵,名曰"迎猛将"。①

震泽一带的祭猛将活动应属民间性质,大年初一开始,持续时间更长些。清乾隆《震泽县志》载:"旧志云:元旦,坊巷乡村各为天曹神会,以赛猛将之神。相传神能驱蝗,故奉之,会各杂集老少为隶卒,鸣金击鼓,列队张盖,遍走城市,富家施以钱粟,至是日乃罢,或罢于上元日。"②

七月份也有与刘猛将有关的礼俗活动。《清嘉录》"七月"有"烧青苗"一项:"是时,田夫耕耘甫毕,各酿钱以赛猛将之神,舁神于场,击牲设醴,鼓乐以酬,田野遍插五色纸旗,谓如是则飞蝗不灾,谓之'烧青苗'。"③若发生蝗灾,农民还要抬出猛将神像巡行田野,希望能借助其神力赶走蝗虫,这是将"祭猛将"与"青苗会"结合起来了。

明清时期,"猛将会"活动在太湖地区的流行,也促进了相关祭祀仪式的改进和完善。如祭祀仪式中人们要抬着猛将神像在乡村之间巡游,还有向神像敬酒祭拜的程序。在这个祭祀过程中,专人演唱的"祭奠歌"声情并茂,不仅烘托祭祀气氛,也使民众对猛将神的身世有所了解,酬答自然更为恭敬。如曾在苏州吴县流传的一首"刘猛将"歌谣唱到:

家住申江上海县,青龙江上长生身。父亲就是刘三叔,母亲包氏称院君。正月十三亲生日,取名佛官极聪明。面上有粒朱砂痣,七岁之时克娘亲。后娶晚娘朱三姐,日夜拷打受苦情。前亲晚后难过日,磨爿压沉河中心。二弟怜惜来相救,外公家里去安身。自幼生来能勤俭,看鹅看鸭过光阴。大宋末年兵荒乱,连年干戈勿太平。三年大水三年旱,三年蝗虫共九年。神人传授遁甲法,吞云驾雾件件能。施法赶去蝗虫害,舟船下水戏玩弄。种秧割稻施妙法,一夜完工喜万民。④

总之,明清太湖地区农业习俗丰富多彩,可以说形成了"信鬼神,重淫

<hr />

① [清]顾禄撰,王迈校点:《清嘉录》卷一"正月·祭猛将",第25页。
② [清]陈和志修,倪师孟、沈彤纂:乾隆《震泽县志》卷二十六"风俗二",《中国地方志集成》"江苏府县志辑"(23),第238页。
③ [清]顾禄撰,王迈校点:《清嘉录》卷七"七月·烧青苗",第153页。
④ 金熙、钱正、马汉民主编:《苏州歌谣谚语》,北京:中国民间文艺出版社1989年版,第220页。

祀"的民俗文化特征,这应与当地以稻作为主体的农业生活有密切关系。因为在农业社会中,人们对严重威胁水稻生产的旱、涝、病虫害、飓风、潮灾等自然灾害往往束手无策,战乱、土地兼并、债负、狱讼、疾病等,更是加重了老百姓的苦难。于是,人们除过辛勤劳作、省吃俭用,只能把对庄稼丰收、生活安宁的希望寄托于各路神灵的护佑。

第三节　稻作饮食习俗

作为水稻种植区,江南民众日常以稻米为主食,一日两餐或三餐,粗茶淡饭是其饮食生活的基本面貌。逢年过节的饮食则要比平时讲究一些,花样增加,做法也较为精细,还常伴随相应的民俗活动,饮食生活的内容也变得丰富起来。以下将文献资料与实地调研相结合,从日常饮食和一年四季节日饮食两大方面,总结太湖地区以米食为主体的饮食习俗,反映其稻作文化意义。

一、日常饮食习俗

江南地区以稻为生,饮食传统与北方明显不同,这里的人吃不惯麦面,只喜欢吃大米饭。当地出产的稻米包括粳、籼、糯三种,除了直接以粳、籼米蒸饭熬粥以外,人们还善于将糯米加工制成各种各样的糕团点心食品。这些主食粥饭与糕团点心相配合,丰富了当地民众的饮食生活,也成为中华饮食文化的重要构成部分。

（一）粥饭为主食

粳米性软,粥、饭皆宜;籼米性硬耐饥,宜于蒸饭;糯米性黏,宜制作糕点、酿酒作醋。据估计,太湖地区以稻米为原料的米饭、米粥、米粉、米饼、米糕、米酒等有一二百个品种。不过,从古到今,不管米食花样如何变化,粥、饭始终是当地人的主要食米方式,或者说是当地饮食之根本。清代袁枚《随园食单》"饭粥单":"粥饭本也,馀菜末也。本立而道生。"①传统时代太湖地区民众一日三餐,一干两稀,即中午吃饭,早晚喝粥。这种饮食生活方式更多是为了适应农事劳作的需要。

早上天色微亮,农民就要下田劳作,为了简单省事,一般会把昨天吃剩的米饭加水烧热食用,再配上自家腌制的咸菜、咸蛋佐餐。中午一顿常吃大

---

① ［清］袁枚著,陈伟明编著:《随园食单》,北京:中华书局 2010 年版,第 254 页。

米干饭,佐以蔬菜及鱼、肉,是一天中最主要的一顿饭。因为经过一上午的田间劳作,农人回到家已是饥肠辘辘,下午还要继续干活,所以要吃饱饭来恢复体力。有时中午一顿也吃蛋炒饭或菜饭。菜饭就是在米饭中加点蔬菜,再用猪油、盐一起烧煮即成;菜饭中加点咸肉就成了咸肉菜饭,加点黄豆、胡萝卜丁等风味又不一样了。在太湖地区,菜饭算是人们改变主食花样和口味的一种方法,制作也比较省事,深受城乡民众喜爱。到了晚上,人们一般天黑即眠。由于睡得较早,只喝稀粥。农忙时节劳动强度骤增,农民就需要加餐补充体力,饭菜也相对较为丰富。插秧时,稻农要从早上天不亮,一直忙到天黑以后,为了节省时间,还要由家人送饭到田间地头。

太湖地区素称鱼米之乡,明清时期这里的稻作技术水平和水稻产量也较其他地方为高,但由于人多地少、赋税沉重以及桑棉挤占稻田等原因,种稻人缺米吃的现象却较为普遍,农户常有饥寒之虞。这样,农家只能省吃俭用,白米粥饭常常要搭配麦子、玉米、红薯乃至糠菜等各种杂粮野菜食用,勉强维持温饱。在灾荒之年或青黄不解的时候,贫苦农民只能以一日两餐杂粮粥果腹。正如当地民谚所说:"穷人出了牛力气,种出白米饿肚皮。"正是由于种田不易,生活艰难,农民普遍养成了勤劳节俭的风气。

(二)糯米糕团作点心

太湖地区糯稻品种繁多,最常见的米制点心类食品就是用糯米粉做成的各类糕团。这里的米制糕点主要分为糕、团、圆、粽四大类,名目繁多,各有特色。同时,糕、团、圆、粽类食品的谐音带有吉祥意义,即高、团、圆、中,表达了人们祈求美好生活的愿望。于是,这些糕团类食品成为节日期间人们饭桌上不可或缺的美味,走亲访友、祭祀先祖鬼神也少不了它们。因为这些糕团的原料主要来自糯米粉,所以农家一般都会种上半亩或几分地的糯稻,以供节庆或平时制作糕团时使用。

糕团食品中比较常见的粢饭,可分为粢毛团、粢饭团和粢年糕三种。粢毛团包有豆沙馅或咸肉馅,外面粘有一层糯米,蒸熟后米粒颗颗竖起,状如芒刺,故名。粢饭团做法特别,先把糯米蒸熟,然后舀到干净的湿毛巾上面,用手隔着毛巾将米卷捏成饭团状。传统时代粢饭团内裹玫瑰、薄荷、白糖等,现在往往裹半个油条,加少量白糖,成了较典型的江南早餐。粢年糕,其实是一种油炸糯米食品,过去街头小贩走街串巷,现炸现卖。

太湖地区的岁时节令食俗,几乎都与糕团有关。如大年初一、初三吃圆子,初五吃年糕,正月十五吃汤圆,清明节吃青团,重阳节吃重阳糕。平时遇到婚丧嫁娶等红白喜事,也是以糕团祝福。糕团在太湖各地还有不同的称呼和制作方法,名目繁多。吴地歌谣《韩家湾里十条糕》中唱到:"条子糕,长腰腰。火炙糕,两头巧。雪片糕,薄稀揭。沙仁糕,诸人要。桂圆糕,实在好。糖切糕,烂糟糟。鸡蛋糕,黄漫漫。豇豆糕,黑里俏。脂油糕,滋味好。大方糕,印子好。"①这里所记的仅是部分米糕,其他如蜜糕、八珍糕、黄松糕、海棠糕、梅花糕、盘龙糕、定胜糕在明清以来也很有名。

追根溯源,这些糕团类食品,是与当地的稻作生产及生活相伴随的,其制作历史久远,后来由农家进入城镇转变为商品,加工制作工艺也开始讲究起来,花样品种越来越多。以苏州为例,唐宋时期这里的糕团业已相当发达,出现不少以糕团命名的街巷、桥梁,如雪糕桥、沙糕桥、豆粉巷、水团巷等。明清时期,苏州的糕团店遍及城内外,并出现一些传统名店。如察院场的乐万兴糕团店,以制作豆沙甜汤团、萝卜咸汤团闻名;观前街的黄天源糕团店,擅长制作猪油年糕和糖年糕;穗香斋糕团店擅长制作薄荷、玫瑰汤团;宫巷的周万兴糕团店以祖传的米风糕最为有名。② 这些糕团店虽然在城镇立业成名,但其根源却来自稻作农业生活,要传承这些糕团饮食文化,就应维护当地的稻作农业传统。

二、节日饮食习俗

(一)正月年糕、圆子、爆孛娄

1. 年糕

米糕的一种,因其常在岁末新年之际制作,故名。由于"糕"与"高"谐音,年糕也含有"年年高"之意,所以很受民间重视。《清嘉录》卷十二载:"黍粉和糖为糕,曰年糕。有黄、白之别。大径尺而形方,俗称方头糕;为元宝式者,曰糕元宝。黄白磊砢,俱以备年夜祀神、岁朝供先及馈贻亲朋之需。"③这里提到的黄色年糕应是用黍(黄米)粉制作的,而白色年糕则用糯米粉制作,寓意金银财宝。吴中风俗,十二月初八,全家吃过腊八粥后,即开始制作年糕。《清嘉录》卷十二引蔡云《吴歈》云:"腊中步碓太喧嘈,小户米囤大户廒。施罢僧家七宝粥,又闻年节要题糕。"在无锡一带,人们过年时有吃甜水年糕的习俗,"甜"与"田"谐音,甜水年糕寓意水稻不缺水、产量年年高。历史时期尤其是明清以来,年糕不仅是为了年节食用,还用来祀神供祖、馈赠亲朋等,表达新年祝愿,所以大家小户都不可缺少。

---

① 顾颉刚等辑,王熙华整理:《吴歌·吴歌小史》,第 314 页。
② 沈华、朱年:《太湖稻俗》,苏州:苏州大学出版社 2006 年版,第 60 页。
③ [清]顾禄撰,王迈校点:《清嘉录》卷十二"十二月·年糕",第 209 页。

2. 圆子

以糯米粉为主要原料制作的丸子类食品，加工方法有蒸、煮、炸等多种。汤圆（相当于北方的元宵）是以水煮而成，中间包馅，属其中一种。《吴郡岁华纪丽》卷一引《三馀贴》记载了关于圆子来历的传说："嫦娥奔月，羿日系思，有童子诣告云：'正月元夕，月圆之候，君宜用米粉作丸，团团如月，置室西北隅，呼夫人名，三夕可降。'如期果然。后世遂有元夕粉团之制。"①大意是说，正月十五月圆时，后羿按照童子的说法，用糯米粉制作圆子，以表达对嫦娥的思念之情，并成功地将嫦娥从天上呼唤下来与其相会，于是民间就有了在正月十五制作圆子的习俗。在无锡，元宵节还要做"稻稞团"大圆子，圆子越大寓意稻稞发得越大，水稻丰收有望。

3. 爆孛娄

即爆糯米花。"孛"，《说文》释为变色之意。糯米受热膨胀而发生爆裂，颜色变白，故用"孛"字形容；爆裂声如"孛"音，也有表音作用。南宋范成大《吴郡志》"上元节"提到苏州有一种名为"爆孛娄"的风俗，是以各人所爆米花的色泽、形状来预测当年的吉凶。元代《武林旧事》记载，南宋吴地的风俗是每年正月十四日，在釜中爆糯米花，爆出的米花名"孛罗花"，以白色多者为吉利，这里的"孛罗花"即孛娄花。元代《田家五行》卷上"正月类"又说："雨水节，烧干镬，以糯稻爆之，谓之孛罗花，占稻色。"说明农民也在雨水节气用孛娄花来占卜稻谷年成的好坏。爆孛娄一直延续到明清时期，苏州、昆山、太仓、常熟以及上海一带民间都有这样的习俗。明代李诩《戒庵老人漫笔》卷六收录了民间流传的"爆孛娄诗"："东入吴门十万家，家家爆谷卜年华。就锅抛下黄金粟，转手翻成白玉花。红粉美人占喜事，白头老叟问生涯。"②可见当时苏州的爆孛娄习俗依然很流行。

太湖地区爆孛娄风俗的缘起及演变问题尚不很清楚。一种可能性是，爆米花初期是以食用为目的，后来加入了以米花占卜的成分，最后占卜的成分又消失了，它再次成为一种纯粹的食品加工方式，并从吴地传播到其他地区。还有一种可能是，爆米花初期是以占卜为目的，后来转为一种食品加工方法。③

---

①　[清]袁景澜撰，甘兰经、吴琴校点：《吴郡岁华纪丽》，南京：江苏古籍出版社1998年版，第31页。

②　[明]李诩撰，魏连科点校：《戒庵老人漫笔》卷六，北京：中华书局2006年版，第226页。

③　游修龄：《中国稻作史》，第259页。

（二）二月撑腰糕，三月做青团

1. 撑腰糕

二月初二，江南农家把年前留下的年糕油煎而食，称为"撑腰糕"。《清嘉录》卷二："是日，以隔年糕油煎食之，谓之撑腰糕。"清代蔡云《吴歈》云："二月二日春正晓，撑腰相劝啖花糕。支持柴米凭身健，莫惜终年筋骨劳。"[①]水稻种植是体力活，翻田、插秧、收割等农活都要求农人腰板硬朗，出得了力气。隔年糕比较硬实，油炸以后可改善风味，增加营养。民间以为吃了这种油炸糕，手脚轻捷，长时间干活也不会腰酸背痛。二月二吃过撑腰糕，农家就准备插秧了。

2. 青团

清明节既是二十四节气之一，也是重要的传统祭祖节日。太湖地区的清明节饮食习俗多与稻米及当地物产有关，如青团、焐熟藕、野火米饭等。寒食节与清明节时间相连，后来逐渐合而为一。《吴郡岁华纪丽》卷三"过节寒具"载："吴民于此时造稠饧、冷粉团、大麦粥、角粽、油馓、青团、熟藕，以充寒具口实之筵，以享祀祖先，名曰过节。"[②]意思是说，寒食节这一天，吴地民众用各种具有当地特色的冷熟食品祭祀先祖。文中的"稠饧"指的是饴糖，"冷粉团"是指冷的糯米粉圆子，"油馓"是一种油炸包馅食品，"寒具"是指传统的馓子、麻花等油炸面食品。

"青团"又叫艾团子、粉团、清明果、清明饼或者青饼，一般是用糯米粉配以绿色植物的汁液和面蒸制而成，为江浙地区清明节传统时令小吃；青团颜色均呈青碧色，但和面所用青汁的来源却有所不同。苏州、杭州的青团多用艾草，也用青菜汁、嫩丝瓜叶汁增色。江苏宜兴一带的青团，青色主要来自苎麻嫩叶。也有一些地方用嫩麦苗、嫩青草捣出青汁，加入糯米粉中和面，制作青团。民国《吴县志》记载的三月清明风俗包括了食用"青苎团"："清明，插桃柳枝于户上，食青苎团、焐熟藕，女子结杨柳球戴鬓畔，云红颜不老。"[③]如今每逢清明节，江南民众依然有制作和食用青团的习俗。

（三）五月端阳粽、夏至粥

1. 端阳粽

农历五月初五称端午、端阳等，其起源很早，战国后期则与纪念屈原等历史人物联系起来。过去人们称五月为毒月、恶月，因为此月正值暑气日

①　[清]顾禄撰，王迈校点：《清嘉录》卷二"二月·撑腰糕"引文，第46页。

②　[清]袁景澜撰，甘兰经、吴琴校点：《吴郡岁华纪丽》，第90页。

③　[民国]曹允源、李根源：民国《吴县志》卷五十二"风俗"，《中国地方志集成》"江苏府县志辑"(11)，第853页。

增、疠疫渐发的时日，端午节也就汇聚了多项避邪消灾的民间传统，如吃粽子，门前挂菖蒲、艾叶、蒜头，喝雄黄酒等。在太湖地区，端午较受重视，民俗活动内容丰富，其中饮食习俗主要是包粽子和吃粽子。

　　这里的粽子一般是用青芦叶包裹糯米，并选择添加咸肉、鲜肉、火腿、花生、红豆、红枣、豆沙等馅心蒸煮，如果没有馅心就称为白粽。粽子据《姑苏食话》记载，苏州一带粽子的形状，有三角粽（菱角粽）、一角粽（秤锤粽或小脚粽）、方粽，还有小粽（可联束成串）；粽子的口味则有枣子粽、赤豆粽、火腿粽、肉粽、白水粽等。① 在吴江盛泽一带用茭白叶裹尖头小粽，人们称之为茭秧，清人蚾叟《盛泽食品竹枝词》：“记是端阳节又交，黄鱼白肉作家肴。分尝鱼泰相沿久，偏是茭秧细细包。”②除擅包粽子外，当地对端午吃粽子也很看重。苏州人认为端午这天不吃粽子是“勿识头”，俗语说：“勿吃端午粽，死仔无人送。”近现代以来，端午节避邪消灾的传统意味不断淡化，但食粽子和龙舟竞渡等习俗却流传了下来。

　　2. 夏至粥

　　五月夏至标志着炎夏的开始，太湖流域夏季湿热，当地人有“苦夏”之说，饮食也偏于清淡，以麦、米、豆为主要原料的粥类食品开始受到青睐。明弘治《吴江志》卷六“风俗”记载：“夏至日，作麦粽，祭先毕，则以相饷。”③光绪《常昭合志稿》卷六“风俗”载：“夏至日，以新小麦和糖及苡仁、芡实、莲心、红枣煮粥食之，名曰夏至粥。”④宣统《太仓州志》卷三“风土”载：“夏至日食夏至粥，以小麦、蚕豆、赤豆、红枣和米煮粥，互相馈遗。”⑤可见，吴地夏至日人们常以新麦为主料，配以薏米、莲心、豆类、红枣等，煮粥食用，并祭祀先祖，馈赠亲友。

　　（四）七月祀田团，八月做糍团，九月重阳糕

　　1. 祀田团

　　农历七月十五，农家在田间十字路口祭祀田神，祈求保佑，称为“斋田头”。祭品以米粉团子为主，还有鸡黍瓜蔬等，或称“斋田团”“斋田头团子”。据顾禄《清嘉录》考证：“今之七月十五日之祀，犹古之秋社耳。”⑥即斋田头这一习俗很可能是由古代秋社遗留下来的。

---

① 王嫁句：《姑苏食话》，苏州：苏州大学出版社 2004 年版，第 86 页。
② 赵明等编著：《江苏竹枝词集》，南京：江苏教育出版社 2001 年版，第 859 页。
③ ［明］莫旦：弘治《吴江志》，第 223 页。
④ ［清］庞鸿文等：光绪《常昭合志稿》，《中国地方志集成》“江苏府县志辑”（22），第 68 页。
⑤ ［清］王祖畲等：宣统《太仓州志》，《中国地方志集成》“江苏府县志辑”（18），第 28 页。
⑥ ［清］顾禄撰，王迈校点：《清嘉录》卷七“七月·斋田头”，第 156 页。

2. 糍团

太湖地区以农历八月二十四日为稻生日，这一天忌讳阴雨。如果下了雨，据说连稻藁都要腐烂，农家就缺少稻柴，生活艰难；反之，则稻草充足，日子好过。稻生日在太湖稻作区颇受重视，这一天农家要煮糯米和赤豆做糍团祭灶。①《清嘉录》引蔡云《吴歈》云："白露迷迷稻秀匀，糯团户户已尝新。"制作糍团时，将新糯米煮熟，捣得半烂即可，与一般粉团有所不同。农历八月下旬，太湖地区的早稻已收割完毕，这种用新米祭灶的习俗表达了人们在水稻收获后对神灵和祖先的感恩之情。

3. 重阳糕

在九月九日重阳节，登高望远、遍插茱萸、赏菊饮酒、食重阳糕等是各地流行的习俗，太湖地区也不例外。重阳这天，人们以糯米、红枣、赤豆等作糕祭灶，祭祀完毕，男女老少一起食重阳糕、饮黄花酒。据吴自牧《梦粱录》卷五记载，宋代临安城的重阳糕制作已十分精致，"以糖面蒸糕，上以猪羊肉、鸭子为丝簇饤，插小彩旗，名曰'重阳糕'。"②元代《武林旧事》追记，南宋都城临安的重阳糕上有以模子印出的吉祥图案。明清时期，太湖地区重阳节流行五色糕。《清嘉录》载："重阳日，居人食米粉五色糕，名重阳糕。自是以后，百工入夜操作，谓之做夜作。"③这种糕是把糯米粉染成红、黄、绿等各种颜色做成的；重阳节过后，昼短夜长明显，田里农活减少，城镇做工的人开始上夜班。《清嘉录》引蔡云《吴歈》云："蒸出枣糕满店香，依然风雨古重阳。织工一饮登高酒，篝火鸣机夜作忙。""糕"与"高"谐音，重阳日登高食糕，寓意百事俱兴，步步高升。对江南各地方志所记的重阳糕制作法，《清嘉录》也有录载。

（五）十月酿米酒

农历十月，稻米入仓，租税交清，天气也开始转冷，江南农人们稍微有点空闲时间，就要准备冬酿酒了。《吴郡岁华纪丽》卷十"冬酿酒"记载："酿酒以小麦为曲，用辣蓼汁一杯，和面一斗，调以井水，揉踏成片，或楮叶包悬当风，两月可用为酒药。自八月至三月，皆可酿酒。惟以小雪后下缸，六十日入糟者为佳，可留数年不坏。吴俗，田家多效之，谓之冬酿酒。"冬酿酒是以上等糯米为主要原料酿成的，清代形成不少品名：

---

① ［清］顾禄撰，王迈校点：《清嘉录》卷八"八月·糍团"，第 169 页。
② ［南宋］吴自牧撰，傅林祥注：《梦粱录》，济南：山东友谊出版社 2001 年版，第 48 页。
③ ［清］顾禄撰，王迈校点：《清嘉录》卷八"九月·重阳糕"，第 178 页。

有秋露白、靠壁清、十月白、三白酒诸名,有名榨头酒,初出槽酒也,俗谓之杜茅柴。有以木樨花合糯米同酿,香洌而味杂,名桂香;有以淡竹叶煎汤代水,色最清冷,名竹叶青。市中又有福珍、天香、玉露诸名,具酒醇厚,盛在杯中,满而不溢,甘甜膠口,品之上也。其酿而未煮者,名生泔酒,其品最下。吴俗,收获后,取秫米酿白酒,谓之十月白,过此则色味不清洌矣。①

冬酿酒以十月白、三白酒最为有名。《吴郡岁华纪丽》引许青浮《酿白酒》诗曰:"江南秫田收获早,粒粒红香绽霜饱。茅屋疏灯促夜春,酒泉走檄新移封。大缸小缸春拍拍,家家酿成十月白。"②对三白酒的名称,古人有不同解释。《乌青镇志》说:"以白米、白面、白水成之,故有是名";民间也有说"三白"是指糯米白、酒不加色为白、酒坛抹上石灰也呈白色。据传,明万历四十六年(1618)浙江西塘人陆氏创设陆家糟坊,酿出著名的"梅花三白"。冬酿酒属于一种糯米酒,酒性不烈,香甜可口,不仅冬至日必饮,平时也可饮用。

(六)十一月冬至团

古有"冬至大如年"的说法,冬至节曾受到普遍重视。吴县一带,"郡人最重冬至节,先日,亲朋各以食物相馈遗,提筐担盒,充斥道路,俗呼冬至盘。"③冬至意味着一年中最寒冷的日子开始到来,过年的气氛也逐渐浓郁起来。此时,一年的农业劳动全部结束,冬至后九九八十一天,春天才会到来。农家辛苦一年,难得有些闲暇,况且年关将近,各种人情往来也多了起来。在冬至前几天,家家户户就开始制作糕团食品。到了冬至节,人们走亲访友,互赠礼品,冬至团(或称冬节团子)成为这个时期重要的民俗食品。

顾禄《清嘉录》记载:吴地"比户磨粉为团,以糖、肉、菜、果、豇豆沙、芦菔丝为馅,为祀先祭灶之品,并以馈贻,名曰冬至团"。④据作者注解,冬至团有大有小,大者俗称"稻窠团",在冬至前一天晚上用来祭祀祖先,小而无馅者在冬至日早晨用于供奉神仙。传统时代,民众对冬至夜很看重,要求和吃年夜饭一样合家团聚,饭桌上不能缺少冬至团、冬酿酒。

(七)除夕年夜饭

年夜饭特指农历除夕即腊月最后一天晚上,全家人在一起所吃的团圆

---

① ② [清]袁景澜撰,甘兰经、吴琴校点:《吴郡岁华纪丽》,第302,303页。
③ ④ [清]顾禄撰,王迈校点:《清嘉录》卷十一"十一月·冬至大如年",第194,195页。

饭。到了年三十,常年在外者,也要尽量赶回来和亲人团聚,辞旧迎新,所谓"不吃年夜饭,不算大一岁"。年夜饭意义特殊,自然要比平时丰盛一些,南北各地也形成了自己的习俗和讲究,所谓"南米北面""南糕北饼"之类。一般来说,在太湖流域以至整个江南地区,年夜饭的主食为米饭及糕团,菜肴则因地制宜。清人周宗泰《姑苏竹枝词》写到:"妻孥一室话团圆,鱼肉瓜茄杂果盘。"不管年夜饭丰盛与否,全家人能否聚齐,一些有吉祥寓意的菜是必须有的,尤其是鱼和丸子不可或缺,前者象征年年有余,后者象征团团圆圆。有些素菜可换个吉祥名字上桌,如黄豆芽称为"如意菜",青菜改叫"长庚菜"。有些习俗流传至今,如除夕夜的白米饭要剩一些,置新竹饭箩中,上面放红橘、乌菱、荸荠和元宝糕,插竹枝、甘蔗、秤杆,表示"称心如意""节节高";新年第一天,要蒸食昨天剩下的隔年米饭,称"隔年饭",寓意"年有余粮,岁有陈谷"。[1]

　　当然,大年夜并不是每家每户都能团聚,吃上年夜饭,常常是几家欢乐几家愁。从每年冬至到大年三十,是富家大户收租讨债的日子,而大年初一到正月十五过年期间,债主一般是不能逼债要账的。因此越靠近大年三十,债主催逼就越急迫。在这种情况下,欠租债的农家,男主人通常只能出门躲债,一直要挨到半夜才能回家,年夜饭如何吃得下。在苏州虎丘的后山,从前有一座"赖债庙",就是贫苦人家躲避债主的藏身之地。在无锡一带,据说还有"带过年""乘过年"的习俗,少数因天灾人祸无法过年的人家,会被亲戚邻里邀请同吃年夜饭。

第四节　稻作习俗的成因、内涵与变迁

　　历代史书极少见到广大底层民众辛勤劳作及日常生活的记录,近现代以来,人们又往往将民间流传的地方风俗和信仰活动,一概视为愚昧落后和封建迷信的东西。现在我们应该留意并认识到,这些生产生活习俗曾在历史上普遍存在过,至今还在民间有一定影响,新的生产方式并没有将其完全冲垮。[2] 它们虽然会随着时代的前进而逐渐演变甚至于消亡,但其历史意义和文化传承功能却会长久存留下去。

---

[1]　沈华、朱年:《太湖稻俗》,第 86 页。
[2]　姜彬主编:《稻作文化与江南民俗》,第 3 页。

一、稻作习俗形成与积累的因素

稻作习俗源于水稻生产,水稻生产的发展必然引发稻作习俗的形成和演变。太湖流域稻作历史悠久,是吴越文化的重要发祥地,其稻作农业对当地民众的生产与生活方式、风俗习惯、精神信仰乃至性格特点等,具有根本性影响。从形成过程及原因来看,这里的稻作习俗大致包括两个方面:一是民间信仰与祭祀习俗,大多反映出人与自然的关系;一是水稻生产过程中形成的某些制度、规矩及约定,主要反映出人与人的关系。

就人与自然的关系而言,稻作习俗在客观上体现了人们认识水稻生长发育规律的水平及保障水稻生产的需求。在原始时代,水稻栽培简单粗放,水稻生长几乎完全依赖自然条件,所以当时的稻作习俗主要是播种和收获时的祭祀活动。后来,随着铁器牛耕的推广使用,传统稻作的整地、田间管理、加工贮藏等技术体系形成并趋于成熟,各种相关的民间习俗也日益丰富。近代以来,随着现代科技的广泛应用,人类对自然界的认识越来越深刻,农业习俗趋向简单,祈神禳灾活动被淘汰殆尽,很多乡规民约也逐渐失去了约束力。在靠天吃饭的年代,农民种田首先关心的应是年内天气状况如何,有没有旱涝灾害,并根据某些固定日子的天气变化、动植物状态来预测年成吉凶,或称"占候"。前面的章节已反映出,太湖流域稻区自年初至年末,几乎每个月都有占候活动。这些占候知识是古人在生产实践中通过长期观察总结出来的,很难从现代科学角度加以准确评判。但其能够作为民间习俗长期流传下来,成为种田人预测丰歉的依据,应该具有合乎自然规律的地方,或者说具有一定的科学性。水稻栽培习俗如照田蚕(除虫)、做秧田打清明水(育秧),立秋前三耘三耥(中耕除草),霜降一齐倒(收割)等,实际上包含了长期积累的技术经验,也是生产力水平的反映。

就人与人的关系而言,稻作习俗体现出利用人的社会性,协调人与人之间的利益关系的需求。农业生产既是人们顺应自然的过程,也是与大自然不断抗争的过程。在传统农业时代,农民一家一户的力量极其弱小,陂塘堰坝修筑、土地整治、抗洪排涝、插秧灌溉等农业活动,必须集中一定数量的人力、物力和财力才能承担和完成。长期的共同劳作既使农民彼此之间形成了一定的合作关系,又要求每位农民所承担的劳动量与其劳动报酬或成果的分配相关联。为了避免随意性,减少不必要的摩擦和纠纷,自然就会产生明确个人责任和权利的约定。同时,为了避免争夺水源、河道、湖面、滩涂等某些共有资源,人们又在农业实践中形成了一套代代传沿的规矩及约定,以保障彼此之间互不侵夺,维护正常的生产和生活秩序。与此相关,随着土地、耕牛等生产资料的买卖、典押、交换等经济活动的增多,也会产生一系列民间习俗,从而为人们正常开展这些经济活动提供了行为准则。①

二、稻作习俗的功利性

民间习俗主要是由生产、生活的实际需要而产生并积累起来的,其内涵也大致包括人与人之间互助合作的需求,以及人祈求神灵消灾赐福的需求,二者都体现出一定的功利性。

(一) 互助合作需求

太湖流域水稻生产长期实行精耕细作,为了防止自然灾害,保证收成,对把握农时的要求很高,整块田地的水稻从秧苗移栽到田间管理,再到成熟收割,都有较为严格的时间性,而单门独户往往很难做到不误农时。稻农们需要互助协作或集中劳动,才能做到不误农时,随之就形成了相关民间习俗。这在圩田修筑、堤坝建造、河道疏浚、抗旱排涝、插秧、耘稻、收割等生产项目上表现较为明显。

明清以来太湖流域稻作生产的劳动组织形式,大致有单干、雇工和伴工互助等三种。单干是传统农业社会最普遍的劳动形式,基本特点是以家庭为单位组织生产,男耕女织。雇工和伴工互助的劳动组织形式较为特别,并具有明显的民俗意义。

雇工形式主要包括长工和忙工(月工、短工)。明清时期江南地主大多将土地分租给农户,自己管理耕种的并不多见。所以一般中小地主和富农仅需要雇佣一两个长工,极少数地主可能雇佣四五个长工。这种情况在太湖地区的方志及农书中有不少反映。明弘治《吴江志》卷六"风俗"曰:"四民之中,惟农为最劳,而吴农又劳中之劳也。无产小民投顾富家力田者,谓之长工。先借米谷食用,至力田时撮忙一两月者,谓之短工。租佃富家田产以耕者,谓之租户。"②明崇祯《松江府志》卷七"风俗"载:"农无田者,为人佣耕,曰长工。农月暂佣者,曰忙工。田多人少,倩人助己而还之,曰伴工。"③长工分全年制和半年制两种,以全年制长工为主,半年制极少,故吴地称长工为"做长年"或"做全年"。作长工须有人担保,并同雇主订立契约,规定雇佣时限、报酬等。雇佣时限最少半年,最长三年。三年期满,如双方有意,则续订契约。忙工为农忙时节大户或缺少劳力的家庭招雇

---

① 姜彬主编:《稻作文化与江南民俗》,第 87 页。
② [明]莫旦:弘治《吴江志》,第 228 页。
③ [明]方岳贡修,陈继儒等纂:崇祯《松江府志》,《日本藏中国罕见地方志丛刊》,北京:书目文献出版社 1991 年版,第 179 页。

的临时工。因雇佣时间差不多为一个月，故又称为月工。按照工种分，忙工有插秧工、踏水工、耘稻工、割稻工、砻米工等。在所有忙工中，只有踏水工不按日取值，而是按照田亩收费，这应与踏水灌溉的时效性有关。"有包车水者，率若干一亩，以田之高低为等。夏秋田中缺水，则为之踏车上水，设频遇阵雨，则彼可坐获其值。"①踏水工往往在春播时就与东家议定负责灌溉的面积和应取报酬。协议确定后，必须按照水稻生长情况，随时踏车戽水。

伴工形式在太湖流域稻作区也有自己的特色。传统社会提高水稻产量的重要途径是按时耕作和收获，所谓不误农时。这样，水稻栽培的一些关键环节如插秧、耘稻、戽水等，需要多人协作才能实现。稻农们很早意识到这一点，在生产实践中逐步形成一些通过互助合作解决问题的方式，主要有伴工、换工，共同使用生产资料等。所谓伴工，就是自耕农为不耽搁农时，彼此协作的一种方式。其基本特点是农户以感情为基础，伴工者之间彼此不取报酬，而以相同的劳动天数作为彼此交换的基础。若干农民先集中到某家干活，待该户农活结束后，再轮转到第二户、第三户，直到参加伴工的每家农活全部完成。伴工方式主要用于插秧和耘稻，水稻收割一般不采用。伴工期间，在哪家干活，就由哪家提供伙食、点心和烟酒。在伴工中，如果某户田多劳少，不抵其他农户的劳动日，大伙也帮其完成，所欠工时以其他劳动补偿。

换工有两种形式，一种是以人工换人工。这种形式大多出于应急的需要。如某农户因主要劳动力外出，或突然生病，农活不能耽搁，又苦于无钱雇请短工，就只有请农友前来相助，日后以相同的劳动天数回报。也有农家出于某项关键性技能的需要，如修补漏屋、灶台等，就请有一技之长的泥水匠相助，按日回报，或换工或付费。另一种换工是以人工换牛工。无耕牛的农户在耕田、灌溉时为提工效，借用他人耕牛使用，以后用人工相抵。

水稻生产的协作互助还表现在数户农民共同拥有和使用生产资料。1949年之前，不少自耕农仅有田地一二十亩，要是独家饲养一头耕牛，置办一条农船，有些得不偿失。船只可以载粮运物，在太湖水网区也不可缺少，就像北方农区离不开牛车马车一样。田少的农户为了节省费用，就采用合养牛、合用船的办法。以合养牛为例，一般是两户合养一牛，凡愿意合养牛的农家一定有一二十亩田，田地过少或较多都不需要。所谓"合养的牛瘦，合用的船漏"，合养牛要有一定规矩。首先由双方各出资一半，买进耕牛。农闲时，每家轮流饲养一个月；农忙时，每家轮流使用两天。耕牛发生伤病，

---

① ［清］姜皋：《浦泖农咨》，清道光十四年刊，上海图书馆影印本。

医疗费两家分摊。春耕前,两家均拿出糯米若干,煮粥喂牛。凡合养牛者,一般为感情笃深、彼此信任的邻里。

为适应稻作农业的需要,太湖稻区还有其他很多民间协定或规矩,如水利兴修与维护、借贷、修桥铺路、盖房造屋等,因其不是直接由水稻生产而生发,故不再赘述。

(二) 祈求丰收的需求

从水稻生产过程来看,与耕田播种、灌溉耘耥、防病除虫、收获贮藏等所有工序相关的禁忌与祭祀习俗,实际上都是为了祈求神灵保佑风调雨顺、无旱无涝、庄稼丰收。稻作生活中,常以"发""种""粮""利""高""长"等字的谐音求吉利,并以各种器物、食品、动作的谐音来表达丰收的期望。如播种时吃发糕,插秧时吃粽子(谐音"种子"),多余的秧称"多粮",农忙时请雇工、伴工时备鲤鱼(谐"利""余")菜肴等。此外,还有以器物与动作的类比,表达追求丰收的愿望。如落谷时用大箩筐装谷,表示浅出满进;晒稻种扫场时先往外扫,再往里扫,表示撒出去收进来;米囤旁搁把小扶梯,表示畚米要用扶梯,粮食吃不完等等。有些民俗内容属于农业生产需要,人们却给它披上一层神秘的面纱。元宵节的"照田蚕"习俗,除期望获得丰收外,也能起到烧杀越冬虫卵的作用;端午节赛龙舟、吃粽子、挂艾草、饮雄黄酒等能起到强身健体、辟邪防疫的作用;送病虫邪神用石灰撒田,也能在一定程度上改善土壤性状、抑制病虫害蔓延。实际上,太湖地区水稻生产的各个环节都有一定的讲究及禁忌,它们既是稻作习俗,也有促进生产的功用。相关内容在本章第二节和第三节已有述及,不再赘述。

传统稻作习俗表面上看起来是为了祈神,迷信而玄虚,但往往具有务实致用之目的,有的则包含一定的科学道理。具有实际意义的民俗主要表现了人与人的关系,以及人们抗御自然灾害的能力;而没有实际意义的民俗则反映了人们对尚未征服的自然力的畏惧,表现的是人与其臆造的神灵之间的关系。随着社会经济发展和科技进步,人们干预和战胜自然的能力有很大提高,不可预知及不可抗拒的自然灾害已被控制在很小的范围内。于是,农民只需付出自己的努力就能保证丰产,而不必祈求神灵的保佑,大量消灾祈福的民俗随之逐渐被遗忘和摈弃。

三、稻作习俗的当代变迁与传承

稻作习俗的形式与内容是由生产方式、生产力水平决定的。随着生产方式的调整,生产力水平的提高,水稻生产习俗也会发生相应的变化。同时,生产习俗还受到社会制度、地理环境、文化背景等各种因素的制约,但决定生产习俗的根本因素还是农业本身。

传统农业时期，铁器牛耕代代传沿，生产力发展缓慢，耕作栽培技术没有发生根本性变化，以此为基础的生产习俗相应地保持长期稳定。20世纪二三十年代，太湖地区的水稻栽培开始采用机器灌溉以及施用化肥，其效力确曾引起一时轰动，但由于农民经济条件以及思想观念等方面的限制，这些新技术的推广非常有限，当地的水稻生产面貌基本维持原样不变，相关生产、生活习俗也在延续。

1949年中华人民共和国建立后，尤其是改革开放以来，稻作习俗才发生了明显变化。从水稻生产过程来看，良种选育已成为社会化工作，不再由农民家庭承担，相关民俗就逐渐消失了。育秧与插秧大多起初仍沿袭传统方法，后来，工厂育秧、地膜育秧出现并推广开来，机械抛秧移栽法、插秧机插秧逐渐替代了人力，大大提高了插秧效率，解决了水稻插秧农时紧张、用工多、劳动强度大等关键问题，这方面的生产习俗也发生了剧烈变化。除草剂等的广泛应用，使传统的耘耥除草农事大为简化甚至被淘汰。机电动力的普及，还使得耕作、排灌、收割、脱粒、碾米等生产过程的人力使用大为减少，收成也较以往有了保障，过去的生产习俗必然要发生改变，以至于消亡。

前述稻作农业的伴工形式至迟出现于明代，数百年来伴工在交流农业技术，抵御天灾人祸，提高水稻生产水平方面发挥了积极作用。1949年后成立了互助组，伴工形式才告结束。20世纪80年代，农村实行联产承包责任制，伴工又以新的形式悄然兴起。由于机耕的普及与耘耥的淘汰，当时伴工主要集中在插秧和收获两大工种上，伴工伙伴之间往往存在血缘亲情关系。20世纪末期以来，插秧和收获都被机器所取代，伴工情况基本消失。再如，古人往往无力解决水旱灾害威胁，只能求助龙王开恩消灾，而现代社会的水利工程设施及灾害防御举措，已使得一般干旱雨涝不会对农业生产造成明显危害，所以，祭祀龙王以及断屠求雨、迎神赛会、打醮等等这些历来没有实际意义的习俗就被逐渐淘汰了。①

另外，粮油桑棉生产曾是支撑太湖地区农村经济的支柱，种植业历来是农民家庭收入的主要来源。20世纪七八十年代以来，随着工业化、城市化的快速推进，当地大量农民进厂入城，务工经商，主要依靠工资收入维持生活。即使家乡有田地，人们一般也不愿意花费太多的时间和力气去耕种。因为种田收入已变得微不足道，历代相沿的种地谋生理念以及传统耕作风俗，也就失去了行为约束和道德规范的力量。

---

① 姜彬主编：《稻作文化与江南民俗》，第85页。

　　但是,只要水稻生产还存在,新的生产习俗就会适应新的生产方式及技术体系而出现。如今,田地承包大户、私营农场、合作农场等劳动组织形式的出现和发展,使得各个利益主体之间的关系发生了新变化。于是,为了协调人与人之间的关系,维持农业生产的正常进行,各地都出现了新的技术规范、劳动制度和工作约定,当其形式和内容逐渐固定下来,并被人们普遍接受以后,就会成为新的生产习俗。① 再从文化遗产保护的角度来看,以往的稻作民间习俗及相关的经验知识,与生产技术一样,也是重要的稻作农业历史记忆,或者说是稻作文明前进的脚印,而它们一旦消亡就不可再生。今天人们若能有意识地加以保护和利用,必然会对优秀农耕文化的传承起到积极作用。

---

　　① 　姜彬主编:《稻作文化与江南民俗》,第 87 页。

第五章　春花作物生产及其生态与社会效益

春花作物是指在水稻等夏作收获后复种,越冬生长,来年春夏收获的作物,因其在春季开花,习惯上称之为春花或春花作物。太湖流域常见的春花作物包括大小麦、油菜、蚕豆、紫云英等,它们在当地种植的时代先后和规模大小有所不同,其中前二者大量种植的时代分别在晋唐和宋代。明清太湖地区人口激增,赋税苛重,粮食短缺,当地更加重视春花生产,稻麦、稻油、稻肥三种复种模式普遍存在,春花还与棉花、桑树实行间作套种。春花作物的普及,对于提高生产效益、实现土地用养结合以及保障农民生计都有重要作用。国内相关研究一般以水稻及桑蚕、棉花为中心,一直缺少以春花作物栽培和利用为主体的研究论著,这在一定程度上忽视了春花在稻作农业生产及生态体系中的作用。日本学者川胜守曾阐述了明末清初长江沿岸地区的春花栽培情况,指出春花作物扩展对复种和稻麦两熟制,以及农产品商品化和商业性农业发展的意义,并对麦租问题提出了自己的见解。[①] 20 世纪七八十年代以来,太湖流域水稻单一种植的现象加剧,春花作物大量减少,有些地方几近消失。因此,很有必要重新认识明清春花作物生产的变迁过程、技术经验及其生态与社会效益。

第一节　明清太湖地区麦作与稻麦复种的演变

太湖地区的粮食作物向来以水稻为中心,小麦或大麦一般在水稻收获后复种,越冬生长,来年春末夏初收获,这与北方旱作区以小麦为中心的种植制度有所不同。明清时期,在水旱轮作条件下,稻麦复种成为当地的主要种植制度之一,技术经验积累丰富,生态和社会效益明显。

---

① ［日］川胜守:《明清江南农业经济史研究》,东京:东京大学出版社 1992 年版。

一、明清及其以前太湖地区麦作史

据文献记载,吴越地区春秋时期已开始种麦,晋代已有较大规模的麦子种植。此后,中原地区屡遭战乱,北方人大批南迁至太湖流域,麦子需求量大增,刺激了土地的开发和小麦生产的扩大。不过,晋唐及其以前麦子主要分布于缺乏灌溉条件的旱地,尚未见到江南水田实行稻与麦或油菜、豆类复种的直接证据。

宋代太湖地区开始在水田种麦,稻麦两熟复种逐步扩展。《吴郡图经续记》载:"吴中地沃物夥……其稼则刈麦种禾,一岁再熟。"①吴郡包括吴县、长洲、昆山、常熟、吴江五县,可见当时苏州府稻麦两熟制已比较常见。南宋范成大《刈麦行》描写了平江府一带乡村种麦、收麦与晚稻插秧的情景:"梅花开时我种麦,桃李花飞麦丛碧。多病经旬不出门,东陂已作黄云色。腰镰刈熟趁晴归,明朝雨来麦沾泥。犁田待雨插晚稻,朝出移秧夜食麨。"②庄季裕《鸡肋编》卷上记载:南宋建炎之后,江、浙、湖、湘等地遍布西北移民,麦价大涨,"农获其利,倍于种稻。而佃户输租,只有秋课。而种麦之利,独归客户。于是竞种春稼,极目不减淮北"。③ 即麦价上涨和种麦免租政策,提高了农民种麦的积极性,小麦种植面积大为扩展。另外,从南宋陈旉《农书》"耕耨之宜"记载来看,稻麦两熟推行初期,仅限于高田的早稻茬口,而晚稻茬一般要经过冬灌泡田休闲,这就使得麦子种植的扩展受到一定影响。④ 这种高田实行稻麦复种的情况在元代王祯《农书》中依然有记载,不过书中又说:"起坡为疄,两疄之间,自成一畎。一段耕毕,以锄横截其疄,泄利其水,谓之腰沟。"⑤即这一时期发明的开沟作疄技术,缓解了稻田积水、地下水位高的矛盾,为晚稻田复种麦子创造了条件。

明清时期,太湖地区麦子种植更加广泛,小麦在粮食作物中的地位仅次于水稻。明成化《湖州府志》载:"大麦,即牟麦也,早熟而粒大。小麦,即来也,有赤、白二色。又有无芒者,名火烧头麦,即落麦也。穬麦,粒如大麦,即穬麦也。"⑥嘉靖《江阴县志》卷六载:"凡麦秋种冬长,春秀夏实,具四时中和

---

① ［宋］朱长文:《吴郡图经续记》,南京:江苏古籍出版社 1999 年版,第 9 页。
② ［宋］范成大著,富寿荪校:《范石湖集》第十一卷,上海:上海古籍出版社 2006 年版,第 139 页。
③ ［宋］庄绰撰,萧鲁阳点校:《鸡肋编》,北京:中华书局 1993 年版,第 36 页。
④ 中国农业遗产研究室太湖地区农业史研究课题组编著:《太湖地区农业史稿》,第 106 页。
⑤ ［元］王祯:《农书》"农桑通诀·垦耕篇",北京:中华书局 1956 年版,第 14 页。
⑥ ［明］陈欣修,［明］劳钺续修,［明］张渊纂:成化《湖州府志》卷第八"土产",《日本藏中国罕见地方志丛刊》,北京:书目文献出版社 1991 年版,第 84 页。若所引用的方志年代、名称及卷次信息已见于正文,脚注不再标出。

之气，故为五谷之贵。大麦，古谓之牟，有早晚二种。小麦，古谓之来，其种不一，有舜歌麦，无芒熟早。"明代吴江人俞贞木《种树书》沿用了前人说法："腊日种麦及豆，来年必熟。麦苗盛时，须使纵牧其间，蹂践令稍实，其收倍多。"①清代太湖地区方志中有关大小麦的记载很普遍。同治《安吉县志》载："麦，吾乡所种者，小麦为多，大麦绝少，小麦无芒。"光绪《重修嘉善县志》卷十二"物产"载："小麦，秆白芒短，可为面，然南麦夜开昼合，不及北麦益人。"

明清太湖地区小麦种植的增多，有技术、政策及经济等各方面的原因。随着开沟作畦、水旱轮作技术的进步，麦子更好地加入以水稻生产为中心的农业生产体系之中，形成稻麦两熟的种植模式。"九月刈稻，十月输租，既获，垦为棱，种豆麦。三月十一日麦生日，宜晴，此月无雨，麦有秋。"②意思是嘉兴地区实行稻麦、稻豆复种，农历三月份天气晴好，则麦子丰收有望。另外，不少地方佃农种麦依然不用交租，这一政策也极大地推动了稻麦两熟的发展。如姜皋《浦泖农咨》记载，松江府规定"无论二麦菜子，例不还租"。嘉庆十七年（1812）《于潜县志》卷十一"田赋志"载："麦不分租，佃户尤利之。"湖州府各县佃农种植二麦与菜豆，春花之利全归自己，当地谚语说："春花熟，半年足。"③

二、太湖地区麦子的种类与品种

明清太湖地区方志中既有"二麦"之说，亦有"三麦"之说。其中前者指大麦和小麦，后者是指大麦、小麦和元麦（也称穬麦）。清乾隆七年（1742）《金匮县志》曰："秋成曰大熟，麦秋曰小熟。又有大麦、小麦、员麦（亦名穬麦）。""员麦"即元麦，有些方志中写作"圆麦"。清光绪八年（1882）《嘉定县志》卷八"土产"曰："麦（曰大麦可作饴；曰小麦可作面；曰穬麦先大小麦熟，五六月间青黄不接，农家磨粞煮饭）。"实际上穬麦是大麦的一种，但是在相关方志中，普遍将其单独列出，也许在于其性状和用途较为特别。

（一）小麦品种

从太湖地区方志"物产""土产"等栏目的记载来看，小麦别名包括来、

---

① 胡锡文：《中国农学遗产选集》"甲类第二种·麦上编"，北京：中华书局1958年版，第118页。

② ［清］许瑶光等修，吴仰贤等纂：《嘉兴府志》卷三十二"农桑"，据光绪五年刊本影印，《中国方志丛书》，台北：成文出版社1970年版，第784页。

③ ［清］潘玉璿等修，周学濬等纂：光绪《乌程县志》卷二十九"物产"，《中国地方志集成》"浙江府县志辑"（26），第936页。

稴、来麦、稴麦、小稴等,各府州的小麦品种名称记载大同小异。

苏州府小麦品种包括白壳麦、操梅、火烧麦、舜哥(歌)麦(火烧头)、长箕麦、紫杆(秆)麦。[①]　明弘治十二年(1499)《常熟县志》卷一"土产"记载:"小麦曰来,其种不一,早晚不同。有舜哥麦,无芒最早,一名火烧头。有紫秆麦,有长萁、白壳麦。冬种夏熟,乡民磨面,以供蒸作。"清康熙二十二年(1683)《昆山县志稿》载:小麦"有长箕、白壳、操梅、火烧头等名,熟迟"。有些方志还会解释小麦名称的来源。明洪武十二年(1379)《苏州府志》卷四十二"土产"载:"火烧麦,无芒,故名师姑头。"同治《苏州府志》卷二十引《吴门补乘》曰:"舜歌麦,其穟无芒,熟时遥望之若火燎云,是舜后母炒熟令其播种,天佑之而生,故名。"[②]舜歌麦的名称源于上古舜帝的传说故事,与火烧麦应是同一品种。

松江府的小麦品种应包括赤麦、白麦、畔梅麦、火烧麦、火烧芒、舜歌麦、紫杆(秆)麦,其中火烧麦、火烧芒、舜歌麦应为同一品种。明正德十二年(1517)《金山卫志》"下志卷三·土产":"畔梅麦,畔俗言躲也,谓躲梅而先熟。"畔梅麦即其他方志所见之梅前黄、抄梅麦、早操梅。清康熙二年(1663)《松江府志》卷四"物产"曰:"火烧麦(无芒)";清乾隆五十三年(1788)《娄县志》卷十一"食货志"曰:"火烧芒(无芒)"。光绪二十八年(1902)《同治上海县志札记》中提到火烧麦与舜歌麦属同一品种,但"色更赤"。[③]

其他府县的小麦品种记载情况与前述类似。如湖州府有火烧头(又名落麦);常州府有白稃麦、火烧头、老早红、卢眢头、梅前黄、水白蚕、舜哥麦、晚红、长萁麦、紫秆麦;太仓州有百脚麦、抄梅麦(早操梅)、火烧头、舜哥麦、长萁麦、紫秆麦。

(二) 大麦品种

方志中的大麦别名有牟、䵷、大䵷、䵷麦等。在苏州府,清光绪六年(1880)《周庄镇志》卷一"物产"载:"大麦又谓之牟,有白色者名芋奶青,最佳,碓碎与米粞酿熟成饴糖,炒磨作粉,乡人以为馈遗。青嫩时碾去其皮,俗呼麦蚕,亦香甘可食。"[④]可见周庄一带出产的芋奶青大麦品质好且用途广,受到当地民众喜爱。在湖州府,明清方志所见之大麦品种包括落麦(火烧

---

①　《苏州府志》一般将紫秆麦列入小麦之属,而松江府有些方志则记载紫秆麦为荞麦,本书按照原文献归类,不予辨析。

②　[清]李铭皖等修,冯桂芬等纂:同治《苏州府志》(一),《中国地方志集成》"江苏府县志辑"(7),第480页。

③　[清]秦荣光:《同治上海县志札记》卷二,光绪二十八年铅印本,松江振华德记印书馆代印。

④　[清]陶熙:《周庄镇志》,清光绪八年元和陶氏仪一堂刊本,《中国地方志集成》"乡镇专辑"(6),第491页。

头)、青稞麦、穬麦(穬麦)等。清同治十三年(1874)《湖州府志》卷三十二"物产"将大麦、穬麦与落麦并列,认为三者都属于大麦类,并引注说:"穬麦俗呼为大麦,又有秃芒者,即落麦也。"可见大麦与小麦一样,也有无芒者,且在湖州一带种植较早。清光绪六年《乌程县志》卷二十九"物产"载:"大麦别种皮厚者曰穬麦,即穬麦,亦呼大麦。秃芒者曰落麦,一名火烧头。"在松江府,悬壳麦即青稞类大麦颇受农民重视。明正德《金山卫志》"下志卷三"载:"悬壳麦,有芒,色白,面胜大麦。"明崇祯四年(1631)《松江府志》卷六载:"吾郡所尚惟大麦、小麦。又,悬壳麦即大麦别种而胜之,以作饭佳。"[1]

明清方志中关于杭州府、嘉兴府、常州府、太仓州大麦种植信息的记载相对较少。杭州府,明万历四十四年(1616)《余杭县志》卷二"物产"记载:"大麦有二,一曰䴬,一曰䅟。"这里的"䴬"就是穬麦,䅟即普通大麦。嘉兴府,清光绪十九年(1893)《嘉善县志》卷十二"物产"载:"大麦有青穬、红穬两种,长粒长芒,可为饧。"应指大麦可从种皮颜色上分为青、红二种。常州府,大麦品种包括红筋、老牦芒、青稞麦。明万历十八年(1590)《宜兴县志》载:"青稞麦,俗名悬壳麦。"清道光二十年(1840)《江阴县志》卷十"物产"载:"大麦有红筋、老牦芒数种。"太仓州大麦品种包括青稞麦、老脱须(老脱穰)。明嘉靖二十七年(1548)《太仓州志》卷五"物产"载:"大麦出关中,即青稞麦也,形似小麦而大,皮厚,故谓大麦。"清光绪七年(1881)《崇明县志》载:大麦"熟早,有紫白二种。熟后芒自脱者名老脱穰"。

(三)元麦品种

方志所见之穬麦属于大麦的一种,记载较为丰富,其别称及异写有元麦、圆麦、员麦、穬麦、䜌麦、榍麦、䴬麦、稞麦、穬麦、棵麦等。清同治十三年(1874)《安吉县志》卷八"物产"记载:"吾乡所种者穬麦(穬读如圆)",说明在安吉方言中,"穬"的读音如同"圆",这与穬麦的别名为元(圆、员)麦是相互印证的。从相关记载来看,穬麦有别于普通大麦的主要特征是"皮厚"。

在松江府,穬麦品名包括白穬麦(白麦、脱壳麦)、赤穬麦(赤剥麦)等。清嘉庆二十四年(1819)《松江府志》"疆域志·物产"载:"白穬麦,俗名脱壳麦,又谓之圆麦,浦东尤宜;赤者名赤穬麦。"清光绪三年(1877)《南汇县志》卷二十"物产"载:"穬麦,钦《志》云:俗呼员麦,白者为秔,赤者为糯,唯浦东为宜,屑之和米炊饭。"[2]

---

① [明]方岳贡等修,陈继儒等纂:崇祯《松江府志》,《日本藏中国罕见地方志丛刊》,北京:书目文献版社1991年版,第143页。

② [清]金福曾、顾思贤修,张文虎总纂:光绪《南汇县志》,《中国地方志集成》"上海府县志辑"(5),第902页。

苏州府，穋麦也有粳糯之分，品名包括白麦、慈姑青等。明弘治十二年（1499）《常熟县志》卷一"土产"记载："穋麦有粳、糯二种，其种植、收获、食用与大麦同。"清光绪六年（1880）《周庄镇志》载："穋麦，一种紫色者名元麦，磨细和米煮食，或蒸作烧酒。"清光绪九年（1883）《杨舍堡城志稿》载："穋麦俗呼元麦，有慈姑青等种。"清宣统《吴长元三县志》载："穋麦一名圆麦，又名白麦，粒粗于大麦而短，有赤、白二种。"

湖州府所种大麦当以穋麦为主。清咸丰八年（1858）《南浔镇志》卷十一"物产"记载："穋麦即穬麦。按：牟为大麦，来为小麦。浔地无牟，即呼穋麦为大麦。"意思是南浔只种穋麦而没有普通大麦。

太仓州元麦品种记载较丰富，包括粳种、糯种，以及红穋、青穋、紫穋、白穋、绿树头等。明嘉靖二十七年（1548）《太仓州志》载："穋麦，赤、白二种。"明崇祯十五年（1642）《太仓州志》载："稞麦俗呼穋麦，微分粳、糯。红曰红穋，紫曰紫穋，性软宜食，但磨粉较少。青曰青穋，白曰白穋，性硬，磨多粉。又有一种曰绿树头。"清雍正五年（1727）《崇明县志》载："穬麦一名元麦，穗似大麦，粒似小麦，俗呼穋麦，色有青、紫、黄、白不同。大小麦遍处皆有，穋麦唯植吴地"。清乾隆十年（1745）《镇洋县志》载：穋麦"亦名稞麦，然实非西北省青稞也"。

其他府州关于元麦、穋麦的记载没有多少特别之处，不再赘述。需要提及的是，明清方志中，通常将荞麦划分到"麦之属"，但按照现代生物学分类，荞麦属蓼科作物，并非麦类，故本书不予涉及。雀麦别名燕麦、酱麦，虽属麦类作物，但多为野生，且在方志中记载较少，这里也没有列出。

三、晚稻与小麦复种的普及

前已述及，唐宋时期太湖流域稻麦复种得以形成与发展，只是当时主要实行早稻与二麦复种。明清时期，太湖地区人口快速增长，人均耕地数量严重下降，加之桑棉争田、土地资源开发殆尽等因素的影响，当地粮食供给日益不足，从余粮向缺粮转变。为了发展粮食生产，当地只能主要走提高单位面积产量这条路了。于是，明清太湖地区在作物栽培技术和耕作制度方面，又出现了许多新变化和发展。[①] 此外，自耕农和有些州县的佃农种麦依然不用交纳租税，春花之利可帮助其维持生计。即在口粮紧张和经济利益驱使下，人们不断改进水田耕作栽培技术，麦子更好地加入到当地以晚稻生产为中心的轮作复种体系之中，稻麦两熟的种植模式也更加普遍。另外，从生

---

① 中国农业遗产研究室太湖地区农业史研究课题组编著：《太湖地区农业史稿》，第112页。

产上来说,种麦过早,麦子易受病虫害威胁;而麦子收割后,也往往会错过早稻的最佳插播期。明代浙江鄞县人万表在《灼艾余集》下卷"郊外农谈"中说:"江南地暖,八月种麦,麦芽初抽,为地蚕所食,至立冬后方无此患。吾乡近来种麦不为不广,但妨早禾。纵有早麦,亦至四月终方可收获,祇及中禾。若六七月旱,中禾多受伤,不若径种晚禾。"①太湖地区稻麦复种的情形当与此类似。

　　这种麦类与晚稻搭配的稻麦两熟制,可能形成于明代晚期。明代中期《便民图纂》记载的还是麦类与早稻搭配的稻麦二熟制。② 书中说:"早稻收割毕,将田锄成行垄,令四畔沟洫通水。下种,以灰粪盖之。"③明代太湖地区方志也有稻后种麦的记载,但是并未说明是早稻还是晚稻。如吴江县农民"秋获之后,随即布种菜麦。"④菜麦指油菜和小麦。明万历时贺灿然《救荒议》曰:"浙以西冬十二月种麦,夏四月获,五月种稻,秋九月获。"浙以西即杭嘉湖三府,从稻麦种收时间看,明后期应以晚稻与麦子复种为主。⑤ 到了明末,农书中始有太湖地区麦类与晚稻搭配的明确记载。《沈氏农书》"逐月事宜"记载:十月,"天晴,斫稻,垦麦棱、沉麦、种菜"。⑥ 农历十月所斫的稻,即是单季晚稻。

　　清代,太湖地区晚稻与大小麦的复种已比较普遍。康熙《常州府志》卷九载:"秋分刈早禾,霜降刈晚禾,刈后随时播种二麦。有不种二麦者,春秋耕锄,俗谓冬田。"⑦清初常州府大多稻田实行稻麦复种,早稻在一般在秋分收割,晚稻在霜降(公历 10 月 23—24 日)前后收割,田地翻耕后种植大小麦。李彦章《江南催耕课稻编》"陶澍序"曰:"吴民终岁树艺,一麦一稻,麦毕刈,田始除,秧于夏,秀于秋,及冬乃获"⑧,清末苏州一带盛行稻麦两熟制。

　　从清代相关奏折中也可看出,清代杭嘉湖三府一般在晚稻收割后,抓紧时机整理土地,种植大小麦。嘉庆二十年(1815)十一月十四日,浙江巡抚颜检奏:"嘉兴、湖州等府属现值收获晚禾之后,农民播种二麦。"嘉庆二十四年(1819)十月十九日,浙江巡抚陈若霖奏:"杭州省城九月中下两旬正当晚稻

---

① [明]万表辑:《灼艾余集》,明嘉靖刊本,第 46 页。
② 中国农业遗产研究室太湖地区农业史研究课题组编著:《太湖地区农业史稿》,第 124 页。
③ [明]邝璠撰,石声汉、康成懿校注:《便民图纂校注》,第 35 页。
④ [明]莫旦:弘治《吴江志》卷六"风俗",第 229 页。
⑤ [明]黄承昊等:崇祯《嘉兴县志》卷二十三"艺文"引,《日本藏中国稀见地方志丛刊》,北京:书目文献出版社 1991 年版,第 955 页。
⑥ [清]张履祥辑补,陈恒力校释,王达参校:《补农书校释》,第 66 页。
⑦ [清]于琨修,陈玉璂纂:康熙《常州府志》,《中国地方志集成》"江苏府县志辑"(36),第 184 页。
⑧ [清]陶澍:《陶澍全集》六"文集",长沙:岳麓书院 2010 年版,第 84 页。

刈获。于十月初十、十四等日甘雨后，秋成歉薄之区又均乘此土膏滋润，次第翻犁种植二麦。且嘉兴、湖州等府属晚禾登场之后，种麦、豆情形与省城约略相同。"①

四、方志记载频数与大小麦的地域分布

　　为了对明清太湖地区麦子栽培的地域分布情况有一个直观认识，这里依据前述中国农业遗产研究室编纂并整理收藏的《方志·物产》资料，在厘清相关名物关系的基础上，使用 ArcMap 对麦子记载的整体分布、分布热点等进行可视化呈现，并予以简要阐释。虽然方志中的物产记载受作者主观因素及地域文化的影响较大，但从目前已掌握的资料信息来看，其仍不失为从宏观上了解麦作分布并予以直观表现的最好依据。

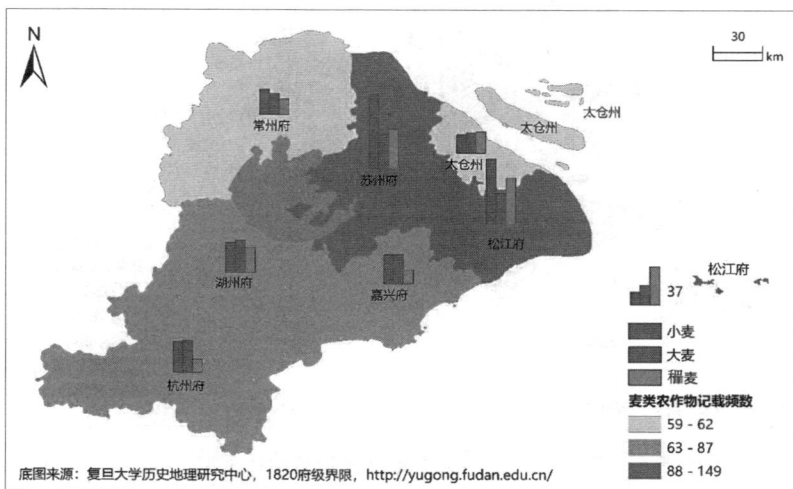

图 5 - 1　明清太湖地区各府州"三麦"记载频数的空间分布

　　根据前文对太湖地区方志所见麦子品种的考析可以看出，麦子的种类主要包括小麦、大麦两种，只是称呼比较复杂。这里在厘清其名实关系的基础上，统计出《方志·物产》中关于明清太湖地区麦类作物信息的记载共876 条，涉及麦类名称 60 个，其中关于小麦的信息记载共有 271 条，记载频数从高到低依次为苏州府、松江府、湖州府、杭州府、嘉兴府、常州府、太仓州；关于大麦的记载有 199 条，记载频数从高到低依次为苏州府、湖州府、松

---

　　①　中国科学院地理科学与资源研究所、中国第一历史档案馆编：《清代奏折汇编》"农业·环境"，第 323，384 页。

江府、杭州府、嘉兴府、常州府、太仓州;关于稞麦的记载共有 175 条,记载频数从高到低依次为松江府、苏州府、湖州府、太仓州、常州府、嘉兴府、杭州府。首先对明清太湖地区小麦、大麦、稞麦在各府(州)的记载频数进行可视化呈现,发现其存在一定的不均匀性。其中苏州府、松江府小麦的记载频数远多于大麦、稞麦;杭嘉湖三府小麦、大麦的记载频数相当,稞麦记载频数较少;在常州府、太仓州两地,"三麦"记载频数较少,且构成相反。(图 5-1)接着使用平均最邻近统计工具,得出麦类记载地的空间分布具有显著的聚集分布特征。[①] 基于此,利用核密度估计工具,呈现麦类记载地的核密度分布或分布热点。(图 5-2)

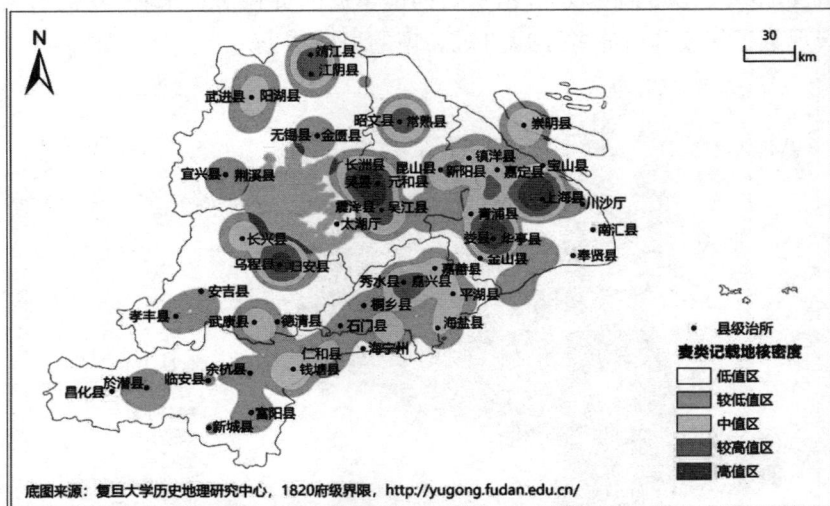

图 5-2　明清太湖地区麦记载地核密度

　　由图可知:明清太湖地区麦类记载地的核心区主要位于太湖东南面。核心区包括苏州府附郭县(吴县、元和、长洲)、震泽、吴江、昆山、新阳、常熟、昭文;松江府附郭县(娄县、华亭)、上海;湖州府附郭县(乌程、归安);嘉兴府附郭县(秀水、嘉兴);常州府的靖江、江阴。虽然上述大多地区地势低洼,并不适合麦子等春花作物的种植,但是其记载频数却比较高。通过进一步对比水稻与麦类的整体分布情况,可以发现二者在方志中的记载地具有相对一致性,并且苏州府、湖州府均位列水稻、麦类记载频数的前三位。为何麦

----

　　① 使用平均最邻近统计工具,得到麦类记载地平均最邻近距离为 20.26 m,理论最邻近距离为 4 103.07 m,最邻近点指数为 0.005<1,z 得分为−48.35<−1.65,p 值为 0.00,表明麦类记载地的空间分布具有显著的聚集分布特征。

子种植会出现上述分布局面,应与前述稻麦轮作复种的发展有一定关系。

　　上述可视化图像只能静态呈现明清太湖地区麦作分布的一个总体状态,而难以揭示各个府县麦作发展的具体差别。例如,基于微环境的差异以及开沟排水难易程度之不同,小麦种植在一些高乡更为普遍,而在低乡则较少出现。因为有些地势较高或缺乏灌溉条件的地方,如太湖东部嘉定等地的"高乡"本不适合种稻,而种麦则可以发挥地力,当地人也只得以麦子为主食。而在江南低洼田中,一般不种小麦或春花。张履祥《补农书》中提到:"下乡田低,无春花,故利迟;吾乡春花之利居半,若蚕豆、小麦迟,俱薄收也。"[①]黄印《锡金识小录》卷一也说,无锡、金匮县"稻、麦合邑皆种,惟低洼之处有不种麦"。[②] 因为麦类属于旱地作物,对生长环境的要求与水稻明显不同。水稻适宜生长在地势低洼、多水易灌的地方,而麦类却不适宜这样的水土环境。麦田排水不良,地下水位高,使麦类根系长期处于缺氧状态,活力衰减,影响其正常吸收水分和营养,甚至会造成烂根死亡。虽然当时的开沟排水技术已比较成熟,但在地势较高、排水通畅的农田中,才能更好地安排其与水稻轮作复种。

　　另外,社会经济条件以及自然环境的变化,也会影响到麦子种植的多少以及轮作复种制度中的作物构成。清咸丰年八年(1858)成书的《南浔镇志》卷二十四"物产"记载:"二麦与菜子俱收,所谓春华也。每当春晚,麦陇菜畦青黄相间,最为一年佳景。二十年来冬春每苦水潦,难于车戽,植春花者渐少矣。"[③]嘉湖地区大小麦和油菜种植曾经较为普遍,而到了咸丰年间,由于水利失修等原因,春花的种植就逐渐减少了。

第二节　水旱轮作制度下的麦作技术

　　明清时期太湖流域晚稻与大小麦的复种趋于普遍,农时紧迫,这样就对水旱轮作提出了新要求,由此促进了麦田整治、种麦时令把握和麦作田间管理技术的进步,也给江南种麦赋予了明显的稻作农业特色。前人研究已指出了晚稻与麦类复种需要解决的季节矛盾、土壤脱水和地力不足等关键问

---

　　① ［清］张履祥辑补,陈恒力校释,王达参校、增订:《补农书校释》,第116页。
　　② ［清］黄印辑:《锡金识小录》,《中国方志丛书》,据乾隆十七年修,光绪二十二年刊本影印,台北:成文出版社,1983年版,第50页。
　　③ ［清］汪曰祯:《南浔镇志》,据同治二年刊本影印,《中国地方志集成》"乡镇志专辑"(22)下,上海:上海书店1992年版,第271页。

题及当时所采取的技术措施。① 以下补充文献资料，进一步梳理并阐释相关技术内容。

一、麦田耕作与排水

大小麦本属旱地作物，水田环境不利于其生长发育，所以稻麦复种的关键在于通过相应的耕作措施，改善水田种麦的土壤环境。

明代中叶，《便民图纂》记述了苏州地区大小麦与早稻的复种方法。种大麦，在早稻收割结束之后，整理田地，开沟作垄，排除积水，"下种，以灰粪盖之。谚云：'无灰不种麦。'"种小麦，"在九、十月种。种法与大麦同。若太迟，恐寒鸦至，被食之，则稀出少收"。② 水稻收割后，种植大小麦都要注意排除田间积水，施用灰粪，只是小麦要适当早种，以免被北方南下的寒鸦（学名：*Corvus monedula*）所盗食。其中灰粪是指草木灰与牲畜粪等混合而成的肥料。

明代中后期，太湖流域晚稻与大小麦的复种趋于普遍，在农时紧迫的情况下，田地排水的要求也有所提高。因为当地雨水丰沛，土地表层含水量多，圩田地下水位较高。晚稻田长时间积水浸泡，加上收割较晚，土壤黏度加重。这种田地环境与种麦所需的旱地恰恰相反，势必会影响麦子生长。为应对土壤水湿黏重的问题，候干垦田、精细整地、候晴播种等技术措施应运而生。

明末《农政全书》作者曰："耕种麦地，俱须晴天。若雨中耕种，令土坚垎，麦不易长；明年秋种，亦不易长。"③指出麦地要晴天耕种，雨天耕地危害很大。徐光启还引用俞贞木《种树书》指出，稻田种麦的要领是精细整地："种麦之法，土欲细，沟欲深，耙欲轻，撒欲匀。"④意思是土壤要耕翻细碎，排水沟要深一些，田面要轻耙，麦种要撒匀。农历九十月份正是收割水稻与种植麦子相交错的季节，亦称为"忙月"。明末《沈氏农书》作者说，在水稻收割之后，麦子播种之前，实施水旱轮作的田地要像稻田一样，及时用铁搭进行翻垦整理，开沟做畦，目的在于排水防涝，所谓九月、十月"垦麦棱"。⑤ 沈氏

---

① 中国农业遗产研究室太湖地区农业史研究课题组编著：《太湖地区农业史稿》，第124—126页。
② ［明］邝璠撰，石声汉、康成懿校注：《便民图纂校注》，第35页。
③④ ［明］徐光启撰，石声汉校注，石定扶订补：《农政全书校注》，第815，818页。
⑤ ［清］张履祥辑补，陈恒力校释，王达参校、增订：《补农书校释》，第20页。

还说："垦麦棱，惟干田最好。如烂田，须垦过几日，待棱背干燥，方可沉种。"①若土壤过于黏重，则必须待晒干后种植，这样才有利于麦子扎根生长。

针对麦田的排水问题，明清太湖地区农民还发明了"龟背垄"，并改进了开沟清沟技术。《农政全书》中说，南方种大小麦"最忌水湿"，并提出了"作垄如龟背"的解决办法。"龟背垄"是因筑起的田垄似龟背而得名，在田间水量过剩时可迅速排泄积水。开沟清沟同样是为了促进田间排水，改善种麦的土壤环境："冬月，宜清理麦沟，令深直泻水，即春雨易泄，不浸麦根。理沟时，一人先运锄将沟中土耙垦松细，一人随后持锹。锹土，匀布畦上。沟泥既肥，麦根益深矣。"②意思是冬季要将田沟中的土壤锄松打碎，并用锹均匀地撒布到田畦中，这样既能保证麦田排水通畅，又能利用清理出的泥土来肥田，促进麦子生长。

清初张履祥总结了提早垦沟清沟对于麦子生长的好处，以及通过种麦促进水稻生产的新经验："种麦又有几善。垦沟揪沟，便于早；早则脱水而坉燥，力暇而沟深，沟益深则土益厚；早则经霜雪而土疏，麦根深而胜壅，根益深则苗益肥，收成必倍。坉燥土疏沟深，又为将来种稻之利。"③意思是开沟和清沟的时间要早，这样更有利于排水，使坉头燥爽，挖沟时还能节省力气。同时，经过霜雪冷冻的土壤更为疏松，麦子就能扎根于深土；根越深，麦苗也越健壮。在稻麦复种制度下，麦田耕作精细，还能为后茬水稻种植打下良好基础。张氏强调：麦田挖沟、铲沟都要早，俗谓"冬至垦为金沟，大寒前垦为银沟，立春后垦为水沟"。铲沟两次更好，这样会使麦沟变深，同时麦棱上的土层加厚，促进排水通畅，麦田土壤熟化。

二、大小麦播种时令与早种的提倡

水稻与大小麦水旱轮作模式的普及，使得相关农书和地方志都对稻麦二熟的耕种安排做了具体记载。古人常以二十四节气确定农作物适宜的播种与收割时机。寒露前后农民既要收稻，又要种植麦子和油菜，民间称其为"畚金取宝月"。在这一段时间里，农活安排很紧凑，人们几乎没有半点空闲，只怕错失了收获和播种的时机，影响粮食收成。这里根据相关资料，列出当地水稻和大小麦的播种与收割时间表。（表5-1）

① ［清］张履祥辑补，陈恒力校释，王达参校、增订：《补农书校释》，第39页。
② ［明］徐光启撰，石声汉校注，石定枎订补：《农政全书校注》，第818页。
③ ［清］张履祥辑补，陈恒力校释，王达参校、增订：《补农书校释》，第106页。

表 5-1　水稻和大小麦种植、收获时节与生长时间

作物	播种时节	收割季节	生长时间
早稻	清明（公历 4.4—4.6）	大暑（公历 7.23—7.27）	90—120 天
晚稻	夏至（公历 6.21—6.22）	寒露（公历 10.7—10.9）	150—170 天
小麦	寒露（公历 10.7—10.9）	小满（公历 5.20—5.22）	约 210 天
大麦	立冬（公历 11.7—11.8）	立夏（公历 5.5—5.6）	约 180 天

　　资料来源：[清]张履祥辑补，陈恒力校释，王达参校、增订：《补农书校释》；陈恒力编著，王达参校：《补农研究》；李伯重著，王湘云译：《江南农业的发展（1620—1850）》。

　　在普遍实行晚稻与小麦复种的条件下，如何保障麦子的生长时节就显得比较重要，所以民间普遍提倡麦子早种。《沈氏农书》"逐月事宜"详细记述了麦子、油菜、蚕豆等春花作物的播种及移栽时间：七月下麦秧，下菜秧；八月撒菜秧，沉蚕豆，撒花草子；九月沉蚕豆；十月沉麦，种菜；十一月种菜，种大小麦。这里的"沉"是指直播，"种"是指移栽。可以看出，嘉湖地区大小麦的播种和移栽是在秋冬时节陆续进行的，一直持续到农历十一月。这样做主要是为了调节各种作物收割和下种所存在的季节性矛盾。为了充分利用农时节令，大小麦等春花作物都讲究早种，"至于沉豆、麦，尤以早为贵"。① 张履祥《补农书》"总论"指出：耕种的方法，应当密切注意农时，花费同样多的时间、劳力、肥料，而季节迟早相差若干天，收成多少就大不一样。张氏又说：下乡地势低，多为湖田，不种夏熟作物，所以种迟一些较为有利，而在他的家乡涟川，夏熟的收益占到作物生产的一半，蚕豆、小麦种迟了，全年收入就要降低，"俗曰田家忌三小：小满蚕、小暑田、小雪（十一月下旬）麦"。② 为避免耽误时令，造成麦子减产，嘉湖地区强调早种。

　　与强调早种相关，如果土壤过于水湿不能及时下种，就要另想办法。《沈氏农书》指出：含水量过高的烂田必须在垦翻之后晾晒几天，待畦背干燥才能播种；如果田太湿不能适时播种，就应当"先浸种发芽，以候棱干"。其种麦方法是开沟点播："沈麦，盖潭要满，撒子要匀，不可惜工，而令妇女小厮苟且生活。"③ 撒播麦种时，需开沟泄水，并"打潭下子"。所谓"打潭"，就是用刮子（图 5-3）开沟，以便撒播种子。沟要开得深一些，使麦根能够伸展开来；撒种要均衡，麦沟覆土要满。

---

　　①②③　[清]张履祥辑补，陈恒力校释，王达参校、增订：《补农书校释》，第 39,66,116 页。

　　为了不误农时,延长作物生长期,还可以采用小麦移栽的办法。《沈氏农书》"运田地法"载:"八月初先下麦种,候冬垦田移种,每棵十五六根。"后来张履祥又补充说:"中秋前,下麦子于高地,获稻毕,移秧于田,使备秋气。虽遇霖雨妨场功,过小雪以种无伤也。"中秋以前在高地上播下麦种,在水稻收割之后,再将麦苗移栽到田里,使其接受秋气,以达到"麦历四时"的要求。这种措施主要是为了解决晚稻收割后,复种麦子时节偏迟的问题。

　　当然,开沟种麦和麦子移栽属于比较精细的技术措施,费时费力,不少农户不愿意或没有条件采用。"惰农苦种麦之劳,耽撮子之逸,甘心薄收,甚至失时,春花绝望,愚矣哉。"[①]"撮子"就是用"菜麦桩"(图5-4)在田里撮洞,紧接着下子。撮洞较为省事,但土壤经撮洞之后,土质变坚硬,麦根难以舒展,生长不旺。张履祥主张采用开潭和移栽的方法种麦,并称撮子种麦者为"惰农"。

图5-3　刮子
图片来源:陈恒力编著,王达参校:
《补农书研究》,第174页。

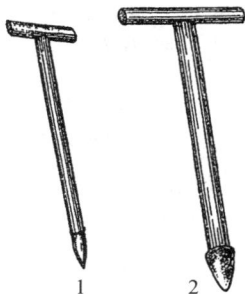

图5-4　撮子用的菜麦豆桩
(1. 豆桩　2. 菜麦桩)
图片来源:陈恒力编著,王达参校:《补农书研究》,第175页。

　　另外,为了解决复种制下稻麦争季节的矛盾,保障稻麦生长发育的时节,人们还采取了提早下稻秧的措施。吴中地区有"禾秆三节,麦秆四节"的俗语,要想利用好农时,"惟有下秧极早,可补事力之不逮"。《补农书》作者指出:"种稻必使三时气足,种麦必使四时气足,则收成厚。吾乡种田多在夏至后,秋尽而收,所历二时而已。种麦多在立冬后,至夏至而收,所历三时而已。欲禾历三时,麦历四时,胡可得焉?"[②]稻历三时,麦历四时才能获得丰收。这一说法的本质是要求充分利用一年四季的气候资源,通过尽早插秧的方法,加长稻、麦的生育期,以弥补人力上的不足,提高作物产量和品质。

---

①② 　[清]张履祥辑补,陈恒力校释,王达参校、增订:《补农书校释》,第105,106页。

三、麦子田间管理与收获贮藏

太湖地区麦作田间管理的核心应是冬春时节的施肥和排水。正月：敲菜麦沟，浇菜麦；十月：浇菜麦；十一月：提菜麦沟。① 文中"敲"即拍打的意思，指把油菜田或麦田中已经挖好的畦棱用铁锹拍打结实，以便在雨天更好地排除积水。"浇菜麦"指给油菜和麦子浇灌肥水，相当于施追肥。"提菜麦沟"指清理油菜田和麦田中的沟垄，以促进田间排水。

《沈氏农书》"运田地法"中记述了麦子按时施肥的方法："照式浇两次，又撒牛壅，锹沟盖之，则杆壮麦粗，倍获厚收。"②麦子施肥的要领是冬、春各浇粪水一次，再追施牛粪并用沟土盖好，施肥重点以麦子生长的前半期为宜，所谓"麦要浇子，菜要浇花。麦沉下浇一次，春天浇一次；太肥反无收"③。《补农书》"壅麦之法"载："麦根直下而浅，灰、粪俱要着根，早壅方有益；壅泥亦然。"④意思是麦根向下扎得较浅，施用草木灰和粪肥都要靠近麦的根部，以便于被吸收利用，而且要早施才有效果。

麦子收割也是基于稻麦复种的时间要求，强调尽快收割。据《沈氏农书》"逐月事宜"记载，四月份有立夏、小满两个节气，农活很多，尤其是要趁着天晴，尽快收割油菜和小麦，所谓"天晴，收菜麦"。如果遇到阴雨，耽搁了收割时间，就会造成灾伤。《便民图纂》也说："麦黄熟时，趁天晴，着紧收割。盖五月农忙，无如蚕麦。"⑤可见收麦要抓紧时机，以速为贵，所谓"收麦如救火"。

不过，在太湖流域的稻麦复种及蚕桑区，要做到尽快收获却并不容易。与北方麦作区相比，这里的收麦季节有更多的农活交叉在一起，而种植、收割和田间管理等对天气状况、劳力安排等的要求又不相同。所以，对农家来说，四月份既是一年中最为关键的月份，也是最为忙碌和辛苦的月份。清初苏州人尤侗撰《艮斋续说》卷九曰："山歌云：做天莫做四月天，蚕要温和麦要寒。秧要日头麻要雨，采桑娘子要晴干。"⑥民国《濮院志》卷六"风俗"也说："新麦新丝齐出场，做丝收麦一齐忙。"四月要收麦，还要养蚕缫丝，收获油菜、蚕豆，这些又都与水稻田整地插秧相冲突，农家人手很难安排过来，往往

---

① ［清］张履祥辑补，陈恒力校释，王达参校、增订：《补农书校释》，第11、21、22页。
②③④　［清］张履祥辑补，陈恒力校释，王达参校、增订：《补农书校释》，第39、40、114页。
⑤　［明］邝璠撰，石声汉、康成懿校注：《便民图纂校注》，第35页。
⑥　［清］尤侗著，李肇翔、李复波整理：《艮斋杂说续说看鉴偶评》，北京：中华书局1992年版，第177页。

顾此失彼。吴中地区水稻插莳很晚，以至影响产量，与此大有关系。[①]

　　麦子收割后还要趁天气晴朗，抓紧晾晒和碾打脱粒。如果天气不好，不能及时碾打，就必须把收割下来的小麦堆积苫盖起来，防止遭受雨水浇淋而霉变和发芽。麦子贮藏继承前代经验，利用曝晒与植物性药物相结合的方法来防治害虫，这些药物包括艾蒿、苍耳、麻叶等。明初俞宗本《种树书》介绍："晒麦之法，宜烈日之中，秉热而收。仍用苍耳叶或麻叶碎杂其中，则免化蛾。"[②]"秉热而收"就是要把麦子在曝晒时吸收的热量存积起来，杀死害虫和病菌。另外在麦子中夹杂苍耳叶或麻叶，可以防治麦蛾。《便民图纂》的藏麦方法："三伏日晒极干，带热收。先以稻草灰铺缸底，复于灰盖之，不蛀。"[③]在麦缸底部铺上稻草灰，是为了防潮除湿。今天人们采用的小麦热进仓技术，就是由传统藏麦法发展而来的。

第三节　明清太湖地区油菜、蚕豆和紫云英种植

　　除大小麦之外，太湖地区其他几种春花作物的栽培，主要是以水稻为中心，按照轮作复种的方式来安排的。随着稻油、稻豆、稻肥复种的普及，相关耕作栽培技术也在不断进步，从而促进了当地稻作农业的发展与农业生态的改善。

　　油菜为十字花科芸薹属（*Brassica* L.）植物。中国古代油菜包括白菜型和芥菜型两大类，一般认为前者是由北方小油菜和南方油白菜转化而来，后者是由芥菜转化而来。[④] 明清时期油菜（白菜型）是江南地区常见的春花作物，大多与水稻复种。以往的江南农业史研究以水稻及桑蚕、棉花为中心，对油菜等春花作物的关注不够。从 20 世纪 60 年代至 90 年代，国内外有关油菜栽培史的研究论著仅有数篇。游修龄先生曾梳理了历史上江南地区的油菜栽培技术及其现实启示；叶静渊先生考析了中国油菜名实及其栽培源流，并指出某些论著对油菜栽培史的认识存在不足，史料运用也有错误；日本学者川胜守阐述了明末清初长江沿岸地区油菜的栽培情况，指出春花扩

---

①　[清]张履祥辑补，陈恒力校释，王达参校、增订：《补农书校释》，第 17 页。
②　[明]俞宗本著，康成懿校注：《种树书》，北京：农业出版社 1962 年版，第 23 页。
③　[明]邝璠撰，石声汉、康成懿校注：《便民图纂校注》，第 35 页。
④　还有一种甘蓝型油菜（*Brassica napus* L.），原产欧洲，20 世纪 40 年代引入中国，后逐步推广开来。

展对当地农业生产发展的意义。① 20 世纪后期以来，太湖地区油菜种植明显减少，对农业生态有一定负面影响。因此，有必要重新认识明清太湖稻区油菜生产的技术经验与综合效益。

一、稻油复种与油菜栽培分布热点

古籍中所称的芸薹、胡菜、寒菜、薹菜、薹芥、薹心等，早期是作为蔬菜栽培的，后来人们发现其籽实可以榨油，故又名为油菜。

北宋时期人们已开始用油菜籽榨油，饼粕还被用作饲料和肥料。宋室南渡之后，江南人口的增加和城镇经济的繁荣，使得食用油的需求大为增长，从而促进了榨油业的发展以及油菜种植面积的扩大。尤其是在南方稻作区，油菜可以作为水稻的后茬，秋播夏收，越冬生长，利用冬闲田进行生产。于是，稻油复种在宋代应时而起，明清时期获得长足发展。② 从这个意义上说，明清太湖流域油菜生产的发展，主要是通过稻油复种而实现的。

明清太湖地区方志、农书中关于油菜的记载相当普遍，且提及春花作物，往往菜麦连称，可见油菜与大小麦一样，更多地加入到当地以晚稻生产为中心的轮作复种体系之中，其地位似已不亚于麦子。《弘治吴江志》卷六"风俗"记载：明代吴江县农家在秋收之后，接着播种油菜和小麦。万历《嘉兴县志》卷一"风俗"载：每年九月，嘉兴县农家"涤场收稻，随种菜麦"。九月收割的应是晚稻，紧接着种植的菜麦是指油菜和大小麦。同治《湖州府志》卷三十二"物产·蔬之属"载：油菜为湖中春花之一，"岁既获，即播菜麦，春中则摘菜薹以为蔬，仲夏春菜子以为油"。③ 当年水稻收获后，随即播种油菜和小麦，来年春天则采摘菜薹作蔬菜，仲夏则以菜籽榨油。清代江南地方官在关于春花作物生长及收成情况的奏报中，也经常菜麦并提，反映出油菜生产的重要性。乾隆元年(1736)六月初四日，浙江布政使张若震奏："浙省二麦、菜、豆等项皆属春收。春花虽非遍植，而收成丰稔亦足接济民食。"④嘉庆十九年(1814)三月二十五日，浙江巡抚李奕畴奏："杭州省城闰二月二十九等日得雨，并据嘉、湖等府报得雨多寡不等，情形约略相同。现

---

① 游修龄：《从历史上江南一带的油菜栽培看当前的油菜生产问题》，《浙江农业科学》1962 年第 9 期；叶静渊：《我国油菜的名实考订及其栽培起源》，《自然科学史研究》1989 年第 2 期；[日]川胜守：《明清江南农业经济史研究》。

② 韩茂莉：《历史时期油料作物的传播与嬗替》，《中国农史》2016 年第 2 期。

③ [清]宗源瀚等修，周学濬等纂：《湖州府志》，《中国方志丛书》，第 611 页。

④ 中科院地理科学与资源研究所、中国第一历史档案馆编：《清代奏折汇编》"农业·环境"，第 3 页。

在田土滋润,麦苗、菜、豆青葱畅茂。"①道光三年(1823)浙江学政杜谔五月二十七日奏:"四月后至嘉兴,雨水较多……湖州惟菜子、小麦稍减分数。"②

为了对明清太湖地区油菜栽培及稻油复种的普及情况形成直观认识,这里利用《方志·物产》所见之太湖流域各府县的油菜资料,在统计和分析的基础上,借助 GIS 方法对油菜的分布地域予以可视化呈现,并与麦子的分布地域予以叠加比较。(图 5-5,5-6)从图中可以看到,油菜在杭嘉湖地区记载较多,而麦类作物在苏松地区记载较多,即两种春花作物的地域分布热点有所关联,也有所不同。③ 就油菜而言,明清太湖流域油菜记载地的核心区主要位于环太湖的南、西、东三面,包括嘉兴府附郭县(秀水、嘉兴)、嘉善、平湖;湖州府附郭县(乌程、归安);杭州府附郭县(钱塘、仁和);苏州府附郭县(吴县、元和、长洲)、震泽、吴江。而在东部沿海沿江平原、苏锡平原无油菜记载地高值区分布。

这种记载地分布格局的形成,应与当地的农业经济结构以及油菜、麦子自身的生理特点有关。相较于麦子而言,油菜属于直根系,根系较发达,对土壤条件的要求不十分严格,再加上江南地区冬季冷凉、春季气候温暖湿润,只要采取合适的耕作栽培技术,就可以获得较为稳定的产量,因此油菜的空间布局更多地体现出人们的主观种植意愿或者经济利益考量。苏松地区土地相对高燥,较适宜麦、棉种植,又迫于赋税压力,农民向来重视粮食及棉花生产,稻麦轮作、麦棉套种比较普遍;杭嘉湖民众除种植水稻以外,一般以蚕桑业作为其主要经济来源,因油菜相比麦子、棉花来说,消耗地力较少,并有一定的肥田作用,尤其是油菜还能够与桑树间作,这就使得它在蚕桑区种植较多。

这一时期农家增加油菜栽培,既有经济及生计等方面的考虑,还与油菜自身的用途和优点有关。当地农谚云:"麦吃谷,油肥田。"在以水稻为中心的种植制度下,人们对油菜养地作用的认识,促进了油菜复种面积的扩大。包世臣《齐民四术》"任土"篇曾全面比较了种麦子和种油菜的利弊:"其植麦

---

① 中科院地理科学与资源研究所、中国第一历史档案馆编:《清代奏折汇编》"农业·环境",第386页。

② 中科院地理科学与资源研究所、中国第一历史档案馆编:《清代奏折汇编》"农业·环境",第412页。

③ 据中国农业遗产研究室编纂的《方志·物产》资料,油菜的别名包括芸薹(芸台、芸薹)、芸台子、芸薹菜(云台菜)、塌菜、胡菜、薹菜、薹心菜(薹心菜)、寒菜等,明清太湖地区方志约有关于"油菜"的记载130条,记载频数从高到低依次为杭州府、嘉兴府、湖州府、苏州府、松江府、常州府、太仓州;明清太湖流域关于麦类作物信息的记载共有876条,其中关于小麦的信息共有271条,记载频数从高到低依次为苏州府、松江府、湖州府、杭州府、嘉兴府、常州府、太仓州;关于大麦的记载有199条,记载频数从高到低依次为苏州府、湖州府、松江府、杭州府、嘉兴府、常州府、太仓州;关于稞麦的记载共有175条,记载频数从高到低依次为松江府、苏州府、湖州府、太仓州、常州府、嘉兴府、杭州府。利用平均最邻近统计工具,得出油菜记载地的空间分布具有显著的聚集分布特征,基于此,使用核密度估计工具呈现油菜记载地的核密度,并将其与麦类记载地予以叠加,得出可视化图像。

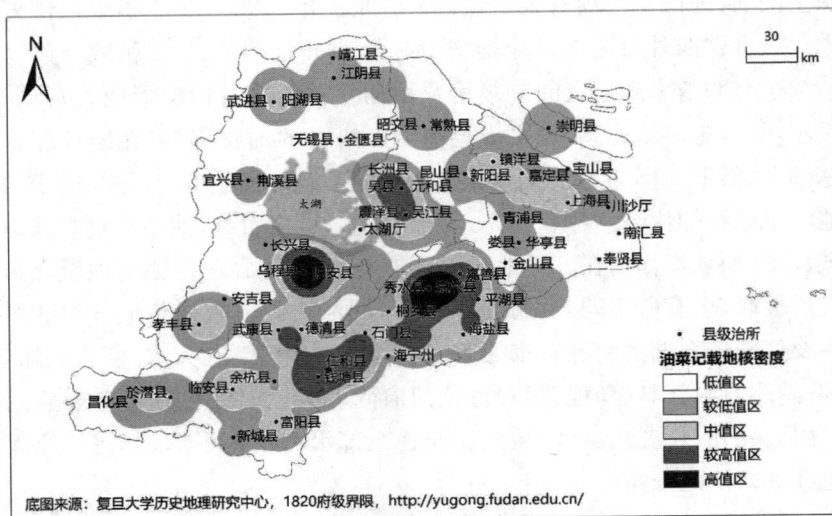

图 5 - 5 油菜记载地的核密度(分布热点)

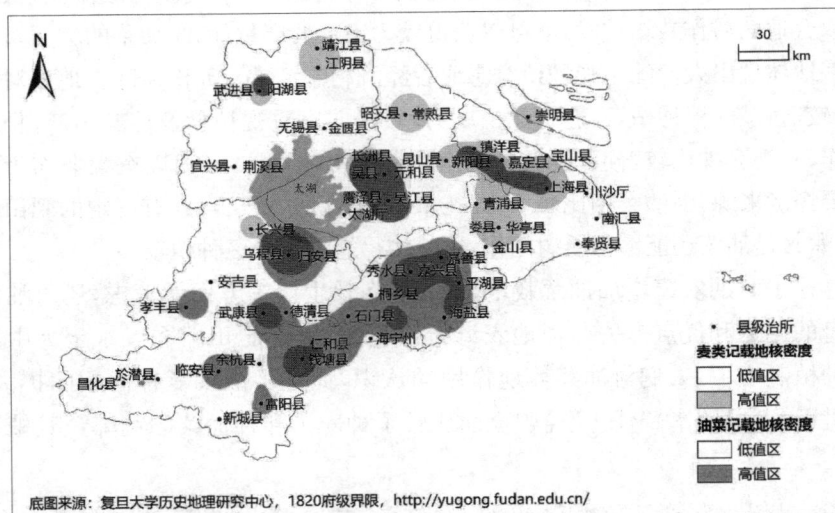

图 5 - 6 油菜与麦类作物记载地的核密度叠加

者,耗粪、工太甚,宜三分之,以二分种麦,一分种菜子……亩收子二石,可榨油八十斤,得饼二十斤,可肥田三亩,力庇两熟。菜子利同麦,粪、工同麦,秆供薪同麦,而得粪可济麦田之耗,至要。"①意思是种麦耗费粪肥和劳力过

---

① 李长年:《中国农学遗产选集》"油料作物上编",北京:农业出版社 1960 年版,第 113 页。

多,可以用 2/3 的冬闲田种麦,其余 1/3 改种油菜,一亩油菜收菜籽 2 石,可榨油 80 斤,所得菜籽饼还能解决 3 亩稻田的施肥问题,克服了单纯种麦亏损地力的缺点,可达到"力庇两熟"的目的;另外,除油菜秆和麦秆同样可供燃料之外,油菜在春季摘心还能获得蔬菜。民国初年安徽天长人张百城《冈田须知》中也说:"近来沿江南北农田一般种七成油菜,三成小麦,盖因小麦田底瘦,油菜田底肥。"①相比而言,稻田种油菜具有培肥地力的功效,清末民初沿江地区油菜的种植比例远高于麦子。关于油菜肥田的科学原理,游修龄先生曾说:种植油菜的最后目的是取油,油脂是碳氢氧化合物,不含氮素,对油菜所施加的氮肥,主要遗留在菜籽饼里,加上落花落叶中的氮素,最后还是返回稻田,如果把等量的氮素直接用于水稻,就失去了每亩数十斤食油的收入,所以这是一种"以氮换油,取油还氮"的经济经营。②

　　总之,太湖地区水稻栽培的重要特点是有大量冬闲田,稻麦两熟可利用冬闲田,增加粮食生产,但它不能解决植物油的短缺问题,而且种麦比较耗费地力,茬口不是很理想。因此,人们急需选择新作物作为稻作后茬,来配合当地的种植制度。而油菜这种油料作物,恰恰可以冬播夏收,利用冬闲田进行生产,并且种油菜可以实现土地的用养结合。于是,稻油复种在宋代应时而起,明清时期得到更大发展。

二、油菜生产技术

　　随着稻油复种的普及,明清太湖地区油菜栽培技术也有所进步,并在田地整治和田间管理方面形成一定特色,从而促进了当地水稻生产的发展和农业生态的改善。

(一)整地、播种与移栽

　　宋元时期,江南的油菜栽培应是以直播为主。明中叶,《便民图纂》清楚地记载了油菜移栽技术:"油菜,八月下种,九十月治畦,以石杵舂穴分栽,用土压其根,粪水浇之。若水冻,不可浇。至二月间,削草净,浇不厌频,则茂盛。薹长摘去中心,则四面丛生,子多。"③太湖地区油菜于八月播种,九十月整治田地,然后进行"分栽",即移栽。育苗移栽,实际上是人们为了解决稻油换茬过程中时间紧迫问题而采取的技术措施。油菜越冬后,春季生长期间要勤除草、常浇灌,摘去薹心,促使其多发侧枝,以提高产量。明末苏州

---

① ［民国］张百城编:《冈田须知》,扬州集贤斋刊印,1914 年。
② 游修龄:《从历史上江南一带的油菜栽培看当前的油菜生产问题》,《浙江农业科学》1962 年第 9 期。
③ ［明］邝璠撰,石声汉、康成懿校注:《便民图纂校注》,第 62 页。

人周文华《汝南圃史》卷十二也有关于油菜下子播种和移栽的记载："九月下子,十月分栽",并对其播种前后的土地整理和施肥、浇灌提出了具体要求："栽法:畦种为上。先将熟粪和土寸许,耙耧令熟,用水浇润,然后下子,以足蹋之,复覆粪土,深如其下。既生三叶,晨夕浇之,时时不可缺粪。"①

《农政全书》卷二十八"树艺"篇所见之"吴下人种油菜法",总结了苏州一带的油菜栽培技术。其中首先讲到要在当年秋冬期间堆沤"粪灰泥",作为种油菜的基肥,来年九月对种油菜的田地予以精细整理："作垄并沟,广六尺。垄上横四科,科行相去各一尺五寸。用前粪灰泥,匀撒土面,然后将菜秧移植。"②这种粪灰泥,就其制作的方式和成分看,应是将草木灰和人畜粪尿混合在一起,堆积沤制而成的有机肥,氮磷钾齐全,物理性状良好,有利于油菜丰产;开沟作垄有利于排水,在垄面上施肥后,将油菜秧移栽到田垄上,农谚也说："要想油菜收,必须沟连沟。"③

明末《沈氏农书》总结了嘉湖地区稻田种菜麦的整地经验："垦麦垲,唯干田最好,如烂田须垦几日,待垲背干燥,方可沉种……切不可带湿踏突,菜、麦不能行根,春天必萎死,即不死亦永不长旺。"嘉湖平原稻区水田土壤多为青紫泥,保肥蓄水性强,肥效持久而潜力大,但透水性差,湿时黏韧,干时坚硬,物理性状不良,其耕作的关键在于冬耕时实行"干耕燥整",这种经验后世一直沿用。干耕系指土壤湿度以耙土易碎,下种能发芽为度;否则,泥糊土烂,菜麦种后不容易发根,呈长期僵着状态,所谓"不死亦永不长旺"。④

(二)油菜的田间管理

据徐光启所记"吴下人种油菜法",油菜田间管理的关键是施肥和灌溉:油菜移栽后,第二天就要根据田地的干湿状况浇灌不同配比的粪水:

> 植之明日,粪之。地湿者,粪三水七;干者,粪一水九。如是三四遍,菜栽渐盛,渐加真粪。冬月再锄垄,沟泥锹起,加垄上,一则培根,一则深其沟,以备春雨。腊月,又加浓粪生泥上。春月冻解,将生泥打碎。正二月中,视田肥瘦燥湿加减,加粪壅四次。二月中,生薹;摘取之,糟

---

① [明]周文华著,赵广升点校:《汝南谱史》,南京:凤凰出版社 2017 年版,第 178 页。
② [明]徐光启撰,石声汉校注,石定枎订补:《农政全书校注》,第 920 页。
③ 官春云:《油菜文化杂谈》(之二),《作物研究》2021 年第 6 期。
④ 游修龄:《从历史上江南一带的油菜栽培看当前的油菜生产问题》,《浙江农业科学》1962 年第 9 期。

腌听用；即复多生薹心，花实益繁。立夏后，拔科收子。①

　　油菜浇过三四次粪水，生长起来以后，就可以使用土粪了。在冬季，要锄垄锹沟、培土壅根和施肥，来年春天解冻之后，要根据田地状况多次施肥。到了二月份，可以摘取菜薹做腌菜，而且摘菜薹有利于油菜生长和开花结实，当地农谚亦云："油菜不摘心，四周不见青"。② 从文中还可看出，当时油菜施肥是基肥与追肥相配合，尤其重视追肥。追肥主要用粪肥和生泥，粪肥又可分为水粪和土粪两种。在正月二月期间，油菜生长旺盛，开始抽薹并开花结实，所需养分最多，这时追施粪肥，对增加产量大有好处。这样的施肥经验后世一直沿用，所谓"若要菜花盛，壅足初花粪"③。

　　《沈氏农书》"运田地法"还针对水旱轮作问题，比较了油菜和麦子这两种主要春花作物的田间管理要点："麦要浇子，菜要浇花"，"菜比麦倍浇，又或垃圾、或牛粪，锹沟盖，再浇煞花，即有满石收成。种田不须垫底"。④ 由于两种作物生长习性不同，浇灌粪水的实际也不同。麦子在播种时浇粪，油菜在开花时浇粪，此时油菜所浇的粪水称为"煞花肥"。油菜施肥之后，需用沟土盖好，这样每亩产量可达到一石，且在栽种下一茬时不必再施基肥。

（三）油菜收获与贮藏

　　油菜播种、收获的时间与二麦基本一致，约在农历寒露前后播种，立夏前后收获，生长时间约 210 天。油菜果实属角果类型，成熟后果瓣失水收缩，能自动开裂。收获过早，种子不饱满，含油量低，产量减少；收获过迟，果皮易开裂，落粒严重，降低产量。农谚中说：油菜"十成熟，八成收；八成熟，十成收"，或者"八成黄，十成收；十成黄，二成丢""角果批把黄，收割正相当"，要求把握好收获时机，利用后熟作用，保证油菜角果收获时不受落粒损失。

　　油菜收割有拔收、割收两种方法，古代油菜株型较小，"拔收"比较常见。据《农政全书》记载，油菜，"立夏后，拔科收子"。《吴郡岁华纪丽》卷四记载了吴地民众普遍种植油菜的情景以及四月"拔菜"的生产习俗：油菜，"吴民遍种之，连阡接垄。至春时摘取其薹，最为常食。蘖芽作花，烂成金色。立夏，花落结子。四月，其黄而枯，农人拔取以归，收其子，可以榨油"。该书还采录了清人沈宝禾的《拔菜》诗："春田一碧连夹浦，黄金扫地风兼雨。还看

---

① ［明］徐光启撰，石声汉校注，石定枎订补：《农政全书校注》，第 920 页。
②③ 蒋国良《油菜农谚》，《农业科学通讯》1959 年第 21 期。
④ ［清］张履祥辑补，陈恒力校释，王达参校、增订：《补农书校释》，第 40 页。

绿荚复为黄,忽促拔根犹带土。忙将足踏复手挪,十斛量珠不厌多。菜子登场其入市,舴艋出载入飞梭。今年油贵好当口,一斗菜值米一斗。"①油菜收获时间在立夏之后,连株拔起,还有利于防除菌核病这种土传真菌病害。

关于油菜籽的贮藏,《陶朱公致富奇书》"商贾篇·杂粮统论"认为,"老则坚实,干则不潮,净则不杂,润则光彩而多油,所以可贵"②。油菜籽粒小、皮薄,与空气接触面大,容易吸收潮气;其油脂含量高,受潮后易于变质。油菜籽收获前后恰逢梅雨天,不易干燥,若不及时晾晒,很快就会出现发热霉变以至发芽的现象,因此,油菜籽在贮藏之前必须晒干扬净。至于油菜籽榨油的技术及出油率,在明代科学家宋应星的《天工开物》卷上"膏液·油品"中有详细记载,不再赘述。

三、蚕豆、紫云英种植及其生态效益

(一)蚕豆与麦棉间作套种及其肥田作用

蚕豆(学名:*Vicia faba* L.),别名南豆、胡豆、寒豆、佛豆、大豌豆、罗汉豆、兰花豆等,属于豆科豌豆属一年生或越年生草本,粮菜肥兼用。蚕豆原产域外,大约公元1世纪传入中国。北宋宋祁《益部方物略记》记载:"佛豆,丰粒茂苗,豆别一类。秋种春敛,农不常莳。"作者自注曰:"豆粒甚大而坚,农夫不甚种,唯圃中莳以为利。以盐渍食之,小儿所嗜。"一般认为这里所讲的佛豆就是蚕豆,只是北宋时期农家种植较少。蚕豆何时传入太湖地区,文献没有确切记载。嘉庆《松江府志》卷六"物产"载:"蚕豆,一名寒豆,九月种,明年蚕时熟,故名。陆龟蒙嗜之,移植松江之甫里,令农人每于田塍夹种之。"③唐代陆龟蒙曾隐居松江甫里,喜食蚕豆,还予以引种,反映出唐代松江一带开始推广蚕豆种植。

明代,蚕豆在太湖流域普遍栽培,播种时期为农历八九月份,来年春末夏初收获。明成化《湖州府志》卷第八"土产"记:"蚕豆,蚕月熟,故名。"其他如正德《姑苏志》、嘉靖《常熟县志》、天启《平湖县志》、崇祯《嘉兴县志》物产卷大多有"蚕豆,九月种五月熟"这样的记述。明末《沈氏农书》"逐月事宜"记载:八月杂作:沉蚕豆;九月天晴:沉蚕豆。徐光启记载了棉田套种蚕豆的经验:"蚕豆,种花田中,冬天不拔花秸,用以拒霜,至清明后拔之。"④明末

---

① [清]袁景澜撰,甘兰经、吴琴校点:《吴郡岁华纪丽》,第148页。
② 李长年:《中国农学遗产选集》"油料作物上编",第110页。
③ [清]宋如林等修,孙星衍等纂:《松江府志》,据清嘉庆二十二年刊本影印,《中国方志丛书》,第176页。
④ [明]徐光启撰,石声汉校注,石定枎订补:《农政全书校注》,第811页。

《汝南圃史》卷十二对蚕豆栽培技术的总结更为全面:蚕豆"宜于八月终锄地,九月初打潭下子。十二月土冻,用干草薄盖,立春撤去,将棵旁土锄松,苗自长大,不须浇灌。采豆后,拔茎拌河泥,最肥麦地。高田俱可种"。① 蚕豆的播种有早有晚,适宜的播种期为九月初;蚕豆在十二月份要注意防冻,来年春季要锄地松土,不用浇灌;豆子采收后,茎秆与河泥相拌沤制,用于麦地施肥效果最好。

清代太湖地区方志对蚕豆生态和品质的记载较为具体。如康熙《常州府志》卷十"物产"记:"蚕豆则产于无锡者佳。"②乾隆《杭州府志》卷五十三"物产"引《紫桃轩杂缀》:"南屏邵皇亲坟左有地产蚕豆,颗大而味鲜,杭人称呼为王坟豆。"并注引钱塘人厉鹗《蚕豆诗》曰:"豆子酥含绿玉凝,江乡风物最先称。缫丝花外秸初重,戴胜声中荚已登。"乾隆三十年(1765)《武进县志》卷三记:"蚕豆,蚕时始熟,故名,乡人多植之田畔。"嘉庆《余杭县志》卷三十八"物产"记:"豆则种类更多,……而蚕豆熟于蚕时,与小麦并种,厥利尤饶。"③可见,蚕豆常种在稻田边,实行秋播,播种时间大约与小麦相同,或者是秋季与小麦间作并种。光绪《川沙厅志》卷四"物产"记:蚕豆"棱茎,紫花,荚阔,豆扁,大半寸许,至老色绿,嫩时蔬食最佳。"④

蚕豆属豆科作物,具有固氮肥田作用,在太湖地区被普遍加入多熟制体系之中。从古农书和地方志的记载看,蚕豆与稻麦生产的配合,主要采用间作方式。蚕豆根系产生的氮素渗透进土壤中,可促进水稻及小麦生长。同时,采用水旱轮作的方法,还可减少田间病虫害的发生。嘉庆《长兴县志》卷十五"物产"引《张志》:"刈早稻,即反土,作垄种麦,间以蚕豆。"⑤乾隆时期黄印《酌泉录》说江苏无锡一带"蚕豆则栽于麦田"⑥。可见太湖地区应是在实行稻麦复种的麦田间种蚕豆。

另外,蚕豆夏初收获,与麦子一样,可在青黄不接之时救荒活民。徐光启《农遗杂疏》:蚕豆,"百谷之中最为先登,极救农家之急。蒸煮代饭,炸炒供茶,无所不宜。且蝗所不食,虫亦不蛀,诚备荒佳种也"⑦。蚕豆春末夏初就可以成熟,收获最早,而且可以抗虫防蛀,是很好的救荒作物。

---

① [明]周文华著,赵广升点校:《汝南圃史》,第184页。
② [清]于琨修,陈玉璂纂:康熙《常州府志》,《中国地方志集成》"江苏府县志辑"(36),第188页。
③ [清]张吉安等修,朱文藻等纂:嘉庆《余杭县志》,据民国八年重刊本影印,《中国方志丛书》,第543页。
④ [清]陈方瀛修,俞樾纂:《川沙厅志》,据光绪五年刊本影印,《中国方志丛书》,第212页。
⑤ [清]邢澍等修,钱大昕等纂:《长兴县志》,据嘉庆十年刊本影印,《中国方志丛书》,第879页。
⑥ [清]黄印、高学濂:《酌泉录》,上海:上海文学图书馆印行,1914年版。
⑦ 李长年:《中国农学遗产选集》"甲类第四种·豆类上编",第355页。

（二）稻肥复种与紫云英绿肥

紫云英（*Astragalus sinicus* L.）主要作为稻田绿肥作物，兼作家畜饲料，在太湖地区有花草、红花草、草子、红草、翘荛、苕饶、荷花草、孩儿草等别名。在江南地区的田间地头，野生紫云英应很早就存在了，但紫云英作为农作物出现较晚。南宋陈旉和元代王祯均未见提及紫云英种植，似乎宋元时期紫云英的栽培和利用尚不常见。明清时期太湖流域的一年两熟制，需要大量肥料补充地力。于是，当地农民把蚕豆、紫云英等冬季绿肥与水稻生产结合起来，实行轮作复种及套种，紫云英的种植日益普遍，别名异称也在增多。

据《沈氏农书》和《补农书》记载，明末清初吴兴涟川一带的田间地头都种有紫云英和蚕豆这类绿肥作物。《沈氏农书》"逐月事宜"中提到白露秋分"撒花草子"，即紫云英的播种期是从白露至秋分。紫云英生长期间，用猪灰、坑灰撒施，"一取松田，二取护草"①，即取猪厩肥和人粪尿撒于紫云英田中，不仅可疏松土壤，还能护草越冬。紫云英在花期时翻压入土，肥效很显著。"一亩草可壅三亩田。今时肥壅艰难，此项最为便利。"②意思是一亩鲜草可提供三亩田的肥料，自种绿肥最为便利。紫云英作为绿肥，当时还有一种施用方法就是：三月"窖花草"，五月阴雨天"挑草泥"施于稻田。即三月份把紫云英割下来，拌入河泥等入窖沤制，促其腐熟，五月份趁阴雨天的时候把沤制好的草塘泥挑到田地里。

清代农民更加重视紫云英绿肥的栽培和利用。乾隆《金山县志》卷十七"物产"载："孩儿草，俗名红花草，农家莳以壅田。"③嘉庆二十二年（1817）《松江府志》卷六"疆域志·物产"载："红花草，二三月间开花遍沟塍，农人用以粪田。亦有开白花者。"光绪九年（1883）《松江府续志》卷六"风俗"记："肥田者俗谓膏壅，上农用三通，头通红花草也。"作者注文和按语中还详细记载了稻肥套种和翻压红花草肥田的方法，充分肯定了红花草的肥效。道光时期，姜皋《浦泖农咨》也总结了上海一带稻田套种红花草的经验，文字与前述《松江府续志》的注文基本相同："于稻将熟时，寒露前后，田水未收，将草子撒于稻胁（行）间，到斫稻时，草子已青，冬生春长，三月而花，蔓延满田，垦田时翻压于土下，不日即烂，肥不可言。"④

据说"窖花草"的绿肥堆沤方法，清代末叶就基本消失了。⑤ 不过，1908

---

① ② ［清］张履祥辑补，陈恒力校释，王达参校、增订：《补农书校释》，第 64 页。

③ ［清］常琬修，焦以敬纂：《金山县志》，据清乾隆十六年刊本影印，《中国方志丛书》，第 736 页。

④ ［清］姜皋：《浦泖农咨》，清道光十四年刊，上海图书馆影印本。

⑤ ［清］张履祥辑补，陈恒力校释，王达参校、增订：《补农书校释》，第 15 页。

年美国人金氏(F. H. King)在江浙等地调查,还关注并详细记述了当地农民用紫云英和河泥制作堆肥的过程及其施用方法。他评价说:

> 在这 20 多天里,这种含氮的有机质和淤泥中细土颗粒一起发酵。这真是一种很了不起的做法,尽管方法古老,但其原理只是最近才被世人发现,视为农业科学的重要原则,称为有机物质力。即有机质与泥土一起能腐烂得更快,从而将其中可溶解性植物肥料释放出来。把堆肥这项费时费力的工作视为无知行为的观点是错误的,是一种缺乏思考、理解和应用能力的说法。[1]

综上所述,明清太湖地区一般是在每年农历八九月份利用水稻田套种红花草,次年三月份盛花期收割鲜草,用作草塘泥的制作原料,或者直接将绿肥耕翻入地,待五月份移栽水稻。在当时粪肥短缺的情况下,紫云英作为稻田中最重要的冬季绿肥作物,可扩大肥源,缓解稻麦复种及棉稻轮作的肥料需求压力。同时,紫云英的大量种植为土壤提供了有机质、氮素及其他各种营养元素,可增进土壤肥力,改善农业生态。

第四节　春花作物生产的经济与社会效益

明清太湖地区的粮食生产以水稻为中心,实行水稻与大小麦、油菜等春花作物的轮作复种,由此积累了内容丰富且地域特色鲜明的耕作栽培技术经验,不仅增加了农作物产量,还体现出用地与养地相结合的农业生态思想。前面三节主要阐述春花作物的栽培历史、复种模式、生产技术及生态意义,本节重点分析小麦和油菜生产的经济与社会效益。

一、麦作收益与民众生活

麦子、油菜与水稻生产一起,反映出太湖流域土地利用效果及农业生产力水平,其中小麦作为当地重要的粮食来源及商品性农作物,其产量的增加以及商品化发展,与民众生计有密切关系。

---

[1]　[美]富兰克林·H. 金著,程存旺、石嫣译:《四千年农夫》,第 151—159 页;该中译本的"苜蓿"应是"紫云英"或"红花草"。

(一)农户种麦的经济收益

1. 小麦亩产量

明代小麦亩产量记载较少,且常与稻谷产量相提并论。明末清初,桐乡人张履祥《补农书》中记述:"田极熟,米每亩三石,春花一石有半,然间有之,大约共三石为常。"[1]即上熟之田亩产米 3 石,春花 1.5 石,但不太常见,一般情况下亩产稻米和春花 3 石。另外,从中可以看出,春花的产量大约为稻米的一半。这里的春花没有指明是什么作物,从当地春花的复种结构来看,一般是指小麦,因为大麦、油菜的种植都比较少。若按照小麦计算,1.5 为214.2 斤,折合今每市亩 232.8 市斤。[2]

清代农书及方志中关于春花亩产量的记载相对较多。顺康年间,杭州府海宁州"今中田一亩,岁出米麦豆三石以上,腴田出四五石以上"。[3] 嘉庆时陈斌《量行沟洫之利》中介绍:"苏、湖之民善为水田,春收豆麦,秋收禾稻,中年之入,概得三石。"[4]苏湖一带的农民善于经营水田,实行稻与麦、豆两熟,中等年成,大约亩收 3 石,若按一般收成比例来算,其中稻米产量约为 2 石,春花约为 1 石。嘉庆年间,包世臣也说:"苏民精于农事,亩常收米三石,麦一石斗二,以中岁计之,亩米二石,麦七斗,抵米五斗。"[5]苏州府麦子的亩产通常为 1.2 石,中岁麦的亩产为 0.7 石。道光时期,何石安《蚕桑图说合编》序记载:"吴中上田亩米三石,春花石半,大约三石为常。"[6]姜皋《浦泖农咨》提及松江一带"产米二石余之田,可收麦一石余"。可见,正常年景下,一般稻麦复种的田地产麦 1 石左右,已成为时人共识。以上记载还反映出,明末至清末三百年间太湖地区麦子亩产量差别不大,粮食总产量的增长主要应归功于稻麦复种制的发展。

2. 麦作与农家生计

在太湖地区,民间对春花作物的重视程度不亚于水稻,因为它的丰歉往往决定着一年的收益。张履祥《补农书》提到:当地春花作物的收益占田地产出的一半,假如蚕豆、小麦产量降低,全年收入会受到很大影响。光绪《杭州府续志》载:"农家谓秋成曰大熟,稻及木棉是也。若蚕豆、菜麦之类,并曰

---

① [清]张履祥辑补,陈恒力校释,王达参校、增订:《补农书校释》,第 102 页。
② 明清时 1 亩合今 0.92 市亩;小麦 1 石为 140 斤,合今 142.8 市斤。
③ [清]陈确:《陈确集》(上),北京:中华书局 1979 年版,第 336 页。
④ [清]陈斌:《量行沟洫之利》,载[清]贺长龄辑,魏源参订:《清经世文编》卷三十八"户政十三农政下"。
⑤ [清]包世臣著,潘竟翰点校:《齐民四术》,第 58 页。
⑥ [清]何石安:《蚕桑图说合编》,江苏常郡公善堂刻本,1869 年。

小熟,或曰春熟,例不还租,故农家咸资小熟以种大熟云。"①在余杭县,"邑中饶利,独资小麦"。② 可见,太湖地区农家依靠春熟收入维持生计的情形比较普遍。

造成以上情形的原因主要有两方面:一是麦子种植以及小熟不纳租的政策,使农户的田地收入有一定保障;二是太湖地区市镇的繁荣和商品经济的发展,使得小麦、油菜等易于到市场上出售,其收益既可应付日常生活开支,还可作为大熟水稻生产之资本。尤其是随着城镇面粉厂、榨油坊、酿酒坊的大量建立,加工原料需求加大,促使更多的农户将小麦作为商品出售。如民国时期卜凯调查所言:"产稻区域也种小麦,不过小麦出售部分竟占产额总值的三分之二,而稻的出售部分则只占38%。由此可知小麦的出售部分远甚于稻,由于产稻区域里面农人喜爱食稻,结果所以有如此的差异。"③即当地民众主要以稻米为食,麦子大部分作为商品卖掉。这样,在麦子亩产和田地面积基本保持不变的情况下,粮价的高低应与农户种麦的收入多少有密切关系,而一定时期内粮价的高低波动一般是由粮食丰歉所决定的。

在正常年景下,小麦产量、出售量与市场价格会大体保持稳定;若出现天灾,粮价可能会出现明显上涨。谭文熙据《阅世篇》统计,从顺治十六年(1659)到康熙十九年(1680)的20多年间,松江府麦价在每石五钱至一两之间波动。④ 乾隆五十一年(1786)六月十二日江苏巡抚闵鹗元上奏:"上秋苏、常二属丰歉不齐,太仓尚属丰稔,只因邻近地方被灾较广,以致粮价日益昂贵。"⑤这里从王业键所建"清代粮价资料库"中,⑥随机选取太湖地区六府乾隆至宣统时期7个不同年份的小麦价格数据,计算出当年12个月小麦最低价和最高价的平均值。(图5-7)由图可见,从乾隆至光绪的122年间,太湖地区各府的小麦价格保持在每石1—3两。宣统元年(1909),小麦价格上涨幅度明显,由1—2两涨到4两以上,当是受到天灾和粮政变化等因素的影响。从上述粮价数据来看,太湖地区小麦价格在年内有一定波动,而长期

①　[清]博瑞等修,姚光发等纂:光绪《松江府续志》,《中国地方志集成》"上海府县志辑"(3),第116页。

②　[清]张吉安等修,朱文藻等纂:嘉庆《余杭县志》,《中国方志丛书》,第543页。

③　[美]卜凯著,张履鸾译:《中国农家经济》,上海:商务印书馆1936年版,第280页。

④　谭文熙:《中国物价史》,武汉:湖北人民出版社1994年版,第261页。

⑤　中科院地理科学与资源研究所、中国第一历史档案馆编:《清代奏折汇编》"农业·环境",第299页。

⑥　清代粮价资料库 http://mhdb. mh. sinica. edu. tw/foodprice/,其中记载了自乾隆元年(1736)年开始,各省按月向朝廷奏报的省属各府主要粮食价格,其中包括低价和高价两个数据,以每石所值银两为单位。

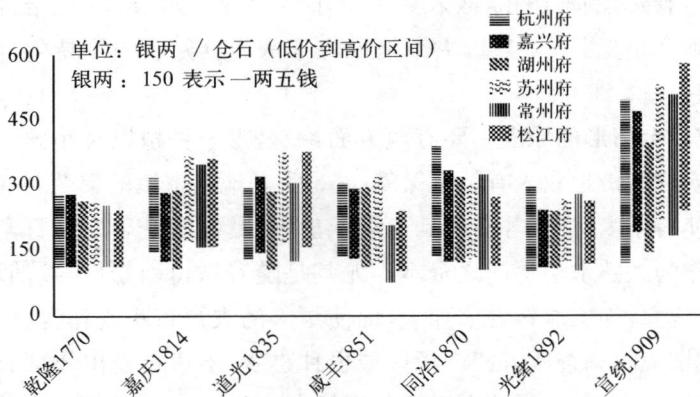

图 5-7　乾隆元年至宣统三年太湖地区的小麦价格变化

价格一直处于贱而稳的状态。这就意味着农民出售小麦的收益较低，但有一定保障。按照前述数据，太湖地区农民每复种 1 亩小麦，正常年景产量为 1 石左右，如果 2/3 用来出售，每石值银 2 两，这样每亩小麦可得银 1.3 两。

（二）麦子的救荒与辅食作用

相比主粮水稻而言，麦子在稻作区虽被看作杂粮，但也是一种救命粮，人称"接绝续之谷"。春夏之交，农户普遍有缺粮断炊之忧。麦子夏初成熟，可以接绝续乏，缓解青黄不接问题，救荒活民，其社会效益似乎更为明显。

关于太湖地区麦子的救荒作用，文献记载很常见。康熙十九年（1680）苏州米贵，"窃江南二月三月以来，因青黄不接，米价稍贵，未免民以艰食为虑……所喜各府麦皆茂盛，春熟即可接济"。① 光绪八年（1882）《嘉定县志》卷八"土产"载："麦，曰大麦，可作饴；曰小麦，可作面；曰稞麦，先大小麦熟，五六月间青黄不接，农家磨粞煮饭。"② 姜皋《浦泖农咨》曰："青黄不接，无米可炊者，麦粥麦饭，终胜草根树皮。"江南稻区的初夏时节，旧谷已绝，新谷未登，麦最先熟，能代米充饥，贫苦农民可借以渡过难关。

麦子在稻作区一般被当作粗粮及辅食看待，与大米搭配食用。结合其他文献还可看出，江南民众更爱食用稻米，很多人还对麦子存在偏见，食用麦子是迫不得已而为之，或因青黄不接，或因"棉七稻三"，当地水稻种植较少。③ 太湖东部平原上的农民因缺少稻米而多食麦子，被其他地区的人嘲

---

① 故宫博物院清档案部编：《李煦奏折》，康熙四十九年三月十三日，北京：中华书局 1976 年版，第 82 页。

② ［清］程其珏修，陆宗懋等纂：《嘉定县志》，《中国地方志集成》"上海府县志辑"（8），第 162 页。

③ 王加华：《江南与华北面食上的舌尖差异——以清末至民国时期为中心的分析》，《中原文化研究》2015 年第 3 期。

笑为"东乡麦子"。如在上海，"小麦以为面，圆麦磨粞，杂米食之，故他邑有'东乡麦子'之诮"①；川沙，"贫者赖以接济，故他邑有'东乡麦子'之目"②。李林松《沪渎竹枝词》曰："东乡麦子尽人嘲，万顷黄云是乐郊。但得催科人不至，冬春米又绿荷色。"③但无论如何，麦子在江南稻区民众饮食中占有重要地位，尤其是为贫苦老百姓带来了生路。

若进一步梳理太湖地区方志中关于面食的记载，可以发现当地的面制品及麦类加工品很多，包括面、饭、饧（饴糖、麦糖）、秋粉、面筋、酒、醋等。大麦、穬麦既可以磨粞作饭，也多用于制作饴糖和酿酒。小麦则被加工成面粉，或做面食、点心，或制成面酱等。乾隆七年（1742）《金匮县志》"物产"载："（员麦）粒大而收倍，贫民磨壳分瓣，杂米作饭颇香美，即大户亦食之。"道光《江阴县志》卷十"物产"记载："穬麦，亦名元麦，青嫩即可食，既收，农家多磨作粞，和饭食之。"④据说麦粞饭的做法是先将大米加水煮滚，倒入麦粞搅匀，再加火煮熟，煮好后米饭下沉，而麦粞处于上层。米麦的比例，视各家贫富程度而定。明弘治《无锡县志》卷七"土产·货之属"载："饴糖，以麦蘖米饭造成，有腰菱、葱管等名，味极甘脆，他处莫及。"可见明代无锡的麦芽糖很有名。清同治《湖州府志》卷三十二"物产"载："按：大麦为火酒曰麦烧，为粥曰麦粞粥，饭曰麦粞饭，磨末为干炒曰麦蒡。小麦……磨粉作面、作酱、作糕饼，本土亦有（安吉刘志）。"⑤明末《沈氏农书》还提到用大麦酿酒的具体方法：长兴购大麦40石，"先春去粗芒，水浸一宿，上午煮熟摊冷"，每斗麦使用的酒曲量，相当于用米酿酒的三倍，搅拌均匀后放入坛中密封，静置一周后开坛。每石麦可得酒20斤，若质量较好，也有15斤，酒劲比米酒稍为猛烈。⑥

清光绪三十年（1904）《常昭合志稿》卷四十六"物产志"对南方地区的面食做了较为全面的评述：

> 北人粮食以麦为上品，而南人食之顾易饥。谚遂有"面黄昏，粥半

① ［清］应宝时修，俞樾纂，同治《上海县志》卷一"风俗"，据清同治十一年刊本影印，《中国方志丛书》，第137页。

② ［清］陈方瀛修，俞樾纂：光绪《川沙厅志》卷一"风俗"，据清光绪五年刊本影印，《中国方志丛书》，第68页。

③ 顾炳权：《上海历代竹枝词》，上海：上海书店出版社2001年版，第458页。

④ ［清］陈延恩等修，李兆洛等纂：《江阴县志》，据清道光二十年刊本影印，《中国方志丛书》，第858页。

⑤ ［清］宗源瀚等修，周学濬等纂：《湖州府志》，据清同治十三年刊本影印，《中国方志丛书》，第610页。

⑥ ［清］张履祥辑补，陈恒力校释，王达参校、增订：《补农书校释》，第93页。

夜"之语。闻老农之言曰：淮以北麦华于昼，其性阳，淮以南麦华于夜，其性阴，故南麦常劣于北。然南人以麦资小食者，其为饼饵，且烦于糯米。尤烦者为蒸食、炸食（如古人记述所谓馒头、馄饨、春茧之类），为汤饼（俗呼切面或直呼为面），亦不可一日缺也。①

晚清小说家苏州人包天笑也曾记述了当地人将小麦作为辅食，与稻米搭配食用的情况："我是江南人，自出世以来，脱离母乳，即以稻米为主食。但说到了辅食，每日的点心、间食、一切糕饼之类，都属于麦粉所制。"②以上文字反映出江南稻米区的面食也很普遍，而且面制品花样繁多，只是一般作为辅食而已。即使南方人普遍认为南麦的品质不如北麦，但面制品作为辅食，在南方人的生活中不可或缺。再联系方志记载看，太湖地区的面制品及麦子加工品种类很多，包括面、饭、饧（饴糖、麦糖）、麦芽、秋粉、面筋、酒、醋等。（表5－2）

表5－2　面食、麦类加工品与相关方志记载

面食/加工品	文献记载
面	清康熙二十六年《仁和县志》：面（有米麦豆三种）。
饭	清乾隆七年《金匮县志》：（员麦）粒大而收倍，贫民磨壳分瓣，杂米作饭颇香美，即大户亦食之。 清光绪八年《嘉定县志》：麦（农家磨粞煮饭）。
饧/饴糖/麦糖	明弘治七年《无锡县志》：饴糖（以麦糵米饭造成，有腰菱、葱管等名，味极甘脆，他处莫及。） 明万历二年《无锡县志》：麦糖（腰菱、葱管之属，他邑所无）。 清同治十三年《湖州府志》：郡中饧糖盛行（仙潭文献）。 清雍正二年《陈墓镇志》、清乾隆十年《吴县志》、乾隆十八年《长洲县志》、乾隆二十六年《元和县志》、乾隆五十三年《娄县志》等都有相关记载。
麦芽	清道光元年《石门县志》：麦糵（本草作麦芽，消食。）
秋粉	清乾隆三十七年《真如里志》：秋粉（以小麦麸澄粉为之，状如银丝，驰名吴郡。）

①　[清]郑钟祥、张瀛修，庞鸿文等纂：光绪《常昭合志稿》，《中国地方志集成》"江苏府县志辑"（22），第786页。
②　包天笑：《衣食住行的百年变迁》，政协苏州市委员会文史编辑室编印，1974年版，第7页。

续　表

面食/加工品	文献记载
面筋	清同治十三年《湖州府志》：面筋（按：麦皮曰麸，水中搡洗成面筋，素馔所需。其澄出浆粉曰麦粉，亦曰小粉，用以浆衣，亦制为膏药，疡医用之。）
酒	清光绪九年《杨舍堡城志》：酒（烧酒有麦、糟两种，糟烧较甜和。）
醋	清乾隆三十年《栖乘类编》：醋（粳、糯、粟、大小麦、饧、糟糠皆可作醋。）

资料来源：《中国地方志集成》等所收相关方志记载。

二、油菜种植的综合效益

油菜作为太湖地区重要的油料来源及商品性农作物，对维持农民生计具有重要作用；油菜可充蔬、榨油、作薪、肥田，春季开花时还可供赏景游览，综合利用价值较高。

（一）油菜产量与农家生计

《沈氏农书》"运田地法"记载：油菜如果精心浇水施肥，即有"满石收成"①。意思是在丰产条件下，一亩地可收油菜籽一石。据陈恒力《补农书研究》计算，这里的油菜产量相当于每市亩 144.1 市斤。②《农政全书》提到：明末吴人善于种油菜，"中农之入，亩籽二石，薪十石"，亩产油菜二石应属比较高的产量。

据《补农书》记载，上熟之田亩产米 3 石，春花 1.5 石，但不太常见，一般情况下亩产稻米和春花 3 石，春花产量大约为稻米的一半。这里的春花未指明是什么作物。若按照油菜籽计算，1.5 石折合当时的亩产为 198.9 斤，折合今每市亩 216.2 市斤。比较而言，张氏所记上熟田的春花产量，要比沈氏的油菜籽"满石收成"高出 1/3。但张氏又说一般情况下大约亩产 3 石，按比例估算的话，其中春花亩产 1 石。如果将沈氏所言看作是一般田地在精心管理条件下的产量，就会发现二者所记春花亩产量大致相同，都是 1 石。清代江南农书及方志中关于油菜亩产量的记载相对较多，产量水平总体上与明代相比差别不大，如《齐民四术》记油菜亩产 2 石，《抚郡农产考略》记亩产 1 石余。

---

① ［清］张履祥辑补，陈恒力校释，王达参校、增订：《补农书校释》，第 40 页。

② 明清时 1 亩合今 0.92 市亩；油菜籽 1 石为 130 斤，合今 1.02 石，132.6 市斤（陈恒力编著，王达参校：《补农书研究》，第 25 页）。

油菜在虽然不是主要农作物，但它能利用冬闲田进行栽培，在投入较少的情况下，增加蔬菜和油料生产。油菜等春花作物"小熟不纳租"的政策，使农户的经济收入有一定保障。清末松江人姜皋说：春花除稻田复种之外，田家在房屋旁边、荒闲土地上也多有种植，"其幸此间春熟，无论二麦、菜子，例不还租"。① 另外，随着当地市镇经济的繁荣及城镇粮油加工业的发展，更多的农户将油菜作为商品出售，其收益既可应付日常生活开支，还可作为水稻、棉花生产之资本，所谓"资小熟以种大熟"。可见，油菜等春花作物的丰歉往往决定着农民一年的收益，与其生计状况密切相关。

（二）油菜的综合利用价值

油菜在春季茎叶幼嫩时可采薹作蔬，开花时可观赏景色，成熟后可取籽榨油，榨油的副产品菜籽饼还可以肥田养地。

明代人虽常将油菜归入蔬菜类，但对油菜的功用已有全面认识。明万历《秀水县志》卷三："蔬之品，油菜。"天启《平湖县志》卷九："蔬之油菜，冬种春生，薹可食，子捣作油。"崇祯《吴县志》卷二十九："蔬之属，薹菜，又名油菜。"《农政全书》"树艺·蔬部"引述《本草纲目》曰：油菜"九月、十月下种，生叶形色微似白菜。冬末春初，采心为茹，三月则老不可食。开小黄花，四瓣。结荚收子，灰赤色，炒过榨油，燃灯甚明。近人因有油利，种者颇广。"其中不仅说明油菜的性状、种植时间和用途，还反映出明代中后期油菜种植已比较广泛。明弘治《吴江志》卷六不仅述及菜薹充蔬、菜籽榨油、茎秆作薪的实用价值，还描述了春季油菜花田的景观功能："至春末时黄绿相间，淑景堪画"。②《汝南圃史》卷十二对油菜功用的记述也很全面："春初发菜心，即生花。末花时，摘心以和羹，或腌或糟，俱甘鲜。心可摘一二次，复生长。二月开黄花，如铺锦。骚人韵士，都携酒赏之。有摘花，淖熟，晒干，夏间作素馔，或拌酱炙肉，尤妙"，"春尽收子榨油，以供一岁烹饪燃灯之用"。③ 油菜开花前，可摘取薹心作菜；油菜开花时，锦绣遍野；有人还采摘油菜花，淖熟晒干，用来制作菜肴；春末夏初，收取油菜籽榨油，可用于烹饪和点灯照明。

清代太湖地区方志及农书中关于油菜性状和功用的记载更多，以下仅列举数条。康熙《仁和县志》："油菜，将花时取其心，食最美。又，心去其薹

---

① ［清］姜皋：《浦泖农咨》，道光十四年刊本，上海图书馆影印本。
② ［明］莫旦：弘治《吴江志》，第229页。
③ ［明］周文华著，赵广升点校：《汝南谱史》，第178页。

丛,生花更多,子倍繁,榨为菜油。"①清嘉庆常州府荆溪人陈经《双溪物产疏》记:油菜"去薹则歧分而结子繁,榨油极多,因名油菜。"②清光绪奚诚《耕心农话》"绪言"中曰:油菜"结子榨油,较诸油香美,食用燃灯,为吴人必需之品,但不能多种,故兼二麦蚕豆。"③菜油食用品质高,较大豆油、棉籽油及动物油脂香美;点灯照明,方便经济,燃烧后油烟味也较小。

明清江南地区土地利用率的提高和农业商品生产的发展,使得肥料严重短缺,菜籽饼、棉籽饼等饼肥成为重要肥源。《补农书》的作者张履祥介绍,他在绍兴见到当地人都用菜籽饼做肥料,每亩地用饼十斤,轧成碎末,等麦苗出齐后,追施少许,每下一次雨麦子就猛长一次。④ 菜籽饼相比传统粪肥肥力高、重量轻,且便于远途运输和长期贮存,明清时属于一种新型商品肥料及鱼饲料。清末吴江人陈庆林《江震物产表》中简要介绍了油菜籽榨油的方法,还说菜籽饼可以饲鱼壅田:"柴包饼,片圆而小,草包者名同,饼片厚而大,出车后,则剥去其草,向销江北、绍兴、杭、嘉、湖等处及本邑池户,近则由上海销往日本横滨、神户各路。"⑤反映出菜籽饼的利用促进了江南地区稻麦棉及渔业生产。

另外,春赏油菜花已成为清代苏州等地旅游业的一项内容。据袁景澜《吴郡岁华纪丽》卷三所记,苏州三月份有"南北园看菜花"习俗:南园北园二处,"春时菜花极盛,煖风烂漫,一望黄金。到处酒炉茶幔,款留游客。寻访选胜之子,招摇步屧,于于来前,莫不流连忘返"。⑥ 明末清初著名诗人尤侗的《南园菜花》诗,也描绘了苏州南园的菜花游赏情景:"菜色惊看布地黄,春风习习更吹香。东边吃酒西边唱,三月田家作戏场。"⑦南北园的油菜花曾是苏州胜景,每年三月份会吸引大量游人前来观赏,还由此促进了当地餐饮业的发展。

三、官方对春花生产的关注

太湖地区的春花作物生产与民生关系密切,故而其收成及灾歉情况颇受官方重视,清代地方官员在奏报中经常提及。

---

① ［清］赵世安修,顾豹文、邵远平纂:康熙《仁和县志》,清康熙二十六年刻本,《中国地方志集成》"浙江府县志辑"(5),第113页。
② 李长年:《中国农学遗产选集》"甲类第七种・油料作物上编",第87—89页。
③ ［清］奚诚:《耕心农话》上下册,抄本。
④ ［清］张履祥辑补,陈恒力校释,王达参校、增订:《补农书校释》,第115页。
⑤ 李长年:《中国农学遗产选集》"甲类第七种・油料作物上编",第89页。
⑥⑦ ［清］袁景澜撰,甘兰经、吴琴校点:《吴郡岁华纪丽》,第124,148页。

乾隆元年(1736)六月初四日,浙江布政使张若震奏:"浙省二麦、菜、豆等项皆属春收。春花虽非遍植,而收成丰稔亦足接济民食。"①可见,春花作物的种植虽然不如水稻那么普遍,但对于解决民食问题很有帮助。乾隆六年(1741)杭州织造局伊拉齐于八月初一日上奏:"杭、嘉、湖三府于今春二、三、四月间天气寒冷,阴雨连绵,豆、麦歉收。"②乾隆二十四年(1759)六月初六日,浙江按察使李治运奏:"浙江各属春夏以来雨旸时若,大小二麦收获自七分以至十分不等,通计在八分以上。油菜、蚕豆均各丰收。"③嘉庆十年(1805)江苏巡抚汪志伊四月二十四日奏:"苏州、松江、常州等府州厅属,现在大麦、蚕豆陆续登场,小麦亦渐次成熟。据报约收七分及七分有余者居多。"④嘉庆十九年(1814)三月二十五日,浙江巡抚李奕畴奏:"杭州省城闰二月二十九等日得雨,并据嘉、湖等府报得雨多寡不等,情形约略相同。现在田土滋润,麦苗、菜、豆青葱畅茂。"嘉庆二十四年(1819)四月十五日,浙江巡抚陈若霖奏:"据嘉兴、湖州等府禀报麦田情形与省城(杭州)相同,内惟海宁、石门、桐乡三州县春花间有被雹损伤,收成稍减。"道光三年(1823)浙江学政杜谔五月二十七日奏:"四月后至嘉兴,雨水较多……湖州惟菜子、小麦稍减分数。"⑤从上述资料可以看出,清代官员对太湖稻作区春花的生长、成熟及收成情况都有关注和奏报,这在一定程度上反映出麦子、油菜、豆类生产的重要性和特殊性。

进一步来说,春花作物减产,势必加剧"地不足以容人"的危机,引发官民矛盾乃至社会动荡。有学者曾根据清代晚期(1829—1880)的档案资料,整理了杭嘉湖地区历年的春花收成分数情况,(表5-3)从中也许可以发现当时的社会危机与稻麦油生产衰退的联系。

表5-3　道光四年至光绪六年杭嘉湖三府历年春花收成分数统计

收成分数　　　　　　　　　府　　年份	杭州府	嘉兴府	湖州府
道光九年(1829)	7+	8+	7+
十五年(1835)	8+	8+	8+
二十年(1840)	7+	7+	7+

①②③　中科院地理科学与资源研究所、中国第一历史档案馆编:《清代奏折汇编》"农业·环境",第3,59,128页。

④⑤　中科院地理科学与资源研究所、中国第一历史档案馆编:《清代奏折汇编》"农业·环境",第349,386,412页。

收成分数 府 年份	杭州府	嘉兴府	湖州府
二十五年(1845)	7^+	7^+	6^+
咸丰元年(1851)	6^+	6^+	6^+
五年(1855)	6^+	6^+	6^+
九年(1859)	6^+	5^+	6^+
同治四年(1865)	5^+	5^+	5^+
九年(1870)	5^+	5^+	5^+
光绪元年(1875)	5^+	5^+	5^+
五年(1879)	5^+	5^+	5^+

资料来源:陈树平主编:《明清农业史资料(1368—1911)》(第 3 册),北京:社会科学文献出版社,第 1501—1502 页。

由表中可以看出,杭嘉湖三府春花的收成,道光二十五年(1845)前均达到七成以上,最高为道光十五年(1835),三府均高达八成以上,这与前述清代前中期春花作物的收成情况近似。到了咸丰元年(1851)后,春花收成逐渐降为六成以上;同治四年(1865)后,三府开始全部降到五成左右。杭嘉湖是当时浙江省的重漕区,清代咸丰、同治之后春花收成的下降,间接加重了农户的漕粮负担,导致其生计更为艰难,从而激发社会矛盾。

第六章　蚕桑生产兴盛与技术进步

　　唐代中后期以来,太湖地区蚕桑生产后来居上。蚕桑业的兴盛,既为当地农民增加了一条谋生之路,也对城乡经济的发展起到了重要作用。明清时期,与全国很多地区不同,太湖流域的蚕桑业因商品经济以及其他社会因素的刺激而趋于繁荣,成为首屈一指的蚕桑产区。清末,由于西方列强的掠夺及国际市场竞争的冲击,太湖地区蚕桑业由盛转衰。以往关于太湖地区蚕桑史的研究成果颇为丰富,蚕桑技术史、蚕桑经济史以及蚕桑生态史等方面的探索时有创获。[①] 本章重点阐述明清太湖地区蚕桑生产的变迁过程与技术特色,分析蚕桑生产兴衰的自然与环境因素,并以前述《方志·物产》资料为基础,借助 GIS(地理信息系统)手段,对桑蚕生产空间分布予以可视化呈现。

第一节　太湖地区蚕桑业发展的历史过程

一、宋元时期太湖地区蚕桑业的兴起

　　中国古代有农桑结合传统,栽桑养蚕一般属于农家副业。隋唐及其之前,黄河流域蚕桑业比较发达。唐代安史之乱以后,北方地区生灵涂炭,蚕

---

　　① 杨源时:《嘉湖地区蚕桑生产的若干历史经验》,《浙江农业科学》,1963 年 6 期;章楷:《中国古代栽桑技术史料研究》,北京:农业出版社 1982 年版;章楷、余秀茹:《中国古代养蚕技术史料选编》,北京:农业出版社 1985 年版;郑云飞:《明清时期的湖丝与杭嘉湖地区的蚕业技术》,《中国农史》1991 年第 4 期;李伯重:《明清江南蚕桑亩产考》,《农业考古》1995 年第 3—4 期;周匡明:《蚕桑史论文选》,北京:中国文史出版社 2007 年版;周晴:《明清时期嘉湖平原的植桑生态》,复旦大学 2008 年硕士论文;周晴:《河网、湿地与蚕桑——嘉湖平原生态史研究(9—17 世纪)》,复旦大学 2011 年博士论文;高国金:《晚清蚕桑局及蚕桑业发展研究》,北京:中国农业科技出版社 2017 年版。另外,关于江南经济史的论著中,往往包含了蚕桑业的内容,在关于江南农业史及生态史的论著中,则包含了对蚕桑生态的探讨。

桑生产受到严重摧残。江南地区相对安定，于是中原一带民众大批南逃。随着迁入人口的增多，太湖地区的蚕桑业开始兴盛起来。

唐末江南名士陆龟蒙曾隐居松江甫里（今吴县角直），他在描写太湖洞庭山风光的诗中说："川中水木幽，高下兼良田。沟塍堕微溜，桑柘含疏烟。处处倚蚕箔，家家下鱼筌。"初夏时节，太湖农家忙着煮茧缫丝，到处可见靠墙摆放的蚕匾。陆龟蒙对蚕桑祸民也深有感触，《蚕赋》吟咏："逮蚕之生，茧厚丝美，机杼经纬，龙鸾葩卉，官涎益馋，尽取后已。"蚕农千辛万苦，养蚕缫丝，织出的丝绸上有龙凤呈祥和奇花异草图案，精美华丽，可到头来都被官府剥夺殆尽，作者对此很愤慨："伐桑灭蚕，民不冻死！"

北宋时期，从《宋会要辑稿·食货》所载各地所征收的丝绵制品统计数字来看，以太湖地区为主体的两浙路，蚕桑业最为发达。[①] 北宋李觏《富国策》一文中说：东南之郡，平原沃土，"桑柘甚盛，蚕女勤苦，罔畏饥渴，急采疾食，如避盗贼，茧箔山立，缫车之声，连甍相闻，非贵非骄，靡不务此，是丝非不多也"[②]，描述了江南农家普遍养蚕缫丝的情景。南北宋之交，金人大举入侵，黄淮地区人口再次大量南移，很多人侨居在太湖流域，为农桑生产提供了劳动力。南宋都城临安（今杭州），官宦商贾麇集，丝织品需求旺盛，也刺激了当地蚕桑业的发展。不过，在蚕桑业兴盛的同时，蚕农经常遭受官府和商人的各种盘剥，生活依然艰难。例如，在桑叶紧缺的时候，商人会乘机哄抬叶价，很多买不起桑叶的蚕户，只能忍痛把整箔蚕倒掉。南宋诗人高斯得曾侨居湖州，他家里养蚕而桑叶不足，买桑叶时受到叶商剥夺而无奈何，只得赋诗以抒怨愤："客寓无田园，专仰买桑供。岂谓桑陡贵，半路哀途穷。三百变三千，十倍价何穷！"[③]南宋谈钥在嘉泰《吴兴志》中也感叹："湖丝虽遍天下，而湖民身无一缕。"这种农民养蚕种田增产而不增收，仅能勉强维持生计的状况在后世也普遍存在。

蒙元时期设置司农司专管农业，对蚕桑业也很重视，曾刊刻《农桑辑要》一书颁发州县。这一时期棉花已经由华南地区传播到长江流域，从全国的实际情况看，作为一种大众化的衣被原料，棉花栽培的扩展，导致某些地区的蚕桑生产有所萎缩。不过，从仅有的史料推断，元代太湖地区棉花生产主要局限在松江一带，整体上对蚕桑业影响不大。

---

① 中国农业遗产研究室太湖地区农业史研究课题组编著：《太湖地区农业史稿》，第 176 页。
② ［宋］李觏撰，王国轩点校：《李觏集》，北京：中华书局 2011 年版，第 142 页。
③ ［宋］高斯得《耻堂存稿》卷六"五言古诗·桑贵有感"，影印文渊阁《四库全书》本第 1182 册，上海：上海古籍出版社 1987 年版，第 95 页。

二、明代至清代中期太湖地区蚕桑业的繁荣

明代开国之时,棉花传播到长江流域已有一个半世纪,棉进桑退现象明显。在太湖北部,苏州府和常州府各县,蚕桑业大多趋于式微。不过,吴江县尤其是县西南和南面各乡,以及吴县滨湖的东西洞庭山等地,与湖州、嘉兴一带境土相连,蚕桑业并无衰落迹象。① 乾隆《吴江县志》卷五"物产"记载:当地"桑以育蚕,明洪武二年诏课民种桑,吴江境内凡一万八千三十三株,宣德七年至四万四千七百四十六株。近代丝绵日贵,治蚕利厚,植桑者益多。乡村间殆无旷土,春夏之交,绿阴弥望。通计一邑,无虑数十万株云"②。

在太湖南岸嘉湖一带,明代蚕桑业空前繁荣,形成以桑为业、以蚕代耕的局面。据万历《崇德县志》"纪疆"记载,嘉兴府崇德县无论贫富都热心栽桑,"语溪(崇德)无闲塘,上下地必植桑。富者等候封,培壅茂美,不必以亩计;贫者数弓之地,小隙必栽。沃若连属,蚕月无不育之家"。富裕人家将大片土地辟为桑园,土地很少的农家,也利用田边屋后零星隙地栽桑。明天启《海盐县图经》记:海盐县"素不习于蚕。近三四十年中,蚕利始兴,今则桑柘遍野,无人不习蚕矣。饲蚕法多学之吴兴"③。对明代蚕桑生产的变化,明后期郭子章《蚕论》已有论述:"今天下蚕事疏阔矣。东南之机,三吴越闽最夥,取给于湖茧。西北之机,潞最工,取给于阆茧。予道湖阆,女桑夷桑,参差墙下,未尝不羡二郡女红之富,而病四远之惰也。"④意即东南地区丝绸纺织所用原料来自湖州;西北地区丝织业所用原料,则来自四川阆州。郭氏注意到了全国蚕桑业有所衰退的事实,还说湖阆二郡蚕桑业兴盛的原因是当地妇女很勤劳。

据研究,明代杭嘉湖平原老蚕桑区的植桑面积不断扩展,从明后期到清康熙二十年(1681)前后,杭州府田减 30 顷,而地升 184 顷;湖州府田减 79 顷,而地升 28 顷;嘉兴府降升幅度最大,田减 135 顷,而地升 1 560 顷。⑤ 田是用来种植水稻等粮食作物的耕地,地是用以种植桑树等经济作物的耕地,

---

① 中国农业遗产研究室太湖地区农业史研究课题组编著:《太湖地区农业史稿》,第 181 页。

② [清]倪师孟等:乾隆《吴江县志》,据乾隆十二年刊本影印,《中国地方志丛书》,台北:成文出版社 1975 年版,第 155 页。

③ [明]樊维城、胡震亨纂修:《海盐县图经》,《中国方志丛书》,第 340 页。

④ [明]徐光启撰,石声汉校注,石定枎订补:《农政全书校注》,第 1084 页。

⑤ 范金民:《明到清前期江南蚕桑生产述论》,《古今农业》1992 年第 2 期。

田减地增,在很大程度上是蚕桑业扩大的结果。

为什么嘉湖地区的蚕桑业能够保持增长态势？明代后期湖州人严书开曾说,蚕桑业的衰落是由于植棉之利远远高于丝枲,而湖州一带土地卑湿,不宜种植棉花,且这里田地瘠薄,税负较重,民众无力改桑为棉,只能继续栽桑养蚕。① 这种说法有一定道理,但未注意到产品质量和市场方向的原因。唐宋时期,湖州一带出产的蚕丝已颇有名气,谈钥《嘉泰吴兴志》曾有“湖丝遍天下”之说。明代湖州蚕桑业更为发达:“农为岁计,天下所共也,惟湖以蚕。蚕月,夫妇不共榻,贫富彻夜搬箔摊桑……竣事,则官赋私负咸取足焉,是年蚕事耗,即有秋亦告匮,故丝绵之多之精甲天下。”②湖州蚕桑业一枝独秀、持续繁荣的原因,还在于其栽桑养蚕及缫丝织绸技术先进,蚕丝及丝织品质量好,市场竞争力强。相比而言,蚕丝毕竟有其优点和用途,棉花并不能完全替而代之。湖丝久负盛名,是纺织高档绸缎不可缺少的原料,吸引各地丝商争相采购。于是,在其他地区蚕桑业衰落,丝织品供给减少的情况下,湖州嘉兴一带的蚕桑业反而更加兴盛。

清初,全国蚕桑生产依然集中在太湖流域,尤其是太湖南岸的嘉湖平原,这种情形一直延续到清代中期。康熙皇帝南巡时途径嘉兴、湖州等地,所作《桑赋》序中说:“朕巡省浙西,桑林蔽野,天下丝缕之供,皆在东南,而蚕桑之盛,惟此一区。”③乾隆时期,嘉兴府海盐县“比户养蚕为急务……蚕或不登者,举家聚哭,盖农家恃养蚕为耕耘之资,蚕荒则田芜,揭债鬻子,惨不免矣。”④有学者说:1850年以前,江南蚕桑业集中在杭嘉湖苏四府,其中又以湖州最为重要;清代前中期中国输出的丝和丝织品中,江南产品仍占主体,广东产品的输出量从来无法与其相抗衡。⑤

三、清晚期至20世纪20年代太湖地区蚕桑生产的扩展

1842年中英《南京条约》签订,上海成为国内对外开放较早的几个港口城市之一。洋商凭借不平等条约,可以在中国自由倾销商品和收购物资,其

---

① 中国农业遗产研究室太湖地区农业史研究课题组编著:《太湖地区农业史稿》,第181页。

② [明]王士性著,吕景琳点校:《广志绎》,载《元明史料笔记丛刊》,北京:中华书局1981年版,第70页。

③ [清]郑澐修:乾隆《杭州府志》首卷一《宸章》引“桑赋并序”,据乾隆四十九年刊本影印,北京:中华书局1990年版。

④ [清]许瑶光等修,吴仰贤等纂:光绪《嘉兴府志》卷三十二“农桑”引乾隆《海盐县续图经》,《中国地方志集成》“浙江府县志辑”(12),第786页。

⑤ 李伯重著,王湘云译:《江南农业的发展(1620—1850)》,第113,150页。

中丝茧是他们迫切需要收购的丝织原料。洋商对丝茧的大量需求刺激了整个太湖地区的蚕桑生产,这主要表现在蚕桑业由太湖南岸平原区向西部山地丘陵区、东南部及沿海地区和北部平原区扩展。

　　太湖地区的山地丘陵区主要是指安吉、孝丰、长兴和宜兴、溧阳等县。安吉、孝丰和长兴位于浙江天目山山麓,宜兴和溧阳则属于宜溧山地,这几个县的丘陵山地面积都达到或超过本县土地总面积的一半。安吉与孝丰(1958 年并入安吉县)毗邻,同治《安吉县志》记载:"迩来山乡亦皆栽桑。"即清末安吉的桑蚕业扩展到了山区。长兴县虽隶属湖州府,但这里山地较多,蚕桑业并不发达。中英《南京条约》签订之后,五口通商,蚕桑业利润相对丰厚,刺激了长兴县栽桑养蚕的发展。同治《长兴县志》卷八"蚕桑"记载:"农桑并重,而湖俗之桑利厚于农。自夷人通商,长兴岁入百万计。"[①]宜兴南接长兴,明清时期属于常州府,地势南高北低,山地多而平原少,蚕桑生产向来不发达,太平天国战争又使其蚕桑生产遭到重创,后来清政府召集温州、台州等地的老百姓来此垦荒,湖州府的桑苗和栽桑养蚕技术随之传播到了宜兴,当地的蚕桑生产方有所复兴。

　　这一时期,浙江北部的蚕桑业以湖州为中心,向东南部及沿海地区扩展的趋势比较明显。嘉兴府蚕桑业亦称发达,但总体上不如湖州,且区域内部发展亦不平衡。光绪《嘉兴府志》卷三十二"农桑"引《横山纪略》:"吾郡蚕丝之利,亚于湖州,就七邑中,石门、桐乡育蚕最多,次则海盐,又次嘉兴、秀州,若嘉善、平湖,此事罕及。非关地利,亦由人功之不习也。"[②]嘉善县和平湖县地处太湖东南,蚕桑生产大约是清代同光年间(1862—1908)从嘉兴一带传过来的。嘉善以前只有临近嘉兴的西乡栽桑养蚕,道光时期,蚕桑业扩展到东乡。平湖县位于杭州湾口,光绪《平湖县志》卷八"物产"记载:"桑叶宜蚕,向惟西南乡树之,今则城东二三十里近水处,绝无旷土,小民以此为恒产焉。""向时育蚕者尚少,今则城乡居民无不育此者,其利甚大。"[③]平湖县西南与嘉兴相邻,其桑蚕生产是从邻近嘉兴的西南乡向城东靠海地区发展。光绪《嘉兴府志》卷三十二记载,石门(即崇德)县"民皆力农重蚕,辟治荒秽,

---

　　①　[清]赵定邦等修,丁宝书等纂:《长兴县志》,据同治十三年修,光绪十八年增补刊本影印,《中国方志丛书》,第 675 页。

　　②　[清]许瑶光等修,吴仰贤等纂:光绪《嘉兴府志》,《中国地方志集成》"浙江府县志辑"(12),第 786 页。

　　③　[清]彭润章修,叶廉锷纂:光绪《平湖县志》,《中国地方志集成》"浙江府县志辑"(20),上海:上海书店出版社 1993 年版,第 213 页。

树桑不可以株数计",还引用清初朱彝尊诗曰:"轻船三板过南亭,蚕女提笼两岸经。曲罢残阳人不见,阴阴桑柘石门青。"据陈恒力先生研究,明万历九年(1581),石门县旱地(桑田)仅 62 308 亩,占全县耕地面积 12.46%,到康熙五十二年(1713),已发展到 207 086 亩,占地 41.4%。[1] 可见清中后期蚕桑产区迅速向东扩展,跨越湖州、嘉兴两府,到达沿海一带。

　　江苏南部的蚕桑中心长期在苏州地区,但其蚕桑之盛显然不及嘉湖地区。前已述及,乾隆《吴江县志》从明洪武初到清乾隆初期的 300 多年间,植桑数量从不到 2 万株,增长到数十万株,"乡村间殆无旷土"。而相比之下,浙地栽桑更多。乾隆己卯(1759)春,常熟人张仁美乘舟从家乡出发南下,先到吴江,过了江浙交界的震泽、秀水之后,看到的两岸景象是"阡陌间强半植桑",继续前行进入嘉湖地界,"桑愈多"。[2]

　　江苏东部沿海地区蚕桑业的发展也受到湖州的影响,并与士绅官员的提倡有密切关系。据民国《太仓州志》卷三"风土"记载,当地蚕桑之利不如嘉湖,道咸期间(1821—1861)乡绅钱宝琛在其住宅后面建园,树桑饲蚕,又在太原王氏南园种桑一千余株,目的是在当地倡导蚕桑。同治(1862—1874)末年归安人吴承潞担任太仓知州,创设蚕桑局,购买桑苗号召老百姓栽种,十余年间种桑不下数十万株。可惜后来官方时作时辍,对栽桑养蚕推广不力,民间又不得治桑育蚕之法,以致当地蚕桑业长期未见起色。[3] 上海的蚕桑生产据说也是由在该地做官的归安人沈秉成所提倡的。明清时期,归安县属于湖州府,蚕桑业发达,一些以蚕桑为主要副业的著名市镇如南浔、双休、菱湖都在归安界内。沈秉成从家乡购买桑苗免费分发给上海当地居民,并请人指导桑树种植。

　　松江府元明时期棉纺织业发达,蚕桑生产则相对薄弱,这种情况到了清末有所改变。"郡境向不事蚕桑,自道光季年,浦南乡人始有树桑饲蚕者(华亭诸生顾华琳、庄镜新自植数千株于家园,于是相继兴起)。及咸丰兵燹,浙西及江宁人避难之浦东,益相讲习,官吏复鼓舞导之。近虽植桑渐多,然蚕利犹未薄也(参华亭、奉贤、南汇志)。"[4]可见,受太平天国战争的影响,浙西

　　① 陈恒力编著,王达参校:《补农书研究》,第 108 页。
　　② [清]张仁美撰:《西湖纪游》,载王云五主编:《丛书集成初编》第 3171 册,上海:商务印书馆 1935 年版。
　　③ [民国]王祖畬等:《太仓州志》,据民国八年刊本影印,《中国方志丛书》,台北:成文出版社 1975 年版,第 130 页。
　　④ [清]博瑞等修,姚光发等纂:《松江府续志》,《中国地方志集成》"上海府县志辑"(3),第 116 页。

及江宁的民众避难浦东，带来了蚕桑生产，加之开明士绅和官吏的倡导，当地植桑的人逐渐增多，不过养蚕获利还不多。常熟、昆山、南汇、嘉定和宝山等地桑蚕生产推广的情况与松江类似，只是效果不大明显。其原因主要是这些地方土壤黏性高，更适合种棉花，且棉花收益远高于蚕桑，故栽桑养蚕往往推而不广。

太湖北部地区以无锡为中心的蚕桑业发展值得称道。无锡县在明清时期隶属常州府，紧邻老蚕桑区杭嘉湖平原，但这里的蚕桑业是在 1860 年之后才兴起的，此前无锡种桑养蚕的人家非常少。大约到 1900 年前后，无锡北乡已有三四十年树龄的整片桑园。而在沿河圩地（狭长高地）栽种的桑树，树龄又稍老一些。据推测，无锡人大概先在圩地栽桑，然后才发展为成片桑园……南乡栽桑早于北乡，则南乡经营成片桑园的时间应在 1860 年前后，最早不会超过 19 世纪 50 年代。[1]

无锡蚕桑业早期与家庭手工缫丝结合在一起，成为当地农民重要的家庭副业。农家的土丝供给盛泽、南京等地的丝织业作纬丝，或由丝行收购，贩运至上海卖给洋行，再输往欧美。[2] 即无锡蚕桑生产的兴起，主要是受到了国内外蚕丝市场需求的刺激。与此相关，1860 年之后，英商等外国商人纷纷在上海设缫丝厂，1904 年无锡也建立了机器缫丝厂，蚕茧需求量大增。19 世纪 80 年代早期，无锡出现太湖地区最早的茧行。到 20 世纪初，无锡成为全国最大的蚕茧贸易中心之一。[3] 就是说，进入 20 世纪，中国的蚕丝出口刺激了无锡等地机器缫丝业的兴起和发展，并由此推动其蚕桑业走向繁荣。20 世纪 20 年代以后，无锡蚕桑业的发展，还与蚕种改良、蚕业体制改进密切相关。[4]

四、基于 GIS 的桑蚕业时空分布可视化

为了弥补前述定性描述及总体考察之不足，对明清太湖流域蚕桑业的空间分布及重点区域有一个具体而直观的认识，这里首先利用前述《方志·物产》资料，借助 GIS 分析工具，对太湖地区"桑"记载地的分布热点予以可视化展示。这里所说的"桑"，不仅是指桑树，还包括了如桑蚕、桑叶、桑根、桑葚等词汇中所包含的"桑"字，属广义范畴。首先使用平均最邻近统计工具，得出"桑"记载地的空间分布具有显著的聚集性，然后使用核密度估计工

---

① 中国农业遗产研究室太湖地区农业史研究课题组编著：《太湖地区农业史稿》，第 186，187 页。

②④ 陈廷煊：《无锡近代蚕桑业的兴衰——对无锡曹庄等 11 村的调查》，载高燮初主编：《吴文化资源研究与开发》，苏州：苏州大学出版社 1995 年版，第 231，240 页。

③ 高景岳、严学熙：《近代无锡蚕丝业资料选辑》，南京：江苏古籍出版社 1987 年版，第 23 页。

具对"桑"记载的热点地区予以可视化呈现。[①]

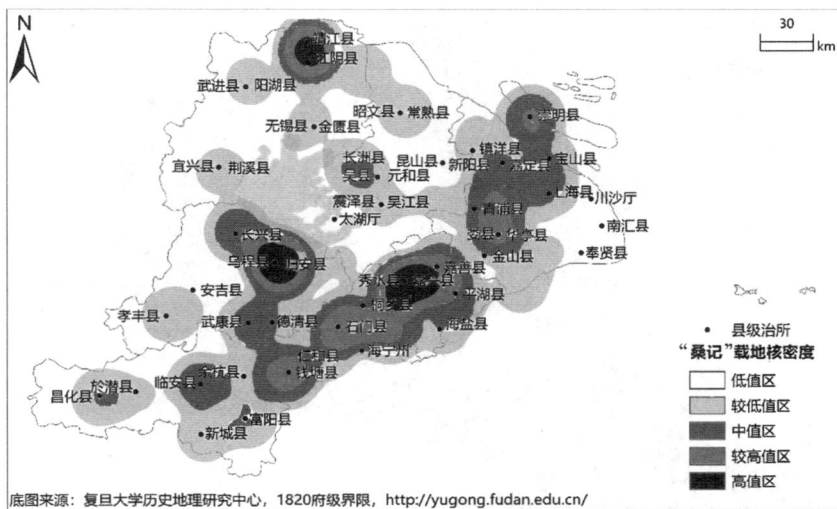

图 6 - 1　明清太湖地区"桑"记载地核密度

由图可知,明清太湖地区"桑"记载地的核心区主要位于湖州府附郭县(乌程、归安);嘉兴府附郭县(秀水、嘉兴);常州府的靖江、江阴。这种可视化分析结果与前文论述基本一致,并反映出湖州、嘉兴二府桑蚕业最为兴盛的四个县可能是乌程、归安、秀水、嘉兴。前文已对嘉湖地区的桑蚕发展情况及因素有了较多介绍,这里不再赘述。值得注意的,常州府江阴县和靖江县关于"桑"的记载也比较突出,甚至超过了无锡县以及桑蚕业向称发达的苏州府吴江县、吴县等地。就是说,江阴和靖江的蚕桑业似乎也曾盛极一时,只是这个兴盛时期的出现大约在清代后期,相对较晚。清后期通商开埠之后,蚕丝之利大好,而棉纺织业受洋纱、洋布的冲击,略显颓势。在这样的背景之下,除了杭嘉湖这样的传统桑蚕优势区之外,太湖之北常州府的蚕桑业也开始发展起来,原本产棉较盛的江阴、靖江,亦普遍推广蚕桑。[②]

为了进一步认识明清两朝各阶段太湖地区桑蚕业扩展的地域变化情况,这里再利用《方志·物产》资料,对"桑"记载在太湖地区各府(州)县志中初次出现的年份予以统计和可视化展现。(图 6 - 2)

---

　　① 　使用平均最邻近统计工具,得到"桑"记载地平均最邻近距离为 553.31 m,理论最近邻距离为 6 170.54 m,最邻近指数为 0.090＜1,z 得分为－29.35＜－1.65,p 值为 0.00,表明"桑"记载地的空间分布具有显著聚集分布特征。

　　② 　林荣琴:《明清时期太湖地区蚕丝业的分布与变迁》,《中国历史地理论丛》2003 年第 3 期。

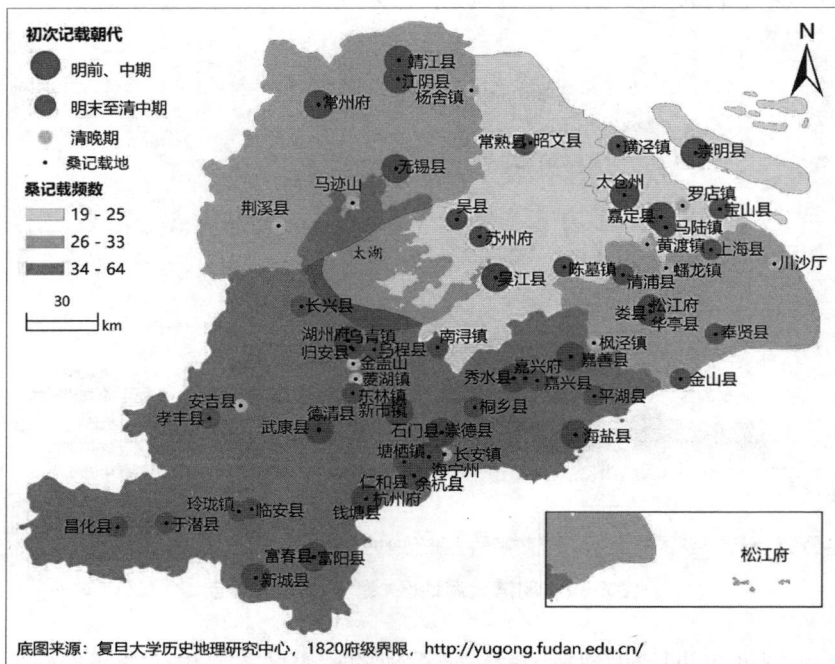

图 6-2　明清太湖地区方志"桑"记载初次出现的朝代分布

嘉兴府。嘉善县|明弘治五年(1492);秀水县|明弘治五年(1492);海盐县|明弘治五年(1492);崇德县|明万历三十九年(1611);平湖县|明天启七年(1627);石门县|清康熙十六年(1677);桐乡县|清康熙十七年(1678);嘉兴府|清康熙二十年(1681);嘉兴县|清康熙二十四年(1685)。

杭州府。富春县|明正统五年(1440);杭州府|明成化十一年(1475);仁和县|明嘉靖二十八年(1549);海宁州|明嘉靖三十六年(1557);新城县|明万历三年(1575);钱塘县|明万历三十七年(1609);余杭县|明万历四十四年(1616);玲珑镇|清康熙元年(1662);富阳县|清康熙十二年(1673);临安县|清康熙十四年(1675);昌化县|清康熙二十二年(1683);塘栖镇|清乾隆三十年(1765);于潜县|清嘉庆十五年(1810);海宁州修川(长安镇)|清同治六年(1867)。

湖州府。德清县新市镇|明正德十一年(1516);武康县|明嘉靖二十九年(1550);湖州府|明万历四年(1576);德清县|清康熙十二年(1673);归安县|清康熙十二年(1673);孝丰县|清康熙十二年(1673);长兴县|清康熙十二年(1673);乌程县|清康熙二十年(1681);乌程县乌青镇|清乾隆二十五年(1760);东林镇|清嘉庆十八年(1813);南浔镇|清道光二十年(1840);菱湖镇|清同治元年(1862);安吉县|清同治十一年(1872);金盖山(在湖州南郊)|清光

绪二十二年（1896）。

松江府。华亭县|明正德十六年（1521）；松江府|明崇祯四年（1631）；青浦县|清康熙九年（1670）；上海县|清康熙二十二年（1683）；金山县|清乾隆十六年（1751）；奉贤县|清乾隆二十三年（1758）；娄县|清乾隆五十三年（1788）；青浦县蟠龙镇|清光绪元年（1875）；川沙厅|清光绪五年（1879）；枫泾镇|清宣统三年（1911）；黄渡镇|清宣统三年（1911）。

常州府。常州府|明成化十九年（1483）；无锡县|明弘治七年（1494）；江阴县|明嘉靖二十六年（1547）；靖江县|明嘉靖四十四年（1565）；马迹山|清光绪六年（1880）；宜兴荆溪县|清光绪八年（1882）。

太仓州。崇明县|明正德八年（1513）；太仓州|明嘉靖二十七年（1548）；嘉定县|明嘉靖三十六年（1557）；宝山县|清乾隆十年（1745）；马陆镇|清嘉庆二年（1797）；璜泾镇|清道光十年（1830）；罗店镇|清光绪十五年（1889）。

苏州府。吴江县|明嘉靖三十七年（1558）；吴县|明崇祯十五年（1642）；苏州府|清康熙三十年（1691）；常熟县|清康熙五十一年（1712）；陈墓镇|清雍正二年（1724）；杨舍镇|清光绪九年（1883）；昭文县|清光绪三十年（1904）。

由上图可知，明代前中期（1621年前）"桑"的文字记载地主要集中在杭嘉湖桑蚕区。其中包括嘉兴府嘉善、秀水、海盐、崇德；杭州府富春、仁和、海宁、新城、钱塘、余杭；湖州府德清县新市镇、武康。除杭嘉湖地区之外，此期期松江府华亭，太仓州崇明、嘉定，苏州府吴江，常州府无锡、江阴、靖江，也出现了零散的桑蚕记载。

明末到清中期（1621—1850），除了嘉湖地区之外，苏州府、松江府和杭州府新增不少"桑"的记载，说明这些地方的蚕桑业有明显扩张。同时，杭嘉湖的蚕丝业更加密集和专业化，嘉兴府增加平湖、石门、桐乡、嘉兴；杭州府增加临安玲珑镇、富阳、临安、昌化、塘栖镇、于潜；湖州府增加德清、归安、孝丰、长兴、乌程、乌程县乌青镇、东林镇、南浔镇。甚至以植棉纺纱为主的松江、太仓也增加了桑蚕生产，其中包括松江府青浦、上海、金山、奉贤、娄县，太仓州宝山、马陆镇、璜泾镇。苏州府的沿湖地带，蚕丝业也有较大发展，新记载的蚕桑地包括吴县、常熟、昆山陈墓镇。总体来看，传统植棉区因地理环境以及社会经济条件的限制，桑蚕业的发展仍有较大困难，不易达到如嘉湖地区那样的繁盛程度。

清晚期（1850年后）通商开埠使得蚕桑业利润大增，太湖地区更多民众克服各种困难，栽桑养蚕。从《方志·物产》中"桑"的记载来看，新增的桑蚕产地包括：杭州府海宁州修川（长安镇），湖州府菱湖镇、安吉县、金盖山，松江府青浦县蟠龙镇、枫泾镇、黄渡镇，太仓州罗店镇，苏州府杨舍镇、昭文县。

"桑"记载地东到川沙,南到新城,西到昌化,北达靖江,几乎遍布太湖流域。

需要说明的是,由于各府县方志中相关"桑"信息的记载,受到志书纂修先后以及纂修质量等各种因素的影响,难免出现偏差甚至错讹。这就使得上述 GIS 图像,难以完全具体、真实地反映明清太湖地区各府县桑蚕生产的时空变迁状况,只能较为直观地展示出桑蚕业以太湖南岸平原区为主体,逐步扩展的大致情景,有些细节展现与前述以典型资料为基础的分析相比难免有所偏差,如图 6-1 对苏州府桑蚕业发展的表现似乎不够明显。

第二节　桑蚕技术的进步

明清太湖流域以嘉湖一带蚕桑业最为发达,湖桑培育技术精湛,湖丝品质优良,这与当地的自然条件有密切关系,同时也是蚕桑商品生产发展的结晶。这一时期太湖地区出现的几部农书及蚕书,如《沈氏农书》《吴兴蚕书》《湖蚕述》《广蚕桑说》《蚕桑辑要》《蚕桑捷效书》等对此有明确反映。

一、桑树品种

(一)桑树品种增加

桑树的生长周期长达几十年,所以桑树品种选育较其他农作物显得更为重要。江南农谚云:"种桑三年,采叶一世",农民对桑树选种自然极为重视。嘉湖地区的一些桑树品种,宋代已经形成,可惜历史记载较少。嘉泰《吴兴志》记载:"今乡土所种有青桑、白桑、黄藤桑、鸡桑。"结合其他方志来看,青桑和白桑应为嘉湖一带较早出现的常见桑种。

明清时期,太湖流域植桑技术有了很大进步,农民选育出众多生态适应性良好的桑树品种。据明初黄省曾《蚕经》"艺桑"记载,太湖地区的桑树有柿叶、鸡脚、地桑、条桑以及青桑、望海、白桑、紫藤等种类,并指出柿叶桑"其叶必大而厚",青桑"无子而叶不甚厚,是宜初蚕"。明末《沈氏农书》所记的桑种包括荷叶桑、黄头桑、木竹青、五头桑、火桑等。清初《乌青文献》记载有密眼青、白皮桑、荷叶桑、鸡脚桑、扯皮桑、尖叶桑、晚青桑、火桑、山桑、红头桑、槐头桑、鸡窠桑、木竹青、鸟(乌)桑、紫藤桑、望海桑 16 种[1]。若去除重

---

① [清]许瑶光等修,吴仰贤等纂:光绪《嘉兴府志》卷三十二"农桑"引,《中国方志丛书》,第795 页。

复，杭嘉湖一带约有桑树品种 20 个。①

　　这一时期，人们对桑树品种性状及优劣的认识也趋于细致深入。《沈氏农书》"运田地法"：种桑以荷叶桑、黄头桑、木竹青为上，"取其枝干坚实，不易朽，眼眼发头，有斤两；五头桑、大叶密眼次之，细叶密眼为最下"。② 可见蚕农对于各桑树品种外形特征及经济性状的认识有所提高。同治《湖州府志》的桑种分等更为细致：富阳桑、荷叶桑、木竹青、黄头桑为上等；密眼青、白皮桑、扯皮桑、尖叶桑、山桑、晚青桑、槐头桑为中等；金桑、细叶密眼为下等。野桑又以望海桑为上，火桑、麻桑为中等，鸡脚桑最下。后来汪曰桢在同治《湖州府志》蚕桑部分的基础上，撰成《湖蚕述》。

（二）桑树品种的命名

　　从种类繁多的桑树地方品种来看，当地民众主要是根据其外形特征来命名的，称呼颇为形象。

　　以枝条皮色命名。这种命名法比较常见，成为鉴别桑品种的重要依据。"桑以湖州产者为佳，有青皮、黄皮、紫皮三种。"③紫皮桑叶密而厚大，在湖州地区被看作是最好的品种。《劝桑说》总结了桑树皮色与品种性状之间的关系："养桑者贵择种之美，尤贵相土之宜，而以人力补其不足，其桑无不美矣。桑秧皮红色为上，黄次之，白次之，青次之。"④

　　依据枝条上芽眼或芽头的色泽、多少来命名。一般来说，枝条上的芽眼多，产叶量就高。农民修剪树型之时，根据芽眼决定留枝长度。芽眼多的品种在夏伐留枝的时候，应该留得较短，但像五头、黄头这样芽眼相对较少的品种，则要留长一些。《沈氏农书》提到："密眼桑留半寸许，五头、黄头留二寸许"。五头桑在桐乡一带也叫五眼青，其枝条粗且挺直，发芽较早，曾是桐乡、崇德两县的主要栽培品种。⑤

　　根据叶片形状及颜色命名者，如荷叶桑、红头桑、火桑等。荷叶桑最早见于万历《崇德县志》，其主要特征是叶形很大，形似荷叶，后来又细分出很多小种，如荷叶白、团头荷叶白、尖头荷叶、荷叶大种、皱皮荷叶等。火桑是嘉湖地区著名的早生品种，幼叶呈紫红色，远望似火。《沈氏农书》记载："有一种火桑，较别种早五六日，可养早蚕。凡过二月清明，其年叶必发迟，候桑

---

　　①　梁家勉主编：《中国农业科学技术史稿》，北京：农业出版社 1989 年版，第 544 页。

　　②　［清］张履祥辑补，陈恒力校释，王达参校、增订：《补农书校释》，第 46 页。

　　③　［清］吴烜：《蚕桑捷效书》，载章楷编：《中国古代栽桑技术史料研究》，北京：农业出版社 1982 年版，第 8 页。

　　④　章楷编：《中国古代栽桑技术史料研究》，第 142 页。

　　⑤　《调查浙江省桑树地方品种报告（初稿）》，湖州市档案馆，1954 年，W73－7－13。

下蚕,蚕恐后期,屋前后种百余株备用可也。"火桑发芽比其他桑种要早五六天,可用来饲养早蚕,一般种在房前屋后备用,防止桑园桑叶萌发延迟而耽搁育蚕。

以树干高度命名者,最典型的是望海桑。望海桑树型高大,有站在树上可以望到海之意。《补农书》记载:"若墙下可以树桑,宜种'富阳''望海'等种,每枝大者可养蚕一筐,愈老愈茂。"望海桑与富阳桑属产叶量高、树龄长的品种,农家常将其散植在墙头屋角。

(三)湖桑的源流与特点

湖桑之名出现较晚,实际上是一个桑树种群的称呼。据说清末各省将由杭嘉湖地区引进的叶大、高产、优质的桑苗,统一名为"湖桑"。[1] 一般认为,湖桑与原产于山东的鲁桑同属鲁桑系统,或者说是鲁桑在嘉湖一带的自然环境条件下,经过嫁接和异地培育而形成的变种。在前面提到的桑树品种中,除过火桑、金桑、野桑、望海桑、富阳桑、大种桑、麻桑以外,其他品种似乎都属于湖桑。

杭嘉湖地区的桑树造型,宋元时期已独具特色。这里的桑树为主干较低的矮桑,桑叶产量高、品质优,与北方常见的高大乔木桑有明显区别。随明清两代蚕桑经济的发展,嘉湖农民的栽桑经验更加丰富,春叶亩产 2 000多斤已很常见。与此相关,清人程岱葊《西吴蚕略》卷上"种接桑树"载:"桑之种类极多,大抵就地而名之,不可枚举。湖之所名惟家桑、野桑二种。野桑多椹,叶薄而尖,古所谓荆桑也。家桑少椹,叶圆厚而多津液,古所谓鲁桑也。"嘉湖农民依据桑树嫁接的情况将本地的桑树分为"家桑"与"野桑"。家桑实际上是经过嫁接的桑树,相当于后世所称的"湖桑"。另外,自古以来,由于鲁桑与湖桑性状相似,当地人一般将家桑与鲁桑混称。[2] 嘉湖地区一般用荆桑作为实生砧木,鲁桑条作为接穗嫁接成家桑。家桑集中在桑园种植,野桑则任其生长,可在屋前屋后及空闲地种植。

清末卫杰《蚕桑萃编》卷二"桑种"说湖桑的特点是:"叶圆而大,津多而甘,其性实,其条脆,其干不高挺,其树鲜老株,采折最便。"[3]包世臣也说,湖桑"叶厚大而疏,多津液、少椹。饲蚕,蚕大得丝多。"[4]可见,湖桑是在太湖流域湿润的气候条件下,经过桑农长期培育而形成的良种桑,其叶大、质厚、津多,树干较矮,伐条采叶方便,适合于规模化栽植。

---

① 蒋猷龙:《浙江桑品种的形成和分化》,《古今农业》1987 年第 1 期。
② 郑云飞:《"荆桑"和"鲁桑"名称由来小考》,《农业考古》1990年第 1 期。
③ [清]卫杰:《蚕桑萃编》,北京:中华书局 1956 年版,第 39 页。
④ [清]包世臣著,潘竟翰点校:《齐民四术》,第 30 页。

二、桑树栽植与树型养成

明清太湖地区的桑苗生产以专业化为主,农民从市场上买回桑苗后进行栽植,成活后还要进行嫁接、修剪及树型养成等一系列工作,以提高桑叶产量和品质。

(一) 桑苗培育、移栽与嫁接

首先要在芒种前后种下桑子,浇水施肥,在桑苗长到四五尺时即可掘坑移栽。春分前后移栽易于成活,9月至2月中旬也可以移栽。坑深一尺左右,彼此相隔八九寸,桑苗用粪和泥栽下,填土筑实。移栽时不要伤着小根,并记住其原来生长的朝向。行距要宽一些,且各行的桑苗要错开,不可正对。要勤浇勤锄,待桑树苗长到手指粗细时就可以嫁接了。在桑地空白处还可以种绿豆、黑豆等,但不宜种麦子和水稻。

还有盘桑条育苗和压桑条育苗的方法。前者是在九十月份挑选连着树枝的柔软桑条,盘成圆圈,挖坑一二尺深,和入粪土,将桑条紧紧埋筑,枝梢略微露出来。冬季盖上腐烂的杂草,春天去掉。正月、二月也可以盘桑条。大概一年之后,埋在土下的桑条已发出新条,并生根散布,可以连根剪断移栽。后者是将靠近地面的柔软桑条,压倒后用泥土埋入挖好的坑中,将桑条上的枝梢露出土面,次年将从土中长出多个一二尺高的新枝梢;到春分时,将埋入坑中的老枝条逐节剪断,并将发出的新条剪去上梢,连着根留二尺移栽。不过压桑法育苗成活率很低,当地不常采用。

明清时期,太湖地区农民一般从市场上购买桑苗。桑农在选择桑苗时,首先注意桑根的状况,以主根小而侧根多的桑苗为佳,所谓"节要密,根要多,直根大而少旁根者不良"。[①] 移栽桑苗的要求是:"根不必多,刷尽根毛,止留线根数条,四方排稳,渐渐下泥筑实,清水粪时时浇灌,引出新根。"[②]栽种时一般去除主根,这样桑树根系向下生长受限,就会向四周发散开来,同时地上部分的生长也会受到相应的抑制。《蚕桑提要》:"移栽桑树须剪去下面直根,只将横根埋齐,掘松土栽之。"由于桑根在土壤中的分布直接影响树冠的扩展,植桑前要深翻土地,要求"二三层起深",即相当于耕深一尺左右。[③]

桑树一般适宜栽种于高平之地,低湿环境不利于其生长。沈练《广蚕桑

---

① [清]陈开沚:《劝桑说》,载章楷编:《中国古代栽桑技术史料研究》第六章,第83页。
② [清]张履祥辑补,陈恒力校释、王达参校、增订:《补农书校释》,第47页。
③ [清]张履祥辑补,陈恒力校释、王达参校、增订:《补农书校释》,第26,44页。

说》:"桑地宜高平不宜低湿,低湿之地,积潦伤根,万无活理(高平处亦必土肉深厚乃可)。按:地将栽桑,须锄地分垅,使无积水。"①"垅"与"垄"相近,但垄较高凸,垅较低平。就是说,在地下水位较高的地方,栽桑之前要挖沟培土成垅,将桑苗栽在垅上。

在分栽桑苗的时候,就要对枝干进行修剪整型,嘉湖地区称为"拦头"。其目的在于剪除过密的弱小枝芽,使留下的枝芽更好地发挥顶端优势,以便合理配置树干,养成树型。在桑树移栽三年后,就必须进行接换,这样桑叶才能长得厚大。嫁接方法是,春分前后,选择向阳的好枝条,如筷子粗细,长一尺左右,削成马耳状。于本树离地二三尺处,将桑皮带斜割开,如"人"字形,刀口约一寸半长,将马耳朝外插入其中,用桑树皮缠好,粪土包缚,不要泄气,清明节后就会成活。下一年将本树上部锯掉,便会长成大树。还有一种嫁接法是,不管树身大小,将树顶锯截掉,锯口用刀削平,并从中间劈开将接头削成乌鸦嘴形状,插入劈开的缝隙中,接头长短须根据劈缝深浅而定,插入后要使接头与劈缝相贴合,包缚方法同前。

嫁接后的桑树长到六七尺时,就要开始修剪。在腊月与正月之间,砍去其中心枝条,其余的枝干就会向外生长,如大伞形状。枝条不繁,叶子自然厚大。饲蚕时将枝叶全部剪下,但桑枝必须保留一二尺长。在桑树生长期间,还要加强培土、施肥、浇灌和治虫,并及时修剪。②

(二)树型修剪与养成技术

树型养成即通过合理修剪,控制桑树生长,使其形成一定的树干高度和枝干结构,适应生产需要。与传统的高大乔木桑相比,明清以来太湖地区桑树的树型已经普遍矮化。在降低桑树树干高度的同时,人们还根据不同的种植环境,分层配置桑树的主干和枝干,养成特定树型,使桑树在有限的空间长出更多的枝条,以提高桑叶产量。后人按照桑树的树干高度,将其分为地桑、低干桑、中干桑和高干桑四类;又依据树干顶端有没有拳状隆起,分拳式桑和无拳式桑两种。根据主干定型时的高度选择,修剪时又有有高刈、中刈、低刈、根刈几种方法,分别对应养成高干、中干、低干桑、地桑。

明清杭嘉湖地区的桑树树型一般都是中、高干桑。清同治年间吴兴人俞塘《蚕桑述要》提到:

---

① [清]沈练著,[清]仲昂庭辑补,郑辟疆、郑宗元校注:《广蚕桑说辑补》卷上,北京:农业出版社1960年版。

② [清]沈秉成著,郑辟疆校注:《蚕桑辑要》,北京:农业出版社1960年版,第4页;[清]汪曰祯撰,蒋猷龙注释:《湖蚕述注释》,北京:农业出版社1987年版,第19页。

桑树不宜太高，园里墙外，不过高与檐齐，至高仅及一丈上下。桑之式样，好者约三尺分桠，或双或三四；再高尺余分干，每尺余又分之，至七八尺即可圆顶。圆顶者，其上有枝而无干，头叶剪完，望之如拳，谚所谓桑拳是也。自平地至圆顶，能持剪剪之，最为相宜。①

即桑树主干最高在一丈上下，但又不能低于三尺，因为控制树型，主要是为了便于采叶与耕作。另外，深秋夜间距地面近处叶温较低，为避免冻害，主干要相对留高一些。这种传统树型养成经验长期沿用。据调查，20世纪50年代，嘉湖农民对桑树主干高度的区分，依然以成年人的身高作为参照，分为平胸、平肩、平头三种（约120—180厘米），高出人头的称高干；高不过一丈，大约"一人一手高"的树型，最受农民喜爱。② 相关档案记载也表明，20世纪50年代，浙江吴兴的桑园树型养成仍以中、高干桑为主，中干桑主干高4—5尺，便于桑树修剪及桑叶采收；高干桑，主干高5尺以上，一般栽植于屋边、路边和过去就有间作的桑园，它能够增加日照，利用空间，便于间作。③

树型高度的控制，主要是为了采叶、修剪上的方便，也会考虑地势高低、地力肥瘠等环境条件的差异。树大而桑拳多，常见于肥沃土地，"若瘠地及田旁，不能容多拳大树，每树只容三四拳，接树后两年即可开剪，树不欲高，使土膏易于灌顶，且免遮阴禾稼"。④ 为了防止遮蔽稻田，实现粮桑两不误，稻田旁的畦畔式桑园采用的是低干少拳树型。这种桑园里的桑树由于光照充足，通风良好，往往生长发育旺盛，养分丰富。即树型高度和留拳数目可依据栽种区肥力条件及耕作制度做相应调整。

桑树定植后剪梢情况的不同，则会影响桑树树冠的高度。在嘉湖一带，桑树定型后每年都要剪梢者称剪桑，其叶小；主干定型后不再剪梢的荷叶桑，又称扎桑，其叶大。湖州人的剪桑树型"至高不过一丈，至大不过一拱"，荷叶桑"有高至二丈许，大至径尺者"。湖州人养蚕全部依赖剪桑，荷叶桑仅用于饲养小蚕。⑤

专业桑园之外空闲地上栽植的桑树，采用的是高干无拳式养成法，树

----

① ［清］俞墉：《蚕桑述要》，载章楷编：《中国古代栽桑技术史料研究》，第140页。

② 宣霞章等：《浙江省桑树地方品种调查报告》，载《蚕业科学通讯》1957年第2期。

③ 《吴兴县蚕桑生产调查报告》，浙江省档案馆，1957年，J－11，6－13－98，转引自周晴《河网、湿地与蚕桑——嘉湖平原生态史研究（9～17世纪）》，2011年复旦大学博士论文，第166页。

④ ［清］赵敬如：《蚕桑说》，载章楷编：《中国古代栽桑技术史料研究》，第143页。

⑤ ［清］张行孚：《蚕桑要略》，载章楷编：《中国古代栽桑技术史料研究》，第142页。

图6-3 "采桑图"

图片来源:[清]俞埔纂辑:《蚕桑述要》,载章楷编:《中国古代栽桑技术史料研究》,第200页。

型高大,当地农民称之为散桑。(图6-3)"若墙下可以树桑,宜种富阳、望海种,每株大者可养蚕一筐。"《沈氏农书》提及的"楼子样"树型,也属于一种高干无拳式树型,流行于"西乡",即德清、崇德、杭州等山地丘陵地区,当地称之为"步步高"。"步步高"树型养成时,留主干为5—7尺,第二枝干向四方伸展,留5—8枝,以后每年于各分枝上保留一两个新梢任其生长,年年这样采叶剪条,树型高大,产量稳定,树龄长。[①] 火桑也是散桑的一种,主要种在房屋前后,以弥补园桑的短缺。火桑不耐剪伐,农民采取一年剪一年养的方法,或只采不剪的采养法。这样树上常有绿叶存在,桑树不易衰败,树龄长,形成高大的乔木树型。在肥源缺乏的丘陵山区,为了适应环境,人们一般选栽树性强的"草桑"(又称"毛桑")。草桑即野桑,现在也称实生桑。草桑如果不进行嫁接而直接定植,一般养成乔木桑。乔木桑只采叶不加任何人工修剪,树型高大。

(三)拳桑的普及

嘉湖农民采用拳桑树型养成的方法较早,不过其树型记载始于《沈氏农书》:"试看拳头桑,桑钉眼多,身如枯柴,一年缺壅,便不能发眼,即行闷死矣。""拳头桑"(即拳桑)树型不很美观,对栽培管理的要求也比较高,如果施肥不足,桑拳上的冬芽就难以萌发。到了清代,由于商品经济发展的刺激以及规模化生产的需要,拳桑逐步成为当地桑园最常见的树形。[②] 可见,明清时期拳桑经历了从形成到普及的过程。

---

① [清]张履祥辑补,陈恒力校释,王达参校,增订:《补农书校释》,第51页。
② 周晴:《河网、湿地与蚕桑——嘉湖平原生态史研究(9—17世纪)》,2011年复旦大学博士论文,第173页。

在《沈氏农书》以前，嘉湖地区方志记载中最常见的树型是条桑和高桑。明成化《湖州府志》曰："桑有两种，饲蚕后剪其条，谓之条桑；其叶大不剪者谓之高桑。"①崇祯《乌程县志》卷四"土产"所记条桑养成方法更为具体：桑条贵在修剪，刚栽下去时剪去主干，只留下根部，用粪水浇灌，让其重新长出枝干，"凡剪三年，而后留其干，至摘叶后尤剪其长条。不然叶不发生，故曰条桑"。剪伐桑条能够使桑叶丰产，"条桑"技术已转变为树型称呼。万历《湖州府志》卷三载："摘去叶后，剪去长条，不然叶不发生，故曰条桑。又剪而秃者，曰鼓椎桑。""鼓椎桑"之称形容桑树枝干顶端膨大，它实际上就是在条桑的基础上，用桑剪将枝条剪光而形成的，已接近拳桑的形态。

剪桑技术的推广，使得桑树逐渐矮干化，拳桑就形成了。比起宋元时期的树型，明代嘉湖一带的桑树高至"七八尺"，采桑时已"不必乘梯缘木"。② 清代的标准树型高度是"一人一手高"，即所留桑拳高度不能超过一般人举起手的高度，超过这个高度，摘叶和剪桑操作起来就不方便。为了使树型矮化，便于桑园管理，嘉湖农民普遍施行桑树拦头法，拳桑的养成即与年年拦头修剪有很大关系。

拳桑的养成过程，在清代以来的许多蚕桑书中都有反映，方法基本相同。同治年间归安人沈秉成的《蚕桑辑要》"移栽剪桑法"对条桑法及拳桑养成过程的总结比较详细：

> 条桑栽法，宜五尺许一本，如品字样，不可对植。待次年正月，天气清和，离地二尺，剪去上条，候芽出时，只留二芽，秋后条成，又五六尺许。待次年正月，离丫尺许，复剪去。如又样式，再留顶上各两芽，余芽抹去。来年又剪新枝，总留尺许，仿前法再剪再留，而枝条又增倍矣。约五六年，至立夏后开剪，连枝叶尽行剪下饲蚕。剪至数年，桑成拳式，八九十拳不等，谓之拳桑。③

《蚕桑辑要》"蚕桑杂记"还加入示意图，按照年份和时令顺序形象描述了拳桑的养成过程，图6-4由左到右分别是栽种第一年春至第四年春拦头和第四年夏秋长势示意图。

---

① ［明］劳钺修，张渊等纂：成化《湖州府志》第八卷"土产"，北京：书目文献出版社1991年，第85页。

② ［明］宋应星著，潘吉星译注：《天工开物译注》，第93页。

③ ［清］沈秉成著，郑辟疆校注：《蚕桑辑要》，第18页。

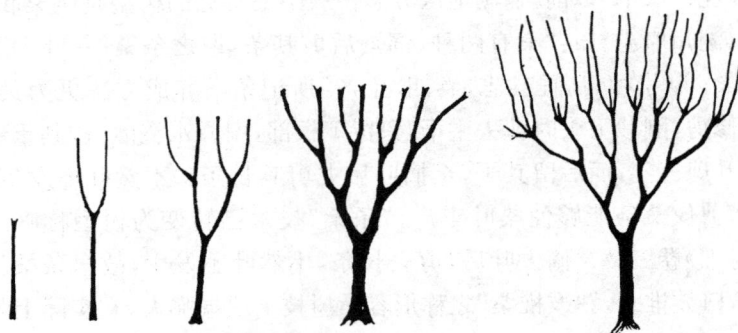

图 6 - 4　拳桑树型养成过程示意图

图片来源：［清］沈秉成著，郑辟疆校注：《蚕桑辑要》，第 18—20 页。

同时期汪曰祯《湖蚕述》也有逐年拦头的拳桑养成记载：第一年拦头时"须存粗叶芽三四个"，即修剪时选留主干上三四个健壮叶芽，使其发育成第一枝干；第二年拦头后确定第一枝干的时候，就要考虑树冠形状，合理修剪，使其"望之如圆盖"；第三年拦头："上年所拦之桑，次年发生有五六枝，其枝在中而壮者，约一尺二三寸长，拦之可二三枝，其枝在四旁者约七八寸拦之。""中而壮者"是指内部枝干，其留枝长度应比四旁的枝干稍高一些。就是说，在枝枝干配置的时候，"中长者为顶"，让中部的长枝干向上生长，形成树顶，其四周较短的枝干向外生长，使树冠外扩。这样的修剪方法可使桑树形成"形如伞，圆如盖，望如覆钟"的树型，使得"枝叶层层而上，其受雨露遍而无陂，叶易长大而多生"，促进桑叶丰产。第四年、第五年拦头根据桑树生长状况而定，一般第五年或第六年即可开始剪桑饲蚕。①

拳式桑实际上就是在桑树主干、枝干部分定型后，每年剪伐时在最后剪定的一层支干上也就是收获母枝上，齐枝干基部或留极短的一段进行伐条，由基部的潜伏芽长出新枝条。因为每年几乎都在相同部位发芽抽条，所以经过多年剪伐，桑树枝条基部逐渐膨大突起，形成拳头状树型，此即"拳桑"。拳桑的一个典型特点是"桑钉眼多"，桑钉就是伐条时留下的枝茬。这些残留的枝茬每年需要用桑剪修去，使拳面平整，拳桑的树型才得以维护。关于拳桑的形态，清代诗人何拭在《种桑说》序中有形象描述："乙卯（咸丰五年）仲冬，道经于越，顾见两岸多嘉树林，其行列极整齐，而形状极奇岖，高不过五六尺，然槎枿丛起，如力士支拳，如药叉探手，生气远出，若有勒之使还者。少则数亩，多则数十亩，了无杂木参错其间。"这些桑树"形状奇岖""槎枿丛

---

① ［清］汪曰桢撰，蒋猷龙注释：《湖蚕述注释》，第 21—22 页。

起",何拭看到的应是一片老桑园。

无独有偶,1909 年春,美国土壤学专家富兰克林·H. 金教授来中国进行农业考察期间,在浙江嘉兴一带近距离拍摄的几张老桑树照片,生动直观地反映出当地桑树的形态与生态。(图 6-5)金氏描述说:树上的长枝是由去年的嫩芽发芽长成的,而且它们上面的桑叶至少已经被采摘过一次了,等新长满又会被修剪掉,仅剩下老树干。这些树大多有 12 到 15 年历史了,树枝末端的树瘤越来越大,就是年复一年在几乎同样的位置剪枝的结果。①

图 6-5　树龄较老的桑树

图片来源:〔美〕富兰克林·H. 金著,程存旺、石嫣译:《四千年农夫》,第 273 页。

清代以来,杭嘉湖地区专业桑园中的树型养成,普遍采用中干拳式桑,只是桑拳的层次可能有所不同。当地有"四腰八拳"和"三腰六拳"之说,后者在生产中更为常见。腰即桑树枝干的层次,三腰即三层:主干、第一枝干、第二枝干。养成桑拳层次的多少,可以根据桑树的树势(生长状况)而定,树势强者可多留几拳,树势弱者则少留;在有空隙的地方也可进行补拳,让其增加拳数,多发枝条。桑拳上长出的枝条称为"徵条",当地农民又称"正条",即拳上直立向上的枝条。清代赵敬如《蚕桑说》说拳桑的好处:"一则省工,再则恐有雨湿,须倒悬于通风处,一时即干,即可饲蚕矣。"拳式桑树树型整齐,便于伐条管理和规模化采摘,节省工时,还能保证雨天能有干叶饲蚕。清代以来拳桑被杭嘉湖地区的农民普遍采用,直到 20 世纪 50 年代,当地的拳桑养成依然相当普遍。

---

① 〔美〕富兰克林·H. 金著,程存旺、石嫣译:《四千年农夫》,第 272 页。

三、桑园管理与桑叶采摘利用

（一）桑园施肥

桑园施肥按季节大致可分为冬肥（腊肥）、春肥、夏肥和秋肥，环环相扣。《沈氏农书》中说：桑地冬肥每亩必须施用三四十担垃圾肥，且以早为宜，至迟在立春前后；肥施下去后随即翻入土中，耙平土面，再覆盖一层河泥，促使冬肥在土中腐熟分解。开春桑树恢复生机后，立即能得到足够的养分，这样有利于桑芽萌发和生长。沈氏还指出，桑园春肥要在清明前后施下，谓之"撮桑"；夏肥要在夏季桑叶采收后紧急追施，称"谢桑"："剪桑毕，再浇人粪，谓之'谢桑'。浇一钱，多一钱之桑，毫不亏本，落得桑好。"[1]春肥和夏肥一般施用速效性的人粪尿。春肥的作用在于提高桑树的发芽率，促进桑叶生长；夏肥则有利于抽长新枝，生产秋叶。秋肥要在农历八九月施用，便于桑树的根茎等组织积储养分，保障来年春叶生长旺盛。

当时桑树施肥很注重河泥的利用。"古人云：家不兴，少心齐；桑不兴，少河泥。罱泥第一要紧事，不惟一岁雨淋土剥藉补益，正由罱泥之地，土坚而又松，雨过便干，桑性喜燥，易于茂旺。每年冬春罱一番……八月罱一番。"[2]意思是说，罱泥的好处，一是增加改善土壤性状，二是补偿一年中被雨水冲淋流失的表层肥土。太湖地区河塘多，河泥来源丰富，每年冬春间和八月份各罱泥一次，分别用于春肥和冬肥。

（二）病虫害防治

嘉湖地区桑田较严重的虫害为桑天牛和桑螟，病害是瘟桑（桑树萎缩病），病虫害防治让蚕农们格外劳神费力。

桑螟为鳞翅目，蚕蛾科昆虫，其幼虫在桑叶背面蛀食叶肉，严重危害桑叶生产。桑螟有一化性、二化性、三化性，江浙一带以二化性居多，因此第二代幼虫为害最重。桑螟孵化盛期在每年6月下旬，第一代幼虫称头螟，7月下旬羽化产卵。第二代幼虫8月上旬孵化，称二螟，至9月上旬羽化产卵。第三代幼虫9月中旬孵化，称三螟，10月下旬羽化，在桑树枝干上产卵块越冬。

关于桑螟防治，《沈氏农书》指出："留头螟一，则二螟便有百。此时田工甚忙，人每忽略不上紧。不知叶一经螟，纵有肥壅，有功力，亦不易救，决宜早早用心。农家惟此项最辛苦，功夫最难稽考。"沈氏说，刮除桑螟，需要进行三次。第一次在冬春之间，第二次在清明节前，第三次在剪桑结束之后。

---

①②　[清]张履祥辑补，陈恒力校释，王达参校、增订：《补农书校释》，第57，59页。

树上所有螟卵及幼虫,要全部铲除干净。如果遗留一个,就会危及全树。即使这样反复多次,估计也难以除尽。所以到了六月份要用手捏除头代螟,七月内捏除二代螟。消灭头螟尤其要仔细,若遗留一个,二代螟就会出现一百个。① 书中提出防治桑螟重在刮除其卵块,不能有遗漏,并告诫说,每株桑树上即使遗留一颗螟卵,它繁殖起来后也足以把桑叶吃光。

对瘝桑即患有枯萎病的桑树,蚕农认识到一旦染病就要坚决铲除,严防传染:"设有瘝桑,即番去之,不可爱惜,使其缠染,皆缘剪时刀上传过。凡桑一瘝,再无医法,断不可留者。"②"瘝桑"属病毒感染,为害全株,并有强烈的传染性。病株侧枝丛生,枝条细短,叶片皱缩变脆,树势衰弱,若传染开来,可导致桑园成片毁弃。

(三)桑叶采摘与桑田产叶量

1. 头叶与春蚕饲养

嘉湖地区主要利用头叶饲养春蚕。春蚕"蚕食头叶者谓之头蚕,食二叶者谓之二蚕"③。头叶即春天采摘的第一批桑叶,头蚕即春蚕,桑叶收获必须兼顾养蚕效果和桑树的生理。桑树的生长发育与气候条件关系密切。在3—5月份的春叶生长期,如果晴天多,光照足,气温高,则桑叶生长快,有利于春蚕饲养。低温阴雨,会导致桑叶产量降低。尤其是在春分到清明期间,若气温偏低,到清明时桑芽还未脱苞开叶,则预示着桑叶量少质差,影响春蚕饲育。当地农谚云:"清明以前叶开苞,买叶的人向叶笑;清明以前一粒谷,买叶的人向叶哭。"形象地说明清明之前桑叶生长状况与春蚕饲育的关系。④

春蚕稚蚕期采用摘叶的方法饲喂,对摘叶次序有一定要求。先是采小叶,"三眠前所采之底瓣、瞎眼谓之小叶",采下的小叶可用于饲养春蚕。小叶中先采底瓣,底瓣即枝条下部的止芯芽。⑤ 二眠以后蚕食叶渐多,若底瓣已采尽,就开始采瞎眼。瞎眼即枝条上部的新梢芽,难以长大,所谓"虽留之,长亦不多"。采小叶,即后世所谓的摘芯,摘芯得当可促使枝条上部新梢生长,利于增产春叶。但过度采摘则会影响桑树生长发育,《湖蚕述》卷二提到:"年年采小叶,桑亦易败。以隔年一采,每年轮换为妙。""小蚕时只采叶片,出火然后开剪。"小蚕饲育时要用火保温,三眠过后就不用了,故名"出

---

① ②[清]张履祥辑补,陈恒力校释,王达参校、增订:《补农书校释》,第49,54页。
③　[清]汪曰桢撰,蒋猷龙注释:《湖蚕述注释》,农业出版社,1987年。
④　陈清奇:《浙江农谚选注》蚕套(二),《浙江农业科学》1963年第3期。
⑤　止芯芽:受顶端优势抑制作用的影响,在桑树同一枝条上,与顶芽相比,侧芽生长慢,枝细叶小,成熟早,最后完全停止生长的止芯现象。

火"。小蚕三眠出火后,就可以剪桑饲喂了。

嘉湖地区春叶一般在谷雨前成熟,蚕农养春蚕的时节,掌握在谷雨前收蚁饲养,争取在小满以前上簇采茧,当地农谚说:"谷雨三朝蚕白头,好蚕不吃小满叶。"这样可使得蚕与桑叶的生长发育过程相适应,壮蚕期还可避免碰到高温;桑树的伐条时间也较为适时,有利于新梢生长。另外,蚕在小满前上簇,农民就可以腾出手来收获春花,栽插单季晚稻,不耽误水稻生产。[1]

春季壮蚕期桑叶的收获,一般采用夏伐的方式。夏伐即伐条,要全部剪去桑树上的嫩枝条及新长出的桑叶。[2] 桑树夏伐之后,枝条基部休眠芽萌发,加强施肥管理,就能迅速长出新枝。所以在剪桑之后,要及时施以"谢桑肥"。

2. 二叶与秋叶

除头叶春蚕以外,还有二叶夏蚕及秋叶秋蚕。拳桑夏伐,要将上年所生枝条全部伐去,二叶在新的枝条上长出,可用于二蚕饲养。"桑之萌芽,于二三月间者,谓之初桑(俗谓之头桑),既剪后,旋复抽条放叶者曰二桑(俗谓之二叶)。"[3]收获二叶主要采用摘叶的方法,二叶采摘要处理好采叶与养树之间的矛盾。虽然历史上北方和南方都有禁养二蚕(禁原蚕)的传统,沈秉成《蚕桑辑要》中也提到原蚕法即养二蚕的各种弊端,但明清嘉湖地区夏蚕饲养却比较常见,这与桑树修剪技术的进步及拳桑树型的普及有关。

嘉庆时期浙江归安人高铨所著《吴兴蚕书》记载:"湖所重在头蚕,饲养颇广。"嘉湖地区主要饲养春蚕,也养育少量夏蚕,而几乎不养秋蚕。《农政全书》卷三十一载:"今人不养秋蚕,止以夏蚕作来生种",清中后期《西吴蚕略》也称二蚕之后一般不再养蚕。这样,匀二叶过后,枝条发育成熟,留下来的枝条,任其落叶。夏秋季节桑树枝条和桑叶的生长量一般占全年总生长量的2/3,剩余的枯叶主要用于湖羊饲养,从而实现了稻作、桑蚕与畜牧的有机结合。

3. 桑叶亩产量

桑树栽培的精细化,提高了桑叶产量。据明人徐献忠《吴兴掌故集》和茅坤《茅鹿门先生文集》卷六记载,上等桑田产叶 2 000 斤,中等的 1 600 斤,次等的也有 1 000 斤左右。明代亩积约等于今 0.92 市亩,1 斤(16 两秤)相当于今 1.19 市斤。照此换算,上述三个等级的桑田,桑叶产量分别为每市

---

① 陈清奇:《浙江农谚选注》蚕桑(二),《浙江农业科学》1963 年第 3 期。
② [清]张履祥辑补,陈恒力校释,王达参校、增订:《补农书校释》,第 50 页。
③ [清]沈练著,[清]仲昂庭辑补,郑辟疆、郑宗元校注:《广蚕桑说辑补》。

亩 2 586 市斤、2 069 市斤和 1 293 市斤,平均达到 1 982 市斤,即亩产 2 000 斤左右是比较常见的。明代人所描述的桑叶产量很可能仅指一季春叶而言,这样的产量水平不仅较为普遍,并且保持了相当长的时间。

另据明末《沈氏农书》"运田地法"记载,桑树"种法以稀为贵,纵横各七尺,每亩约二百株,株株茂盛,叶必满百"。"百"是指百个桑叶。每个桑叶约合 20 斤,每亩百个就是亩产 2 000 斤。当然要株株茂盛,并不容易,须在精细的栽培管理条件下才能实现。所以书中又说:桑地施肥,如果真的能在一年之内施四次厩肥,两次河泥,并加以深耕,铲净杂草,不荒芜、无虫害,每亩地产桑叶八九十个,肯定没有问题。① 这里的每亩采叶八九十个,约合 1 600 斤到 1 800 斤,折算成今市制为亩产 2 069—2 328 斤。② 再从《沈氏农书》"蚕务"的记载来看,"地得叶,盛者一亩可养蚕十数筐"。③ 即在高产情况下,一亩桑叶可以饲养十几筐蚕。

清代光绪年间浙江的古蚕书《劝种桑说》提到,嫁接的湖桑苗,栽后第三年可收桑 300 斤,以后产叶量逐年增加,第六年以后,每年可收叶一千四五百斤。如果折算成今市亩市斤,亩产量也接近 2 000 斤。可见,在精心栽培管理的条件下,明清江南地区桑叶单位面积产量应在 2 000 市斤/市亩上下。

不过,桑叶产量并不等同于农家收益,高产不一定增收,栽桑养蚕的效益受很多因素的影响。据《沈氏农书》估算:养蚕一筐,三眠前吃桑叶 20 余斤,三眠后吃桑叶 20 余斤,四眠后吃桑叶 140 余斤;此外,蚕取暖的炭费一钱,运输等杂费一钱。每筐产丝一斤,才能抵上成本;所能盈利的,只是同宫茧及茧衣而已,合起来不够二钱银。假如年成不好,产量较低,就不够抵偿桑叶成本了。一般农民亲自从事生产,不算劳力报酬和杂费等支出,还可以过得去;如果是雇工或家庭奴婢养蚕,耗费就明显增多。这样,养蚕多少应当考虑自己的实际能力,不可一概而论。④

四、养蚕技术的进步

在商品经济发展等因素的作用下,明清时期太湖地区养蚕技术也有很大进展,这主要表现在蚕病防治和育种技术两大方面。

(一)浴种技术

浴种就是清洗蚕子,以便消除蚕卵上的脏污,并选择蚕体健康的蚕种来留种,以抗御蚕病侵染。据南宋陈旉《农书》记载,当时的浴种技术有天浴和

---

① ③ ④ [清]张履祥辑补,陈恒力校释,王达参校、增订:《补农书校释》,第 75,79,80 页。

② 《补农书校释》第 76 页注释未作古今亩积换算,产量数据与此处不同。

洗浴两种。天浴就是将蚕种置于寒冷的雪天,任其自生自灭,能生存下来者就是强壮的蚕种,其弊端在于对蚕体伤害较大。洗浴就是用温水清洗蚕种,可以将蚕种表面的不洁之物洗去。明清时期,浴种已成为淘汰病弱蚕种的重要手段,方法多样,归纳起来有咸种法和淡种法两种。

明初《蚕经》记载,以河水清洗蚕种或者放入竹匾中,挂到二月十二日再清洗。明末宋应星《天工开物》"乃服"篇对嘉湖地区的浴种技术有详细记载:

> 凡蚕用浴法,惟嘉、湖两郡。湖多用天露、石灰,嘉多用盐卤水。每蚕纸一张,用盐仓走出卤水二升,掺水浸于盂内,纸浮其面(石灰仿此)。逢腊月十二即浸浴,至二十四日,计十二日。周即漉起,用微火烘干。从此珍重箱匣中,半点风湿不受,直待清明抱产。其天露浴者,时日相同。以筷盘盛纸,摊开屋上,四隅小石镇压。任从霜雪、风雨、雷电,满十二日方收,珍重、待时如前法。盖低种经浴,则自死不出,不费叶故,且得丝亦多也。晚种不用浴。①

从文中内容看,湖州浴蚕多用天露、石灰,属淡种法;嘉兴多用盐卤,属咸种法。清代中后期《西吴蚕略》所记载的湖州浴种方法,与明代相比似乎并无太大区别。② 嘉庆时期《吴兴蚕书》总结说,湖州地区的浴种方法有清水浴、霜雪浴、盐水浴和灰水浴四种,实际上仍然是咸种法和淡种法两大类。清末《广蚕桑说辑补》还说咸种比淡种好:用炒熟的盐包好蚕种,浸入凉茶中;没有腌过的蚕种称为淡种,容易生病,不如腌过的蚕种坚厚,产丝多。

(二)蚕病防治

家蚕是比较脆弱的昆虫,环境变化及饲喂不当都可能导致蚕儿生病,蚕病也成为养蚕最大的威胁。明清时期对蚕病还是以预防为主,一旦发现蚕病,往往难以救治。因此,蚕病是怎样发生的,如何预防,就成为蚕农特别关心的问题。

关于幼蚕饲育防病的经验,明初黄省曾《蚕经》的总结很细致:

> 蚕之自蚁而三眠也,俱用切叶。其替抬也,用糠笼之灰掺焉,则蚕

---

① [明]宋应星著,潘吉星译注:《天工开物译注》,第88页。
② [清]程岱葊:《西吴蚕略》,载《续修四库全书》"子部·农家类",上海:上海古籍出版社2002年版,第152页。

体快而无疾,或布网而抬替。其饲火蚕也必勤,叶尽即饲,毋使饥吞火气而病……其蚁之初出也,以蔷薇之叶,焙燥揉碎之,糁之蚁上,闻香而集之于上,乃以鹅翎拂下。其厝火也,炭之团燕之,而灰以遏之,瓦以覆之,温温然而已。绵被以隔之,而后置之于被之上焉。若炽焉,或饥焉,则伤于火,其长也,焦黄不食而死。勿食水叶,食则放白水而死。雨中之所采也,必拭干之,或风戾之。①

意思是,从蚕蚁初出到幼蚕长成,蚕体非常脆弱,从切叶饲喂、换叶到加温饲育,每个环节都要特别用心,以防幼蚕受到伤害而病死。如《便民图纂》"竹枝词"所言:"蚕头初白叶初青,喂要匀调探要勤,到得上山成茧子,弗知几遍吃辛艰。"(图6-6)

据《沈氏农书》记载,养蚕设施和饲育管理对蚕病预防影响很大:

图6-6　"喂蚕"
图片来源:[明]邝璠撰,石声汉、康成懿校注:《便民图纂校注》,第18页。

　　蚕房固宜邃密,尤宜疏爽。晴天北风,切宜开窗牖以通风日,以舒郁气。下用地板者最佳;否则用芦席垫铺,使湿不上行。四壁用草荐围衬,收潮湿。大寒则重帏幛之,别用火缸,取火气以解寒冷,此犹易耳。唯暴热则外逼内蒸,暑热无所归,则蚕身受之,或体换不时,久堆乱积,远掷高抛,喂饲略后,致病之源,皆在于此。②

潮湿、寒冷和暑热都是蚕病之源,对蚕房环境、内部设施和温湿度控制提出了一定要求。清初张履祥《补农书》也说饲育管理不善是导致蚕病的重要原因:蚕生病一半是人造成的,"人之失,恒于惰,惰则失饲而蚕饥,饥则首亮;惰则失替而蚕热,热则体焦,皆不稔之征也"。③

① [明]黄省曾:《蚕经》,[明]徐光启撰,石声汉校注,石定枎订补:《农政全书校注》引,第1102页。
②③ [清]张履祥辑补,陈恒力校释,王达参校、增订:《补农书校释》,第79,108页。

清嘉庆年间,《吴兴蚕书》对蚕病预防的总结更为精到:

> 蚕自小至老,须刻刻防其致病,俗称蚕为忧虫,受一分病,则歉收一分,人之饲蚕,未有不期其无病者。而蚕之病,每中于忽微,为人所不及觉,故必加意调护,以杜其病。调护之道:一戒贪,一戒懒。夫蚕之所需者:人工、桑叶、屋宇、器具,四者备,然后可以成功。

古人还注意到,许多蚕病是传染的,必须采取预防与隔离措施。明代中叶《震泽编》卷三"风俗"记:"地多植桑,凡女未及笄,即习育蚕。三四月谓之蚕月,家家闭户,不相往来。"[1]这种养蚕期间亲朋好友互不来往的习俗,一方面可使蚕农免于应酬,专心养蚕,另一方面也能起到预防蚕病传染的作用。发现病蚕,及时拣除,也是防止蚕病传染的方法。清末无锡人张文艺《养蚕秘诀》载:"凡替筐之时,如见病蚕,切不可混在一处,须另行提出,有用者养之,无用者弃之。混在一处,不惟有病者以挨挤而愈病,抑且无病者以传染而亦病矣。"[2]书中还说:"近岁白僵之病,往往蚕育数十台,而无一茧可采者。"白僵病是最常见的真菌寄生性蚕病,对养蚕业威胁很大。明清时期防治白僵病主要用大蒜熏烟法,民国时期有人试图用近代实验手段对此加以验证,认为确有显著防病效果。[3]

从科学角度来说,蚕病发生的根本原因是病毒和细菌的侵染,改善饲养的环境条件在一定程度上可以预防和减少蚕病的发生。在古代社会,蚕病一旦发生,农家往往束手无策。到了清末,西方现代育蚕技术开始被引入中国。1896年,赵敬如《蚕桑说》首次介绍了使用显微镜检查蚕体微粒子病的方法。到了民国时期,随着西方化学药品的引进,太湖蚕桑区已经开始使用福尔马林、硫磺和漂白粉等化学药物来防治蚕病,效果良好。[4]

(三)育种技术

家蚕育种以往主要是通过蚕种选择来实现的,明代则出现了杂交育种技术,其中最突出的成就在于利用"早雄配晚雌"的杂交优势来培育新品种。宋应星《天工开物》"乃服"篇记载:"凡茧色唯黄、白二种,川、陕、晋、豫有黄无白,嘉湖有白无黄。若将白雄配黄雌,则其嗣变成褐茧",又说"今寒家有

---

① [明]蔡昇辑,[明]王鏊修,陈其弟校注:《震泽编》卷三,苏州:古吴轩出版社2014年版,第1页。
② [清]张文艺:《养蚕秘诀》,载顾廷龙主编:《续修四库全书》"子部·农家类",第524页。
③ 曹诒孙、皇甫培:《大蒜预防白僵病之研究》,《农报》1936年第3卷第8期,第487页。
④ 王庄穆:《民国丝绸史(1912—1949)》,北京:中国纺织出版社1996年版,第46页。

将早雄配晚雌者,幻出嘉种,一异也"。① 前者是以北方的黄雌蚕与南方的白雄蚕杂交,育成褐蚕;后者是以一化性雄蛾与二化性雌蛾杂交,培育出新的杂交良种。

从上述记载推测,"早雄配晚雌"应为嘉湖地区蚕农的发明。一化性蚕种通俗地说即早蚕种,二化性蚕种即晚蚕种。② 早种比晚种孵化时间长,来年不再饲养,其茧量或丝质都优于晚种蚕。但是早蚕种的蚕质较弱,抗高温能力差,不易饲育。杂交种综合了双亲的优点,表现出体健而耐高温和茧丝品质好、产量高等性状。不过,自明代之后,中国蚕种培育似乎陷入停滞。直到 20 世纪初期,随着西方现代育种技术的引进和传播,中国蚕种培育和改良才有了突破性进展。

五、清末新式蚕桑教育与技术推广

中国蚕桑业在清末开始走下坡路,在国际市场中的份额持续下降。③ 其重要原因就是养蚕丝织技术停滞不前,导致丝织品质量欠佳,缺乏市场竞争力。于是,在清政府和有识之士的推动下,新式蚕桑学堂在蚕桑业发达的太湖地区应运而生。蚕桑学堂的最大任务就是利用西方现代科技,创制和推广优良蚕种,传播育蚕技术,以改进蚕桑生产。

光绪二十三年(1897),杭州知府林迪臣创办杭州蚕桑馆。作为中国最早的蚕桑学校,其办学宗旨"以除微粒子病,制造佳种,精求饲育,传授学生,推广民间为第一要义"④。开馆之初,聘用江生金担任总教习,后来又聘用一名日本蚕师。实招学生 25 名,另有额外生 8 名。学制为两年四个学期,共开设 19 门课程,包括物理学、化学、植物学、动物学、气象学、土壤论、桑树栽培论、蚕体生理、蚕体病理、蚕体解剖以及相关的实验、操作课程。蚕桑馆开办 10 多年,到清末共有毕业生 11 期。毕业生大多在浙江一带创设养蚕公会,并充任教习,推广新法养蚕和制丝,对当时的蚕桑教育和技术革新起到了开拓作用。光绪三十四年(1908),蚕桑馆更名为浙江官立中等蚕桑学堂。民国时期,蚕桑学堂又屡次更名,但大多称为"蚕桑学校",下设机构、场站也有所增加。1937 年抗战爆发,学校暂时停办。

---

① ［明］宋应星著,潘吉星译注:《天工开物译注》,第 89 页。

② 化性是指蚕在自然条件下一年内发生世代数多少的一种特性。在一年内只发生一代就产下滞育卵的称一化性品种;而第一代产不滞育卵,第二代才产滞育卵的称二化性品种。

③ 蒋国宏:《种子革命与社会变迁——长江三角洲地区的农业品种改良研究(1927—1937)》,长春:吉林人民出版社 2007 年版,第 222 页。

④ 罗振玉、蒋伯黻等主编:《农学报》第 41 册,光绪二十四年七月中,上海农学会译印,第 3 页。

　　杭州蚕桑馆开办后一直开展优良蚕种的选择和培养实验。1898 年的《农学报》记载:馆中所饲养的蚕种,包括意大利、法兰西、日本,还有中国新昌、奉化、余杭等处的良种,只是余杭种易于感染微粒子病,"馆中选佳茧制种,计春蚕种千余纸,民间预定来购者,已五百余纸"。① 这是太湖地区近代蚕桑学校进行蚕种改良的最初尝试,经过改良的蚕种有 500 多张销售给单位和个人,余下的免费送给杭州蚕农试种。1898 年之后,杭州蚕桑馆每年都要选茧制种,并予以推广,少则千余张,多则两三千张。江苏最早推广的改良蚕种,即 1899 年从杭州蚕桑馆引进的土种纯系分离蚕种。

　　以往太湖地区的蚕种都是土种,一般为农家自制或者购买所得。土种没有经过科学处理,极易感染病毒,被病毒感染的蚕种比例平均达到30%—40%。② 其中蚕微粒子病危害性最大,一旦感染则死伤过半。不过19 世纪末杭州蚕桑馆挑选出来的所谓优良蚕种,只是相对较好的纯粹种,质量仅比土种稍好一些,与后来出现的杂交蚕种差距明显。因此,从 1901年起,蚕桑馆还为农民检查土种病毒,消除蚕病,借以弥补新种的不足。③ 此外,杭州蚕桑馆最早进行了蚕室温湿度、天气变化对蚕生长发育及产丝量的影响等观察实验,这应是近代养蚕学的肇始。

　　清末太湖地区另一个重要蚕桑学校,即 1903 年史量才创办的上海私立女子蚕桑学堂。④ 该校 1912 年迁往苏州浒墅关,在蚕桑学堂的基础上成立江苏省立女子蚕业学校。近代真正意义上的杂交改良蚕种,即发轫于江苏女蚕校。⑤ 后来,该校郑辟疆先生与日本教授一起合作,相继培育出杂交秋蚕种、夏蚕种和早秋蚕种,在太湖地区大面积推广。这样农家一年可养四期蚕,既增加了经济收入,也充分利用了夏秋盛期的桑叶:"苏浙两省大量推广秋蚕饲育,蚕农利用秋叶可增进一季收入,蚕茧产量亦随之增加。"⑥

　　除上述蚕桑学校外,晚清以来太湖地区的多所综合性农业学校也创办有专门的蚕科,其中苏州农校的蚕科专业影响较大。该校创建于光绪二十三年(1897),学校建立初期仅设蚕科和农科两科,1912 年在原有基础上成立"江苏省立第二农业学校"。1913 年苏州农校由盘门内小仓口迁至古运

　　① 罗振玉、蒋伯黻等主编:《农学报》第 40 册,光绪二十四年七月上,第 2 页。
　　② [日]紫藤章:《清国蚕丝业一斑》,东京:农商务省生丝检查所 1911 年版,第 60 页。
　　③ 浙江省农业科学院蚕桑研究所资料室编:《浙江蚕业史研究文集》第 2 集,1981 年,第 12 页。
　　④ 朱有瓛:《中国近代学制史料》"第二辑下册",上海:华东师范大学出版社 1989 年版,第 634 页。
　　⑤ 周德华:《本有蚕桑利田野,行看衣被遍寰瀛——纪念郑辟疆先生诞辰 110 周年》,《丝绸》1990 年第 12 期。
　　⑥ 孙伯和:《民元来我国之蚕丝业》,《银行周报三十周年纪念刊》,1948 年。

河下津桥,紧接着开辟蚕桑场和育蚕室,用于教学实习。此后,苏州农校的蚕桑科时有扩展,对当地蚕桑新技术的推广起到了重要作用。[①]

第三节 蚕桑生产兴盛的因素及特点

明清太湖流域蚕桑业的兴盛有多种因素,其中商品经济发展的推动应占主导地位。唐宋以来当地经济地位日益突出,赋税负担繁重,迫使人们致力于农业商品生产,以增加货币收入,维持基本生计。这样,获利较高的蚕桑业便受到农民重视,逐步发展起来并形成一定的时代特点。明清时期,在农业商品生产以及随之兴起的丝绸手工业推动下,太湖流域成为全国著名的桑蚕生产及贸易中心之一,同时,蚕桑业成为带动区域商品经济发展的重要动力。

一、商品经济发展的促进作用

明清时期太湖地区尤其是杭嘉湖的丝和丝织品在国内外丝绸贸易中占有突出地位,这里不仅丝绸市场网络发达,而且丝和丝织品质地优良,属大宗输出商品,国内外市场需求量很大。蚕丝和丝织品的大量外销以及价格上涨,提高了蚕桑业经营的利润,刺激更多的民众栽桑养蚕、缫丝织绸。

(一)国内外蚕丝需求的增长

就国内而言,明清丝织品消费市场以太湖地区的产品为主,江南各织造府的丝织原料也都使用湖丝。此外,由于政府规定赋税要征收一定数量的丝织品等实物,一些蚕业生产技术欠发达的地区,就需要从江浙等地蚕桑区购买符合官捐标准的丝织物。关于19世纪中期之前江南生丝和丝织品输往全国的数量,吴承明、范金民和李伯重等先生都做过考察。据范金民先生估算:16世纪后期江南地区每年输往国内市场(包括江南本地市场)的丝织品大约为54万匹湖州绢,值银38万两。到了清乾嘉年间,则上升为1000万匹濮院绸,值银约1500万两。[②] 李伯重先生说,江南地区输往国内各地的蚕丝,应该是从17世纪初期的2.1万担增加到在19世纪中叶的6.1万担,输出规模在两个世纪之内增加了2倍,丝的总产量从4.2万担增加到9

---

① 中华职业教育社:《全国职业学校概况》,上海:商务印书馆1935年版,第150页。

② 范金民:《明清江南商业的发展》,南京:南京大学出版社1993年版,第252—253页。

万担。① 上述引证材料中的江南地区,与太湖地区的范围大体一致。可见国内市场的蚕丝产品需求旺盛,太湖地区蚕丝和丝织品输出量的增长迅速。

从国外来看,明代海外市场购买中国丝织品的主力是日本,其次是葡萄牙和西班牙,荷兰也有一部分,这些丝织品主要来自太湖蚕桑区。明中叶后,海上私人贸易代替了官方贸易,同时西方资本主义殖民势力开始东来,海上丝绸之路日益畅通扩大,中国的丝和丝织品源源不断地运往东西方各国。当时,"浙以西造海船,市丝枲之利于诸岛,子母大约数倍。嗜利者走死如鹜,岛上人至,并人舟收之,及今三十余年"。② 东南亚诸国和吕宋皆喜好中国丝绸,尤其是湖丝"百斤值银百两者",到当地后"得价二倍"。③ 清代前期,太湖地区依然是蚕丝和丝织品出口的主体。乾隆二十四年(1759)两广总督李侍尧奏报:外国船只到达粤地,均以丝货贩运为重,每年贩卖湖丝及绸缎等货物自 20 万余斤至三十二三万余斤不等;这些丝货都是由江浙等省的商人贩运到粤地,"卖与各行商转售外夷"。④ 据研究,清康熙二十三年(1684)开海禁后,尽管限制在广州一地通商,但对外贸易仍在扩大,且以丝绸出口为大宗。自康熙至鸦片战争前,从浙江到日本的商船就有 6 200 余艘。在整个贸易额中,白丝和丝织品占了 70%,而白丝的产地就在湖州。⑤ 生丝和丝绸的大量出口,还引起国内市场价格急剧上升。生鸦片战争之后,上海口岸被迫开放,江南蚕丝输出量再次大幅度增长,尤其是输往欧美的生丝数量迅速增加,19 世纪 40 年代末出口总量达到 1.6 万担。⑥ 丝和丝织品的大量出口和价格上涨,自然会刺激太湖地区蚕桑生产的增长。

另外,近代民族丝棉纺织工业的兴起,也对蚕丝需求的增长以及蚕桑业发展起到了拉动作用。民族机器缫丝业开端于上海,后来逐步扩展。从1895 年到 1899 年,全国新设机器缫丝厂 66 家,资本 725.1 万元(内有 6 家缺资本记载),40 家在太湖地区。⑦ 第一次世界大战前后是中国民族工商业发展相对较好的时期,缫丝厂的大量建立和蚕茧需求的增加,必然会促进蚕桑生产的发展。

① 李伯重著,王湘云译:《江南农业的发展(1620—1850)》,第 114—117 页。

② [明]丁元荐:《西山日记》卷上"才略",民国十四年据抄本影印,载《历代日记丛钞》(4),北京:学苑出版社 2006 年版,第 360 页。

③ [清]孙承泽辑,裘剑平点校:《山书》,杭州:浙江古籍出版社 1989 年版,第 309 页。

④ 故宫博物院文献馆编:《史料旬刊》第一册第五期"乾隆二十四年英吉利通商案·李侍尧奏折",载詹福瑞主编:《民国文献资料丛编》(1),北京:北京图书馆出版社 2008 年版,第 335 页。

⑤ 蒋兆成:《明清杭嘉湖社会经济研究》,杭州:浙江大学出版社 2002 年版,第 316 页。

⑥ 李伯重著,王湘云译:《江南农业的发展(1620—1850)》,第 112—113 页。

⑦ 汪敬虞主编:《中国近代经济史》(下册),北京:经济管理出版社 2007 年版,第 1216 页。

（二）蚕桑生产利润较高

为了谋生求利，不少农民将生产重点由水稻转向经济作物及手工业，以副养农、以工养农，从而促进了太湖地区蚕桑业的迅猛发展。

明人徐献忠《吴兴掌故集》卷十三"物产"载："大约良田一亩，可得叶八十个，每二十斤为一个，计其一岁垦锄壅培之费，大约不过二两，而其利倍之。"[①]清初张履祥也对种粮和种桑的收益做了详细比较："盖吾乡田不宜牛耕，用人力最难。又田壅多，工亦多，地工省，壅亦省，田工俱忙，地工俱闲；田赴时急，地赴时缓；田忧水旱，地不忧水旱。俗云：千日田头，一日地头。"[②]意即种稻比种桑费工费时，而且易受水旱灾害的影响。作者还说：况且水稻获大丰收，即每亩产米三石，产春花一石半的情况并不常见，通常每亩大约共收三石而已。"地得叶，盛者一亩可养蚕十数筐，少亦四五筐，最下二三筐。米贱丝贵时，则蚕一筐，即可当一亩之息矣。米甚贵，丝甚贱，尚足与田相准。"[③]最好的年成，种桑收入比种粮高五六倍，正常年份高两三倍，最差的年景也不亚于种粮。通过比较，张氏说："蚕桑之利，厚于稼穑""多种田不如多治地"。种桑省工省肥，不忧水旱，获利又高，自然会成为农民选择的对象。这一时期，当地很多稻田改种棉花和桑树，其主要原因就是植棉栽桑的利润高于种稻。

今人对明清蚕桑业的利润问题做过不少研究。有学者推算，明代后期就净产值来说，桑园与稻田的实际比例大约为 2∶1，即桑每亩产值是稻的 2 倍左右。到了清代，蚕桑利润更大。乾隆年间，一般情况下每亩桑地的收益，相当于良田或中等稻田收入的 3.36—4.3 倍。[④] 此外，出售桑苗也有收益。湖桑苗不仅内销于无锡、武进、苏州等地，还远销全国各地，一亩桑苗至少能卖五六十千文，而一年稻麦两熟的净利润也不过七千文。[⑤]

蚕桑生产的利润，还可能包括养蚕和缫丝的收入。鸦片战争之前，栽桑的利润不一定比种粮高。因为桑叶不能长期贮存，若销路不好，就会蒙受很大损失，远不如种稻安稳。只有栽桑又养蚕、缫丝，才能提高经济效益。清末光绪年间，外商到江阴买蚕茧，导致养蚕的人骤然增加，不过几年时间，"境内每岁售茧所获逾百万金，且递增不已"。[⑥] 据研究，一般情况下栽桑收

---

① ［明］徐献忠撰：《吴兴掌故集》，据明嘉靖三十九年刊本影印，《中国方志丛书》，台北：成文出版社 1983 年版，第 770 页。

②③ ［清］张履祥辑补，陈恒力校释，王达参校、增订：《补农书校释》，第 101，108 页。

④ 蒋兆成：《明清杭嘉湖社会经济研究》，第 311 页。

⑤ 章楷：《近代太湖地区的蚕桑丝茧贸易》，《太湖地区农史论文集》1985 年版，第 43 页。

⑥ 夏孙桐：《族祖涤初先生家传》，载《观所尚斋文存》卷七，民国铅印本 1936 年，第 14 页。

茧比种粮的收益,至少要高出四至五倍。①

如果农家缫丝和丝织技术出色,生丝和丝绸买卖也会增加蚕桑业利润。由于丝织生产需要较高技能,很多农户只做到缫丝这一步,然后出售生丝。太湖地区养蚕农户多精于缫丝,他们将所缫生丝卖给镇上的中介机构丝行,再由丝行批发给各地客商。凡是蚕业及土丝生产比较发达的地方,丝行也比较多,像震泽、南浔等在明代就成为蚕丝贸易重镇。② 每年蚕丝买卖持续的时间很长,"小满乍来,蚕妇煮茧,治车缫丝,昼夜操作。""茧丝既出,各负至城,卖与郡城隍庙前之收丝客。每岁四月始聚市,至晚蚕成而散,谓之卖新丝。蔡云《吴歈》曰:蚕家多半太湖滨,浮店收丝只趁新。城里那知蚕妇苦,载钱眼热卖丝人。"③即从小满到晚蚕结茧的霜降时节,中间大约有五个月的时间都有蚕丝买卖。到了近代,由于厂丝和人造丝的双重打击,生丝买卖才逐渐衰落下去。④

二、圩荡田扩展与圩岸植桑增多

太湖流域地势周高中低,向外排水困难,易于发生洪涝灾害。为了趋利避害,人们一般在高田开挖陂塘,栽培水稻,塘堤上种植桑树;在地势低洼处修筑圩田,田中种稻,圩岸植桑栽柳;在山坡丘陵地带种植麦豆油菜,也种桑牧牛。在太湖平原水网区,圩田荡地的圩堤多用于植桑。明代吴淞江淤塞,太湖地区的水流环境发生较大变化,湖荡地的圈围利用更加普遍,圩荡田扩展,这对蚕桑业的发展起到了一定推进作用,太湖南部及东部苏杭一带表现得最为明显。⑤

圩荡田,也称荡田、荡地,有些地方甚至称为圩田,其实它们都是圈围的水利田,只是开发阶段及程度不同而已。圩荡田起于唐,盛于宋,应是太湖平原低洼区的圩田逐步向深水区扩展的结果。这种圩荡田分散在水面上,四周有堤埂围绕,中间栽培水稻。一块圩田即一个圩头,大者数百亩,小者数亩以至数分,形成田中有水、水中有田的岛状圩田景象。⑥ 宋元以来,圩荡田成为太湖平原区分布较广的低洼田,与圩田分布于葑淤较快的碟形洼地不同,其主要分布于葑淤较慢的湖泊洼地,即处于湖荡积水区,土地利用

① 章楷:《漫谈历史上的江苏蚕业》,《江苏蚕业》1979 年第 1 期。
② 中国农业遗产研究室太湖地区农业史研究课题组编著:《太湖地区农业史稿》,第 203 页。
③ [清]顾禄撰,王迈校点:《清嘉录》,第 88,89 页。
④ 《浙江省桑蚕茧丝绸状况调查录》,《中外经济周刊》1926 年第 185 期,第 20 页。
⑤ 周晴:《明清时期嘉湖平原的植桑生态》,复旦大学硕士论文,2008 年。
⑥ 王建革、周晴:《宋元时期江南运河对嘉湖平原圩田体系的影响》,《风景园林》2019 年第 12 期。

率及复种指数都很低,作物产量不高。

圩荡田的开发重点在于圩岸,而圩岸正是栽桑之处。明代朱国祯曾说,湖州的圩荡田开发首在堤利:"堤之功莫利于下乡之田。余家湖边看来,洪荒时一派都是芦苇之滩,却天地气机节宣,有深有浅,有断有续,中间条理原自井井。明农者因势利导,大者堤,小者塘,界以埂,分以塍,久之皆成沃壤。"①从相关水利书及方志记载可以看出,在低洼积水区修筑能够栽种桑树的宽广堤岸,需要把栽种芦苇、杨树和培土结合起来,花费数年功夫,不断地筑实并修补。因为低洼地经常遭受雨涝灾害,荡埂、圩埂上的桑地水土流失严重,导致桑根外露,影响桑树生长。所以,如何管理水涝后的桑园,是低洼荡田区桑树种植的关键。当地农民采取的主要措施是抓住时机,用秋冬季的河泥或人畜粪尿壅培桑地,并为桑根培土。

在嘉湖平原上,圩荡田以湖州所占较多,而湖州的圩荡田又多半集中于中部偏南的菱湖、双林、南浔一带。明末以来湖州一带到处可见的荷塘桑林景象,实际上与精细的土地利用措施密不可分。南浔田少荡地多,有"春靠蚕,秋靠田,冬靠荡"的说法。蚕茧作为第一次收入,是种田围荡的本钱,所谓"蚕好全好",即培好桑园多养蚕,直接关系到农家生计。为了经营好圩荡,必须年年清荡,并把淤泥挑到桑地上作肥料。菱湖、南浔等地的圩头面积较小,靠近河滨,且圩头中多零碎的"地埝",这些地埝也用来栽桑。明后期朱国祯《荒政议上甘中丞》建议:"今若加筑圩岸,便可分赈饥民。如一圩中多至千亩,少数百亩,就四围堑壕取土,量水深浅为堤高下,趾三倍以渐而高。三杀之中,每百亩复围一小埂,高广如外堤十四大小,堑壕可蓄内水,菱芡藕可藉完粮,堤畔树桑,计田量分,可为世业。桑利圩泥,岁增高厚,瘠产化作膏壤,价亦倍踊。"②即在较大面积的圩田中以百亩为单元加筑堤埂,为栽桑创造条件。这种桑基稻田的生态化经营方式一直延续到20世纪50年代。

总之,继宋元之后,太湖地区湖泊与荡地的开垦速度加快,圩田、圩荡田的圩堤一般用于植桑,形成大量桑基稻田和桑基鱼塘,从而促进了蚕桑业的发展。另外,蚕桑业是政府课税的重点项目,也是对外贸易的主要收入来源,明清财税政策也对太湖地区蚕桑业兴衰有一定影响,兹不细述。

三、重蚕习俗的影响

长期以来,桑蚕业是太湖地区民众的重要生计来源,在此基础上形成的

---

① 　[明]朱国祯:《涌幢小品》卷之六"隄利",北京:中华书局1959年版,第138页。

② 　[清]汪曰桢等:《南浔镇志》卷十九"灾祥一",《中国地方志集成》"乡镇志专辑"(22)下册,第212页。

植桑、采桑、养蚕、结茧、缫丝、织绸等蚕桑生产生活过程，环环相扣，形成一套传统习俗，可称之为太湖蚕俗。①苏州、杭州、湖州和嘉兴一带蚕桑业发达，这里的尚桑重蚕习俗也最为丰富。（表6-1）太湖各地的传统蚕桑习俗并非完全相同，不过大致上以饲蚕期要避免亲朋往来和祭拜蚕神为主要内容，目的在于和天地自然相抗争，保障养蚕过程顺利进行，对促进当地蚕桑业发展起到了一定作用。

养蚕缫丝是非常辛苦的事情，传统上主要由妇女承担。（图6-7）蚕妇不仅需要日夜操劳，而且其中宜忌讲究很多。清代纪松的《蚕妇怨》中说："出门采柔桑，入门饲蚕忙。桃花已落尽，夏景日渐长。家家试新火，户户早凝妆。有郎不同宿，有酒不能唱。中宵频起看，揽衣独彷徨。吁嗟乎！辛苦倍更长。"②同治十三年（1874）《湖州府志》卷三十引述《西吴蚕略》曰：

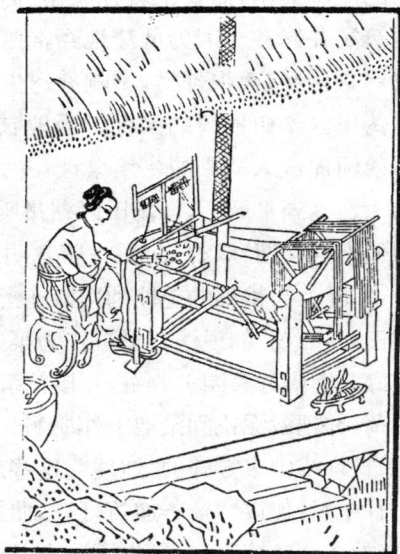

图6-7　丝织图

图片来源：［清］沈秉成著，郑辟疆校注：《蚕桑辑要》"图说"，第33页。

> 自头蚕始生至二蚕成丝，首尾六十余日，妇女劳苦特甚。其饲之也，篝灯彻曙，夜必六七起。叶带露则宜蚕，故采必凌晨，不暇栉沐；叶忌雾，遇阴云四布，则乘夜采之；叶忌黄沙，遏风霾则逐片抖刷；叶忌浇肥，必审视地土；叶忌带热，必风吹待凉。饲一周时须除沙屑，谓之替；替迟则蚕受蒸。叶必遍筐，不遍则蚕饥。叶忌太厚，太厚则蚕热。俟其眠，又须捉而称之以分筐……如值桑叶涌贵，典衣鬻钗，不遗余力。蚕不旺，辄忘餐废寝，憔悴无人色。所系于身家者，重也。男丁唯铺地后及缫丝可以分劳，又值田功方兴之际，不暇无力从事。故自始至终，妇功十居其九。③

---

① 林锡旦：《太湖蚕俗》，苏州：苏州大学出版社2006年版，第2页。

② ［清］汪曰桢等：同治《南浔镇志》卷二十一"农桑"引，《中国地方志集成》"乡镇志专辑"（22）下册，第239页。

③ ［清］宗源瀚等修，周学濬等纂：《湖州府志》，据同治十三年刊本影印，《中国方志丛书》，台北：成文出版社1970年版，第580页。

　　只要养蚕过程顺利,蚕茧丰收,蚕妇就不惧辛劳。但如果发生蚕病,养蚕人的辛苦就可能付诸东流。前已述及,蚕月不互相串门,一来是人们都关注蚕事,无暇他顾,二来是为了避免蚕病传染。久而久之,这些禁忌就成为一种习俗。"蚕月邻里水火不相借,至蚕熟茧成,始相问慰,点茶为乐。"①此类风俗,在太湖地区蚕书及方志中多有反映。

　　一般来说,清明前后开始养蚕,蚕户就忙碌起来了,这个时候要求"关蚕房门":"收蚕之日,即以红纸书'育蚕'二字,或书'蚕月知礼'四字,贴于门,猝遇宾至,即惧为蚕祟。"②关于养蚕禁忌的说法很多,蚕乡民众也都深信不疑,"稍有变端,即占卜祷祝,或谓生客所冲,或谓阴气所犯。虽属附会,然旁人知其忌蚕,必须谨避,应不致归咎也。有实际忌者,曰雨、曰雾、曰黄沙、曰气水叶、曰烟气、曰油气(熬热油尤忌)、曰酒气、曰秽浊气"。③ 即养蚕场所不仅要禁止生人进入,还要防止不利自然条件及人为因素的影响,这实际上起到了保护和净化养蚕环境、预防蚕病的作用。

　　蚕桑祭祀也是太湖流域比较重要的民俗,各地修建蚕神庙、机神庙,每年都会举办相应的祭祀活动,这对于促进民众安心从事蚕桑生产具有一定的积极意义。例如,各地民间都会在机户聚集地修建机神庙,以祭祀纺织业的始祖。杭州的忠清里、饮马井巷和艮山门,苏州的玄妙观和花桥阁等,都修有较大的机神庙,有些是官工匠和小手工业者捐建的,有些是大机房主和官方织染局建立的。每年春秋之际,都要在这些地方进行祭祀活动。蚕花会则是蚕乡祭拜蚕丝业先祖蚕花娘娘的活动,一般在清明前后举行。吴江盛泽镇在清代道光年间修建了先蚕庙,当地也称蚕花殿。每年蚕花会期间,当地蚕农都会前来祭拜,以求蚕神保佑。富裕人家还会在墙上砌神龛,自家供奉蚕神。民国时期,蚕桑祭祀活动已经简化,但在采茧和缫丝之后,还是要举行谢蚕神活动。

表 6-1　太湖地区主要蚕桑习俗

风俗名称	主要地域	时间	含　义
瞑蚕花	苏州、湖州	年初一	早晨迟起,以免惊扰蚕花娘娘
鞭春牛	太湖地区	立春前后	有利于田蚕

　　①　[清]郑澐修:乾隆《杭州府志》卷七十四引明嘉靖《余杭县志》。
　　②　[清]高铨:《吴兴蚕书》,中国农业遗产研究室藏书,新繁沈氏家塾藏版。
　　③　[清]董升荣:《育蚕要旨》,中国农业遗产研究室藏书,手抄本。

续　表

风俗名称	主要地域	时间	含　义
蚕猫辟鼠	无锡、嘉兴、海宁、海盐	清明前后	鼠为养蚕大忌,祭猫驱鼠
进蚕香	苏州、杭嘉湖平原	清明时节	祭各路神仙,保佑蚕健康
挑青螺、祛白虎	苏州、杭嘉湖平原	清明时节	祛除蚕祟
蚕花生日	杭嘉湖平原	农历腊月十二	纪念蚕花娘娘
轧蚕花	杭嘉湖平原	清明前后	蚕农赴附近寺庙祭拜蚕花娘娘
扫蚕花地	海盐、海宁	清明前后	扫除晦气和灾祸,保佑蚕花丰收
请蚕花	桐乡、乌镇	蚕蚁孵出后	吉祥如意
演蚕花戏	海宁、桐乡、海盐	清明或收茧前后	敬神娱人
洗蚕花手	乌镇	每年春季	洗手能养好蚕
做茧圆吃蚕花包子	太湖地区	蚕三眠以后	祭祀蚕花娘娘,后成为饮食习俗
烧田蚕(照田蚕)	苏州、湖州	除夕,年初一	火越旺,来年蚕田越好
谢蚕花	太湖地区	端午晚上	酬谢蚕花娘娘
点蚕花灯	苏州、湖州	除夕、年初一	希望来年蚕、稻丰收

资料来源:林锡旦编著:《太湖蚕俗》,苏州:苏州大学出版社 2006 年版。

四、蚕桑业发展的专业化

　　明清时期,由于各种社会经济因素的影响,太湖地区蚕桑业的小农经营性质不断淡化,商品化逐步加强,并向专业化迈进,这种转变在蚕桑生产的各个环节均有体现。

(一)蚕桑生产形成区域分工

　　前已述及,太湖地区的蚕桑业是从太湖南岸的嘉湖平原发展起来的。嘉湖平原内部高低乡之间的水土条件不同,各县蚕桑业发展并不平衡,养蚕与植桑形成了一定的区域分工。湖州低乡养蚕较为集中,崇德、桐乡、海宁等高乡专业化桑园聚集、产桑较多,并且这种集中分布格局保持到 20 世纪 50 年代。[①]

---

① 　王建革、周晴:《宋元时期江南运河对嘉湖平原圩田体系的影响》,《风景园林》2019 年第 12 期。

　　湖州地势低洼、水宽地狭，明代以来蚕业繁荣时期，当地虽然遍野栽桑，但桑叶供应仍然不足，不得不求购于嘉兴的桐乡、石门，由此造成了蚕桑业发展的区域差异。栽桑对土地条件有一定要求："桑地宜高平不宜低湿，高平处宜培土深厚"。① 在靠近太湖南岸的嘉湖平原北部，以及东苕溪以东的部分低洼地区："家家门外桑阴绕，不患叶稀患地少""桑根浸水桑叶黄，桑贵蚕饥妇姑泣"。② 水多地少，无法获得大量培土，雨涝也对桑树危害较大，以致当地桑叶不敷养蚕之需，这就要从盛产桑叶的桐乡、石门等地购入，而叶价忽高忽低，难以捉摸，购叶风险很大，不如自己栽桑或预租桑叶稳便。

　　与北部低洼地区相比，桐乡、石门一带地势较高，至明正德年间，桐乡已是"高原树桑麻，下隰种禾稼，尺土无旷者"。关于这里产桑较多的原因，清初桐乡人张履祥认为，当地可用于植桑的土地较多，且蚕桑业获利较高："桐乡田地相匹，蚕桑利厚。东而嘉善、平湖、海盐，西而乌程、归安，俱田多地少。农事随乡，地之利为博，多种田不如多治地。"③嘉庆《嘉兴县志》指出："嘉兴、秀水，蚕桑皆不及石门、桐乡二县之盛，而嘉兴较逊于秀水，非彼工而此拙也。盖由风土稍殊，事力各异耳。"④这里说石门、桐乡的蚕桑业在嘉兴府独占鳌头，而嘉兴县又稍逊于秀水县，是因为各地的自然条件有所不同。

　　虽然嘉湖各县同处于水网平原区，但在微地形上有一定差别，桐乡、石门一带能用来种桑树的旱地更多⑤。明末以后，嘉湖东部海盐等地的蚕桑业开始兴起，也须向桐乡买叶："盐邑地狭人众，力耕不足糊口，比户养蚕为急务……墙隙田旁悉树桑叶，千斤养蚕十斤，谓之本分蚕。蚕多叶少，为空头蚕，必买叶饲养之。"⑥因为种桑的收入远远高于稻田，这使得桐乡、石门一带的农民形成了与北部地区不同的重桑轻蚕风俗，在缺叶的年份，桑叶价格上涨，桐乡农民宁愿弃蚕卖叶。

　　总之，作为明清蚕桑经济最发达的地区，嘉湖一带的蚕桑业由于地势及水土条件的差别而形成一定的地域分工特点，这在桑叶生产方面表现尤为明显。

---

　　① ［清］孙志熊：《菱湖镇志》卷十二"蚕桑"引沈练《蚕桑说》，《中国地方志集成》"乡镇志专辑"(24)，第 820 页。

　　② ［清］汪曰桢：同治《南浔镇志》卷二十一"农桑"引董蠡舟《稍叶》，《中国地方志集成》"乡镇志专辑"(22)，第 246 页。

　　③ ［清］张履祥辑补，陈恒力校释，王达参校、增订：《补农书校释》，第 101 页。

　　④ ［清］伊汤安等修，冯应榴等纂：嘉庆《嘉兴县志》卷十六"农桑"，故宫博物院编：《故宫珍本丛刊》第 096 册，海口：海南出版社 2001 年版，第 376 页。

　　⑤ 周晴：《明清时期嘉湖平原的植桑生态》，复旦大学硕士论文，2008 年，第 46 页。

　　⑥ ［清］王彬修，徐用仪纂：《海盐志》卷八"风土"引乾隆《海盐县续图经》，据光绪二年刊本影印，《中国方志丛书》，台北：成文出版社 1975 年版，第 919 页。

（二）桑叶供给和桑秧生产专业化

明清太湖地区大片桑田和专门桑园的出现，反映出桑叶供给的专业化特点。据明末《沈氏农书》，桑田可以为蚕户提供桑叶，桑树种植的适中密度大约为每亩 200 株左右，"种法以稀为贵，纵横各七尺，每亩约二百株，株株茂盛，叶必满百，不须多也"。①

与桑叶的专业生产有关，每年在采摘桑叶的季节，太湖地区各地就会出现"叶市""叶行"，进行桑叶买卖。桑叶的买卖除了现买现卖之外，还有提前预定的。养蚕人家桑叶不足或者专门育蚕的蚕户需要大批量桑叶，就会提前预订别人的桑叶，称为"稍叶"。明代朱国桢《涌幢小品》卷二"蚕报"记载："湖之畜蚕者多自栽桑，不则预租别姓之桑，俗曰'稍叶'……本地叶不足，又贩于桐乡、洞庭，价随时高下，倏忽悬绝。谚云：'仙人难断叶价。'故栽与稍最为稳当。"②可见桑叶价格时时变化，而叶行经常会乘火打劫，随意变动叶价，导致不少养蚕户弃蚕破产。如果农户自己栽桑或者提前预订桑叶，相对来说会比较稳妥。据清人记载，乌镇曾是太湖地区最大的桑叶贸易市场，桑叶出产以石门、桐乡为最多，"其牙侩则集于乌镇。三眠后买叶者以舟往，谓之开叶船，买卖皆曰稍"。③

除了专门为养蚕户提供桑叶的桑园，还有桑秧的专业化生产。桑秧或称桑苗，即幼小的桑树。湖桑良种具有桑叶叶形大、生长迅速等特征，深受养蚕人欢迎。于是，就有农户专门从事湖桑良种的桑苗培植。每年五月期间，农户收拣桑葚洗净晒干，种于土中，待出芽之后便施肥培育。次年春，桑苗长至二三寸，即可移栽。大概经过一年时间，桑苗长到一尺多高便可出售。

杭嘉湖地区的桑苗买卖尤为发达，除了有众多桑苗行之外，还出现专门从事桑苗买卖的市场。明代《蚕经》记载：桑苗买卖的时期，在正月中上旬，买卖的地方，在杭州北新关内的江将桥，"旭旦也，担而至，陈于梁之左右，午而散"。④ 乾隆《杭州府志》"物产"引《蚕书》："条桑出于杭之临平，其鬻之地以北关之江涨桥。"就是说最迟在明末，杭州等地的桑苗买卖已经有了专门的集散地。据研究，从明代到清代中期，桑市的中心一直在湖州临平镇和双林镇一带。民国时期，桑苗生产与交易中心转移到了海宁县和崇德县属地。⑤

---

① ［清］张履祥辑补，陈恒力校释，王达参校、增订：《补农书校释》，第 47 页。
② ［清］朱国祯撰，王根林校点：《涌幢小品》（上），上海：上海古籍出版社 2021 年版，第 39 页。
③ ［清］汪曰桢：同治《南浔镇志》卷二十一"农桑"引董蠡舟《稍叶》，《中国地方志集成》"乡镇志专辑"（22），第 333 页。
④ ［明］黄省曾：《蚕经》，载［明］徐光启撰，石声汉校注，石定扶订补：《农政全书》卷三十二《蚕桑》引，第 1146 页。
⑤ 刘思赞：《浙江海宁、崇德桑苗业之概况》，《中国蚕丝》"栽桑专号"，1936 年 2—3 月。

（三）蚕种生产专业化

南宋陈旉《农书》："凡育蚕之法，须自摘种。若要买种，鲜有得者。"①说明宋代江南农家的蚕种主要还是家庭自留的。明清时期，太湖南岸杭嘉湖一带蚕桑业兴盛，几乎家家养蚕，有的蚕户会将自制的多余蚕种用于销售盈利，有的蚕户则由于自产不足，需要购买其他蚕户的蚕种。蚕户在育蚕过程中，觉得外购的蚕种比自家质量更好，也更省事，而出卖蚕种的蚕户会觉得销售蚕种的盈利更多。于是，蚕种生产就从家庭自留种演变成专业化制种了。

养蚕户自行培养的蚕种为土蚕种，明清时期太湖地区最好的土蚕种均来自杭嘉湖平原。余杭县的制种业曾经很出名，这里的蚕农除养蚕缫丝之外，还专门养蛾哺子以获利。余杭的山种蚕"食叶粗猛，兼耐燥湿，比杜种为易养，缫丝分两亦较杜种为重，乡人牟利，趋之若鹜。每当蚕将二眠之际，各乡买蚕之船衔尾而至。余杭人又有于收茧后以厚桑皮纸生蚕子其上，携卖海盐、桐乡等处。其价自四五百文一张至千余文不等，获利甚厚"②。大约在18世纪下半叶，余杭县已形成较大规模的制种业。日本人松永伍作曾于光绪二十三年（1897）来华考察蚕业，他估计余杭有数以千计的土种专业户，每年生产蚕种百万张。③ 这些蚕种先由茧行收购卖给蚕贩，再由蚕贩卖给农户。据推算，即使到了1935年蚕种统制初期，余杭县每年的土种产量依然达到80余万张。④

清末到民国初期，太湖地区土蚕种依然盛行，而由蚕业机构、蚕桑学校和一些制种场培育和推广的改良蚕种亦逐步兴起。1898年上海设立育蚕试验场，开始蚕种改良尝试；同年，杭州蚕桑馆也着手实施蚕种改良的实验和生产。1911年创立的钱塘县蚕种制造场，则是中国最早的专业蚕种制造场，每年约生产改良蚕种700—1 000张。起初，由于人们刚刚接触西方新式育种技术，获得的蚕种质量良莠不齐，与土种相比，优越性不很明显，加之价格昂贵，农户没有普遍接受。1925年，江苏女蚕校终于培育出真正意义上的杂交改良蚕种。此后，杂交蚕种质量逐步提高，农民开始普遍采用。私营蚕种场亦纷纷生产杂交种，改良蚕种迅速普及开来。民国时期，江浙两省的制种业最发达，其制种厂百分之七八十集中于太湖地区。⑤

---

① ［宋］陈旉撰，万国鼎校注：《陈旉农书校注》卷下，北京：农业出版社1965年版。

② ［清］张吉安等修，朱文藻等纂：嘉庆《余杭县志》卷三十八"物产"，据民国八年重本影印，《中国方志丛书》，第549页。

③ 转引自中国农业遗产研究室太湖地区农业史研究课题组编著：《太湖地区农业史稿》，第202页。

④ 胡仲本：《浙江省余杭县土制种蚕业调查报告》，《中国蚕丝》，1936年第6期。

⑤ 章楷：《近代太湖地区的蚕桑丝茧贸易》，《太湖地区农史论文集》1985年版，第43页。

第七章　棉花种植的扩展及其影响因素

太湖地区的棉花种植始于 13 世纪,元代已初具规模。明清时期这里成为全国最重要的产棉区,棉花商品性生产显著发展,棉花栽培和棉纺技术也代表了全国的最高水平。植棉织布与栽桑养蚕一起,成为最能体现当地农业发展特征的史事之一。以往学界的研究偏重于棉纺织业及棉花贸易问题,而对棉花种植扩展的过程及相关技术问题,缺乏足够关注和深入探讨。本章进一步发掘地方志、农书等文献资料,阐述明清太湖地区棉花种植的时空变迁过程,并在此基础上分析棉花生产发展的主要因素及其社会经济影响。

第一节　明清太湖地区棉花种植扩展的过程

明清时期,太湖地区的棉花生产总体上呈扩展之势,但也有一定起伏。明代和清代前、中期,太湖地区棉花种植面积不断扩大,棉田比重增加,逐步成为全国最重要的棉区。清代后期,受国内外社会经济形势变化的影响,当地棉花生产先抑后扬,这在棉产相对集中的松江、太仓两地表现最为明显。

一、明代太湖地区棉花种植的普及

中国古代种植的棉花属亚洲棉和非洲棉。[①] 亚洲棉（*Gossypium arboretum* L.）亦称"中棉",一般认为它引自印度,先在中国云南、两广、海南岛和福建种植,再由南向北扩展到长江流域和黄河流域。非洲棉（*G. herbaceum* L.）又称"草棉"或"小棉",最早是由中东经丝绸之路传入新疆,后来到达河西走廊就止步不前了。宋代以前,太湖地区不种棉,人们的衣被原料主要是麻和葛。南宋中期或末期,一年生亚洲棉(古人又称木绵、木棉)

---

① 当今普遍栽培的陆地棉（*Gossypium hirsutum* L.）原产美洲,19 世纪末始传入中国。

在太湖地区种植渐多。一般认为，太湖地区应以松江乌泥泾的棉花种植最早，到了元代或南宋末年，黄道婆从海南岛来到乌泥泾，教给当地民众先进的棉纺织技术，从而促进了棉花生产在沿海地区的传播，逐渐形成以松江府为中心，零星分布于苏州府、常州府属县的基本格局。

（一）各府县植棉概况

史入明代，政府规定植棉并将棉花纳入赋税征收之列，这在一定程度上加速了太湖地区棉作的扩展。以下根据相关方志资料，分述明代太湖各府县的棉花生产状况：

松江府三面滨海，种稻首先是出于环境所迫："近海则惧潮汐之淹没，远海而又惧车戽之难支，故种稻未能，其势不得不种花豆。而所谓花豆者，又不免坐待天时。"①明正德《松江府志》卷五"物产"载：木绵，本出产于闽广地区，可以织布，"宋时乡人始传其种于乌泥泾，今沿海高乡多植之。"松江府属县华亭、上海、青浦一带为沙质土壤，其保水性能差且灌溉困难，不宜种稻栽桑，只宜木棉，是太湖流域早期棉花生产最为繁盛的地区。

苏州府的太仓州、常熟县、嘉定县、昆山县棉花种植较普遍，而其他县相对较少。弘治《常熟县志》卷一"土产"载："绵花，又有青紫二色，高乡多种。"嘉靖《常熟县志》卷四"风俗志"载："绵花，有白紫二种，种宜高垅，西北乡人岁计赖焉。"即常熟县的棉花种植主要分布于地势较高的西北乡一带。昆山县的东南乡也栽种棉花，棉布品质颇佳。② 崇祯《太仓州志》卷五"风土志"称其地"木棉多而五谷寡"，棉花种植多在州东部的沿海地区。

常州府。棉花种植大致多在江阴、靖江两县境内。江阴县自宋末开始植棉，明初棉花种植集中于东乡后塍、辰阳、杨舍、周庄、华士、大南、云亭等乡，明后期发展到马镇、塘桥、青阳、南闸、月城一带。③ 嘉靖《靖江县志》卷三"物产"："货有棉花、棉布、白麻、麻布……"

杭嘉湖三府作为传统意义上的蚕桑区，明中叶以后也开始种植棉花，不过棉田多见于沿海斥卤之地。天启《平湖县志》卷十"风俗"："海滨有豆棉之种，村落无桑麻之收。"湖州府安吉县多山地丘陵，但岗地也有棉花种植，嘉靖《安吉州志》卷三"物产"载：其地"多竹，多薪，多炭，多绵花"。

---

① ［明］方岳贡修、陈继儒纂：崇祯《松江府志》卷十"田赋四"，《日本藏中国罕见地方志丛刊》，第264页。

② ［明］周世昌：万历重修《昆山县志》，据明万历四年刊本影印，台北：学生书局1987年版，第300页。

③ 钱达人等：《江阴土布的沿革》，载江阴市政协、江阴地方志编委会编：《地方文史资料选辑》第2辑，1963年，第40页。

综上所述,明代太湖地区的棉花种植多分布于沿江沿海一带地势较高之处,自北向南依次为江阴、常熟、太仓、昆山、嘉定、上海、青浦、华亭、平湖、海盐、海宁、安吉,并开始向内陆延伸,沿太湖呈半环形分布,其中上海县、嘉定县、太仓州的棉田分布最为集中。棉田的这种分布态势,也适应了棉花喜热好光、耐旱忌湿的生理特性。

(二)明代中后期苏松地区棉田比重与面积

1. 棉田比重

随着棉作的普及,明代中叶以后太湖地区棉花种植的比重上升,棉田面积也迅速增加,这在棉花主产区松江府和苏州府表现最为明显。

在松江府的上海、华亭和青浦县,由于自然条件的限制,以种棉、豆为多,种稻较少,而当地赋税依然征收粮米,况且赋税偏重,由此带来不少社会问题。尤其是三县每年备办本色米粮多购自他处,并非当地所产,米价上涨致使百姓生计窘困。于是,郡丞孙应嵩于万历四十七年(1619)建议,将当地“所征解本色米粮四十余万石改折”,其中“上海尤宜独先者,以其种花豆多,而种稻少故耳”。① 即三县之中以上海县种棉最多,应首先考虑米粮改折。《农政全书》卷三十五“木棉”中称,上海县“官民军灶,垦田几二百万亩;大半植棉,当不止百万亩”。② 可见当时上海县一半以上的土地用来种植棉花。另据光绪《奉贤县志》所附明人宋贤奏疏,华亭县自大黄浦以东超过四五十里,多斥卤之地,又缺乏水利设施,常有旱涝及飓风灾害,“以故种皆菽麦,半植木棉,禾稻十不得一。岁收不逮近浦熟区之三四。民劳实乃过之”。③ 华亭沿海高乡一带,一半土地用于植棉。

苏州府也是明代植棉较集中的地区,其中以太仓州、嘉定县棉田最多。太仓州“木棉多而五谷寡”,大多数田地适宜种棉花。④ 况且明末“州地宜稻者亦十之六七,皆弃稻袭花”⑤,棉田面积约占耕地总额的 60%—70%。嘉定县也大片植棉,万历年间当地有里老称:“本县地形高亢,土脉沙瘠,种稻之田约止十分之一,其余止堪种花豆”;嘉定县“实征田地涂荡等项共一万二千九百八十六顷一十七亩四分七厘六毫,内有板荒田地一千三百一顷九十

---

① [明]方岳贡修,陈继儒纂:崇祯《松江府志》卷十“田赋四”,《日本藏中国罕见地方志丛刊》,第 265 页。

② [明]徐光启撰,石声汉校注,石定扶订补:《农政全书校注》中,第 1235 页。

③ [清]韩佩金等修,张文虎等纂:《奉贤县志》卷三“赋役志”,据光绪四年刊本影印,《中国方志丛书》,台北:成文出版社 1970 年版,第 204 页。

④ [明]钱肃乐修,张采纂:崇祯《太仓州志》卷五“风土志·流习”,明崇祯十五年刊,清康熙十七年修补本,第 2 页。

⑤ [明]钱肃乐修,张采纂:崇祯《太仓州志》卷十五“灾祥”,第 36 页。

余亩","其宜种稻禾田地止一千三百一十一顷六十余亩,堪种花豆田地一万三百七十二顷五十余亩"。① 除去板荒田地,其耕地面积为 1 168 427 余亩,可种棉花、豆类的田地占耕地额的 89%,其地与太仓州相仿,棉田比重应不会低于 70%。苏州府属的常熟、昆山两县亦有棉花种植,但不及太仓州、嘉定县两地种植比重大。

此外,太湖地区其他府县,如嘉兴府平湖县的高乡地带,棉花种植也比较普遍,但棉田比重显然低于松江府以及太仓、嘉定等地。

2. 棉田面积

明代太湖地区的棉田面积有逐渐扩大之势,只是方志资料中缺乏棉田面积的具体数据。以下依据地方志所记载的田地面积,结合上述棉田比重的估计,对明代苏、松两府的棉田面积予以估算。

方志中所记田地面积一般包含耕地、非耕地两个部分,耕地即为可种植水稻、棉花等农作物的田地,非耕地则指山、池、溇、荡等。估算棉田面积,首先要知道田地数量,以及耕地和非耕地的数量,再依据棉田比重推算出棉田面积。如果州县方志中没有对田地数额进行细致分类记载,则以明正德六年(1511)松江府的田、地、山、荡、塗等各类田地数额比重为基准进行估算。据明正德《松江府志》卷七"田赋"记载,松江府额管田 37 368 顷 71 亩、地 6 613 顷 24 亩、山 41 顷 68 亩、池 131 顷 19 亩、涂 67 顷、荡 3 048 顷 51 亩,以上总共 47 204 顷。② 据此,松江府共有耕地 4 398 195 亩,约占土地总额 4 720 400 亩的 93.2%,非耕地则约为 6.8%。

上海县经万历元年(1573)、六年(1578)两次分地之后,至万历十四年(1586),"会计实该田地池塗荡河溇"14 950 顷 76 亩,除去"公占基地、无业滩涂、墩路义塚等项"34 顷 61 亩,③田地池塗荡河溇为 1 491 615 亩,其中池荡溇等非耕地共 13 944 亩,约占田地总额的 0.93%,明中后期上海县实际耕地约为 1 477 671 亩,棉花种植比例在 50% 以上,即棉田面积至少有 738 835 亩。

华亭县只在正德六年所记松江府田地构成中有相关分类,具体数据为:田 21 003 顷 78 亩、地 2 417 顷 90 亩、山 40 顷 32 亩、池 49 顷 24 亩、塗 67

---

① ［明］韩浚等修:《嘉定县志》卷七"田赋考下",据明万历三十三年刊本影印,《中国方志丛书》,台北:成文出版社 1983 年版,第 484 页。

② 为简明起见,采用原文田亩统计数据,但面积单位仅保留到亩,四舍五入,分、厘、毫、丝、忽皆舍去不计,下同;明清亩积约当今 0.92 市亩,本章未作换算。

③ ［清］范廷杰修,皇甫枢纂:乾隆《上海县志》卷三"田赋一",《中国地方志集成》"善本方志辑"(第一编第 1 册),南京:凤凰出版社 2014 年版,第 86—87 页。

亩、荡 1995 顷 33 亩。① 土地总额约为 25 507 顷 24 亩,田、地约占 92%,山、池、塗、荡约占 8%,当时松江府只有华亭、上海两县。万历年间复置青浦县,华亭县的田地数额,除公占等项免科外,实征 19 397 顷 92 亩,②耕地数约占 92%,即 1 784 608 亩,若棉田占比 25%,则其棉花种植面积可推算为 446 152 亩。

青浦县于万历元年(1573)复建时,共有田地山池荡溇 6 052 顷 34 亩,经万历六年、八年(1580)两次增益之后,为 8 098 顷 9 亩,除去"免科公占基地绝坟共 10 顷 69 亩 9 分 1 厘 8 毫 5 丝"外,约 808 739 亩。其中上乡、中乡和下乡共有山地约 2 254 亩、荡 26 265 亩、积水河溇 1 312 亩,③非耕地共 29 831 亩,约占田地总额的 3.69%,实际耕地则约为 778 908 亩。若植棉占比 30%,则明中后期青浦县的棉花种植面积大约为 233 672 亩。

苏州府属州县缺少具体的分项田地统计资料,对耕地、非耕地所占比例只能参照相关数据进行测算。太仓州、嘉定县与松江府上海县的地势、地形、土质相似,这两地的非耕地比例,参照上海县的 0.93% 来估算。明正德七年(1512),太仓州山滩荡涂官民田地 9 287 顷 3 亩;崇祯十四年(1641),太仓州田地荡溇总额为 8 956 顷 9 亩。④ 若以崇祯十四年的数据来估算,则耕地约为 887 280 亩,棉田约有 621 096 亩。明万历四十七年(1619),嘉定县的田地总额约为 13 093 顷 55 亩,⑤耕地数为 1 297 179 亩,棉花种植面积约为 908 025 亩。

常熟县的田地总额为 16 840 顷 77 亩,除坍江田外,实有田地 1 672 443 亩,滩荡等非耕地 55 121 亩,⑥约占田地总额的 3.3%。那么,常熟县的耕地数额为 1 617 252 亩,棉花种植面积则是 404 313 亩。昆山县的耕地、非耕地比例参照常熟县,其田地 12 647 顷 3 亩,⑦耕地数为 1 222 968 亩,棉田面积则是 305 742 亩。

① [明]陈威、顾清纂修:正德《松江府志》卷七"田赋中",《天一阁藏明代方志选刊续编》(5),上海:上海书店 1994 年版,第 377—379 页。

② [明]方岳贡修,陈继儒纂:崇祯《松江府志》卷九"田赋二",第 209 页。

③ [明]卓钿修、王圻纂:万历《青浦县志》卷二"田赋·田额",据万历刊本影印,王强主编:《明代地方志文献辑存》(71),北京:线装书局 2018 年版。

④ [民国]王祖畲等:《太仓州志》卷七"赋役",据民国八年刊本影印,《中国方志丛书》,台北:成文出版社 1975 年版,第 418 页。

⑤ [清]程其珏修,杨震福等纂:光绪《嘉定县志》卷四"赋役志中",《中国地方志集成》"上海府县志辑"(8),上海:上海书店 1991 年版,第 91 页。

⑥ [明]姚宗仪:万历《常熟县私志》卷三"叙赋·田地",《中国华东文献丛书·华东稀见方志文献》第 10 卷,北京:学苑出版社 2010 年版,第 89 页。

⑦ [明]周世昌:万历重修《昆山县志》,台北:台湾学生书局 1987 年版,第 296 页。

通过以上估算可知,至明中后期,松江府棉花种植面积约为 1 418 659 亩,苏州府约为 2 239 176 亩,苏、松两府棉花种植面积共约 3 657 835 亩,应比明初有了较大增长。

二、清代太湖地区棉花种植的兴衰

清前期太湖地区棉作比重增加,棉田面积继续扩大,成为全国最重要的棉区。清代后期,受进口洋纱冲击,棉花作为手工纺织原料,需求量大幅度下降,当地棉田面积萎缩。此后,随着国内外机器棉纺业的发展,原棉需求增加,在棉产相对集中的松江、太仓两地,一度衰落的棉花生产又逐渐复苏,棉田面积扩大;同时,人们注重棉花品种改良和植棉技术改进,棉花亩产量有所增加。

(一)清代前期棉花种植区域的扩展

入清以后,松江府建置由三县增为七县一厅,包括华亭、上海、青浦、娄县、奉贤、金山、南汇七县以及川沙厅,各县厅普遍植棉,棉花生产势头比之明代有增无减。苏州府昭文县,雍正以前,高乡农民种豆多于植棉,因黄梅时节棉田除草很费人工,而那时候人口较少。其后人口日益增加,故种棉逐渐多于种豆。[①] 清雍正二年(1724),原苏州府属太仓州升格为太仓直隶州,下辖镇洋(新置)、崇明、嘉定、宝山(自嘉定县分出)四县。嘉庆《直隶太仓州志》卷十七"物产"记载,太仓冈身地带,"三分宜稻,七分宜花",棉花收购时节,贩客云集。嘉定县土地沙瘠,宜棉而不宜稻,稻与棉必相间种植,"一年种稻方可三年种棉"。如果只种木棉,棉田中会大量滋生杂草,影响棉花生长,长时间下雨还会导致棉根遭水淹而腐烂。[②] 清代前期,太仓州、嘉定县棉花种植已达到前所未有的规模,其乡镇志中多有"棉花通邑栽之"的记载。

常州府在明代除江阴县以外,其他县产棉不多,清代植棉情形明显改变。康熙《靖江县志》"风俗考"载:"农民种业多棉花"。康熙《常州府志》"物产"载:产棉四县,以"江、靖尤多,远近交相贸易"。宜兴"田极高者,种菽粟或木棉,或交秋种荞麦"。[③] 乾隆时期,常州府五县仅无锡一县不种棉花,但老百姓借贷买棉,织布换米,以维持生计。

---

① [清]郑光祖:《一斑录》"杂述卷二·大有年",载《海王邨古籍丛刊》,北京:中国书店 1990 年版,第 35 页。

② [清]苏渊等:康熙《嘉定县志》卷四"风俗",《中国地方志集成》"上海府县志辑"(7),第 492 页。

③ [清]李原荣原本,阮升基增修,宁楷等增纂:嘉庆《增修宜兴县旧志》卷一"疆域志·风俗",《中国地方志集成》"江苏府县志辑"(39),第 48 页。

　　棉布之利，独盛于吾邑，为他邑所莫及。乡民食于田者，惟冬三月。及还租已毕，则以所余米舂白而置于囷，归典库以易质衣。春月则阖户纺织，以布易米而食，家无余粒也。及五月，田事迫，则又取冬衣，易所质米归，俗谓种田饭米。及秋，稍有雨泽，则机杼声又遍村落，抱布贸米以食矣。①

　　杭嘉湖三府为传统蚕桑产区，明代仅有零星棉花种植，入清之后植棉渐广。乾隆《平湖县志》卷五"食货下"载："荡地东西高阜不宜水稻，多植之。"道光《武康县志》"物产"载："棉花，昔无今有。"受棉业扩展的冲击，清代前期杭嘉湖蚕桑业大为缩减。②

　　综上，清代前期，太湖地区的棉花种植不断扩展，大致松江府属均广种棉花，苏州府昆山县、常熟县、昭文县、长洲县，嘉兴府海盐县、平湖县，湖州府安吉州、武康县、长兴县，杭州府海宁州，植棉业已进入繁荣阶段。这一时期，太湖棉区南与浙东的宁波、慈溪相接，北与南通、海门隔江相望，一起发展为全国最为重要的江浙沿海棉区。③

（二）清代前期棉田面积的增加

　　清代前期，太湖地区不仅棉花种植区域扩大，植棉面积也明显增加，棉田在耕地中所占比重也较前代有所上升。据清乾隆四十年（1775）高晋《请海疆禾棉兼种疏》所说，松江府、太仓州、海门厅、通州以及所属各县，靠近海边，多沙涨之地，所以种棉者多，而种稻者少，"以现在各厅州县农田计之，每村庄知务本种稻者，不过十分之二三；图利种棉者，则有十分之七八"，松江府、太仓州等地棉田比重已占田地总额的七八成，种稻者仅占二三成。高晋认为，这里的农民种棉而不种稻，主要是由于"种棉费力少而获利多，种稻工本重而获利轻"，而并非沙土不宜种稻。④ 前已述及，明末松江府棉花种植最多的上海县，棉田比重约为50％，华亭、青浦两县较少。乾隆时期，松江府属县的棉田比重已达70％以上，增长很明显。太仓州属县明末棉田面积约占耕地总额的60％—70％，乾隆时期棉田比重则在70％—80％。下面以文献记载的棉田比重，对清前期松江府、太仓州的棉田面积予以估算：

　　松江府属七县一厅，上海县实征田地荡娄7 702顷81亩，荡娄等非耕地

---

　　① ［清］黄卬辑：《锡金识小录》卷一，据光绪二十二年刊本影印，台北：成文出版社1983年版，第52页。

　　②③　中国农业遗产研究室太湖地区农业史研究课题组编著：《太湖地区农业史稿》，第164，184页。

　　④ ［清］贺长龄、盛康编著：《清朝经世文编》第1册，扬州：广陵书社2011年版，第376页。

8 772 亩,①其中耕地约占 98.86％,耕地面积 761 509 亩,棉田面积占 70％,为 533 056.3 亩。青浦县实在有征田山荡溇 8 145 顷 92 亩,其中山荡溇等非耕地 76 988 亩,②约占田地总额的 9.45％,耕地数 737 604 亩,棉田 516 322.8 亩。华亭县实有田地荡溇 5 297 顷 66 亩,荡溇等非耕地 18 428 亩,③其耕地数 511 338 亩,棉田 357 936.6 亩。奉贤县没有详细的田地分类记载,参照华亭县的植棉比例加以推算。据光绪《奉贤县志》卷三"赋役志"记载,其田山荡溇 5 302 顷 62 亩,则耕地数为 511 809 亩,棉田 358 266.3 亩。据光绪《南汇县志》卷四"田赋上",南汇县田地荡溇共 7 077 顷 54 亩,荡溇等非耕地有 1 244 亩,耕地数 706 510 亩,棉田 494 557 亩。据咸丰《金山县志》卷五"田赋",该县田地总额为 378 901 亩,山荡溇等非耕地 11 160 亩,则耕地 367 741 亩,棉田为 257 418.7 亩。据乾隆《娄县志》卷六"民赋志",娄县实有田地荡溇 490 698 亩,山荡溇等非耕地 13 063 亩,④耕地面积 477 635 亩,棉田 334 344.5 亩。上述各县厅相加总,松江府棉田面积约 2 851 902.2 亩。

太仓州属嘉定县,乾隆四十三年(1778)实有田荡涂"6 450 顷 76 亩 7 分 1 厘 2 毫"⑤,其中荡涂等非耕地约 280 亩,耕地为 644 797 亩,若棉田占 80％,则为 515 837.6 亩。乾隆六年(1741)宝山县共有田荡涂 6 382 顷 41 亩,其中荡涂等非耕地 21 678 亩,⑥约占田地总额的 3.39％,耕地 415 392.4 亩,棉田约 493 250.4 亩。太仓州、镇洋县缺少具体的田地分类统计资料,对于其非耕地所占的面积比重,参照上述嘉定、宝山两县的情况,取其平均数 1.72％进行计算。雍正四年(1726)太仓州升直隶州,分置镇洋县后,实存田荡塗 4 409 顷 69 亩 2 分 2 厘 1 毫,⑦非耕地约 7 584.7 亩,耕地数 433 384.3 亩,棉田比例按 70％计,约为 303 369 亩。雍正四年,镇洋县有田荡塗 4 356

① ［清］范廷杰修,皇甫枢纂:乾隆《上海县志》卷四下"田赋四",第 156 页;原文中亩以下的面积单位略去,下同。

② ［清］陈其元等修,熊其英等纂:光绪《青浦县志》卷六"田赋上",《中国地方志集成》"上海府县志辑"(6),第 127 页。

③ ［清］冯鼎高等修,王显曾等纂:《华亭县志》卷五"田赋上",据乾隆五十六年刻本影印,《中国方志丛书》,台北:成文出版社 1983 年版,第 240 页。

④ ［清］谢庭薰修,陆锡熊纂:乾隆《娄县志》卷六"民赋志",《中国地方志集成》"上海府县志辑"(5),第 77 页。

⑤ ［清］程其珏修,杨震福等纂:光绪《嘉定县志》卷四"赋役志·田亩",《中国地方志集成》"上海府县志辑"(8),第 92 页。

⑥ ［清］梁蒲贵等修,朱延射等纂:光绪《宝山县志》卷三"赋役志·田亩",《中国地方志集成》"上海府县志辑"(9),第 76 页。

⑦ ［民国］王祖畲等纂:《太仓州志》卷七"赋役",《中国方志丛书》,第 421 页。

顷 68 亩 6 分 9 厘 2 毫，[①]非耕地约 7 493.5 亩，耕地数 428 175.2 亩，棉田按 70% 计，约为 299 722.6 亩。太仓州属共有棉田约 1 612 179.6 亩。

前已述及，松江府明代中后期的棉田面积约为 1 418 659 亩，清代前期约为 2 851 902 亩，清代前期比明代增长了 1 倍多。

（三）清后期棉花种植的消长

清代前期，杭嘉湖三府属县受周边植棉风气的影响，棉田面积增长较快。清代后期通商开埠之后，蚕丝之利大好，在生丝贸易拉动下，当地更多农民选择了蚕桑业。加之棉纺织受洋纱洋布冲击而略显颓势，使得当地棉田有所缩减。嘉兴府平湖县，以往棉花种植较多，桑树只有西南乡栽植，而蚕丝之利兴起之后，"今则城东二三十里近水处绝无旷土，小民以此为恒产焉"。[②] 光绪《平湖县志》卷二"风俗"也记载，清前期仅西乡青莲等庄有栽桑浴蚕者，"今各乡有之"。据民国《海宁州志稿》卷三"舆地志"所记，杭州府海宁州曾广植桑棉，而到了清宣统元年（1909），当地桑盛棉衰，棉田已不足称道。

常州府的棉花种植也有衰落迹象，民众只得转向蚕桑业维持生计。江阴县以前产棉较盛，民众以纺织谋生。到道光时期，"比年木棉常贵，布值常贱，所以小民生计益艰，谆谕农佃兼种桑养蚕，以防布滞，尚未遵行"。[③] 另据民国《江阴县续志》"物产"记载，清末该县开设茧行 40 余家，小民以养蚕卖茧为重要生计来源，棉花的地位已退居其次。清代前期以产布著称的无锡县，由于手工棉纺织业不景气，也开始转向发展蚕桑业。

苏州府属长兴、常熟等县，棉花种植亦日渐减少，取而代之的是桑树及其他农作物。清末陆晶生《常熟新庄乡小志》卷二"物产"记载，新庄乡"南境高亢之田悉植桑株，蚕业日发达，亦为出产之大宗，他若北境之蜜桃、高粱、苜蓿"。

相比之下，松江府、太仓州作为传统棉产区，清代后期的棉花种植依然保持扩展态势，棉田面积有所增加。光绪《松江府续志》卷五"风俗"载："郡东奉、上、南三县地形较高，种棉豆多于秔稻，而棉尤盛。"19 世纪 70 年代，据《申报》资料（光绪二年七月二十八日），上海、南汇两县及浦东西"均栽种棉花，禾稻仅十中之二"。华亭县棉花种植以前多限于田高土燥之处，太平天国运动之后，民生日益艰难，农民无力买牛养猪及购置农具，于是改稻种

---

① ［民国］王祖畲等纂：《镇洋县志》卷四"赋役"，《中国方志丛书》，第 173 页。

② ［清］彭润章等修，叶廉锷等纂：光绪《平湖县志》卷八"物产"，《中国地方志集成》"浙江府县志辑"（20），第 213 页。

③ ［清］陈延恩等修，李兆洛等纂：《江阴县志》卷九"风俗"，据道光十二年刊本影印，《中国方志丛书》，台北：成文出版社 1970 年版，第 849 页。

棉者比比皆是。华亭东北、东南与奉贤、上海接壤处也大量植棉,以致有乡绅担忧花多粮少会造成饥荒。[①] 奉贤县地势高仰,种棉尤为兴盛。[②] 南汇县大团镇,自清代后期塘外荡田放垦,民众多种棉花,后经长期垦耕,这里的滩地变得肥沃疏松,出产的棉花朵大衣厚,品质出众,于是上海纱厂多在此设立分庄,直接向农民购买。[③] 据光绪《宝山县志》卷三"赋役志"所记,太仓州属镇洋、嘉定、宝山等县,或专种木棉,或种稻之地十仅二三,而木棉居十之七八,棉花比重不减。

总之,清代后期,棉花种植在杭、嘉、湖、苏诸府普遍缩减,而在松江府、太仓州一些属县则有所增多,发展态势并不均衡,这是社会经济和自然环境条件变化共同作用的结果。

三、基于 GIS 的棉花时空分布可视化

为了进一步阐述明清太湖地区各府州棉花生产发展的时空变迁过程,这里在厘清棉花名实关系的基础上,利用前述《方志·物产》资料,借助 GIS 手段对各府州棉花的记载地分布、记载地分布热点、初次记载朝代等,进行可视化呈现并予以简要分析。桑与棉同为明清太湖地区的重要经济作物,并存在一定的竞争关系,所以文中还对比了二者的空间数据布局关系。

(一)棉花记载空间数据分布

明清太湖地区《方志·物产》资料中共有关于棉花的记载 127 条,其中所见之棉花名称包括棉、绵、花、棉花、绵花、木棉、木绵、棉木、吉贝、草吉贝、沙花、杜花、木棉花、衣头轻等(不包括品种名称)。使用 ArcMap 对棉花记载地点数据进行可视化呈现,(图 7-1)发现棉花记载地点数据空间分布存在一定的不均匀性,记载频数从高到低依次为松江府、太仓州、嘉兴府、苏州府、杭州府、常州府、湖州府;其地域分布具有一定的方向性,集中于太湖地区东部沿海沿江平原。[④]

由空间数据分布可知,松江府、太仓州为明清太湖地区的主要棉产区,这与前述认识是一致的。值得注意的是,嘉兴府的棉花记载频数也比较高。

---

① 〔清〕杨开第修,姚光发等纂,《重修华亭县志》卷二十三"杂志上·风俗",据光绪四年刊本影印,《中国方志丛书》,台北:成文出版社 1970 年版,第 1733 页。

② 〔清〕博润等修,姚光发等纂:《松江府续志》卷五"风俗",据光绪九年刊本影印,《中国方志丛书》,台北:成文出版社 1970 年版,第 463 页。

③ 〔民国〕严伟修,秦锡田等纂:《南汇县续志》卷十八"风俗志一",据民国十八年刊本影印,《中国方志丛书》,台北:成文出版社 1983 年版,第 864 页。

④ 另,使用 ArcGIS 方向分布工具得到记载地标准差椭圆,其中心坐标(E120.87°,N31.12°)位于苏州府和松江府的交界处。

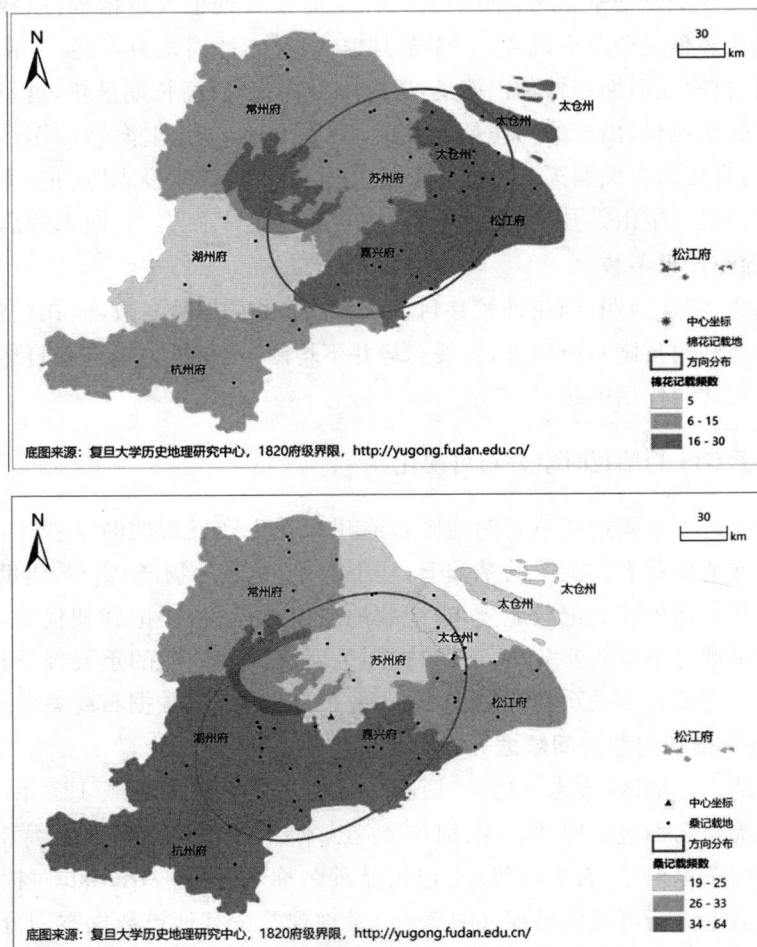

图 7 - 1   明清太湖地区棉、桑记载地点分布对比

这一方面应是因为这里濒临大海,具有较为适宜棉花种植的水土环境;另一方面大概是受到邻近松江产棉核心区的影响。清末通商开埠,蚕丝之利大增,嘉兴府的棉花种植才趋于衰落。

常州府、苏州府、杭州府的棉花记载频数相对少一些。这些地区距离江海稍远,植棉多限于高阜之地,田块也较为零散。因为高田地带水利难以保障,就有相当一部分原来的稻田陆续改种棉花。当然,这里沿江靠海的沙地及新开发的盐碱地等,也宜于植棉。据清光绪三十年(1904)《常昭合志稿》记载,缘江的常熟县、昭文县东北乡一带地性夹沙,不宜种水稻者皆种棉花。湖州府一直是太湖地区蚕桑业最为发达的地区,植棉稀少,其方志中的棉花记载也不多。

桑、棉同为这一时期太湖地区重要的经济作物,从上述图像的比较中还可看出二者的空间分域较为明显,并存在一定的互补性。即"桑"记载地主要集中于杭嘉湖地区,而"棉花"记载地主要集中在沿海沿江地区。嘉兴府地处这两个区域的过渡地带,桑与棉花的记载频数均比较高。

(二)棉花记载分布热点

使用平均最邻近统计工具,得出棉花记载地的空间分布具有显著的聚集分布特征。[①] 基于这一事实,利用核密度估计工具可视化呈现棉花记载的核密度分布。(图7-2)

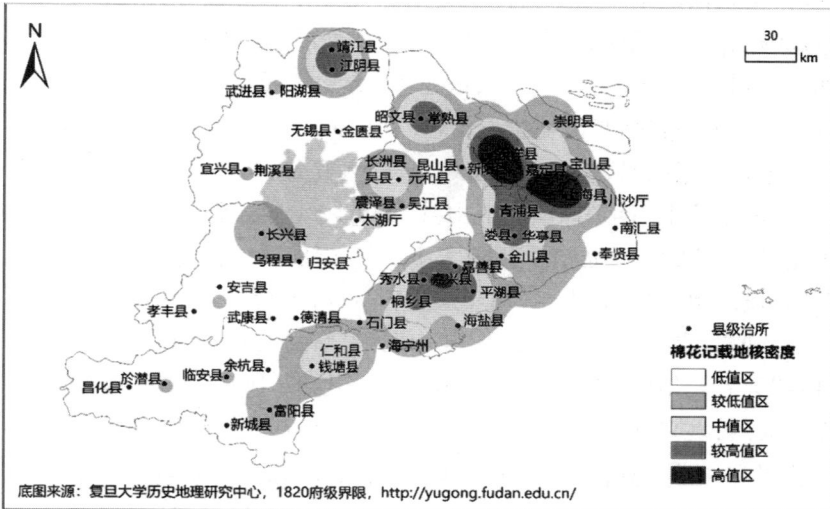

图7-2　明清太湖地区棉花记载地核密度

由图可知,棉花记载地形成的一个较大核心区,位于东部沿海沿江平原,包括松江府附郭县(华亭、娄县)、上海,太仓州的镇洋、嘉定、宝山。一个次级核心区,位于嘉兴府附郭县(秀水、嘉兴),辐射嘉善、平湖。还有两个较小的核心区,包括苏州府的常熟、昭文,常州府的靖江、江阴。另外,苏州府的吴县、长洲县和杭州府的钱塘县、仁和县棉花也比较多。依据此棉花分布热点图像,结合前述方志中的具体记载,可以较为明确地看出明清太湖流域棉业生产分布与发展的若干重点区域。

如果将上一章的桑记载地核密度图与棉花加以比较,可以发现桑记载

---

① 使用 ArcGIS 平均最邻近统计工具,得到棉花记载地平均最邻近距离为 2 870.80 m,理论最近邻距离为 8 791.65 m,最邻近指数为 0.33<1,z 得分为-14.52<-1.65,p 值为 0.00,表明棉花记载地的空间分布具有显著的聚集分布特征。

地的高值区和较高值区主要位于嘉湖平原，而棉花记载地高值区和较高值区主要位于东部沿海沿江地区。除了嘉兴府附郭县同为桑、棉花记载地的高值区之外，其余桑、棉记载地的高值区均无重合。事实上，无论从土宜条件还是劳动力安排来看，桑蚕与棉业都难以兼顾，因此种桑养蚕为多的地区，植棉纺纱必然较少，反之亦然。

（三）各府县棉花初次记载的朝代及其可视化

明清时期太湖地区各府县棉花记载初次出现年代的先后排序如下：

松江府。华亭县｜明正德十六年（1521）、上海县｜明弘治十七年（1504）、松江府｜明崇祯四年（1631）、青浦县｜清康熙九年（1670）、南汇县｜清雍正八年（1730）、金山县｜清乾隆十六年（1751）、奉贤县｜清乾隆二十三年（1758）、真如镇｜清乾隆三十七年（1772）、蟠龙镇｜清光绪元年（1875）、川沙厅｜清光绪五年（1879）、黄渡镇｜清宣统三年（1911）。

太仓州。崇明县｜明正德八年（1513）、太仓州｜明嘉靖二十七年（1548）、嘉定县｜清康熙十二年（1673）、宝山县｜清乾隆十年（1745）、娄塘镇｜清乾隆三十七年（1772）、广福镇｜清嘉庆十二年（1807）、沙溪镇｜清道光九年（1829）、璜泾镇｜清道光十年（1830）、罗店镇｜清光绪十五年（1889）。

嘉兴府。嘉善县｜明正德十二年（1517）、海盐县｜明天启二年（1622）、平湖县｜明天启七年（1627）、桐乡县｜清康熙十七年（1678）、嘉兴府｜清康熙二十年（1681）、嘉善县｜清康熙二十四年（1685）、乍浦镇｜清道光八年（1828）。

苏州府。常熟县｜明弘治十二年（1499）、苏州府｜清康熙三十年（1691）、支塘镇｜清乾隆五十三年（1788）、昆山县｜清道光六年（1826）、昭文县｜清光绪三十年（1904）、吴县｜清宣统（1909—1912）。

杭州府。海宁州｜明嘉靖三十六年（1557）、杭州府｜明万历七年（1579）、钱塘县｜明万历三十七年（1609）、富阳县｜清康熙十二年（1673）、仁和县｜清康熙二十六年（1687）、临安县｜清乾隆二十四年（1759）、塘栖镇｜清乾隆三十年（1765）、于潜县｜清嘉庆十五年（1810）。

常州府。江阴县｜明嘉靖二十六年（1547）、靖江县｜明嘉靖四十四年（1565）、常州府｜清康熙三十三年（1694）、荆溪县｜清光绪八年（1882）。

湖州府。长兴县｜清康熙十二年（1673）、安吉县｜清同治十一年（1872）、湖州府｜清同治十三年（1874）。

以上述数据为基础，利用相关数字化方法对棉花记载初次出现的朝代分布进行可视化呈现。（图7-3）由图可知，明代棉花初次记载出现的县镇主要集中在太湖地区东部沿海沿江一带，从北到南依次为常州府的靖江、江阴，苏州府的常熟、太仓，松江府的上海、华亭，嘉兴府的嘉善、平湖、海盐，杭州府的海宁,总体上绕太湖呈半环形分布。明中后期,棉花栽培地带向西北、西南延伸,形成以松江府、太仓州为中心,西起江阴,东至大海的产棉区。

清代前期,棉花记载区域又有扩大。松江府增加青浦、南汇、金山、奉贤、真如镇、蟠龙镇、川沙以及黄渡镇,至此松江府七县一厅均有产棉记载。太仓州增加嘉定、宝山、娄塘镇、广福镇、沙溪镇、璜泾镇、罗店镇,嘉定县棉花种植已达到前所未有的规模。苏州府增加支塘镇、昆山、昭文、吴县。常州府增加荆溪县,江阴、靖江的棉花记载更加常见。嘉兴府增加桐乡、嘉兴、乍浦镇。杭州府增加富阳、仁和、临安、塘栖镇、于潜。甚至连整个明代均未见到棉花踪迹的湖州府,也出现了棉花记载,不过似乎仅限于长兴、安吉的山乡。可以看出,清代前期太湖流域棉业已达到空前繁荣的程度。

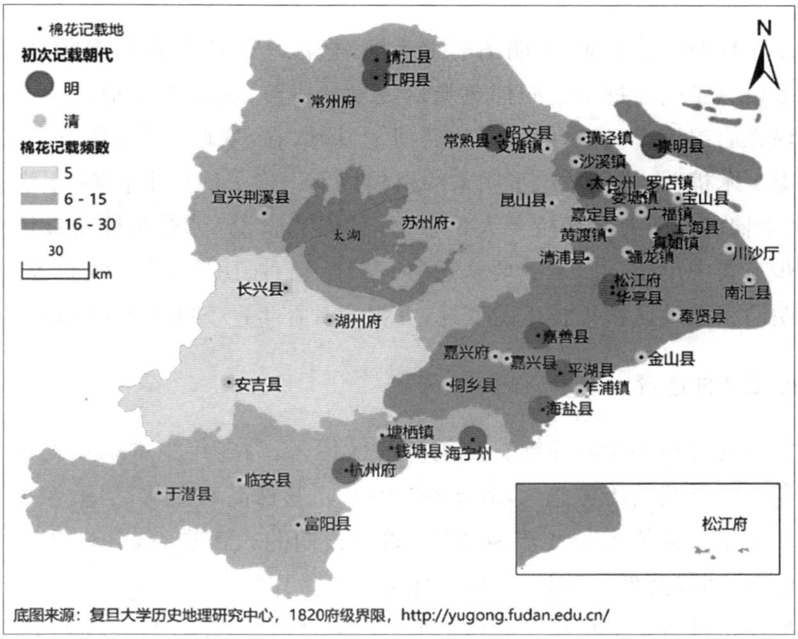

图 7 - 3 太湖地区各府县棉花初次记载的朝代分布

清代后期通商开埠,棉纺业受到洋纱洋布冲击,略显颓势,不少地区棉田面积减少,取而代之的是桑树及其他经济作物的种植。不过,松江府、太仓州作为传统的棉产优势区,其棉花种植仍然保持了清代前期的分布态势,后来国内外机器棉纺织业发展所导致的原棉需求增加、花价上涨,以及水土环境变迁等因素,这里的植棉面积又有扩展之势。

再通过比较前一章"桑"初次记载朝代分布的可视化图可知,明代桑的初次记载地主要集中于杭嘉湖地区和湖滨丘陵区,而棉花的初次记载地主要集中在东部沿海沿江地区。清代前期植棉区零星地向传统蚕桑区扩展,清代后期则呈现出蚕桑区向传统植棉区"侵入"的态势,但这样的扩展及渗透都比较有限。前述方志资料数据的可视化反映出,明清太湖地区棉、桑生产的发展,以其在各自传统栽培区域内的空间扩展为主要特征。

需要说明的是,与前述"桑"的初次记载一样,由于各府县方志中棉花记载初次出现的年代受到志书纂修先后等因素的影响,难免出现偏差,这就使得相关可视化分析只能直观地反映出棉花生产时空扩展的大致状况。

第二节　棉花种植技术的演进

由于棉业经济的刺激,明清时期上海、松江一带成为著名棉区,棉花栽培技术也有了明显进步。而棉花栽培技术的进步,又促进了棉花生产的扩大。徐光启出生于松江,他以实地调研为基础,在《农政全书》卷三十五"蚕桑广类·木棉"中详细总结了明末的植棉技术。到了清代中后期,上海县人褚华《木棉谱》、上海县马桥乡人黄宗坚《种棉实验说》等书对棉花栽培技术的进步有集中反映。以下主要从选种、整地、播种、田间管理、收获等方面,阐述明清太湖地区植棉技术的变迁,并揭示其在生产实践中的应用状况。

一、棉花良种选育

太湖地区最初所种的棉花由闽广地区传入,为多年生木本亚洲棉。这种棉花在中国栽培历史悠久,故又称"中棉"。其株高有七八尺,就像小树一样。多年生木棉传入长江流域之后,通过长期的人工选育,其性状逐步改变,株高也明显降低,至迟在元代已成为一年生作物。

棉花留种方法最早见于元代王祯《农书》:"所种之子,初收者未实,近霜者又不可用,惟中间时月收者为上。"[1]中间时月一般在秋分前后,属棉桃绽放及棉花采收盛期。此期的棉籽饱满健壮,生命力最强,适合留作来年的种子。农谚说:"留种要留中喷花。"《农政全书》卷三十五首先提到棉种要采用"株选"方法,年年选留:在秋季棉花收获之时,"取其高大繁实者",选留作种,并将碾取的棉种置于高燥处收藏,使其免受潮湿。[2]据徐光启调查,当

---

① [元]王祯撰,孙显斌、攸兴超点校:《王祯农书》,长沙:湖南科学技术出版社2014年版,第904页。

② [明]徐光启撰,石声汉校注,石定枎订补:《农政全书校注》中,第1243页。

时棉农主要采用"冬月碾取"棉种的方法，碾取时还必须晾晒，"秋冬生气收敛，于时晒曝，不伤萌芽。春间生意苗发，不宜大晒也"。而据王祯《农书》所记，棉种"须经日晒燥，带绵收贮。临种时再晒，旋碾即下"，即秋冬时晾晒并带绵收贮，春季播种时再晾晒碾取。徐光启认为，两种方法都有合理性，并提出了改进方法："不论冬碾、春碾、收藏、旋买，但临种时，用水浥湿过半刻，淘汰之。"即通过水选，将各种漂浮起来的劣质棉种除掉，"其坚实不损者，必沉。沉者，可种也"。[1] 他还第一次提出以"棉重"作为衡量棉种好坏的标准，要求选用衣分较高的棉花作种。据说松江地区的农户，"择种者，竟获棉重之利；三五年来，农家解此者十九矣"。[2] 衣分的高低，与棉花产量密切相关，这一留种技术只用了三五年时间，就被绝大多数农民掌握了。

棉种选育技术的提高，加快了新品种形成的进程。《农政全书》卷三十五记载了十多种棉花品种的特征及其衣分率："……浙花出余姚，中纺织，棉稍重，二十而得七。吴下种，大多类是。""吴下种"即太湖地区的棉种，大多产量较高。此外，当地还有数种比较特殊的品种："一曰黄蒂，穰蒂有黄色，如粟米大，棉重；一曰青核，核青色，细于他种；一曰黑核，核亦细，纯黑色，棉重；一曰宽大衣，核白而穰浮，棉重。此四者皆二十而得九。"[3] "黄蒂"的花冠基部呈黄色，棉瓤基部有粟米大小的黄色斑点。"宽大衣"为白籽棉，所谓"穰浮"，应指棉瓤的花衣较疏松。一般棉种的衣分在 35% 左右，而上述四种棉花"皆二十而得九"，即衣分率高达 45%，经济性状优秀。[4]

到了清代，随着棉花经济的发展，太湖地区又涌现出一批具有地方特色的棉花品种。据乾隆《镇洋县志》卷一"物产"，当地综合性状最好的三个棉种是黑核、铁梗大衣和黄核大衣。黑核"子黑，绒极白而厚，箕矮，耐风雨，多实"；铁梗大衣"干黑多绒，绒甚白，箕矮"；黄核大衣"子黄，绒白而厚"。其中黑核棉绒白而产量高，矮秆，抗逆性强，应属最好的棉种，有些地方也称"墨核"。上海县《法华乡志》卷三"土产"载："有一种墨核甚细，每百斤可出衣四拾余斤，名太仓种。性柔壳薄，种于沙土则可，若种燥土，久旱不荣。"[5] 可知这种"墨核"棉种衣分率达到 40% 以上，适合于沙土种植，与《农政全书》中所提的"黑核"应是同一品种。清光绪《宜兴荆溪县志》卷一"疆土"所记"铁力棉"，绒色白而子纯黑，大概也是"黑核"棉种。

清代太湖地区的其他优良棉种，或以品质闻名，或以产量见长，还有的以

---

①②③ 〔明〕徐光启撰，石声汉校注，石定枎订补：《农政全书校注》中，第 1231，1232 页。
④ 衣分率：棉花育种学上的专用术语，表示籽棉加工成皮棉的比例，又称出绒率，是评定棉花品种优劣的一条重要指标。
⑤ 〔清〕王钟：《法华乡志》，《中国地方志集成》"乡镇志专辑"（1），第 46 页。

抗逆性占先。例如，矮箕黄，"箕短、耐雨、繁实而绒非甚白"，属矮秆耐雨的高产品种；青核，"箕长实繁，壳厚耐雨，但子重绒薄"，高秆耐雨，但衣分较低，与明代衣分较高的"青核"似乎并不相同；浦东青梗，"干深青色，尤耐旱，壳甚薄，经雨即泡烂"，属于抗旱品种，但不耐雨；紫花，"绒色紫，实甚稀小"，应是一种彩棉。再如，太仓州的"鹤王市棉花"，柔韧洁白，每朵有一朱砂斑，尤为著名；①嘉定县南翔镇"张泾棉"，"箕短花繁，每斤可收花衣六七两"，衣分很高。②

清代后期，以松江府为代表的太湖棉区，开始重视引进西方棉种，并对植棉技术加以改进，以适应机器棉纺织业发展的需求。仅就选种技术而言，黄宗坚《种棉实验说》强调选用洋棉的好处：

> 吾乡素不讲究棉种。陆春江观察宰吾邑时，曾劝民种黑核洋棉。宗坚历试有年，寻常棉种轧出之絮，二十斤而得七，每百斤得絮不过三十四五斤。黑核则二十斤而得九，每百斤可得净絮四十四五斤。两两比较，综其价值，每百斤约可多得钱一千有余，是棉种又不可不讲也。③

综上，明清太湖地区的棉花品种趋于丰富，人们常以棉种的显著性状来为其分类和命名，如种子、茎秆、纤维的颜色，叶片的形状，花衣松紧，棉种产地等。清末开始提倡洋棉种植，以适应机器纺织的需求。

二、植棉土宜与棉田整地

（一）因土种植

土宜是种植棉花首先需要考虑的问题，棉区民众很早就注意到植棉以沙壤土为上，且最好选择高燥田块，最忌低洼下湿之处。

清代末期，受洋纱冲击，太湖棉区民众失去纺织之利，生计所赖唯有植棉。长期务农的上海人黄宗坚深感棉花对全县农民生计的重要性，于是潜心棉花栽培研究，期望能改进植棉技术，帮助棉农提高生产效益。光绪中期，他积30余年植棉经验，撰成《种棉实验说》，对辨土、选种、勤锄、摘头等棉花栽培技术均有精到见解。在植棉"辨土"环节，黄宗坚提出"土宜第一"的观点，并认为：

---

① ［清］王昶等纂修：嘉庆《直隶太仓州志》卷十七"物产"，《续修四库全书》(697)，上海：上海古籍出版社2002年影印本，第285页。

② ［清］张承先著，［清］郑攸熙订，朱瑞熙标校：乾隆《南翔镇志》，上海：上海古籍出版社2003年版，第12页。

③ ［清］黄宗坚：《种棉实验说》，《续修四库全书》(977)，第362页。

　　种棉之地，约分两等：一曰无春熟之地，一曰有春熟之地。有春熟
之地，有种油菜、蚕豆、麦、草等之别，其田有烂沙、狗肝、铁屑泥等名。
于此种棉，宜细审土宜，土有肥瘠，泥有粘松。所贵因地制宜，不可拘执
成法，无春熟之地亦然。

　　接着，作者总结了麦地、油菜地、蚕豆地等各种土地的植棉方法，均属经
验之谈。例如，"麦地，只能种中晚之棉。因待麦收获，其时已晚，且麦耗土
膏，非厚壅不可。惟麦地必暖，凡遇寒冷霉雨，浸灌棉根，延及麦根，可免冻
死"①，即麦地植棉或麦棉轮作只能种中晚熟棉花，由于收麦后，种棉时令已
偏晚，而且麦子比较耗费地力，植棉前必须多施肥。不过，麦地植棉的好处
在于可以避免寒冷雨涝所造成的棉花冻害。民国时期，当地善于植棉的人，
依然把辨别土宜作为棉花栽培的第一要务。

（二）精细整地与合理施肥

　　棉田整地包括土壤耕作及施用基肥两大内容。明清时期太湖地区普遍
实行稻棉轮作，用于植棉的田地要翻耕三遍，其中秋耕两遍，春耕一遍。徐
光启说："棉田，秋耕为良。获稻后，即用人耕。又不宜耙细：须大垡岸起，令
其凝冱。来年冻释，土脉细润。正月初转耕，或用牛转。二月初，再转，此二
转，必耢盖令细。"②水稻收获后，用于植棉的田块随即进行秋耕，耕后不耙，
立垡过冬。来年春季田地解冻后，土壤便会细碎松软。春耕在正月初和二
月初各进行一次，要随耕随耢。清明之前，做好畦畛，畦要宽阔，排水沟要
深，而且田土要整治得非常细碎。"既作畦，便于白地上锄三四次。雨后锄
为良，则土细而草除。锄白一当锄青二，去草自其芽蘖故。"③太湖地区地势
低洼，雨后易涝，深沟高畦，排除棉田水涝，反复锄地除草，改善土壤性状，是
传统棉花丰产经验之一。

　　棉花生产比较耗费地力，粪肥需求量大，合理施用基肥是棉田整地的重
要内容。徐光启曰："凡棉田，于清明前先下壅：或粪、或灰、或豆饼、或生泥，
多寡量田肥田瘠。"即棉花田在播种之前，要先施肥，施肥种类及多少则依田
地肥瘠状况而定。饼肥施用时，先捣碎豆饼，在棉田耕翻筑畦之后，均匀撒
入畦中，耙进土内。明末松江地区植棉密度较高，若施肥太多，容易引起棉
株虚长而不结实，结了实也会生虫，所以施肥每亩田"不得过十饼以上，粪不
过十石以上"。"生泥"是指河塘泥，徐光启解释说："凡水土气过寒，粪力盛

①　[清]黄宗坚：《种棉实验说》，《续修四库全书》(977)，第963页。
②③　[明]徐光启撰，石声汉校注，石定枎订补：《农政全书校注》中，第1235,1236页。

峻热。生泥能解水土之寒,能解粪力之热,使实繁而不蠹。"并引用农谚曰:
"生泥好,棉花甘国老。"①意思是说河塘泥是植棉的好肥料,可以起到改善
棉田土壤,调节土壤肥力的作用,就像药方里少不了甘草一样。但施用生泥
有一定的程序,须"先下粪饼、草秽",再用生泥覆之。这样,可以减缓饼肥和
绿肥的肥力释放,增加肥效;反之,先用生泥,再下粪肥,则肥效大减。

棉田施肥还实行"草壅",即施用绿肥。"用黄花苕饶草底壅者,田拟种
棉,秋则种草";或者"种大麦、蚕豆等,并掩覆之,皆草壅法也"。②是说来年
打算种棉花的田地,当年秋天就要种下黄花苜蓿或者大麦、蚕豆等作物,待
其下年春季生长起来后翻入土中,作为绿肥。草壅法的增产效果远超其他
肥料,不过应特别细致和谨慎。因绿肥不易施匀,施用过多的地方,就会发
高热而伤害棉花幼苗。

三、棉花播种

棉花播种一般有漫撒、耧耩和穴种三种方法。漫撒即撒播,耧耩是用耧
车条播,穴种即点播,各有利弊。徐光启说:"种棉有漫种者,易种难锄,穴种
者反之。吾乡皆漫种……间有穴播者。"针对其家乡上海县一带普遍实行散
播的情况,徐氏主张穴种,因其用籽少,且能"令根深不至濯露,可无死",但
比较费工。清乾隆时期褚华《木棉谱》同样提倡点播:"漫种者用种多,更难
耘;耧耩者易锄而用种亦多,唯穴种者用种颇少,但多费人工。"③

播种前先要对棉种进行水淘精选,以保证棉花播种质量。《农政全书》
"木棉":棉籽临种时需要水淘选种,浮起来的是秕种,沉下去的才能用作种
子。水淘时,那些瘦弱棉种会沉入水中,只要将沉下去的棉种取出来轻轻揉
搓,就会发现瘦弱棉种的外壳柔软且种仁不饱满,好棉种则坚实饱满。徐光
启指出,棉农播种前"不知择种,即秕者半,不秕之中,赢者半。凡遇梅雨辄
死,或梅中草盛辄死,皆赢种,而咎早种乎。此物即不死,亦少成少实。凡密
种者,其地力、人力、粪力,半为此物所耗,岂不可惜,故择种要矣"。在种棉
之前不进行种子处理,棉种中有大量秕种和赢种,必然导致棉株易死,棉花
产量低,种植耗费加大,非常可惜。

棉花的播种时间,主张以清明、谷雨期间较为适宜,早种可以早发早实。
徐光启认为:"凡种植,以早为良。吾吴滨海,多患风潮;若比常时先种十许

---

①② 〔明〕徐光启撰,石声汉校注,石定枎订补:《农政全书校注》中,第 1236 页。
③ 〔清〕褚华:《木棉谱》,载王云五主编:《丛书集成初编》第 1469 册,上海:商务印书馆 1937 年版。

日,到八月潮信,有旁根成实数颗,即小收矣。"①这里的早种是指比平常提前十天左右,早种可以早收。理由是吴地易于发生风潮灾害,即使八月份遇到潮灾,棉株下部也能结出部分棉桃,所谓"近根之实",不至于全荒绝产。但是,早种若遇到春寒,棉苗可能大多被冻死。为解决这一问题,徐氏建议于旧冬或新春初耕后,先种大麦或蚕豆作绿肥,临近种棉时翻耕入土,这样可使土壤疏松,棉花扎根深远,抗逆性增强,能够提前十天半月播种。

徐光启提倡早种早收,是针对松江植棉过晚的情况而言的。明末松江农家种棉一般在立夏前后,清明谷雨期间的早播并不多见。据徐光启调研:"吾乡向称早种者,在立夏前,迟或至小满后",棉农认为晚种则棉株不易被冻死,清明下种太早,棉株易死。徐氏还比较说,山东阳信地处北方,清明时节即播种棉花,上海县种棉不应晚于阳信。但上海种棉比阳信晚很多,原因是上海实行麦棉轮作,种棉时间不得不推迟,所谓"北方地宽,绝无麦底,花得早种。昔乡间种麦杂花者,不得不迟。今请无惜麦,必用荒田底"②。因此,他建议棉田最好冬季休闲,并引用农谚说:"歇田当一熟",认为冬闲可恢复地力,有利于春耕后种棉。如果冬季必须种麦,则在麦间套种棉花,麦收后追施肥料,促使棉苗生长发育。徐氏指出:过去上海县早种棉花受寒易死的原因在于"根浅":漫种密植又不施肥,导致棉株扎根不深,畏寒易死,加之梅雨时又多次锄草,使棉根更为虚浮,以致"梅中尤多死"③。就是说,只要种植方法得当,棉花就能早种早收。

虽然徐光启对改进棉花播种方法提出了良好建议,但直至清代前期,棉农在实际生产过程中,大多依然采用漫种密植。清代褚华《木棉谱》称:"种棉之法有二:将子随手撒畦内,上覆以土,用木碌碡滚实者,漫种也。将木桩打地成眼,量子多少,放入,用足践之者,穴种也。吾乡皆漫种,甚密,有穴种者,亦不闻倍收。"④即明代至清初,上海县种棉一直以漫种为主,穴种者很少,即使有穴种者,产量也与漫种者相当。这种播种方式也使得棉花的播种时间被限制在谷雨之后。

四、棉田管理

棉花田间管理大致分为间苗与定苗、中耕除草、整枝摘心等方面,程序繁多,最为费工。

---

① ② ③ 〔明〕徐光启撰,石声汉校注,石定枎订补:《农政全书校注》中,第 1237、1243、1244 页。
④ 〔清〕褚华:《木棉谱》,载王云五主编:《丛书集成初编》第 1469 册,上海:商务印书馆 1937 年版。

（一）间苗与定苗

徐光启认为，不论是薄田还是肥田，棉花稀植才能高产。他说过去所谓"稀不如密者"，指的是土质极为瘠薄的田地。即使是薄田，也要增施肥料，改良土质，进行稀植，这样才能提高棉花产量。至于肥田，则更应稀植："今肥田密种者，既无行次，稍即强弱相害，苗愈长愈不忍痛芟之。栉比而生，不交远风，虽望之郁葱，而有叶无枝，有花无实矣。"[①]棉株密植，彼此荫蔽，通风透光不良，看上去生长茂盛，实际上有叶无枝，有花无实。徐氏认为："棉花密种者有四害：苗长不作蓓蕾，花开不作子，一也。开花结子，雨后郁烝，一时堕落，二也。行根浅近，不能风与旱，三也。结子暗蛀，四也。"[②]即棉花密植有四个害处，包括棉花不易结实，棉桃容易坠落，不能抗御风旱及虫灾。

至于棉花稀植的程度，徐光启依据前代农书的记载，以及外地人植棉高产的经验，认为上海植棉以三尺间距为宜，如果觉得三尺间距过大，可"先一尺二尺试之"。另外，每当丰稔之年，徐光启会在棉田中发现一两株旁枝茂盛，结铃很多的"花王"。这也给了他加大株距，多培育"花王"的启发，并把上海棉花低产的原因归咎于种得太密、肥料不足等方面。现代农业实验证明，棉花稀植还是密植，应根据棉花品种和生产条件而定。只有合理密植，求得个体与群体之间矛盾的统一，才能达到高产目的。徐光启强调稀植，可能是针对乡间棉花种植过密的情况而言的。

就当时的生产条件来看，贫苦农民没有能力增施肥料，改良土质，密植既属无奈之举，其实也是传统增产经验。据徐光启所说，明末上海县棉田的密度，棉株之间仅"相去二三寸，一二寸，乃至三五成簇，是谓无法，自取薄收耳"。株距小而杂乱，可能是撒播不匀，甚至未经间苗。他还说："依世俗密植，亩用子一斗"。棉田每亩用棉种一斗，估计重 10 市斤左右。不过密植是松江一带棉农的习惯，所以明代吴地就有"千种万莳，不如密花"的农谚。直到清代乾嘉时期，上海人褚华在《木棉谱》中还说："吾乡漫种甚密"。可见，明清时期松江地区植棉新技术的推广应用，尚需要消除社会经济条件的限制。

（二）棉田中耕除草

棉田管理的重要作业是中耕除草，又称为"锄棉"。锄棉可以疏松土壤，切断土壤毛细管，从而减少水分蒸发，防旱保墒，还可以清除杂草，为棉株根部培土，促进棉花根系生长。

棉田中耕增产作用明显，历来很受重视。《农政全书》卷三十五"木棉"

---

① ②　［明］徐光启撰，石声汉校注，石定枎订补：《农政全书校注》中，第 1233，1235 页。

载："锄棉须七次以上"。书中还引用农谚说明锄棉的具体时间："锄花要趁黄梅信,锄头落地长三寸"。太湖地区的"黄梅信"正在夏至前后,其时棉花尚未开花,即锄棉应在棉花开花之前进行,并且"夏至前多锄为佳"。在棉花生长前期,棉苗矮小,根系浅,中耕除草效果最好。

明代太湖棉区实行漫撒播种,锄棉极为辛苦,不但要进行多次,而且"功须极细密"。《农政全书》"木棉"还讲了一个雇人锄棉的故事:"昔有人佣力锄者,密埋钱于苗根,锄者贪觅钱,深细爬梳,棉则大熟。"反映出锄棉精细彻底才能丰产。清末,南汇县六团乡瞿鑫《种早棉法六则》总结的棉田中耕技术更为讲究:锄花应该按次序进行,第一次锄花时,棉苗刚刚长出来,略微除去草芽即可;第二次锄,棉苗已经长大,要去弱留强,以稀为贵;以后每锄一次,"锄刀入土较深一层,末次以五寸深为度,尤须以松土积护其根,虽遇旱干水湿,亦无患矣"。[①] 要求依据棉苗的生长状况,按照一定的程序来锄花,达到间苗护根之目的。

(三)棉花整枝摘心

棉花"摘心""打尖",可去除顶端优势,促使侧枝生长,增加其开花结铃数量。《农桑辑要》"木绵":"苗长二尺,打去'冲天心';旁条长尺半,亦打去心。叶叶不空,开花结实。"[②]以主茎的高度和分枝的长度为依据,确定打顶和打边心时间。《农政全书》指出及时整枝的原因:"苗高二尺,打去冲天心者,令旁生枝,则子繁也。旁枝尺半,亦打去心者,勿高枝相揉,伤花实也。摘时视苗迟早,早者大暑前后摘,迟者立秋摘,秋后势定勿摘矣。"[③]将大暑和立秋前后,分别定为早花和晚花的摘心时间。徐光启还引用万历年间张五典视察上海棉田后提出的棉作改进技术,强调摘心须在晴天进行,忌阴雨之日:"苗之去叶心,在伏中晴日,三伏各一次",在阴雨天摘心容易"灌聋而多空干"。[④]这里所说的"灌聋",是不能座蕾结铃的意思。

不过,据徐光启记载,"吾乡人知去心者百中有一二",就是说当时上海县只有极少数棉农知道棉花需要打顶摘心。他认为棉农这样做也有道理:"然非早种、稀留、肥壅,亦自无由高大,去心何益。"[⑤]即当地的棉花晚种密植,地力又瘠薄,棉株不可能像北方那样高大繁茂,打顶摘心意义不大。清末,南汇县储爱桥《麦棉改良种植法》中也提到棉花整枝摘心的注意事项:"节近立秋,棉长三尺许,摘去正干头,便发生旁枝,多生铃蕊。切忌交枝相

---

① [民国]严伟修,秦锡田等纂:《南汇县续志》卷十九"风俗志二",《中国方志丛书》,第 879 页。
② [元]大司农司编,马宗申译注:《农桑辑要译注》,上海:上海古籍出版社 2008 年版,第 85 页。
③④⑤ [明]徐光启撰,石声汉校注,石定枎订补:《农政全书校注》中,第 1234,1237 页。

揉,风荡伤铃。摘头宜乘天晴。"①打顶要求似与明代差别不大。事实上,直至 20 世纪初期,太湖棉区的棉农也很少整枝摘心。

此外,传统农业时代人们主要通过耕作措施来预防棉花病虫害。由于缺乏有效的药物防治手段,病虫害一旦发生,后果往往很严重。清政府于宣统三年(1911)将农工商部所编印的《棉业图说》颁行各省,其中第一册《棉业新法图说》专设治虫篇,借鉴西方科技,对棉花病虫害做了详细阐述,以期加强民众对棉花病虫害的认识,掌握具体防治方法。

总之,明清时期松江府植棉最盛,棉花栽培技术也具有明显的代表性。徐光启《农政全书》对上海县的植棉技术做了全面而细致的总结,并用"精拣核,早下种,深根短杆,稀科肥壅"14 个字加以精当概括,认为只要采用正确的植棉方法,就可获得丰产。只是由于各种条件的限制,当时大多数棉农并没有将一些较为先进的生产技术运用到植棉实践中去,时人也认为,松江一带"百姓田间之利惟花为大,此中虽亦种花,尚未得法"。② 直到清代末期即黄宗坚植棉时代,当地棉花栽培技术才有了较大突破。

第三节　植棉面积扩大的自然与社会因素

棉花生长需要适宜的自然环境,植棉区域的分布受气候、土壤和地形等条件的约束。太湖流域的气候和水土比较适宜棉花喜光热、耐干旱、抗盐碱的特点,当地棉区尤其是松江府、太仓州一带的沙壤土或轻壤土也有利于棉花生长。而明清时期当地水环境的变化,又促进了棉花种植的增加。这也是自宋末元初之后,太湖地区棉田不断扩展,最终成为中国重要棉区的基本条件。就社会经济因素而言,棉花市场需求的增长以及棉纺织业的发展等,也拉动了棉花种植面积的扩大和栽培技术的进步。

一、水土环境变迁的影响

前已述及,明清太湖地区的棉花种植区域以松江府、太仓州为中心,呈逐渐扩展之势,沿太湖呈半环形分布在地势较高之处,这也适应了棉花的生理特性。以下重点从水土环境变迁方面,分析当地植棉面积扩大的因素。

---

① ［民国］严伟修,秦锡田等纂:《南汇县续志》卷十九"风俗志二",《中国方志丛书》,第 878 页。

② ［明］方岳贡修,陈继儒纂:崇祯《松江府志》卷六"物产",《日本藏中国罕见地方志丛刊》(14),第 148 页。

　　宋代吴江长桥的修建,使得吴淞江水流缓慢,河道淤积加强。明初户部尚书夏原吉主持太湖治水,将吴淞江中下游主干河道转移到黄浦江,当地的水土环境及水利格局发生重大变化。黄浦江水深流急,排水速度提高,而吴淞江一带溢流排水的丰水环境被改变,昆山和嘉定的原吴淞江两岸地区产生旱情。加之海潮沿各河快速上溯,泥沙沉积严重,沿海滩涂淤地逐步延伸,江河沿岸高地形势日益强化。13 世纪之前,在吴淞江口以北的滨海沿江地带,长江淡潮可以沿娄江等大小河流上溯,可用来灌溉农田。此后,随着吴淞江、娄江的相继淤塞,长江淡潮不能深入内地,潮水灌溉也大为减少,整个地区对旱涝的敏感程度明显提升。① 明代嘉靖以降,由于气候干旱化等原因,吴淞江两岸高地区旱灾增多,而且水利应对不足,稻作难以为继,民众生计艰难。

　　明代苏州昆山人归有光对吴淞江水网的水流变化及其引发的灾荒有深入考察:"吴淞江为三州太湖出水之大道,水之经流也……自顷水利不修,经河既湮,支流亦塞。然自长桥以东,上流之水犹驶。迨夏驾口至安亭,过嘉定、青浦之境,中间不绝如线。是以两县之田与安亭连界者,无不荒。"②吴淞江两岸的嘉定、青浦及其以西地区正是长期淤积形成的高地区,水环境的改变以及水利失修,使这里旱涝灾害频发,一片荒芜。"低乡之民,虽遇大水,有鱼鳖菱芡之利。长流采捕,可以度日。高乡之民,一遇亢旱,弥望黄茅白苇而已。低乡水退,次年以膏沃倍收。瘠土之民,艰难百倍。"③ 就是说,干旱对高乡民众生活的影响尤为严重。为摆脱困境,当地农民开始致力于棉花的种植,过去的稻田变成了棉田。确切地说,明清太湖东南长期淤积形成的沙土高地以及水土环境的改变,是人们选择并增加棉花种植的一个重要因素。

　　以嘉定县为例,明万历《嘉定县志》中说:其他州县地势平衍,以种植稻谷为主,民众以其产出缴纳租税,公私两便,唯有嘉定县环境特殊,旱情严重,老百姓只能以植棉为生:"惟嘉定一县,三面濒海,高阜亢瘠,下注流沙。贮水既难,车戽尤梗,版籍虽存田额,其实专种木绵,涝则尽淹,旱则全槁,加以飓灾时作,十岁九荒,小人之依,全倚花布。其织作之苦,无间于昼夜。"④明代江苏太仓人王锡爵则主要从水利失修及滨海环境层面分析嘉定县棉兴稻衰的原因:

---

　　① 　王建革:《明代吴淞江中下游的旱情敏感》,《中国高校社会科学》2014 年第 3 期。
　　②③ 　[明]归有光:《震川先生集》,上海:上海古籍出版社 2007 年版,第 167,168 页。
　　④ 　[明]韩浚等修:《嘉定县志》卷七"田赋考下",《中国方志丛书》,第 481 页。

盖他县之水皆江湖之清波，而嘉定独潮汐之所出入，浊泥浮沙日有积焉。余尝考其地志，塘浦之在界中者，凡三千余，昔人以治水为大政，故二百年常通流不废。正嘉之际，其遗烈犹有存者。至于今湮没者十八九，其存者如衣带而已。是以其民独托命于木绵。木绵之性，喜与水田相代，而嘉定之植，数十年不能易也，宁复有善收乎。况海波之飘荡，飓风之摇撼，累十年无一二免者。岂其民之乐之哉，地势故然也。①

可以看出，明代中后期，嘉定县水旱灾害加剧，水利失修，灌溉难以进行，人们无法种植水稻，只得依靠植棉织布谋生。明崇祯十四年（1641）张鸿磐上书反映，明初"三江载浚，水利大兴，吴淞巨浸，入川达浍，嘉定小邑，藉以灌输"，农业状况是"十田五稻"，即有一半田地种稻。到了后来，嘉定一带"大江忽为平陆，支河遂已绝流，斥卤积沙，旋浚旋淤，桔槔莫施，禾种遂断，仅种木棉一色"。即当地失去了灌溉条件，人们无法种稻，只能种棉花，而不合理的钱粮折兑和繁苛的饷银摊派，使当地老百姓不堪重负。②

太仓州植棉较多，同样是受到浏河淤塞以及吴淞江改道所引起的水土环境变化的影响。据嘉庆《直隶太仓州志》记载，明代浏河两岸大部分田地平坦肥沃，适宜稻作；清代后期，因水利失修，种棉者增多，导致地瘠民贫。

今河道淤塞，田日瘠，民日贫，岁收不及向时远甚……论者谓太仓地宜木棉，喜燥而恶湿，似水利在所缓，此甚不然。稻可岁岁种，而棉不可岁岁种。种棉久则土瘠，而棉恶善治田者……水治田熟，民岁有蓄积，其力足以粪田，故种稻者多。稻多则田沃，田沃则岁收常倍。水利不修则田入少，民无蓄积，力不能种稻则种棉。种棉久而土无力，收亦日薄，民亦愈贫。③

时人发现，在太仓一带，清末浏河淤狭，吴淞江改道，河网的充水环境不再，故河道淤塞而田地失溉，水稻产量大为降低，民众日益贫困，无力施肥和戽水灌溉，只得弃稻植棉。而长期种棉又导致土壤肥力衰退，收成减少，民生更加艰难。

若联系当时的水土环境变迁来看，吴淞江无清水输入，海潮旺盛，河湖

①　[明]韩浚等修：《嘉定县志》卷十九"文苑一"，《中国方志丛书》，第 1225 页。
②　[清]张承先著，程攸熙订：《南翔镇志》卷十二"杂志"，上海：上海古籍出版社 2003 年版，第 183 页。
③　[清]王昶等纂修：嘉庆《直隶太仓州志》卷二十"水利下"，《续修四库全书》（697），第 316 页。

淤塞，引起旱情增长，影响稻棉生产。明代后期，海潮从刘家河涌入并蔓延开来，"浑砂泥滓，酿成堁堰。高田无灌溉则枯，低田逢水潦则没。故茜泾一带几成圮莽，舟航既阽，桔槔多废。迄年郊原四望，遍地皆棉。种棉久则土膏竭，而腴田化为瘠壤。一逢水旱虫螟，尽仰藉于转籴。"①旱灾失灌导致太仓一带遍地植棉，种棉时间久了，土壤就变得越来越瘠薄，高地区成为旱地。旱地种棉，增强了对旱灾的抵抗力。但棉花对水灾的抵抗能力相对较差，水旱交替，棉花损失也很严重。水灾过后，欲修筑圩岸，恢复水田，又因缺少物力财力投入而难以实现。在干旱环境下，冈身高地的民众难以应对灾变，只好努力种棉纺织，以适应环境变化，维持生活。而一旦地方官改征粮税或强征赋税，马上就会出现民不堪负、四处逃亡的现象。

综上所述，明清时期水土环境与水利格局变化等原因，对吴淞江、浏河两岸以及濒海高田影响最大，其突出表现是当地农民以植棉代替了稻作。

二、植棉政策与棉布市场需求的刺激

明清时期，棉布的普及和各地对棉制品的大量需求，促使政府鼓励植棉纺织，并将棉花、棉布作为赋税征收对象。为了解决生计问题，太湖地区农家因地制宜，将植棉、纺纱、织布结合在一起，从事商品性生产，棉花种植及手工棉纺织业得以共同发展。

明太祖朱元璋至正二十五年（1365）下令："凡民田五亩至十亩者，栽桑、麻、木棉各半亩，十亩以上倍之。"②洪武元年（1368）又将棉花纳入赋税征收之列，棉田每亩征收四两棉花。洪武十八年（1385），对植棉超过定额的部分不予征税："议农桑起科太重，百姓艰难，令今后以定数为额，听从种植，不必起科。"③洪武二十七年（1394），植棉可免除赋税："又令益种绵花，率蠲其税，岁终具数以闻。"④明中后期全国各地棉花种植的扩展，应与明初这些鼓励植棉的政策有一定关系。随着太湖地区棉田的扩大和棉纺织的普及，棉布产量不断增长，而当地赋税过重，常致税粮逋欠。为此，宣德八年（1433），明政府准许江南等棉业较为发达的地区以棉布替代税粮，遂成定制，使得更多农民将纺线织布作为其主要副业。

---

① ［清］顾炎武：《天下郡国利病书》，《顾炎武全集》第12册，上海：上海古籍出版社2011年版，第546页。

② 《明实录·明太祖实录》卷十七，北京：中华书局2016年影印本。

③ ［明］李东阳等撰，申时行等重修：《大明会典》卷一七"户部四·农桑"，扬州：广陵书社2007年版。

④ 《明实录·明太祖实录》卷二百三十二，洪武二十七年三月庚戌。

　　由于赋税政策等因素的影响，明代南北直隶和十二布政使司均有棉花出产，其中南直隶、山东、河南等地产棉丰富，但棉纺织业的发展各地却不尽相同。① 明政府将棉布作为重要的财政收入来源，每年都会向各地大量派征。这种派征以棉纺织业发达的苏、松、常三府为主，但对山东、河南、山西、北直隶等棉纺织业较薄弱的地区，征收数额也十分巨大。而且其征收大部分属于折征性质——以棉布折小麦或米，供应九边军需。明中后期（嘉靖年间），随着九边军事防御体系最终形成，戍守边镇的军人数量也逐年增长，至万历末已达 88 万之多，占明朝军数近八成，②加上军丁家属及普通民户，每年棉布的需求量之大可想而知。

　　明中叶以后，随着赋税制度的改革，原来的税粮折征布匹再变为折收银两，从而形成了一个庞大的边需市场。此外，明中后期的"封贡通市"和议，使北方边境局势趋于安定，边地贸易繁荣，互市棉布需求量大增。无论是军需棉布，还是互市贸易所需棉布，对于棉纺织业落后的北方地区而言，仅凭自身力量难以筹措，只有通过市场购买来解决，而这恰为太湖地区出产的棉布提供了销售市场。由于九边多分布在山陕境内，因此秦晋大贾凭借其地理和交通上的优势，活跃于九边棉布贸易中。他们携巨资到松江府等地大量购买标布，并贩运至边镇地区销售，所谓"前朝标布盛行，富商巨贾，操重资而来市者，白银动以数万计，多或数十万两，少亦以万计"。③ 嘉定县出产的棉布"商贾贩鬻，近自杭歙清济，远至蓟辽山陕"。④ 据嘉靖《常熟县志》卷四"食货"记载，常熟布"用之邑者有限，而捆载舟输，行贾于齐鲁之境者常什六"。棉布大量外销促进了太湖地区棉花生产的发展。

　　清初，内外蒙古统一，九边裁撤，军需市场不复存在，至太湖地区采购标布的商人数量也大幅减少。同时，直隶、山东、河南、湖广等地的棉纺织业在清前期得到快速发展，所产棉布质量不断提高，且开始长途贩运⑤。虽然这些区域市场对太湖地区棉布的需求减少，而闽广、京城等地需求依旧。还有，清代前期太湖地区踹染业日渐发达，当地经整染加工的棉布销售至全国各地。清中叶，随着东北地区的开发和流民的涌入，关外人口成倍增长，而东北气候寒冷，民间又无纺织之利，须从产棉区大量输入棉布以满足衣被需求。康熙二十三年（1684）海运开禁之后，上海沙船往返于北洋航线，将江南

---

① 从翰香：《试述明代植棉和棉纺织业的发展》，《中国史研究》1981 年第 1 期。
② 梁淼泰：《明代九边的军数》，《中国史研究》1997 年第 1 期。
③ ［清］叶梦珠撰，来新夏点校：《阅世编》，北京：中华书局 2007 年版，第 179 页。
④ ［明］韩浚等修：《嘉定县志》卷六"物产"，《中国方志丛书》，第 476 页。
⑤ 吴承明：《论清代前期我国国内市场》，《历史研究》1983 年第 1 期。

出产的棉布源源不断地输入东北,至嘉道年间达到最高峰,沙船数常年保持在 3 000 艘以上。总之,清代前中期,全国棉布市场有起有伏,总体呈上升态势,从而有利于太湖地区棉花生产的增长。

清代后期,进口洋纱、洋布的入侵,以及国内机器棉纺织业的兴起,使得太湖地区手纺纱、手织土布及棉花种植受到很大冲击,这在植棉产布最盛的松江府和太仓州表现尤为突出。松江府"近自通商以来,洋布充斥,而女红之利减矣"。① 嘉定县"吾邑土产,以棉布为大宗,纳赋税,供徭役,仰事俯育,胥取给于此……往者匹夫匹妇,五口之家,日织一匹,赢钱百文。自洋布盛行,土布日贱,计其所赢,仅得往日之半耳"②。与此形成对比的是,机制布销售渐好,市场需求增大。各厂商亦开始增加布机,扩大生产量,以满足日益增长的市场需求。

机织布的增加和大量洋布的输入,不仅冲击了农家的土布纺织,也对棉花生产造成明显影响。这主要表现在棉花品种的选择和加工技术的采用,均向机织布生产的需求靠拢;棉花种植面积则因原料需求减少,以及蚕桑等经济作物发展的挤压而有所萎缩。有学者指出:事实上,长江三角洲棉花种植面积在 19 世纪后期和 20 世纪可能完全没有增长,可是,植棉、棉纺、棉织三位一体的打破却深刻地改变了当地农民的命运。③ 这里所讲的长江三角洲应以太湖流域为主体。随着帝国主义对棉花经济的操控,小农家庭生产一体化发生分解,农民只得将棉花卖出去,同时从市场上买回棉纱和棉布,中国的原棉商品率大幅度增长。棉花交易的增长还促进了新市镇的形成和老市镇的繁盛,但价格剪刀差却使植棉农户进一步陷入贫困。另外,清政府各种苛捐杂税的盘剥,也使得清末已趋萎缩的家庭土布业加速走向衰亡。

三、小农家庭生计的需要

小农经济本质上属于一种自然经济,它以男耕女织、自给自足为特征,并具有容纳一定商品生产的条件。明清太湖地区人多地少、赋税苛重的情况更加突出,农民单靠土地收入及粮食种植难以维持一家人的生活,还必须从事各种副业,其中棉花种植和手工纺织成为其重要的商品生产项目及经济来源。

---

① ［清］博润等修,姚光发等纂:《松江府续志》卷五"疆域志·物产",《中国方志丛书》,第 470 页。

② ［清］程其珏修,杨震福等纂:光绪《嘉定县志》卷八"土产",《中国地方志集成》"上海府县志辑"(8),第 165 页。

③ 黄宗智:《长江三角洲的小农家庭与乡村发展》,载《明清以来的乡村社会经济变迁》卷二,北京:法律出版社 2014 年版,第 104 页。

　　就棉花种植而言，在灌溉困难的地方以及沿海潟卤之地，小农植棉主要是为了应对水旱灾害，维持生活。而在自然条件较好，便于灌溉的区域，棉花必然与水稻争夺土地。过去的研究常以为棉花作为经济作物，其生产收益一定会高于水稻等粮食作物，但忽视了当时稻米的商品性也比较强，二者的收益孰高孰低，实际上受到两种作物各自市场行情以及收成的影响，棉花收益不一定高于稻米。这样，农民是植棉还是种稻，在很大程度上取决于二者的相对价格。就是说，如果某一时期棉花的相对价格较高，更有利可图，那么农户就会增加棉花种植。

　　前已述及，在太湖流域沿江滨海的高田区，明清时期水土环境的改变以及水利失修是棉花种植替代水稻的基本原因。如光绪《松江府志续志》卷七"山水志·水利"记载，明末清初，上海人放弃种稻的原因是河渠被潮泥淤塞了："曩者，上海之田本多粳稻，自都台、乌泥泾渐浅，不足溉田，于是上海之田皆种木棉、绿豆。每秋粮开征辄于华亭，民力大困。"上海农民改稻为棉，主要是出于失去灌溉条件的无奈，而不是因为植棉的收益高于种稻。当然，促进植棉增加的因素不是一成不变的。19世纪中晚期，王韬《瀛壖杂志》卷二记载："沪土性宜木棉，若植禾稻，收成较歉。""沪人生计在木棉，贩输远及数省，今则且至泰西各国矣。在沪业农者，罕见种稻。自撒种以及成布，男播女织，其辛勤倍于禾稼，而利也赢。"[①]即到了清代后期，上海农民广植棉而少种稻，除受到水土条件的制约之外，已主要是出于经济方面的考虑了。因为相比种稻来说，植棉纺织虽然劳力投入多，但收益相对较高。

　　农民从事手工棉纺织并将其与植棉相结合，同样是为了解决生计问题。自17世纪始，手工棉纺织已成为嘉定农家的主要经济来源。崇祯《嘉定县志》记："邑之民业，首藉棉布，纺织之勤奋，比户相属，家之租庸、服食、器用、交际、养生、送死之费，胥从此出。"[②]康熙《嘉定县志》也说："棉布，邑之妇女昼夜纺织，公私之费皆赖之。布有浆纱刷纱二种，工有粗细，色有黄白，织有厚薄，家有传习，客有拣择，用有染素，产有路数，而价因以低昂，行家遂得以上下其手。贫民织作劳苦，利微可悯也。"[③]在邻近的宝山县，"棉花通邑栽之，以资纺织。海滨之民，独宝木棉，藉以资衣食、完赋税"。[④]　明末清初，上

　　①　[清]王韬著，沈恒春、杨其民标点：《瀛壖杂志》，上海：上海古籍出版社1989年版，第23页。

　　②　[明]韩浚等修：《嘉定县志》卷六"物产"，《中国方志丛书》，第476页。

　　③　[清]赵昕修，苏渊等纂：康熙《嘉定县志》卷四"物产"，《中国地方志集成》"上海府县志辑"(7)，第512页。

　　④　[清]赵酉修，[清]章钥等纂，吕瑞峰点校：乾隆《宝山县志》卷四"物产志"，上海地方志办公室编：《上海府县旧志丛书·宝山县卷》上，上海：上海古籍出版社2012年版，第92页。

海人叶梦珠《阅世篇》"食货四"记："吾邑地产木棉,行于浙西诸郡,纺绩成布,衣被天下,而民间赋税,公私之费,亦赖以济,故种植之广,与粳稻等。"①清光绪《南汇县志》卷二十"风俗"载："妇女纺织佐衣食……故男子耕获所入,输官偿息外,未卒岁,室已罄(俗有六十日财主之称),其衣食全赖红女。"②上述记载反映出,明清时期太湖流域滨海高田区的农户,其种田收入很低,一般仅能维持数月的生活,全家所需衣着的全部、口粮的大部分,以及缴纳租赋等,都需要依靠妇女植棉纺织来解决。还有一点就是,太湖地区尤其是苏松一带租税负担很高,农家仅靠田地收入,根本不能满足日常生活所需,必须以家庭副业作为补充。有学者估计,1匹布净收入大约在1斗米上下,纺织一天劳动的净收入值为1.7—3.8升。一个妇女从事纺织的日收入大约是一个农夫从事大田农作日收入的3/4。③

　　另外,受小农家庭劳动力自然分工模式的影响,植棉纺织这种经济活动主要是由妇女来承担的,可以说纺纱织布的辛劳往往伴随她们一生。明末清初浙江桐乡人张履祥总结说："西乡女工,大概织绵绸素绢、绩苎麻黄草以成布匹。东乡女工,或杂农桑,或治纺织。若吾乡女工,则以纺织木棉与养蚕作绵为主。随其乡土,各有资息,以佐其夫。女工勤者,其家必兴;女工游惰,其家必落;正与男事相类。"④即嘉湖地区妇女普遍从事丝织和棉纺业,她们的勤惰会影响家庭的兴衰。(图7-4)清代尹会一在奏疏中说："查江南苏、松两郡,最为繁庶,而贫乏之民得以俯仰有资者,不在丝而在布。女子七八岁以上,即能纺絮,十二三岁即能织布,一日之经营,尽足以供一人之用度而有余。"⑤徐新吾先生说:在民国以前的上海地区,农村姑娘在七八岁时即学纺纱,十一二岁就学织布,甚至有不满十岁已学会织布的;农村老媪,多属纺织能手;青壮年妇女除纺纱外,织布一职,全由她们担任。⑥

　　这种情况出现的原因,除女性在植棉纺织方面具有天然优势以外,依然与农户的生存压力有关。在传统社会,农民考虑的主要是扣除原料后的毛收入,劳动力一般不计入成本。只要毛收入超过生产成本,即使劳作费时费力,收益又很低,农户也会投入劳动之中。当时女性劳力的机会成本很低,这些家庭成员又必须供养。因此,农家就尽量利用辅助或闲暇劳动力从事

　　① [清]叶梦珠撰,来新夏点校:《阅世编》,第178页。
　　② [清]金福曾等修,张文虎等纂:光绪《南汇县志》,《中国地方志集成》"上海府县志辑"(5),第899页。
　　③ 李伯重著,王湘云译:《江南农业的发展(1620—1850)》,第165页。
　　④ [清]张履祥辑补,陈恒力校释,王达参校、增订:《补农书校释》,第151页。
　　⑤ [清]贺长龄、盛康编著:《清朝经世文编》第1册,第376页。
　　⑥ 徐新吾:《江南土布史》,上海:上海社会科学院出版社1992年版,第240页。

图 7 - 4　纺线

图片来源:[清]方观承著,李秋占、苏禄煊注译:《御题棉花图译注》,
北京:中国农业科技出版社 2011 年版。

纺纱织布等家庭手工业。另外,纺车、线轮、织布机等手工棉纺织工具的制作可以就地取材,成本较低,不少小农家庭都能置办得起,且这些纺织工具的使用较易于学习和掌握。

明清以来,通过使用成本低微以至不花成本的家庭辅助劳动力,加上简陋的纺织工具,在棉业经济发展的几百年中,家庭手工棉纺织业一直以极大的韧性延续下来,并在与城市棉纺企业的竞争中显示出自己的优势,这在太湖地区表现得尤为突出。黄宗智先生在论述过密型的乡村工业化时指出,当不断增长的人口压力迫使农业和手工业的收入下降时,二者的结合只能是越来越强。虽然无论农作还是家庭手工业都没有什么剩余,不可能提供积累和投资,通常只能勉强满足糊口和缴纳租税,但它们是维持小农家庭基本生活的手段。① 就棉花生产而言,小农家庭"男耕女织"的劳动分工与棉花经济相结合,为其维持生计、增加收入开辟了新途径,从而推动了手工棉纺织业和棉花栽培的极大增长。

的确,明清太湖棉区农家依靠植棉纺织谋生并非易事,但舍此又别无生路。棉花生产主要出于商品性目的,除过要面临风雨病虫等自然灾害之外,

---

① 黄宗智:《长江三角洲的小农家庭与乡村发展》,第 74 页。

还要应对苛重的租税负担以及难以预知的市场风险。明末清初江苏太仓人吴伟业的《木棉吟》曾描绘了植棉过程的艰辛和棉花收获时的悲伤：

> 浏河塞后遭多故，良田踏作官车路。纵加耘籽土膏非，雨雨风风把花妒。薄熟今年市价低，收时珍重弃如泥。天边贾客无人到，门里妻孥相向啼。昔年花早官租缓，比来催急花偏晚。花还未种勉输粮，输待将完花信远。昔年河北载花去，今也栽花遍齐豫。北花高捆渡江南，南人种植知何利。①

清中期浙江秀水人钱载《木棉叹》则吟咏了濒海地区植棉所面临的自然灾害以及农民的忧愁与无奈：

> 我闻木棉花，传自哀牢林邑高昌国。地气江淮本相得，叶似青枫花似葵。花铃倒挂同攀枝，凉秋八月白绵吐，一朵半朵科头垂。科头垂，哭村姥。昨日风，今日雨。上岗湿多草，下岗湿无土。花熟防风更防雨，怕似邻州去年苦……我家租种横沥黄沙田，海唑风雨愁相煎。花荒官私两无辨，不纺不织何能延。黄婆庙，邬泥泾，天晴献鸡酒，愿乞黄婆灵。我田若可种稻还种麦，更送春风纸钱百。②

诗中大意是说，在沿海地区因自然条件限制，不能种植稻麦，棉花易于遭受风雨灾害，难以保证收成，但不植棉又难以维持生计。

四、外地粮棉输入的支持

随着太湖棉业的发展，棉花种植渐多，水稻则相对减少；城镇人口的增加，又使得当地粮食需求量大增。这样的一减一增，导致太湖棉区粮食供应紧张，需要从外地输入。

就明代而言，一般若非大灾歉收之年，太湖地区通过内部调剂就可以基本保证民众的粮食需求，尚不需要大规模的外粮输入。明末，棉区缺粮现象渐露端倪：太仓，"州地宜稻者四之一。冈身间种稻以助地力，戽水至艰，获

---

① 　［清］吴伟业：《梅村家藏稿》卷十，宣统三年武进董氏诵芬室刊本。
② 　［清］钱载撰，丁小明整理：《箨石斋诗集　箨石斋文集》上，上海：上海古籍出版社 2012 年版，第 20 页。

不赀费，故岁资外籴以给二运"①。嘉定，"县不产米，仰食四方，夏麦方熟，秋禾既登。商人载米而来者，舳舻相衔也"②。入清以后，棉业日益繁荣，太湖地区的粮食供应亦趋于紧张。松江府、太仓州等植棉区，"种花者多而种稻者少，每年口食赖商贩运"③。可见，太湖棉区开始大规模从长江中上游地区输入米粮。这一方面刺激了安徽、江西、湖南、湖北、四川等省份的粮食生产，另一方面也反映出太湖流域棉花生产的发展得到沿江以及其他省区的支持。

从外米输入早晚、多寡对太湖地区米价高低的影响，也可看出其当地棉花经济与其他省区粮食生产的关系。清代长江中上游地区沿江而来的米粮多聚集于苏州枫桥，这里成为当时太湖地区最大的米粮转运中心。康熙四十六年（1707）十二月，"苏松米价腾贵，一石买价至一两六七钱"。据调查，造成这次米价上涨的原因有三点：一因本地歉收，二因湖广、江西客米到来减少，三因贪利之徒贩米出洋；其他如康熙五十一年（1712）八月初八日、康熙五十五年（1716）九月十六日，苏州等地的米价波动也与湖广、江西客米是否运到有关。④ 再如，雍正元年（1723）秋，苏州干旱，塘河水道日浅，"湖广、江西客米大船难到"，造成苏州米价不稳。⑤ 由此可见，太湖棉区对于江西、湖广等地的米粮依赖程度很高。这种情况一直延续至清代后期，即江苏省各府县产米不敷民食，依然要依赖湖广等省商贾贩运。大量米粮的输入，满足了苏松等地棉区民众的日常生活需求，对棉业生产起到了保障作用。

除过两湖、江西等地的粮食输入，山东、河南等棉产区的棉花供给，也为太湖棉业发展提供了支持。随着对纺织原料需求的增加，江南本地棉花已不敷所用，须从外地输入。据载，明代万历年间山东运河沿岸的兖州府、东昌府每年都有大量棉花运销江南。万历《兖州府志》卷四记载，郓城县"土宜木棉，贾人转鬻于江南，为市肆焉。五谷之利，不及其半矣"。万历《东昌府志》卷二："高唐、夏津、恩县、范县宜木棉，江淮贾客列肆贸收，居人以此致富"。清初，河南等地的棉花也大量行销江南，与当地棉花形成竞争之势。嘉定县，"五乡春作悉以栽花为本业……往年花才入筐，即为远贾所取，民之

---

　　① ［明］钱肃乐修，张采纂：崇祯《太仓州志》卷五"物产"，太仓市史志办公室整理影印，扬州：广陵书社 2014 年版，第 23 页。

　　② ［清］顾炎武：《天下郡国利病书》第六册，上海：上海科学技术文献出版社 2002 年版，第 643 页。

　　③ ［清］高晋：《请海疆禾棉兼种疏》，载［清］贺长龄、盛康编著：《清朝经世文编》第 1 册，第 376 页。

　　④ 故宫博物院明清档案部编：《李煦奏折》，北京：中华书局 1976 年版，第 42，122，203 页。

　　⑤ 中国第一历史档案馆编：《雍正朝汉文硃批奏折汇编》第一册，南京：江苏古籍出版社 1989 年版，第 907 页。

公私皆赖焉。今楚豫诸方,皆知种艺,反以其货连舻捆载而下,市于江南,客花赢而土花诎矣"。①

　　在棉花输入的同时,外地的大豆、豆饼也开始大量运销太湖地区,作为榨油原料和棉田肥料。据明正德《江阴县志》卷七"商风"记载,当地人多重农而务本,经商者稀少,"每春正二月,秋八月时,有数百人前往衢州、长沙、南阳、川巴等处收买绵花、豆、炭、麻饼等物而已"。② 到了清代,商品性农业的发展及棉花等经济作物种植的增加,使得太湖地区对大豆、豆制品及肥料的需求急剧扩大,而当地供给严重不足,只得从山东、东北等地输入。顺治十二年(1655)的浒墅关"货物则例"中,豆类和豆饼出现在税率最高的加补料一项。③ 雍正年间山东巡抚岳濬在奏报中称,江苏商船满载着江南的货物来到山东,"发卖之后,即买青、白二豆带回江省者十居六七"。④ 上海作为大豆、豆饼贸易中心,嘉道年间沙船业鼎盛,常有数千艘沙船往来于北洋航线上,以北货运输为主,所载大部分货物为大豆三品——大豆、豆饼、豆油。江苏金匮(今江苏无锡)人钱泳说:"今查上海、乍浦各口有善走关东、山东海船五千余只,每船可载二三千石不等。其船户俱土著之人,身家殷实,有数十万之富者。每年载豆往来,若履平地……一年之中有往回四五次者。"⑤实际上,沙船业均以贩运豆货为主,刻于道光二十三年(1843)的《饼豆业建神尺堂碑》记:"上海为阜通货贿之区,其最衍饶者莫如豆,由沙船运诸辽左、山东,江南北之民倚以生活,磨之为油,压之为饼,屑之为菽乳,用宏而利博,率取给于上海。"山东和青口商人以豆粮贩运为主,浙江商人亦有不少经营豆业。⑥ 大豆和豆饼的输入,为太湖地区棉花种植提供了优质肥料,有利于棉业发展。

　　除上述因素之外,明清太湖地区水陆两路交通运输条件的改善,尤其是清代后期轮船以及火车等现代交通运输工具的采用,也使得棉花生产和贸易从中受益,不再赘述。

---

　　① 　[清]赵昕修,苏渊等:康熙《嘉定县志》卷四"物产",《中国地方志集成》"上海府县志辑"(7),第513页。
　　② 　[明]黄傅纂修:正德《江阴县志》,明正德十五年刊刻,据影钞本影印,《中国地方志集成》"善本方志辑"第一编(39),南京:凤凰出版社2014年版,第478页。
　　③ 　[清]凌寿祺:道光《浒墅关志》卷五,《中国地方志集成》"乡镇志专辑"(5),第106页。
　　④ 　"国立"故宫博物院编:《宫中档雍正朝奏折》第23辑,山东巡抚岳濬雍正十二年八月初八日折,台北:故宫博物院印行,1977年版。
　　⑤ 　[清]钱泳撰,孟斐点校:《履园丛话》(上),上海:上海古籍出版社2012年版,第72页。
　　⑥ 　许檀:《乾隆—道光年间的北洋贸易与上海的崛起》,《学术月刊》2011年第11期。

第四节　棉花生产发展的社会经济影响

作为被服原料来源，棉花高产易植，且棉织品比麻织品更富舒适感和保暖性，所以，明清时期，棉花取代大麻的位置，影响到了千家万户，带来了一连串的变化，其重要性使其他一切作物和行业都相形见绌。[①] 太湖地区棉花生产的发展，对小农家庭经济和工商业市镇两大方面的影响尤为明显。

一、带动家庭手工业的发展

从明代中后期至清代前中期，太湖地区的棉花种植日渐兴盛，不少地方形成了棉作压倒稻作之势。为了解决生计问题，农家一般将植棉、纺纱和织布结合在一起，植棉和纺织相互促进。至清代后期，手工棉纺织业获利减少，渐趋衰落，家庭手工业已不再是单一的纺纱织布，而是向多元化发展，即农户开始从事织花边、织毛巾、织草鞋等副业活动。

明代手工棉纺织业主要分布于苏、松两府的华亭、上海、嘉定、昆山、常熟、太仓等州县，以及常州府江阴县、杭州府海宁县、嘉兴府海盐县、湖州府乌程县，其中以苏、松两府最为发达，这与棉花种植区域基本一致。明正德《松江府志》卷四"风俗"："田家收获，输官偿息外，不卒岁，室庐已空，其衣食全赖此。"[②]崇祯《松江府志》卷十"田赋三"也说，宣德、正统时期，松江民众大多"倚织布为生"。[③]

随着商品经济的日益发达，市场需求不断扩大，明中叶以后棉纺织业内部还出现了专业化分工，即轧棉、纺纱、织布的分离。如专门从事纺纱者，"里媪晨抱纱入市，易木棉以归，明旦复抱纱以出"。[④]明代天启《海盐县图经》卷四记载："地产木棉花甚少，而纺之为纱，织之为布者，家户习为恒业，不止乡落，虽城中亦然。往往商贾从旁郡贩棉花，列肆吾土。小民以纺织所成，或纱或布，侵晨入市，易木棉以归，仍治而纺织之，明旦复持以易。"[⑤]这段话为后世嘉湖等地的不少方志所引用，说明当地以纺纱为生业者较为普遍。嘉善县魏塘镇更是以纺纱出名，松江与嘉善之间往来的棉纱船，专事棉

---

① 黄宗智：《长江三角洲的小农家庭与乡村发展》，第 39 页。
②④ ［明］陈威、顾清纂修：正德《松江府志》卷四"风俗"，《天一阁藏明代方志选刊续编》(5)，上海：上海书店 1994 年版，第 124 页。
③ ［明］方岳贡修、陈继儒纂：崇祯《松江府志》，《日本藏中国罕见地方志丛刊》(14)，第 256 页。
⑤ ［明］樊维城、胡震亨等纂修：《海盐县图经》，据明天启四年刊本影印，《中国方志丛书》，台北：成文出版社 1983 年版，第 337 页。

纱交易,有"买不尽松江布,收不尽魏塘纱"之说。

清代前中期,太湖地区棉纺业发展更为迅速。康熙《松江府志》卷五"风俗":"乡村纺织尤尚精敏,农暇之时,所出布匹日以万计,以织助耕,红女有力焉。"太仓农户"妇女弹捍,作条纺之,松江织户咸来采贩,其价视粗细为贵贱"。① 苏州府属县均出产棉布,乡民农暇之时,纺纱织布,习为恒业。常州府的棉纺业以无锡县最盛。据清人黄印《锡金识小录》卷一记载,无锡人春季和秋季都是闭户纺织,民众抱布贸米以食。杭、嘉、湖三府属县棉纺织业继续发展,湖州府的武康、归安、德清、长兴等县,以及杭州府余杭县也以出产棉布闻名。

清代后期,伴随着开埠通商,大量洋纱洋布涌入,加之机器棉纺织工业的兴起,太湖地区的传统手工棉纺织业受到很大冲击,尤其是农家从事手工纺纱已无利可图。松江府,清末"沪上纱厂林立,所出之纱洁白纤匀,远胜车纺之纱,于是纺纱之利完全失败"②。太仓州属县,"上海自设纱厂后,民间自轧自弹,反不如买机器纱之便宜,于是遂不顾布庄之挑剔,而群焉买之,群焉织之,庄家亦剔无可剔,一概收买。现在非但不剔,而且以机器纱为细洁,而乡间几无自轧自弹自纺之纱矣"。③ 至清末,纺织所用之纱,大部分都用机器纱,手纺纱已极少,特别是松江府、太仓州两地手纺纱淘汰之快,远胜于其他府县。虽然机纱流行之后,农户普遍改用机纱织布,降低生产成本,手工织布业曾有复苏之象,但农户手织布(土布)在幅面、花色品种、价格等方面,最终难以与机织布抗衡。清代后期,洋纱洋布的冲击,一方面导致传统手工棉纺织业的衰退,另一方面使得农民家庭手工业开始发生变化,转而投向轧花业、黄草编织业、花边编织业和毛巾织造业等其他副业,农户勉强有了新的生计来源。

二、影响棉业市镇的盛衰

(一)明中后期至清前中期棉业市镇的繁荣

太湖地区的棉业市镇多集中于松江、苏州两府。它们有的以棉布贸易为主,有的则从事棉花交易,还有市镇兼营棉纱交易,或是兼营棉布加工业——染坊、踹坊。

棉花生产催生了大量主要从事棉花交易的市镇。据万历《嘉定县志》卷

---

① [清]王昶等纂修:嘉庆《直隶太仓州志》卷十七"物产",《续修四库全书》(697),第285页。
② [民国]严伟修,秦锡田等纂:《南汇县续志》卷十八"风俗",《中国方志丛书》,第861页。
③ [清]何良栋:《利国宜广制造论》,上海《申报》,光绪二十一年(1895)八月初一日,第4版。

一"疆域·市镇",新泾镇在县治东三里,因水而名,因棉而兴:"为棉花菅屦所集,顷年浸盛。"在嘉定滨海地区,市场交易天不亮就开始了,但社会风气不好,每当棉花收获上市季节,"牙行多聚少年以为羽翼,携灯拦接,乡民莫之所适,抢攘之间,甚至亡失货物"。① 太仓州鹤王市,田地为沙质土,适宜棉花生长,所产棉花与其他地方相比,"柔韧而加白,每朵有硃砂斑一点,离市十数里即无"②。因当地棉花品质优良,水陆交通又方便,各地商人纷纷前来采购,"闽广人贩归其乡者,市题必曰'太仓鹤王市棉花',每秋航海来贾于市,无虑数十万金"③。每年棉花交易季节,鹤王市专营棉花的牙行,生意兴隆,很多人由此发财致富。其他如七宝镇、真如镇、月浦镇、周浦镇、外冈镇等也是重要的棉花贸易市场。

松江、苏州等地还出现很多以经销棉布为主的专业市镇。金山县朱泾镇盛产棉布,明代已专门从事标布的贸易。棉布贸易的繁荣,也带动了当地棉布加工业的兴盛:"前明数百家布号,皆在松江枫泾、朱泾乐业,而染坊、踹坊商贾悉从之。"④入清以后,朱泾的棉布贸易和棉织业繁盛依旧,时人陆宝在诗中写道:"春潮覆草半江清,长水分途客未经。少理蚕丝多织布,百家烟火傍朱泾。"⑤光绪《枫泾小志》卷一:枫泾镇周围的农户大多植棉且精于织布,镇上有众多布号收购棉布。农户在收获棉花后,先碾核纺纱,或以纱卖钱,或自织棉布,并以此为生业。道光《七宝镇小志》卷一:该镇所织棉布品种名目繁多,且质量上乘,人称"七宝尖";当地民众"比户织作,昼夜不辍,乡镇皆为之,暮成匹布,易钱米以资日用"。崇祯《松江府志》卷三:朱家角镇在明代万历年间已是是标布贸易中心,京城省会购买标布的客商往来不绝。南翔镇所产扣布光洁而厚实耐用,"远方珍之,布商各字号俱在镇,鉴择尤精,故里中所织甲一邑"⑥。罗店镇在明代中叶已成为棉布集散中心,徽商凑集,贸易的兴盛程度与南翔相当。到了清代前期,罗店镇市况之盛超过南翔,故有"金罗店、银南翔"之称。⑦ 其他如安亭镇、外冈镇、诸翟镇、周庄镇等地农户也以纺纱织布为业,当地出产的棉布由商人收购,再销往外地。

① [明]韩浚等修:《嘉定县志》卷二"疆域考·风俗",《中国方志丛书》,第 154 页。
② [民国]林晃:《增修鹤市志略》卷下"物产",据民国三十六年排印本影印,《中国地方志集成》"乡镇志专辑"(9),第 763 页。
③ [清]金鸿修、李鳞等纂:乾隆《镇洋县志》卷一"封域类·物产",乾隆十年(1745)刻本。
④ [清]顾公燮:《消夏闲记摘抄》,上海:商务印书馆 1924 年版,第 25 页。
⑤ [清]嘉庆《朱泾志》卷一"疆域志·物产",《中国地方志集成》"乡镇志专辑"(1),第 993 页。
⑥ [清]张承先著,程攸熙订:嘉庆《南翔镇志》卷一"物产",《中国地方志集成》"乡镇志专辑"(3),第 461 页。
⑦ [清]王树棻修:光绪《罗店镇志》卷一"疆里志上·风俗",《中国地方志集成》"乡镇志专辑"(4),第 194 页。

有些棉布市镇兼营棉纱交易。金泽镇地势低洼,宜稻不宜棉,但"无论贫富,妇女无不纺织",农户先用所织布匹或所纺棉纱在市镇上的花布纱庄换回棉花,再用棉花纺纱织布,这样辗转相乘,求利谋生。[①] 周庄镇,妇女弹棉纺线,"复束成绞,以易于市,遂捆载至浙江硖石镇以售"[②]。另有一些棉业市镇兼营棉纺织机具,如朱泾镇不仅棉布贸易繁盛,而且其制作的纺车和锭子也很有名气。嘉庆《朱泾志》卷一"疆域志·物产"载:铁锭以朱泾镇所产最好,时有"朱泾锭子吕巷车"的谚语,"近数尤御亭及骆姓家,远近争购"。咸丰《黄渡镇志》卷二"疆域·物产"记,黄渡镇以制作织布机而闻名,其徐家布机坚实细密而耐用,价格也比较贵,还有品牌标识:"机之横木必书其年月某房造"。

(二)清后期棉业市镇的变迁

清代后期,曾因棉花贸易而繁盛的新泾镇、鹤王市,生意日趋清淡,失去往日光彩。据民国《鹤市续志》记载,乾嘉以后,娄江河口陡涨横沙,浏河港渐淤塞,变为平陆,使当地的水稻生产和商业贸易都受到很大影响,以致街市萧条,棉花交易严重衰落。清末民初,向以棉花集散地著称的鹤王市,已无棉花输出。月浦镇,明代及清前中期商业较为发达,同治以后棉布业衰败,镇上"商铺以酒、米、南货为最,并有兼营小熟豆饼及洋纱业者,花行布庄不过一、二家",但都是外地客商开设,当地人很少有投资者。[③] 据民国《嘉定县续志》卷五记载,纪王庙镇昔日有大小商店二百余家,以大街中市及林家巷最为热闹,布商、靛商向来都是各业之最,如今则"靛业衰落,布业亦不如昔"。其他如法华镇、诸翟镇、外冈镇、真如镇的布市也在清代后期走向衰落,民众生计趋于艰难。

与上述棉业市镇的衰落形成对比,清代后期由于通商口岸及现代水路交通的接引,一些传统棉业市镇的市场范围逐渐与上海商埠联结,在口岸经济的影响下进入新的发展阶段。民国《宝山县续志》卷一"舆地志·市镇"记载,罗店镇"虽处腹里而贸易繁盛,综计大小商铺六七百家",已是宝山县最大市镇,其物产仍以棉花、布匹为大宗,市况繁盛远过于前。江湾镇临近上海,水路、铁路交通便捷,五口通商之后,市场贸易日趋兴盛,"以秋间棉市为最旺,大小商铺三百余家"。[④] 南翔镇临近沪宁铁路,交通便利,商贸繁盛,

---

①　[清]周凤池:道光《金泽小志》卷一"风俗",《中国地方志集成》"乡镇志专辑"(2),第430页。

②　[清]陶煦:光绪《周庄镇志》卷一"物产",《中国地方志集成》"乡镇志专辑"(6),第493页。

③　[民国]陈应康等:民国《月浦里志》卷五"实业志·商业",《中国地方志集成》"乡镇志专辑"(4),第483页。

④　[民国]张允高、钱淦等纂修:《宝山县续志》,据民国十年、二十年铅印本影印,《中国方志丛书》,第50,55页。

"大小商铺四百数十家,晨间、午后集市两次。往昔布市绝早,黎明出庄,日出收庄,营业甲于全邑。近年贸布多在昼市,销路又为洋布所夺,此业遂不如前。大宗贸易为棉花,蚕豆、米麦、土布、鲜茧……之属亦饶"。① 其土布销路虽然为洋布所侵夺,但棉花贸易则由于铁路交通便捷而渐转旺盛。从民国《南汇县续志》卷十八《风俗志》来看,南汇县大团镇,在雍正年间为盐场,清末由于沿海塘外沙土荡田的放垦而开发出大片土质腴松的棉田,所产棉花朵大衣厚,上海的纱厂纷纷设分庄于大团镇,向农民直接收购棉花,从而使得大团镇的商业状况远超邑中其他市镇。

三、促进苏州等工商业城市的繁荣

明代中后期,随着棉花种植和手工纺织业的日益发展,太湖地区出现专事布匹加工整染的作坊,它们多汇聚于松江的枫泾、朱泾两镇,同期的苏州也开设了不少染布作坊。清代,随着棉布贸易中心的变迁,棉布加工重镇也从松江转移到了苏州。苏州从事棉布整染加工的布号多设在阊门一带,"苏布名称四方,习是业者,阊门外上下塘居多"。② 由于染坊数量很多,污水大量排放,使得阊门外上塘直到虎丘的河流遭受严重污染。据乾隆二年(1737)《苏州府永禁虎丘开设染坊污染河道碑》记载,时经元和、长洲、吴县官府联合告示,众多染坊被迁往城东的娄门外开张。③ 另外,随着棉布业的兴盛,大约从康熙末年起,本来附属于染坊的踹布业也从染坊中分离出来,成为独立的手工行业。据说康雍年间,苏州阊门外上下塘踹坊里的踹匠人数达1万多人。④ 与棉布加工业相对应的是棉布贸易的兴盛,这可从主要从事棉布购销及委托染踹加工的棉布字号上得到一定反映。有学者研究,康熙中后期至雍正时期,是苏州乃至整个江南棉布字号最为兴盛的时期,连同其时松江、嘉定等地的字号,以苏州为主要集中地的江南棉布字号最多时大约多达近百家。⑤ 棉布加工业的发达和棉布贸易的兴盛,在很大程度上推动了苏州城市的繁荣。

---

① [民国]陈世德修,黄世祚纂:《嘉定县续志》卷五"疆域志·市镇",据民国十九年铅印本影印,《中国方志丛书》,第87页。

② [清]许治修,沈德潜、顾诒禄纂:乾隆《元和县志》卷十"风俗",《中国地方志集成》"江苏府县志辑"(14),第108页。

③ 苏州历史博物馆等合编:《明清苏州工商业碑刻集》,南京:江苏人民出版社1981年版,第72页。

④ [清]鄂尔泰等编:《雍正硃批谕旨》第42册,"雍正八年七月二十五日浙江巡抚李卫奏折",北京:北京图书馆出版社2008年版,第77页。

⑤ 范金民:《清代江南棉布字号探析》,《历史研究》2002年第1期。

　　自明代中叶起，苏州即以工商业发达著称于世，而其工商业的发达又与当地棉花生产及相关加工贸易的兴盛有直接关系。据明《吴邑志》记载，苏州的商业贸易以运河为依托，"自阊门北马头抵胥门馆驿，长五六里，东西两岸居民栉比，而西岸尤盛……自此过钓桥，水北流，由南濠至枫桥将十里，人烟相续，而枫桥为盛。凡上江、江北所到菽麦棉花大贸易咸聚焉"。① 城中以阊门至胥门之间最为繁华，为商户、官吏以及诗书之家聚居之地；城北从南濠至枫桥也比较热闹，其中枫桥为粮食、棉花交易集散地。

　　清代前期至中期，苏州人烟稠密，市肆空前繁荣，经济文化发达。康熙时人沈寓说："东南财赋，姑苏最重"，姑苏城"山海所产之珍奇，外国所通之货贝，四方往来，千万里之商贾，骈肩辐辏"。② 据康熙《苏州府志》卷五四记载，阊门商业区扩展到城墙之外，与枫桥镇连成一片，列市二十里。孙喜淦《南游记》卷一载："阊门内外，居货山积，行人水流，列肆招牌，灿若云锦。"③ 乾隆二十四年(1759)苏州画家徐扬所绘《盛世滋生图》，生动地反映了苏州经济文化鼎盛的状况。据粗略统计，图中各色人物达 1.2 万多个；河中官船、货船、客船、杂货船、画舫、木簰竹筏等近 400 条；街道上商店林立，可以辨认的各类市招约 260 余家，其中棉花、棉布业共 23 家。④ 作为棉布加工业的中心和棉布贸易的集散地，苏州棉布成为市场上的大宗商品。总之，清代前中期，苏州以棉纺织业和丝织业为主体，形成了独具特色的工商业经济体系，也奠定了其东南大都会的地位。

　　清代后期，随着大量的进口洋纱、洋布涌入，太湖地区棉业受到了很大冲击。土纱消亡，土布贸易逐渐削减，棉布加工业也日显衰退，加之太平天国农民战争的影响，苏州商业的集散作用向上海转移，姑苏城往日的光彩大为消减。这一时期，上海作为通商口岸，由于其优越的自然地理条件，已逐渐成为棉毛纺织品贸易的集散中心。不仅如此，随着棉花出口的增加，上海开始成为棉花贸易中心，太湖地区及周边出产的棉花于上海一口集中，运销至海外。⑤ 19 世纪末，随着国内机器工业的兴起，上海还成为民族机器棉织业的发祥地和生产中心，城市发展逐步向现代化迈进。

---

① ［明］杨循吉纂，陈其弟点校：《吴邑志》卷十二，扬州：广陵书社 2006 年版，第 89 页。

②③ ［清］贺长龄、盛康编著：《清朝经世文正续编》(1)，扬州：广陵书社 2011 年版，第 69，249 页。

④ 李华：《从徐扬"盛世滋生图"看清代前期苏州工商业的繁荣》，《文物》1960 年第 1 期。

⑤ ［美］罗兹·墨菲著，章克生等译：《上海——现代中国的钥匙》，上海：上海人民出版社 1987 年版，第 142 页。

第八章　畜禽品种选育与饲养管理

　　明清时期太湖地区人多地少的矛盾日益突出,商品经济空前繁荣,对农牧业影响深远。就畜禽饲养业来说,一方面,人地矛盾导致饲料短缺以及人力使用的增加,大牲畜饲养趋于衰落;另一方面,农牧业商品性生产的发展及稻桑棉种植对粪肥需求的增加,使得猪羊鸡鸭的饲养很受农民重视,成功培育出湖羊、太湖猪以及浦东鸡等著名地方畜禽良种。大概由于资料限制以及专业性较强等原因,除湖羊的饲养繁育史以外,以往关于太湖地区畜牧史的研究成果并不多见,且内容较简略。本章首先梳理太湖地区畜牧业发展历史,然后选择湖羊、太湖猪、浦东鸡等具有代表性的地方畜禽品种,阐述其选育过程、饲养管理特点和种质资源价值,总结其当代保护和利用的经验教训。

第一节　太湖地区畜禽饲养的历史概况

　　太湖地区家畜饲养与稻作农业相伴随,至今已经历了七八千年,并形成明显的地域特色。与当地的自然环境条件以及社会经济发展进程相关,由史前经秦汉六朝,再到隋唐五代时期,其畜牧业总体上进展缓慢。宋代尤其南宋时期,由于全国经济文化重心之转移,江南地区稻作农业进入繁荣阶段,畜禽饲养业也呈现出新的发展景象。

一、六朝时期区域畜牧特色的初步形成

　　农业发生以来,太湖地区家畜饲养业就与种植业共生并存。新石器时代,这里的先民种植水稻,并饲养猪、狗、水牛等家畜。

　　先秦两汉时期,以太湖流域为主体的江南一带地广人稀,人们饭稻羹鱼,火耕而水耨,并采集野生动植物为食,农牧业开发有限,畜禽饲养较少。汉末北方政局动荡,战乱频繁,尤其是西晋永嘉之乱以后,北人大量南迁,充

实了江南地区的劳动力,这里"地广人稀"和"火耕水耨"的社会经济面貌逐步发生改变。孙吴、东晋以及南朝,先后在建康(孙吴称建业)建都立业,太湖地区作为其腹地,农牧业发展很受统治者重视。

六朝时期,江南地区屯垦和庄园经济兴起,土地开发和犁耕推广的需要,使得耕牛(以水牛为主)保护很受重视,官府常常颁布相关律令。南朝宋孝武帝大明二年(458)三月,"乙卯,以田农要月,命太官停杀牛"①。有的朝代甚至明确规定,如有私自宰牛者,可判死罪。在政府的保护下,太湖地区的养牛业获得稳步发展。除牛马之外,这一时期太湖地区的大家畜还增加了驴。据陈寿《三国志·吴书》记载:孙权召集群臣聚会,并让人牵来一头驴,在驴身上题写"诸葛子瑜"四个字,讥笑诸葛恪的父亲诸葛瑾(字子瑜)面长似驴,诸葛恪机智应对,在孙权的题字下续写二字变为"诸葛子瑜之驴",孙权只得将驴赐给了他。②

太湖地区农家的鸡、鸭、鹅饲养已相当普遍。《南史》卷二十记载:"建武初,朏为吴兴,以鸡卵赋人,收鸡数千。"③南朝梁吴兴地方官谢朏"赋卵收鸡",从老百姓那里得鸡数千只。太湖流域多湖荡湿地,很适合野鸭野鹅栖息和家鸭家鹅饲养。梁朝侯景之乱,始兴郡太守陈霸先起兵讨伐,当军队打到建康周边时,老百姓用荷叶包裹鸭肉饭慰劳军队。此后,北齐的军队趁梁朝衰弱,一直进攻到秦淮河两岸,陈霸先又领兵与齐军相抗衡,其子"遣送米三千石,鸭千头,帝即炊米煮鸭,誓申一战"。④ 这里两次提到以鸭肉劳军,而非其他肉食,表明当时江南民众养鸭较多。北魏《齐民要术》卷六"养鹅鸭"记载,吴中地区善作咸鸭蛋,多者可达数十斛。当时苏州一带鸭蛋加工很有名,显然与其养鸭业发达有关。另外,从江苏宜兴西晋周处墓出土的青瓷鹅圈、鸭圈来看,太湖地区鹅的饲养也很早。⑤ 可以说,太湖地区的畜牧特色及后世一些著名的鸡、鸭、鹅品种,至迟在六朝时期已开始形成。

二、隋唐五代时期牛羊饲养的兴起

唐代江东地区出现曲辕犁,稻作农业有较大发展,耕牛备受重视,数量增加,政府也明文规定禁止宰杀耕牛。陆龟蒙《牧牛歌》:"江草秋穷似秋半,十角吴牛放江岸。邻肩抵尾作依偎,横去斜奔忽分散。"该诗生动地反映了

①　[唐]李延寿:《南史》卷二"宋本纪中·孝武帝",北京:中华书局 1975 年版,第 61 页。
②　[晋]陈寿:《三国志》卷六十四"吴书十九·诸葛恪传",北京:中华书局 1971 年版,第 1429 页。
③　[唐]李延寿:《南史》卷二十"谢弘微传附传",第 560 页。
④　[唐]李延寿:《南史》卷二"陈本纪上",第 263 页。
⑤　罗宗真:《江苏宜兴晋墓发掘报告——兼论出土的青瓷器》,《考古学报》1957 年第 4 期。

太湖地区群牛放牧的情景。在牛的饲养管理方面，为了使耕牛免遭风雨寒冻，人们还建有专门的牛舍，时人称之为"牛宫"。陆龟蒙《牛宫词》："上缔蓬茅，下远官府。耕耰以时，饮食得所。"

唐代中后期，随着北方战乱和大量北人南迁，中原地区羊只的南迁过程已经开始，后世江南湖羊及其他羊种的育成当与此有关。明代李时珍《本草纲目》引述唐代孟诜《食疗本草》："今南方羊多食野草、毒草，故江浙羊少味而发疾；南人食之，即不忧也。惟淮南州郡或有佳者，可亚北羊。北羊至南方一二年，亦不中食，何况于南羊，盖土地使然也。"①可见，唐代就有北羊迁至南方的情况，这里的北羊主要是指中原地区的羊。北羊肉品比南羊好，但北羊到南方后，需要有一个环境适应过程。

五代十国时期，文献中多次出现北羊大批南下的记载。《十国春秋》"南唐列传"：升元二年（938），"是岁契丹主之弟东丹王亦遣使以羊、马入贡，别持羊三万口、马二百匹来鬻，以其价市罗纨茶药"。② "升元七年（943）春正月，契丹使达罗千等二十七人来聘，献马三百匹、羊二万五千"。③ 当时中原王朝也多次赐予吴越国羊、马等牲畜。《十国春秋》"吴越王·忠懿王世家"：周世宗显德五年（958）春三月，"丙午，周遣翰林学士都承旨陶谷、司天监赵修已赐王（指吴越王）羊马橐驼；每岁班赐，自此始也。"④显德五年九月，"赐江南羊万口、马三百匹、橐驼三十头；赐两浙钱俶羊五千口、马二百匹、橐驼二十头"。⑤ 可见，五代时期契丹国贡献给南唐的羊只，以及中原政权馈赐吴越国的羊只，数量常在万只以上。契丹盛产绵羊，五代和北宋时期中原地区的绵羊饲养也比较普遍。所以，这些从北方南下的羊应有大量是江浙一带所缺乏的绵羊。⑥ 唐五代时期北方绵羊、山羊的大批南迁，为后世太湖地区羊种的形成打下了良好基础。

三、宋元时期的耕牛饲养与湖羊培育

公元 960 年北宋建立，结束了五代十国割据分裂的局面，南北经济文化交流加强。伴随着人口及物资的南迁，北方的马牛羊等牲畜开始不断输入到江南一带。后来宋室南迁临安，北方的达官贵族及大批流民又一次迁居

---

① [明]李明珍：《本草纲目》"兽部第五十卷·羊"，北京：人民卫生出版社 2004 年版，第 2723 页。

② [清]吴任臣：《十国春秋》卷十五"南唐一·本纪"，北京：中华书局 1983 年版，第 191 页。

③ [清]吴任臣：《十国春秋》卷十五"南唐一·本纪"，第 200 页。

④ [清]吴任臣：《十国春秋》卷八十一"吴越五·忠懿王世家"，第 1157 页。

⑤ [宋]薛居正等：《旧五代史》卷一百一十八"周书九·世宗本纪五"，北京：中华书局 1976 年版，第 1575 页。

⑥ 安志云、李有龙：《关于湖羊饲养历史的查证》，《中国农史》1995 年第 1 期。

太湖流域,当地经济开发扩大,军事、车骑、耕作以及饮食生活的需要,使得各种畜禽的饲养量空前增加。

两宋时期,随着江南稻作的发展以及水田耕作技术体系的完善,耕牛的地位日益突出。南宋陈旉《农书》中卷"牛说"专讲水牛饲养管理,指出"农者天下之大本,衣食财用之所从出,非牛无以成其事耶"。书中要求牛舍应保暖和清洁,饲料要"洁净""细剉",喂法讲究先粗后精,役使应根据气候寒暖变化,有劳有息,不可过劳;强调爱护耕牛,视牛若己:"视牛之饥渴,犹己之饥渴;视牛之困苦赢瘠,犹己之困苦赢瘠"。

宋代太湖地区社会相对安定,适应农业生产、城乡生活的需要,猪羊鸡鸭饲养明显增多。宋建炎初年,"秀州东城居民韦十二者,于其庄居豢豕数百,散市杭秀之间数岁矣"。① 即秀州(今嘉兴)东城人韦十二在庄园里养猪达数百头,数年来一直在周边地区售卖。南宋嘉泰元年(1201),谈钥《吴兴志》卷六十"物产"记载:当地田家大多养猪,且都是在栏圈中饲养,在年成好的时候养猪更多,"捣米有秕糠以为食,岁时烹用,供祭祀宾客,粪又宜桑"。羊,"旧编云:安吉、长兴接近江东,多蓄白羊。按:今乡土间有无角、斑黑而高大者,曰胡羊"。② 可见南宋已有湖羊的名称,当时写作"胡羊",反映出这一著名的地方绵羊品种已初步育成。《吴兴志》还说:鸡,"今田家多畜,秋冬月乐岁尤多,盖有秕谷之类以为食也"。鹅,"今水乡田家多畜"。鸭,"今水乡乐岁尤多畜,家至数百只,以竹为落,暮驱入宿,明旦驱出,已收之田食遗粒,取其子以卖"。③ 这表明当时湖州农家普遍饲养家禽,有的农家养鸭规模达到数百只。

蒙元政权以畜牧起家,在重农兴牧政策的影响下,官颁《农桑辑要》,耕牛和猪的饲养技术比前代有所进步。

四、明清时期畜禽饲养的兴盛与农牧结合

史入明清,太湖地区人多地少的矛盾加剧,为了增加粮食、桑棉以及其他经济作物的产量,农民格外重视粪肥积制和施用,而饲养猪羊鸡鸭开辟肥源,增加副业收入,并更好地转化和利用秸秆糠麸等农副产品,便成为提高生产效益的重要途径。与此相关,当地的马牛饲养处于萎缩状态,而猪羊鸡鸭饲养则趋于兴盛。

---

① ［宋］何薳:《春渚纪闻》卷三"杂记",北京:中华书局1983年版,第51页。

②③ ［宋］谈钥:《吴兴志》,《中国方志丛书》,台北:成文出版社1984年版,第848,850,851页。

（一）马的饲养

中国古代以粮食生产为本，畜牧业向来居于次要地位，但马的饲养关乎国防民生，因而马政受到特别重视。明代马政包括实行编户养马、计丁养马以及制定繁育奖惩制度等。明王朝起初建都南京，出于军事和京畿保卫的需要，曾很重视南方养马业的发展。据《明太祖实录》记载，洪武六年（1373），朝廷曾命江北、江南民众养马，"江北以便水草，一户养马一匹。江南民十一户养马一匹。官给善马为种，率三牝马置一牡马。每一百匹为一群，群设群头、群副掌之。牝马岁课一驹，牧饲不如法至缺驹损毙者责偿之"。① 养马令之目的在于增加马匹数量，满足军事需求，但明显加重了老百姓的负担，颁行之后怨声载道，无法真正实施。后来又将摊派的养马指标改为征银，以银输官买马，老百姓的压力并未减轻。明成祖朱棣迁都北京后，养马和马政的重点随之转移到了北方及边疆地区。

由于自然条件限制等方面的因素，南方的养马业始终比较衰弱。清代，满族统治者为防止汉人反抗，曾严禁汉人养马，养马业局限于西北地区。虽然后来清廷的马匹饲养禁令逐渐松弛，但社会经济条件的变化，使得中原以及南方农区的养马业以及驴、骡等役畜的饲养一直没有发展起来。②

（二）牛的饲养

明清尤其在清中期以后，太湖地区人多地少的矛盾突出，水稻栽培对田地的深耕细耙也有了更高要求，于是人力铁搭翻地代替牛耕逐渐成为普遍现象。另外，耕牛饲养成本较高，又有病亡偷盗风险，所以乡村中放弃养牛的农户增多，耕牛数量下降。耕牛的弃养，进一步导致人力使用的增加。雍正《南汇县志》："翻田必以牛，贫不蓄者，假以邻舍。耕旱田或以牛，或以四齿锄。"翻耕田地时，养不起耕牛的贫穷农户会向邻里"租牛"和"以工换牛"，或以铁搭代耕。上述社会经济条件的变化以及耕牛饲养本身的问题，都是导致当地耕牛饲养萎缩的原因。

不过，在某些地区和行业，牛力的使用和需求却有所增加。清代《浦泖农咨》："高田两旬无雨即有旱象，其车水较难，十亩之田必养一牛，廿亩则两牛，低田四五十亩而后用一牛。"提出高田车水必须用牛力，这些地方养牛的数量，可能会随着稻田灌溉的扩大而增加。农产品加工业的发展，也需要更多的役牛。据万历《湖州府志》卷三十三引《南浔志》记载，南浔人还用牛转磨，榨油磨面。

---

① 《明太祖实录》卷七十九"洪武六年二月戊子"条，上海：上海书店出版社 1982 年版。
② 中国农业遗产研究室太湖地区农业史研究课题组编著：《太湖地区农业史稿》，第 377 页。

（三）养猪业

农民养猪除了卖钱、食用之外，主要是为了积粪肥田。《沈氏农书》为明末嘉湖地区地主家庭的农业经营手册，其中关于养猪肥田的观念很明确，所谓"种田养猪，第一要紧"。沈氏估算了养猪的成本和收入，认为养猪虽然不赚钱，但可以得粪肥田。从书中的记载看，养 6 头猪的精饲料（大豆、稞麦、大麦、酒糟）成本约值银 12 两，加 6 头小猪的身本价 3 两 6 钱，再加垫圈稻草的价格 1 两，合计成本 16 两多；养猪 6 个月，每头猪重约 90 斤，6 头共计 500 余斤，按照市场平均价格计算，每斤值银 2 分 5 厘，合计约值银 13 两略多。收支相比，亏损了猪的身本银 3 两多，这是养猪的正常现象。养猪看似亏本，但获得了粪肥："每窝得壅九十担，一年四窝，共得三百六十担。"每次出猪厩肥 90 担，一年出 4 次，共得厩肥 360 担，即 3.6 万斤。[①] 清末民国《吴县志》卷五十一"物产"载：吴乡田家多养猪，猪以圈养为主，"岁时烹用，供祭祀、宾客，其脂肪最丰厚，可入药，粪又肥田，颈上有刚鬣，作板刷之用。"[②]有趣的是，清代《姑苏繁华图》有一处反映出苏州城郊农家喂猪的场景，从中可以看出，饲养方式应是舍饲与放牧相结合。（图 8 - 1）

图 8 - 1　苏州农家养猪场景
图片来源：[清]徐扬：《姑苏繁华图》。

明清太湖地区农牧结合和肉食需求的增加，还促进了"太湖猪"的育成和普遍饲养。

（四）养羊业

明清时期，太湖地区的羊种包括湖羊和山羊两类，嘉兴、湖州以及苏州一带的蚕桑区以饲养湖羊为主。因为湖羊爱吃桑叶，所以人们便把养羊与栽桑结合起来，以桑叶养羊、羊粪肥桑，形成了良性循环，而且养羊目的已不局限于食肉剪毛，而是注重积粪肥田，其中包含着独特的农业生产智慧。

---

① ［清］张履祥辑补，陈恒力校释，王达参校、增订：《补农书校释》，第 88 页。
② ［民国］曹允源、李根源：民国《吴县志》，《中国地方志集成》"江苏府县志辑"（11），第 838 页。

据《沈氏农书》对湖羊饲养成本和利润的估算,养羊与养猪一样,并不赚钱,甚至还有亏损,但好处是可以积肥壅桑,间接经济效益明显。明末《农政全书》"牧养"卷也说:养羊一群,"或圈于鱼塘之岸,草粪则每早扫塘中,以饲草鱼,而羊之粪又可以饲鲢鱼,一举三得也"。这里讲的应是饲养山羊,积肥养鱼的经验。清同治《湖州府志》卷三十三引清初郑元庆《湖录》云:"吾乡羊有二种,曰吴羊,曰山羊。吴羊毛卷,尾大无角,岁二、八月剪其毛以为毡;山羊毛直,角长尾细,其毛堪作笔料。蓄畜者多食以青草,草枯则食干桑叶,谓桑叶羊,北人珍焉,其羔儿皮均可以为裘。"①吴羊(即湖羊)和山羊都采用舍饲方式,春夏秋季以饲喂青草为主,秋冬缺草时节则主要饲喂枯桑叶。这种以干桑叶饲喂的羊还被称为"桑叶羊",其羔皮品质优良,很受市场欢迎。

(五)家禽饲养

明清太湖地区不仅一般农户家家养鸡养鸭,还因商品经济发展的影响,出现不少饲养群鸡群鸭的专业户。道光时期,吴江柳树芳《分湖小识》载:"野鸭滩在湖之北,前有二荡……养鸭家,必驾小舟徜徉于二荡间,每一成群多至千百。"②

《沈氏农书》提到了农家饲养家禽的好处:"鸡鸭利极微,但鸡以供祭祀、待宾客,鸭以取蛋,田家不可无。"③养鸡鸭得利很少,但为农家生活所必需,不能不养。书中说:现在估算一下,每只鸭子每年吃大麦7斗,市价值银2钱5分;大约生蛋180个,市价值银7钱。如果坚持每日每只鸭给予饲料2合,养半年就可以生蛋。一家若能养鸭6只,一年可得鸭蛋1 000多个,日常自取食用,非常方便。除过养鸭,沈氏还估算了农家用大麦、籼米、秕谷、蔬菜等养鹅生蛋的收益和好处。

这一时期太湖地区还育成"浦东鸡""鹿苑鸡""太湖麻鸭""太湖鹅"等一批地方良种。这些优良家禽品种的出现,实质上是在农桑牧渔相结合的条件下,当地民众精细选育的结果。浦东鸡原产于黄浦江以东的广大地区,因其外貌上多为黄羽、黄喙、黄脚,且成年公鸡可长到9斤以上,故又称"三黄鸡""九斤黄"。浦东位于长江口南岸,在1 000多年前,川沙、南汇二县境尚未成陆,后来随着泥沙淤积和海水浸渍等因素,形成滨海盐场。明末清初,浦东地区连续兴筑钦公塘等三道堤塘,塘内外的奉贤县至金山县一带,被垦

① [清]宗源瀚等修,周学濬等纂:同治《湖州府志》,《中国方志丛书》,第629页。
② [清]柳树芳辑录:《分湖小识》卷一,《中国地方志集成》"乡镇志专辑"(14),第162页。
③ [清]张履祥辑补,陈恒力校释,王达参校、增订:《补农书校释》,第91页。

辟成万顷良田,稻鱼生产兴盛,稻谷、鱼虾贝类和昆虫饲料来源丰富。由外地传入浦东的鸡种,经当地民众不断选育,逐步形成具有体大、蛋大以及遗传性稳定等特征的浦东鸡。[①]

除浦东鸡之外,出产于常熟一带的鹿苑鸡和湖州地区的太湖麻鸭,也是以体大身肥为主要特征,这同样与当地农业环境优良、饲料来源丰富,尤其是鱼虾类蛋白质饲料丰富有密切关系。民国《德清县志》卷二"舆地·物产":"鸭,大麻产者最肥硕,有重至五六斤者。冬季后售于市,价倍于常(俗呼冬黄婆,又名白露鸭,因至白露胎毛始脱,冬至后皮肉肥大也。种子购自无锡,不论风雨,必须赶放于河)。"[②]文中的"大麻"指今桐乡市大麻镇一带,可见太湖麻鸭至迟在清末民国之际已经培育成功并开始出名。

总之,明清太湖地区已形成农桑牧相结合的生产模式,并育成一批地域特色鲜明的畜禽良种,其中最具代表性和影响力的有湖羊、太湖猪、浦东鸡、太湖麻鸭等。不过,由于科技发展停滞不前,当地畜牧业并没有根本性进步。1840年鸦片战争以后,西方现代畜牧兽医技术的引进以及畜牧商品经济的发展,促使太湖地区畜牧业出现一些新气象,这主要表现在一些城镇郊区开始创办新式的奶牛场、牧场,较早地迈上了畜牧现代化的道路,而广大农村的畜牧业依然保持传统面貌,进展缓慢。

第二节 太湖猪育成过程及其种质资源价值

"太湖猪"这一名称正式出现于20世纪70年代,实际上是明清以来太湖流域形成的多个地方猪品种类群的总称。太湖猪具有繁殖力高、耐粗饲、适应性强、肉质鲜美和杂交配合力强等突出优点,主要产地集中于太湖东部和北部的沿江沿海地区,是当地民众在特定的自然环境和社会经济条件下长期选育的结果,品种资源价值很高。

一、太湖猪名称由来与当代类群分布

太湖流域养猪历史悠久,明清以来形成了多个品种类群。20世纪50年代,畜牧工作者开始对太湖流域的猪种进行初步测定归类。60年代初,

---

① 谢成侠编著:《中国养禽史》,北京:中国农业出版社,1995年,第137页。
② 吴鬶皋等修,程森纂:《德清县志》,民国十二年修,《中国方志丛书》,台北:成文出版社1970年版,第181页。

人们重新考察太湖地区猪的品种或类群分布，根据猪种来源及其经济性状、外型性状等，认为太湖猪包括的大花脸、湖猪和二花脸三个品种群，其品种群内还可分为不同的类群，但是当时并未把这三个品种群统一命名。1973年，江浙沪的畜牧工作者在猪种资源普查过程中，发现太湖流域习惯于按行政区划，或者以母猪繁育中心和苗猪集散地等来命名本地猪种，因此猪品种名称繁多，叫法不一，造成了"异名同种"现象。① 于是，人们根据一定原则，把分布地区毗邻，但本属同一来源，体型外貌、生产力方向和生产性能基本相似的猪种归为同一类，并对同种异名的猪种类群进行合理归并命名，形成七个大的类群，这七个类群又都存在繁殖性能高、杂交优势强、肉质鲜美的突出特点。后来经过多次研究协商，决定将分布在太湖流域及其邻近地区的性状类似的二花脸猪、枫泾猪、嘉兴黑猪、梅山猪、横泾猪、米猪、沙乌头等七个地方猪类群归并，统称"太湖猪"。

　　按照行政区域来看，太湖猪各类群主要分布在环太湖流域的江苏省、浙江省、上海市 43 个县（市）区（江苏 26 个、浙江 9 个、上海 8 个）。按照母猪繁殖中心及苗猪集散地分布情况，太湖猪的主产地范围是：环太湖流域的沿江沿海地区，东至上海，南界浙江，西以江南太湖水系和秦淮河的分水岭——大茅山脉为界，北缘太仓陆渡桥经横泾镇、常熟的梅李、沙洲县的杨舍、江阴县的青阳，至武进县后，循沪宁线至常州市，再折向北至武进县的魏村一带，甚至已跨过长江至泰州、南通境内。②

二、品种形成过程

　　太湖流域养猪历史悠久，且家猪很早就在当地农牧业结构中占有重要地位。在距今 7 000 多年的浙江桐乡罗家角新石器时代遗址中，已出土了家猪的骨骼，同时出土的还有一件陶猪，其体态肥胖，头部短小，腹部浑圆下垂，体长腿短，与现代家猪非常相似。③ 在常州圩墩、吴兴邱城等史前遗址中也出土了不少家猪骨骼。后世太湖猪种群的形成，显然经历了漫长的过程，它是区域自然环境、社会经济发展以及人类生活需要等多种因素共同作用的结果。

　　明清时期，太湖周边丰富的饲料资源、农牧结合的生产模式，以及市镇经济发展所带来的肉食需求增长等因素，促进了人们对养猪业的重视以及

---

① 郑丕留：《中国家畜生态》，北京：农业出版社 1992 年版，第 190 页。
② 太湖猪育种委员会编著：《中国太湖猪》，上海：上海科学技术出版社 1991 年版，第 8 页。
③ 吴汝祚：《太湖文化区的史前农业》，《农业考古》1987 年第 2 期。

猪种的改良,太湖流域相继出现多个地方猪种群。同治《上海县志》:"豕,邑产皮厚而宽,有重至二百余斤者,其粪膏田,沙土尤宜。"上海县饲养的猪体大皮厚,它的粪尿对当地的沙质土壤尤为适宜。该猪种原产于沿江靠海的沙土地区,皮厚而色如红沙,故当地民众多称其为"沙猪"或"厚皮种";又因其额部皱褶深而多,江苏民众称之为"大花脸猪",上海人则称为"土老虎猪"。[①] 可见,"大花脸猪"至迟在清中期就已育成,农家饲养较多。人们根据外型及毛色,推测大花脸猪是太湖地区一个古老的华中型猪种。它体大、骨粗、皮厚,毛色全黑或全白,有的是黑白花,曾在太湖地区普遍饲养。20世纪60年代,大花脸猪在太湖地区仍可见到,但到了七八十年代,就基本消失了。[②]

　　19世纪中期,原来的大花脸猪似乎已不能适应社会经济发展的需求,在江苏扬中、武进、金坛一带,一个新猪种应时而生。它个体较小、毛稀皮薄、体质疏松、脂肪较厚、早期增重快,种质特性与小型淮猪极其类似,可能是由后者演变而来。又因其头长而尖,臀部尖削,形如米粒,民间遂称之为"米猪"。随着人口迁移和经济交往的增加,相邻地区的大花脸猪和米猪间发生杂交,产生了介于两个猪种之间的新猪种,民众称为"小花脸猪"。随着小花脸猪的大量繁殖和进一步杂交,加之各地民众选种偏好的不同,就逐渐形成了在体型、外貌、繁殖性状、生长发育等方面略有差异的猪种类群。如小花脸母猪再与大花脸公猪回交,最后育成了二花脸猪,当时称"黑猪"。若仅从品种优势上来讲,二花脸比大花脸猪生长速度快,成熟早,肉质更加鲜嫩,深受当地民众欢迎,所以很快能在太湖地区普及开来,并逐渐取代了晚熟皮厚的大花脸猪,成为太湖猪种的优秀代表。(图8-2)随着时间的推移及品种间的频繁交往,以二花脸猪为主的太湖猪种各大品种类群,不断地向邻

图8-2　二花脸母猪

图片来源:《中国畜禽遗传资源志·猪志》,第42页。

---

　　①②　太湖猪育种委员会编著:《中国太湖猪》,第1,6页。

近区域和江北延伸。其他地方类群如梅山猪、枫泾猪、嘉兴黑猪、沙乌头猪等，也有类似的传播和分化过程。①

总之，清末以来太湖地区已演化出许多具有地方优势特色的新类群，各类群的数量也在不断发生变动。鸦片战争之后，列强入侵，上海成为通商口岸，外来猪种与太湖猪杂交，上海及其周边的太湖猪种受到较大影响，但在整个太湖流域，纯种太湖猪仍占优势。20世纪50年代，因当地推广以约克夏猪（亦称大白猪）为父本的经济杂交，导致纯种太湖猪数量锐减。

三、太湖猪饲养的社会经济因素

养猪自古以来就是农家重要的家庭副业，太湖地区积粪肥田的需求、民间肉食消费的增加以及丰富的饲料资源等，促进了太湖猪的繁育和饲养。

（一）养猪肥田与肉食消费的需求

明清时期，为了提高粮食及桑棉产量，人们非常重视积粪肥田。《沈氏农书》中说："种田地，肥壅最为要紧"，而积制粪肥，"养猪羊尤为简便"。② 嘉湖地区还流传着不少关于养猪肥田的农谚："种田不养猪，秀才不读书，必无成功""养了三年无利猪，富了人家勿得知"。在种稻栽桑兴盛的地区，粪肥短缺，购买价格上涨，农家便通过饲养猪羊来积粪肥田，在提高产量的同时，降低种田支出。

随着当地城乡经济的发展和养猪数量的增加，民间尤其是城镇居民膳食结构中肉食的比重也有所提高。据相关资料，用猪肉作祭品是太湖地区的民间习俗，尤其是在年末岁终时，一些稍富裕的人家都要杀猪祭祀祖先，称之为"杀年猪"。穷苦百姓杀不起猪，借钱也要割一块"刀头"肉来祭祖。祭祖仪式结束后，祭肉可分而食之。顾禄《清嘉录》卷十二记载："乡人豢猪于栏，腊月宰之，卖于居人，充年馔之需，谓之冷肉。或乡人自备以祭山神者，祭毕，复卖于人，俗名祭山猪。"③这里的乡人是指在乡村生活的农民，而居人应是指城镇居民。

城镇猪肉消费及肉食加工的需求，促进了商品猪饲养以及新品种选育。弘治《常熟县志》记载："猪，人家畜养以供屠宰，民间亦或有孳生者。"嘉靖《嘉定县志》："每岁土物之贡，其中有肥猪"；光绪《周庄镇志》："乡间豢养母猪，每产有二三十子。屠肆所宰不过六七十斤，肉嫩皮薄，远胜他处。"④这

---

① 太湖猪育种委员会编著：《中国太湖猪》，第6页。

② ［清］张履祥辑补，陈恒力校释，王达参校、增订：《补农书校释》，第62页。

③ ［清］顾禄撰，王迈校点：《清嘉录》，第210页。

④ ［清］陶煦：《周庄镇志》卷一"物产"，《中国地方志集成》"乡镇志专辑"（6），第493页。

些记载反映出当地养猪很普遍,而且猪肉品质好。据说清末枫泾"丁蹄"的成名,即与当地猪蹄原料品质优异有关。

(二)青粗饲料资源丰富

明清时期太湖地区人口激增,市镇密集,耕地资源相对贫乏。为了维持生计,明中期以来,农民将作物生产的重点由粮食作物转向经济作物,商品性农业获得进一步发展,同时将综合经营的重点由农业转向副业和手工业生产。① 清代中后期,太湖地区棉花、桑树、豆类以及玉米、番薯等的种植逐渐扩大。同时,人们将作物生产与家畜饲养、农副产品加工等结合起来,当地的青粗饲料种类更加丰富,其中包括青绿饲料、水生饲料、发酵饲料、藁秆饲料、糠麸饲料、籽实饲料以及泔水、糟渣等。太湖地区农民养猪也采取以青粗饲料为主,猪肥育阶段适当搭配精料补饲的"吊架子"方式,太湖猪若干优良性状的形成即与此有关。

从青绿饲料的来源看,太湖地区气候温暖湿润,除水丰沛,湖荡密布,草茂林丰,杂草树叶类饲料来源广泛,还可以获得绿萍等水生饲料,饲料供应的季节性短缺现象不是很明显。未经干制的青绿饲料维生素和矿物质含量高、适口性好,但其含水分较多、体积大,采食量利用率低,长期饲喂也造成了太湖猪肠胃容积增大、腹部下垂的现象。

从粗饲料的来源看,明清时期副业生产的发展,使得当地城镇及乡村遍布碾米坊、油坊、豆腐坊、粉坊、酿造坊,对于作坊中的大量加工副产品如米糠、酒醋糟、豆渣、油渣等,人们都想办法收贮起来,用于喂猪。麸皮、豆渣、饼类和小鱼小虾、蚕蛹等,含有丰富的蛋白质成分,能够促进太湖猪的生长发育,提高母猪的繁殖性能。《沈氏农书》中说:"即细而桑钉、稻穑,无非家所必需之物。残羹剩饭,以至于米汁酒脚,上以食人,下以食畜,莫不各有生息。"就是说,利用生产、生活废弃物饲养牲畜,可以化无用为有用。书中还记载:长兴县买大麦 40 石,约价值白银 12 两。每石得酒 20 斤,每斤价 1.5分,可抵大麦本钱。得糟 2 000 斤,对养猪很有利。② "今羊专吃枯叶、枯草,猪专吃糟麦,则烧酒又获赢息,有盈无亏,白落肥壅。又省载取人工,何不为也!"③意思是猪以酒糟为食,烧酒和猪可卖钱,还可以获得粪肥,并省去运输酒糟的费用,养猪一举多得。

① 范金民:《明清杭嘉湖农村经济结构的变化》,《中国农史》1988 年第 2 期。
②③ [清]张履祥辑补,陈恒力校释,王达参校、增订:《补农书校释》,第 63、94 页。

四、太湖猪的遗传资源价值

（一）养殖性能及高繁殖力的利用

中国农区的肉食种类，历来以猪肉为大宗。太湖猪早熟易肥、繁殖力高、适应性强、肉嫩味美等优点，深受养殖者青睐。20 世纪中后期，太湖猪的产区已由原来的 12 个县扩大到太湖流域范围的 43 个县市。① 20 世纪 90 年代初，全国已有 20 多个省市引进了太湖猪，有的省市形成一定的养殖规模。在各引进区，太湖猪都表现出良好的适应性，甚至在寒冷的黑龙江地区也具有优越的生产性能。这说明太湖猪除了高繁殖力之外，还有着较强的抗逆性，在全国各地均可养殖。

就繁殖性能而言，太湖猪是中国乃至世界猪种中繁殖力最强、产仔数量最多的优良品种。据《中国太湖猪》记载，太湖猪初产母猪平均产仔 12 头以上，经产母猪平均 15 头以上。一头母猪在一生中，以 3—7 胎时产仔最多，8 胎以后死胎数则有所增加。在不同类群中，总产仔数和活产仔数都是二花脸为最高，其次是枫泾猪、嘉兴黑猪和梅山猪，横泾猪相对较少。② 太湖猪的高繁殖性能是经长期选育和风土驯化形成的，而且表现稳定，不随饲养条件和地理环境的改变而变化，具有良好的杂交配合力。近现代以来，太湖猪的高繁殖力备受瞩目，在猪的遗传育种研究及实践中发挥了独特作用。

国内外的引进和利用研究结果证明，用太湖猪作亲本进行正反杂交，产生的一代正反杂种母猪，均表现出优秀的高繁殖性能。1979 年，中国农业部曾向法国赠送 6 头太湖猪（梅山猪和嘉兴黑猪各 1 公 2 母），法国畜牧学家对其繁殖性能和肉质予以高度评价。除过进行纯繁观察，还以中国猪为亲本，与法国大白猪等瘦肉率高的猪种进行杂交试验。③ 1986 年 7 月，日本家畜试验站从江苏省引进梅山猪（公猪 3 头、母猪 7 头）。1987 年英国从中国引进梅山母猪 21 头、梅山公猪 11 头；美国农业部于 1989 年从中国引进太湖猪 123 头（其中梅山母猪 66 头、梅山公猪 33 头、枫泾公猪 24 头）。此后，西班牙、荷兰、阿尔巴尼亚、泰国、匈牙利、罗马尼亚、朝鲜、海地等国家为提高本国猪种的产仔能力，也相继直接或间接地引入太湖猪开展研究，肯定了其优良种质特性，特别是高繁殖性能。④

---

① 中国家畜家禽品种志编委会编：《中国猪品种志》，上海：上海科学技术出版社 1986 年版，第 131 页。

② 太湖猪育种委员会编著：《中国太湖猪》，第 14 页。

③ 朱恒顺：《中国猪在法国的表现和利用》，《东北养猪》1987 年第 2 期。

④ 储明星、吴常信：《国外关于太湖猪的研究情况介绍》，《辽宁畜牧兽医》2000 年第 3 期。

（二）遗传基因利用与新品种培育

优良而广泛的遗传基础,使得太湖猪成为国内外新品种培育的重要基因来源。在当代社会,人们对猪肉品质的要求不断提高,并倾向于购买瘦肉率较高的猪肉。太湖猪繁殖性能高、肉质鲜美,但肥育性能和胴体品质较差,尤其是生长速度慢、瘦肉率低,在市场竞争中处于劣势,这就给太湖猪的养殖带来了巨大挑战。畜牧工作者研究发现,太湖猪瘦肉率虽然偏低,但其肉质鲜嫩,肌间脂肪分布良好,而且瘦肉性状的遗传力高,这就为利用太湖猪培育瘦肉型猪种带来了机遇。

20 世纪 90 年代末,苏太猪的育成就是利用太湖猪种质资源培育新猪种的重要成果。据试验研究,经由太湖猪与西方瘦肉型猪的二元或三元杂交,可提高胴体瘦肉率。于是,江浙地区的畜牧专家以太湖猪为基础母本,采取导入外血、横交固定、继代选育等一系列技术措施,经过 12 年 8 个世代的选育过程,终于培育出太湖猪新品种——苏太猪。1999 年 3 月新猪种通过国家畜禽品种审定委员会的审定,并正式定名。作为瘦肉型猪种,苏太猪既保持了太湖猪繁殖力高和肉质鲜美的特点,又具有二元杂交猪无可比拟的优势,生长速度快,耐粗饲性能好,并且克服了太湖猪皮皱、背凹、臀尖等缺点。[1]

综上所述,与其他猪种相比,太湖猪具有高繁殖力、适应性强、肉质鲜美等优点,是提高猪种繁殖力和改良猪肉品质的宝贵基因资源。目前太湖猪遗传资源的利用工作已获得明显效果,但是太湖猪的保种提纯却不容乐观,需要引起高度重视,从体制、技术和资金等方面予以严格监管落实。

第三节　湖羊养殖史及其当代保种利用

绵羊一般适宜干燥冷凉的自然环境,湖羊是绵羊的一种,而它却生长在闷热潮湿的太湖流域,这正是湖羊与一般绵羊品种最大的不同点。显然,湖羊是太湖地区民众长期培育和精心改良的特殊品种,或者说是适应当地农业自然环境和社会经济条件的产物,它的身体里含有传统稻作农业高度发展的基因。明清时期,随着稻麦和桑蚕生产的发展,湖羊饲养已完全融入当地农业综合经营体系,成为农民谋生获利的重要途径。与此相适应,湖羊的圈养方式和品种特性进一步强化,遗传资源价值大为提高。这里在前人研

---

① 王子林、华金第:《国宝——太湖猪的保种与开发利用》,《中国猪业》2006 年第 2 期。

究的基础上，立足家畜遗传资源保护的现实需求，进一步搜集整理相关文献资料，结合实地调研，重点阐述明清以来湖羊的选育过程及饲养管理技术，总结其当代保种利用的经验教训。

一、湖羊品种形成与演变

湖羊亦称作"胡羊""吴羊"，中国特有的肉用及羔皮用绵羊品种，主要分布于太湖地区，养殖历史悠久。（图8-3）一般认为，湖羊源于蒙古羊，有的说法还提到了山东寒羊及中原地区的绵羊。① 近年来，现代动物遗传学试验研究证明，湖羊与蒙古绵羊群体亲缘关系较近，它们可能在更早的世代具有共同的起源，或者说湖羊属于蒙古羊系统。② 只是人们对湖羊品种形成时代的看法上尚有一定分歧，或说是元代，或说是南宋，有的甚至说是唐末五代时期。无论怎么说，湖羊的育成应该经历了漫长的历史过程，来之不易，其遗传资源十分珍贵。

图8-3 湖羊（公羊、母羊）

唐代以前，江南地区主要饲养山羊，绵羊性喜干燥凉爽，不耐湿热，在南方很少见。不过，汉唐时期中原的绵羊饲养已相当普遍，且饲养技术趋于成熟，北魏贾思勰《齐民要术》"养羊篇"对山东一带绵羊的留种选育、放牧与舍饲方法、疫病防治等做了详细总结。前已述及，自唐末五代以来，尤其是宋室南渡以后，北羊通过进贡、馈赐、贸易以及人口南迁等途径，大量进入江南地区，这些从北方南下的羊中有很多是江浙一带所缺乏的绵羊。当然，伴随着北人南迁，中原地区长期积累的家畜饲养管理技术也被带到了江南地区。

---

① 谢成侠：《中国养牛羊史》，北京：农业出版社1985年版；邹介正等：《中国古代畜牧兽医史》，北京：中国农业科技出版社1994年版；安志云、李有龙：《关于湖羊饲养历史的查证》，《中国农史》1995年第1期；李群：《湖羊的来源和历史研究》，《农业考古》1997年第1期。

② 耿荣庆、常洪等：《湖羊起源及系统地位的研究》，《西北农林科技大学学报》（自然科学版），2002年第6期；孙伟、黄永娟、常洪等：《我国蒙古羊系统主要地方绵羊品种遗传分化的研究》，《中国畜牧杂志》2009年第1期。

　　太湖流域气候湿热,多疫病和蚊虫,缺乏草山草坡等天然牧场。随着唐宋时期农业开发的扩大,已显现出人多地少的状况,羊的放牧变得越来越困难,只能采用舍饲及半舍饲方式。于是,人们将养羊与稻桑生产结合起来,充分利用当地丰富的青粗饲料资源,杂草、秸秆、糠麸及桑叶、蚕沙等都用来喂羊,羊粪则用于农田施肥。枯桑叶、蚕沙呈凉性,又富含蛋白质营养,可以预防绵羊受湿热而生病,从而成为湖羊品种形成的一个重要因素。另外,太湖地区的农民以中原地区南迁的绵羊为重点饲养对象,利用前代积累的舍饲经验,经过长期风土驯化和人工培育,使得原生长于北方的绵羊逐渐适应南方湿热的自然条件,形成著名的江南羔皮绵羊品种——湖羊。[①] 南宋人谈钥的嘉泰《吴兴志》卷二十记载:"《旧编》云:安吉、长兴接近江东,多蓄白羊。按《本草》以青色为胜,次乌羊。今乡土间有无角斑黑而高大者,曰胡羊。"[②]文中的"白羊"应指太湖白山羊,而"胡羊"即后世所称的"湖羊"。其中公羊母羊均"无角"已是湖羊的显著特征之一;似乎当时湖羊身上尚有黑色斑块,而体毛全白则是后来羔皮用定向选育的结果。这说明至迟在南宋时期,浙江西北部安吉县和长兴县的农民已饲养湖羊。顾名思义,"湖羊"是指太湖地区出产的绵羊,至于"胡羊"的名称是否与其来自胡地有关,尚待进一步考证。

　　明清时期,太湖地区蚕桑业发达,又是湖羊产区。当地不养秋蚕,所以秋季有很多枯桑叶。于是,当地农民多以枯桑叶配合青草饲养湖羊,获得稻桑牧的综合效益。前已述及,湖羊采用舍饲方式,在春夏秋季以饲喂青草为主,在秋冬缺草时节则以饲喂枯桑叶为主。枯桑叶蛋白质含量高,是湖羊喜食的优质饲料资源。这样,桑叶饲料不仅解决了农区养羊常见的"冬瘦春死"难题,而且能促进湖羊的生长繁育,提高湖羊产品的品质。这种以干桑叶饲喂的羊叫做"桑叶羊",在太湖南岸地区普遍饲养,其皮毛肉俱佳,羔皮产品很受市场欢迎,尤其受到北方人的珍爱。结合当地农牧业发展的实况来看,经长期的湿热环境适应和品种选育,至迟在 17 世纪的明末清初,湖羊的体型外貌和品种特性已基本定型,饲养管理技术也趋于成熟。如外形上无角、耳朵长大、四肢细长、胸狭而体深、腹毛少,品性方面母性强、早熟多胎,四季繁殖,耐湿热,耐粗饲,喜安静、胆小懦弱易惊恐,更适合舍饲等。

　　近代以来,湖羊这一优秀绵羊品种遭遇了很多坎坷,甚至曾面临灭绝的

---

　　① 李群:《湖羊的来源和历史研究》,《农业考古》1997 年第 1 期。
　　② [宋]谈钥著,湖州市地方志编纂委员会办公室整理:《嘉泰吴兴志》,杭州:浙江古籍出版社2018 年版,第 360—361 页。

危险。20世纪20年代,湖羊羔皮先充作"口(张家口)羔皮"出口,后正式外销,湖羊生产从此出现历史性转折,以积肥和产肉为主,跨入羔皮羊行列。湖羊羔皮进入国际市场后,大受欢迎,被誉为"软宝石",成为中国出口的名特产品。但是在利益诱惑下,不合理的羔羊宰剥,尤其是残忍地肚剥胎羊,曾对湖羊生态造成严重破坏。中华人民共和国建立后,湖羊生产几经沉浮。近十多年来,在工厂化、规模化饲养条件下,湖羊因其舍饲性能好、环境适应强及繁殖力高等优良品质而恢复了生机,其保种和利用成绩突出。尤其是目前湖羊已由过去的农户散养为主,转变为畜牧企业及养殖大户饲养为主,并且从太湖流域走向全国,成为不少地方规模化舍饲养羊的主导品种,这是湖羊养殖史上的一个重大转变,但今后湖羊养殖的科研和引种推广任务依然艰巨。

二、湖羊饲养管理经验

(一)舍饲与繁育

家畜的饲养包括放牧和舍饲两种基本方式,各有利弊。舍饲是指将家畜饲养在畜舍或圈栏中,定时定量饲喂,以满足其营养需要,而农区适当放牧可以更好地利用草山草坡和荒地闲田,提高土地利用率。在太湖地区的自然环境和社会经济条件下,湖羊所处生态发生了改变,主要采用舍饲方式,加之湖羊较其他绵羊胆小懦弱、易惊恐,更适合舍饲。

明清时期,人们依据湖羊的生活习性,对于圈舍中羊的公母比例、给食方法、环境卫生等有了明确要求。明末沈氏说:"养胡羊十一只,一雄十雌,孕育以时。少则不孕,多则乱群。"①意思是说,饲养湖羊11只,其中1只公羊,10只母羊,按时配种产仔。少了公羊,母羊无法受孕,而公羊多了则会扰乱羊群。这里所讲的应是中小地主家庭的湖羊饲养数量,公羊和母羊的比例为1∶10。实际上,普通农家的湖羊数量,主要是由其能够获得的饲料多少来确定的,一般仅能饲养数只羊。

如果湖羊饲养数量较多,还要考虑种公羊和母羊的更替问题。据调研,在传统湖羊饲养区,种公羊更替较快,不会长期饲养。因为公羊只能用于配种,而且配种一年之后尚未阉割的成年公羊肉质粗糙,经济价值降低,食量却有所增长,加大了养殖成本。所以,即便是种羊,也会在出生后12—15个月间完成与年轻公羊的更替。相反,繁殖母羊为利益之源,不会较早被卖掉或宰杀。尤其是产子较多的母羊,农家会长期饲养。当然,母羊的产子数会

---

① [清]张履祥辑补,陈恒力校释,王达参校、增订:《补农书校释》,第86页。

随着年龄的增加而有所减少,所以人们会按照其年龄大小,逐年更替。①

不过,如果按照上述公母比例,自家留种繁殖,在每户饲养湖羊数量不过十几只的情况下,就会引发极端的近亲交配问题,导致湖羊生长发育不良、繁殖率低下等问题。有研究者说,因为种羊的偶然死亡,有可能会给湖羊注入来自不同血统的新鲜血液。②实际上,民间避免湖羊近亲繁殖的方法很多,如种公羊、繁殖母羊的有意识购入和更换,种公羊互借等,尤其是大多数农户饲养的湖羊数量较少的情况下,如果仅有三五只羊,专门养一只种公羊是不合算的,这样,农家就会花钱请种公羊饲养户为母羊配种。就是说,各种干预因素使得湖羊养殖中至今尚未发现上述会妨碍其繁衍的退化现象。③

《沈氏农书》中还说:"羊性抢食,恃强者为胜,不顾其子;小羊十余斤以外,已离乳者,另棚饲之。"羊在吃食时好争抢,这样会导致弱羊、幼羊难以吃到足够的食物,影响其生长发育。当羊长到 10 多斤,能断乳自食时,要分圈饲养,以免造成弱小羊只饮食不足。据农民的经验,长期舍饲的湖羊还养成了"草来张口,无草则叫"的习性。在无外界因素干扰的情况下,群羊发出"咩咩"的叫声,大多是其发出的饥饿信息,听到后应及时喂草。"胡羊不可一日缺食。冬饥一日,夏必死;夏饥一日,冬必死"。"每日申时饲食一番,随与清水一大担"。④"申时"是指下午三点到五点,可能与江南地区的环境适应有关。湖羊不耐饥渴,所以饲喂过程中要做到从不缺食,定时给食,并保证饮水充足。

湖羊母性较强,产羔母羊不论是对亲生还是非亲生的羔羊,都很关爱。另据养羊人的经验,生产母羊丧子后神态不安,如果身旁有其他母羊分娩,就会站立一旁静静观望,待小羔落地就会上前嗅闻,帮其舔干身上的黏液,并让羊羔吸吮自己的乳汁,这种特性有利于羔羊寄养时寻找羊"保姆"。湖羊性喜安静,长期的环境嘈杂也会影响羊只的健康;尤其是妊娠及哺乳母羊,突然发生的噪声可能引起其惊恐流产、泌乳量减少。

当地民众还把握了湖羊喜欢干燥而厌恶潮湿的生活习性,注意保持羊舍的清爽、干燥和卫生。尤其是太湖地区夏秋季潮湿闷热,蝇虻很多,舍饲家畜的采食和休息会受到严重干扰,导致其精神不安,从而消瘦或生病。而湖羊舍饲却少有蝇虻干扰之忧,原因是古人采用"暗羊棚"来防蝇养羊,这样

①② ［日］菅丰著,陆薇薇译:《费孝通眼中的"羊"——印刻在家畜体内的江南农业发展史》,《南京农业大学学报》(社会科学版),2019 年第 1 期。

③ 蒋兆光、何锡昌:《湖羊》,北京:农业出版社 1985 年版,第 3—16 页。

④ ［清］张履祥辑补,陈恒力校释,王达参校、增订:《补农书校释》,第 86 页。

就形成了湖羊喜暗畏光的习性。与这种"暗羊棚"效应及夜间安静、干扰少有关，湖羊一直保留着吃夜草的习惯，至今湖羊夜间食草量仍占全天食草量的 2/3。太湖农民养羊也十分重视饲喂夜草，民间一直流传着"枯草里失食，青草里死""白天缺草羊要叫，晚上缺草不长膘"等经验之谈。①

（二）羊病防治

太湖地区气候湿热，羊舍地面潮湿，湖羊体表尤其是蹄部易受病菌及寄生虫侵袭，人们在养羊过程中积累了不少简单易行的羊病防治经验，对湖羊饲养起到了一定保障作用。

治羊火蹄法。《便民图纂》记载："以羖羊脂煎熟去滓，取铁篦子烧令热，将脂匀涂篦上烙之。勿令入水，次日即愈。"②将公羊的油脂煎熟，均匀涂抹在烧热的烙铁上，然后用烙铁来烙烤羊蹄。羊蹄烙过后，不要碰水，第二天病蹄即可痊愈。羊火蹄病即羊腐蹄病，也称蹄间腐烂或趾间腐烂，是由坏死杆菌侵入羊蹄缝内，造成局部组织发炎坏死，蹄质变软烂伤，流出脓性分泌物，严重危害羊的行走和采食，导致其消瘦以至死亡。从现代兽医角度看，古人是用烙铁对羊蹄高温灭菌，并涂抹油脂的方法隔离和处理创口。

治羊疥癞法。《便民图纂》记载："藜芦根不拘多少，捣碎，以米汁浸之，瓶盛塞口，置灶边令暖，数日味酸可用。先以瓦片刮疥处令赤，用温汤洗去疮甲拭干，以药涂上，两次即愈。若疥多宜渐涂之，偏涂恐不胜疼。"大意是取藜芦根捣碎，浸泡在盛有米泔水的瓶子中，封住瓶口，放置在灶边，保持温暖，几天以后瓶子里发出酸香味，便可以使用了。先用瓦片刮擦生疥疮处的皮肤使其发红，如果结有坚硬的厚痂，要用温水洗去疮痂，擦干后把药汁涂上，涂两次即可治愈。如果羊身上疥疮较多，除疥涂药时要分次进行。羊疥癞即羊疥癣，又称羊癞、羊疮、羊螨，该病主要由疥螨、痒螨和足螨三种寄生虫危害引起，具有高度传染性，危害十分严重。其主要特征是皮肤炎症、脱毛、奇痒及消瘦，在秋末冬季和早春易发生。若圈舍阴暗潮湿、拥挤，常年舍饲，会增加发病几率和流行时间。

《补农书》还专门记载了羊疥癞的预防方法："羊脚趾内，每患有虫食毛。如见羊腹上毛损，即与裁甲捉虫，否则患脚软而毙矣。"③羊脚趾内，经常有寄生虫出来蚕食羊毛，如发现羊肚子上的毛有缺损，就要给羊修剪蹄甲，驱除害虫，否则羊就会患软脚病而死亡。

---

①　施光源：《生态环境与湖羊形成关系的探讨》，《家畜生态》1990 年第 3 期。
②　［明］邝璠撰，石声汉、康成懿校注：《便民图纂校注》，第 215 页。
③　［清］张履祥辑补，陈恒力校释，王达参校、增订：《补农书校释》，第 86 页。

治羊中水法。"先以水洗眼及鼻中脓污令净,次用盐一大撮,就将沸汤研化,候冷澄清汁,注鹅子清少许,灌鼻内。五日后渐愈。"①羊中水的主要症状是羊鼻子、眼睛出脓不净,治疗方法是先用清水将眼鼻中的脓污洗净,然后拿沸水加食盐,调和成浓盐水,盐水冷却后澄出清汁,加入少量鹅蛋清,灌入羊鼻内。羊中水属于感冒症状,按此法治疗,五天内即可痊愈。

三、湖羊饲养效益

明清时期湖羊饲养的直接经济效益,主要是出售羊肉、羊毛以及羔皮,当时羔皮生产尚不占主流。实际上,农家最看重是养羊的间接效益或生态效益,即羊粪是栽桑、种果和肥田的优质肥料,这在明清农书以及近现代的经济调查中都有反映。

《沈氏农书》指出:"猪壅宜于田,羊壅宜于地",即猪粪宜于稻田,羊粪适宜桑地,嘉湖民间历来也有"猪田羊地"的说法。过去桑蚕区羊肥大多用于培桑,再用秋桑叶作羊的冬季饲料。沈氏首先详细估算了饲养湖羊的成本:养湖羊11只,"每日吃叶草四十斤,每年共计一万五千余斤。除自叶不算外(自叶抵小羊食),买枯叶七千斤。六月内长安人来预撮叶,价每千斤三钱外,冬天去载,计七千斤,约价三两。"意思是说,养湖羊11只,每天吃树叶、杂草40斤,每年共计1.5万多斤。除了自产的桑叶(自产的桑叶抵小羊的饲料),还需另购枯桑叶7 000多斤。桑叶价格为每1 000斤3钱银以上,7 000斤花银子约3两。另外,农历七月份,还要在崇德、桐乡一带购买羊草7 000斤,计算时除去泥块,每 1 000斤价格约4钱,7 000斤约花费银子3两;购买垫圈的柴草4 000斤,值银约2两。这样算下来,当时养11只湖羊,购买的枯桑叶、青干草以及垫圈柴草,共需花费8两银钱,其中还不包括自产桑叶及劳力等费用。

接着,沈氏又估算了养湖羊的利润:11只羊每年剪羊毛30斤以上,大约值银2两,生产羊羔10余只,大约值银4两,二者可抵枯叶和杂草的成本;每年可净得肥料300担。② 很明显,仅从投入和产出来看,饲养湖羊并不赚钱,甚至还有亏损。因为所产羊毛和羊羔的收益总共值银6两,仅能抵消枯叶和杂草的成本。既然如此,农家为什么还要养羊呢?因为每年至少可净得羊粪300担,即3万斤,约当今3.5万市斤。作者所看重的是这些羊粪用于桑园施肥,间接经济效益明显。

---

① ［明］邝璠撰,石声汉、康成懿校注:《便民图纂校注》,第215页。
② ［清］张履祥辑补,陈恒力校释,王达参校、增订:《补农书校释》,第86页。

在清初张履祥《补农书》所记述的生产规划中，也建议饲养湖羊，为桑树提供肥源："畜羊五六头，以为树桑之本（稚羊亦可易米。喂猪须资本，畜羊饲以草而已）。"据研究，一只羊所产的粪尿加上土灰、垫草等，可解决一亩桑地的基肥需求。与此相关，历史上嘉湖一带蚕桑发达的地区，羊与桑的比例保持在"亩地只羊"以上的水平。① 人们在农桑实践中还认识到，羊粪"性热""力长"，即肥效强劲而持久，经常使用可以疏松土壤，有效改良桑地土质，故当地农谚说："养了三年羊，多了三月粮"。

除桑蚕之外，苏州府和杭嘉湖一带的丘陵山地还盛产茶叶和柑橘等水果，养湖羊还能为植茶种果提供优质粪肥。同时，茶园果园的杂草树叶又能用来喂羊。直至今天，太湖地区民众依然将湖羊粪肥积制与瓜果蔬菜的生态化种植相结合，在实践中取得良好效果。

四、中华人民共和国建立以来湖羊的危机与重生

中华人民共和国建立后，湖羊生产已走过全盛期。由于比较效益低，太湖流域的湖羊饲养越来越少。为了追求经济效益，当地还无计划地引进外来绵羊与湖羊大量杂交，使得越来越多的湖羊基因混杂，从而导致纯种湖羊区缩小、湖羊存栏数下降、种质特性发生改变以及群体基因组成丢失。加上养蚕次数增加，已无桑叶喂羊，湖羊营养差、寄生虫多，羔皮质量明显下降。到了 20 世纪八九十年代，湖羊生存已面临严峻考验。②

湖羊专家吕宝铨曾说：20 世纪 70 年代末，国家在浙江余杭建立湖羊场，湖羊保种工作取得良好成效。纯种湖羊种羊数达到 500 只，产羔率、羔皮质量等主要性状已恢复到历史最好水平。可是好景不长，该保种场在转制后，按照国企转制形式出卖给私人经营，为急于收回投资，经营者不惜出卖优质种羊，并大量购买杂种羊来充当纯种羊，使得纯种湖羊资源大量流失，20 多年的保种成果前功尽弃。其教训在于保种体制出了问题，不仅使国家失去了对地方畜禽品种遗传资源的拥有权和保护权，而且使花费很多年努力得到的珍贵保种成果遭受重大损失。实际上，这种情况当时在全国其他保种场站也多有发生：国家保种场站转制之后，一些私人经营者假保种之名，行谋利之实，以手中的畜禽资源为筹码，索取国家保种经费，加之有关业务部门缺乏监管，更使得保种场管理混乱、技术缺失，形同虚设。③

除过转制私营导致的保种失败，20 世纪七八十年代以后，浙江等湖羊

---

①② 施光源：《生态环境与湖羊形成关系的探讨》，《家畜生态》1990 年第 3 期。

③ 吕宝铨：《浙江湖羊濒危给我国畜禽保种的启示》，《中国畜禽种业》2007 年第 10 期。

产区对湖羊资源的保护和利用缺乏长期规划和科学指导,还无组织、无计划地引入外来绵羊品种如考力代羊、中国美利奴羊、小尾寒羊等进行杂交改良,导致湖羊种质资源的存续受到严重威胁。至 90 年代末,外来品种的剧烈冲击,使本来就薄弱的湖羊保种事业再次雪上加霜,难以为继。自 2008 年以后,当地畜牧部门曾多次外出寻找种羊,加强选种选配工作,淘汰杂种,羊群质量虽有明显提高,但仍有别于原种湖羊。严格而言,这些羊只能称为高血湖羊,因为羊群中每年会有杂交羊出生。① 可以说,到了 21 世纪,杭嘉湖一带中心产区的纯种湖羊数量已经很少,即使在国家级保种场、原种场,纯种湖羊也不多见,很多所谓的纯种湖羊实际上只能算是高血湖羊。面对纯种湖羊数量持续下降的严峻形势,养羊专家们提出,建立保护区,就地活体保种是湖羊保种之根本途径;② 有畜牧专家多次呼吁,抢救湖羊品种资源已刻不容缓,并提出重建国家保种场、全额落实保种经费等保种举措。③ 2010 年,浙江湖州吴兴区被正式确定为国家级湖羊保护区,通过多年的努力,湖羊种群的品质和特性得到了一定程度的恢复。④

　　近十多年来,湖羊独特的优良性状使其经受住了历史考验,在新时代里获得巨大生命力。在太湖流域特定的自然环境和终年舍饲的条件下,经过数百年的风土驯化,湖羊逐步适应了当地湿热多雨的气候条件,形成一系列优良性状,主要包括无角、耐湿耐热、早期生长快、性成熟早、四季发情、每胎多羔、泌乳性好、母性强,以及不需要运动场母羊仍能正常繁殖等。湖羊的优良品质加上社会经济发展的推动,使得近些年来湖羊由以往的农户散养为主,转向畜牧企业和养殖大户饲养为主,初步实现了规模化、标准化、专业化,并从太湖流域走向全国,成为各地规模化舍饲养羊的主导品种,这是湖羊养殖史上的一个重大转变。目前,湖羊不仅在长江中下游地区和南方其他省份普遍饲养,而且新疆、河南、吉林、山东等地也相继引种成功,规模化饲养前景良好。有研究指出,近十多年国内出现一大批万只以上的规模羊场,这些羊场无一例外均选择了湖羊作为基础母羊,从而奠定了湖羊在农区规模化舍饲养羊中的重要地位。不过,随着饲养数量的快速增加,湖羊以种

---

　　① 吕宝铨:《保护我国地方畜禽品种路在何方》,《当代畜牧》2011 年第 4 期。

　　② 张有川、程瑞禾、闫玉琴、郑永年:《畜禽保护区是品种保种之根——十年湖羊保种工作回顾》,《家畜生态》1996 年第 4 期;茆达干、吴福荣、方永飞、程瑞禾:《就地保护区活体保种是畜禽保种的根本途径——25 年湖羊保种实践的启示》,载第六届(2009)中国羊业发展大会《中国羊业进展论文集》,第 162—165 页。

　　③ 吕宝铨:《抢救湖羊品种资源已刻不容缓》,《畜牧与兽医》2007 年第 1 期。

　　④ 屠炳江、李慧、郭欢欢等:《浙江吴兴区国家级湖羊保护区保种工作进展与体会》,第十届(2013)中国羊业发展大会《中国羊业进展论文集》,第 278—280 页。

用为主的发展态势不久将会转变为以商品肉羊为主,价格也会回落,对此应有清醒认识并积极应对。另外,湖羊这一传统品种既有独特优势,也存在着肉用性能不佳等缺陷。① 随着农区舍饲养羊的现代化,湖羊作为基础母羊将会更加普及,所以需要在杂交改良、提高养殖技术水平以及规模羊场的管理水平等方面,未雨绸缪,积极应对。

从中华人民共和国建立后湖羊保种和利用的过程中,可以得出三点基本认识:第一,湖羊是太湖地区民众经过千百年选育而形成的珍稀品种,历经磨难,传承至今,具有重要的遗传资源价值、生态价值乃至文化价值,必须加倍重视和认真保护,彻底改变过去那种轻保种而重杂交利用,导致湖羊种质严重退化的状况。第二,湖羊是在农家散养舍饲以及秋冬桑叶喂养的条件下培育并定型的,肉皮毛兼用,而今天的湖羊已经以肉用为主,大多是工厂化、规模性的集约饲养,以青干草、作物秸秆、青绿饲料配合精饲料来饲喂,饲草中缺少了枯桑叶,即湖羊的用途和饲养条件都发生了改变,这不论是对湖羊保种、杂交利用、引种推广,还是饲料研发都提出了新挑战。第三,虽然政府和民间均采取了各种保种及利用措施,但湖羊品种持久传承及科学利用的任务依然艰巨。如何在保种提纯的基础上,适应新的饲养条件和社会需求,搞好湖羊的科学开发、合理利用及引种推广,还需要相关政府部门和畜牧工作者汲取历史经验教训,深入调研,从提纯保种与改良利用并举、新型专用饲料开发以及政策扶持等方面进一步谋划和落实,更好地迎接湖羊产业发展的新时代。

第四节　浦东鸡的饲养繁育与保种价值

太湖地区历史上形成的地方禽种很多,目前依然存留并受到保护的主要有浦东鸡、鹿苑鸡、太湖鹅等。这些地方禽种既是珍贵的生物基因资源,也是极为重要的经济资源;从相关历史记载来看,这些家禽良种大多形成于明清时期。其中浦东鸡又名"三黄鸡""九斤黄",是太湖地区著名的大型肉蛋兼用品种,大约形成于明清时期,20世纪五六十年代浦东一带农家依然普遍饲养,并基本保持了传统饲养方式。由于历史上关于浦东鸡的记载很少,以下主要依据20世纪50年代的调研资料,结合历史文献记载,对该鸡种的形成历史和饲养管理方法予以总结。

---

① 刘会敏、陈家振:《湖羊"地位"及"后时代"应对策略》,《现代畜牧科技》2021年第11期。

一、浦东鸡品种形成与饲养繁育条件

（一）育成时代及外貌特点

三黄鸡的名称初见于明万历年间李诩《戒庵老人漫笔》卷二："嘉定、南翔、罗店出三黄鸡，嘴、足、皮毛纯全者佳。重数斤，能治疾。"[①]这里提到了三黄鸡的产地、特征和重量，指明嘴部、脚部和毛色纯黄者为最好。清雍正八年（1730）《分建南汇县志》："鸡，产浦东者大，有九斤黄、黑十二之名。"[②]光绪五年（1879）《川沙厅志》卷四"物产"："鸡，吾乡产最大，有九斤黄、黑十二之称。"[③]意为浦东一带所产的鸡体大身重，被称为"九斤黄""黑十二"。[④]可见，万历间三黄鸡已开始出名，推测其育成历史至少有 400 多年。从上述资料中还可以看出，从明代末期到清代，三黄鸡已越过黄浦江，由今嘉定、宝山一带向东南传播到了浦东地区，体型开始变大，人们也似乎更强调鸡的重量，出现了"九斤黄""黑十二"的说法，"浦东鸡"的名称也呼之欲出。

清末倪绳中所编《南汇县竹枝词》曰："鹤窠村在鹤坡塘，今日仙禽早远翔。唯有雄鸡九斤大，寥寥风雨闹江乡。"意思是，鹤窠村的仙鹤早已不见影迹，但这里出产的九斤黄鸡至今还名扬江南。据考，鹤坡塘在今上海市南汇区的下沙一带。清末顾鱼的《周浦竹枝词》也说："物品争推浦东鸡，五更喔喔大声啼。"值得注意的是，该词中出现"浦东鸡"的称呼，并反映出浦东鸡在当地物产中的突出地位。

据前人调查，浦东鸡外貌最大的特点是黄嘴、黄脚、黄毛，故又名三黄鸡。成年母鸡体重 5—6 斤，大者可达 9 斤，成年公鸡体重 8—9 斤，故又名九斤黄。浦东鸡的毛色大致可分为淡黄、深黄、深麻、浅麻四种。其中黄毛鸡羽毛较松，体格大而重，农民喜欢饲养。浦东鸡胸部开阔，臀部圆大，后躯较宽，体格高大，行动灵活，善于觅食。[⑤]

可惜古代文献中缺少关于浦东鸡选育和饲养的具体记载，以下利用 20

---

① [明]李诩撰，魏连科点校：《戒庵老人漫笔》，北京：中华书局 1982 年版，第 55 页。
② [清]陈方瀛修，俞樾纂：光绪《川沙厅志》，《中国方志丛书》，台北：成文出版社 1975 年版，第 228 页。
③ [清]钦琏修，[清]顾成天等纂，何立民点校：《分建南汇县志》，《上海府县旧志丛书·南汇县卷》（上），上海：上海古籍出版社 2009 年版，第 258 页。
④ "黑十二"当指浦东鸡羽毛发黑者，体重可达 12 斤。
⑤ 上海市畜牧兽医试验站：《浦东鸡的调查》，《上海畜牧兽医通讯》1959 年第 4 期。

世纪 50 年代的调研资料,尽量还原其饲养繁育的传统技术经验。[①]

（二）饲养繁育条件

浦东鸡以出产于浦东地区而闻名,其分布范围大致包括中华人民共和国建立初期黄浦江以东滨海的奉贤、南汇、川沙三县,尤以南汇钦公塘（清雍正年间南汇知县钦连主持修建）以东的老港、泥城、彭镇、大团书院一带所产者为好,体格大而健壮,饲养数量也比较多。据调查,这种现象的形成主要有以下原因:

第一,饲料充足,蛋白质饲料较多。钦公塘以东地近海滨,鸡群放牧田野,自由觅食,可获得充足食料。这里养鸡多少与农家住宅周围的空地多少有关,住宅周围空地多,则饲养数量也较多。在钦公塘以东,住宅周围空地较大,农家养鸡数目也较塘以西为多,每户养鸡 5—6 只,多则 20—30 只;相反,钦公塘以西,鸡饲料不足,鸡体格也较小。尤其是沿海地带,放牧滩地广阔,冲积土壤中还含有较多的矿物质,海滨的水生动物、田野的昆虫等动物性饲料也比较充足,散养鸡可获得更多矿物质营养和优质蛋白食料,因而体格较大。

第二,重视养鸡,选种严格。海滩边土地斥卤,水旱灾害频发,农作物产量低且没有保障,很多农家依靠捕捞鱼鲜以及养殖畜禽维持生活。养鸡成本小,肉鸡和鸡蛋易于出售换钱,补贴家用,所以养鸡成为农家生活的重要组成部分,每户都会饲养五六只甚至更多的鸡;该地区的幼鸡繁殖均采用天然孵化法,由农家选择大鸡种的种蛋用作繁殖,并经常与邻居交换大鸡的种蛋;当地人一般不会购养担贩兜售的炕房孵鸡,而只有当地的鸡种向外推销,未有外血混杂。这些也是浦东鸡种能保持硕大体格的原因。

二、浦东鸡繁育及饲养管理经验

（一）天然孵化习惯

浦东鸡的繁殖,当地农家采用传统的天然孵化法,在春秋两季气温适宜时进行。若天凉时孵化,农家在圆脚盆中铺上稻草,放在温暖处;天热时（初夏或早秋）孵化,则铺上麦草,放在凉爽处。草上再放一片席子,大小如圆盆。抱窝的母鸡就巢后,4 日即可孵化。一窠孵蛋一般是 22—25 个。在孵化初期,可用麦子及玉米等喂养母鸡,饲料和水都放置在孵巢旁边,让鸡自由啄食。孵性好的母鸡,隔日出窠一次,一般则每天出窠一次。浦东鸡蛋壳

---

① 张照、杨永祚:《江苏浦东鸡的调查报告》,《畜牧与兽医》1955 年第 6 期。以下关于浦东鸡传统繁育饲养方法的资料多来自该调查报告,不再一一标注。

色红而质厚,农家习惯在 7—10 天才开始照蛋,检出未受精蛋。当地农家平均 1 只公鸡配 4—5 只母鸡,公鸡饲养 1 年后即行淘汰,鸡蛋受精率一般都很高,极少有未受精蛋。当地人的经验是,天经常下雨或者下雪时所产的蛋,鸡蛋的受精率会比较低。鸡的孵化期一般为 21 天,所谓"鸡抱鸡,二十一"。如果天气较冷,也有 23 天才出壳的。

一年春秋两季具体什么时间孵鸡,农家一般根据自己的情况来把握,但会吸收当地的一些基本经验。春孵在立春前后不再下雪时,即可开始孵化。种蛋在农历正月下窠,清明前孵出的雏鸡,当地称为"早四鸡"。清明前后所孵的鸡,因雏鸡出壳,刚好赶上麦熟,当地称为"麦熟鸡"。四月以后孵出的鸡,往往生长不良,称为"慢四鸡"。到五月份,因天热有鸡虱为害,孵化一般就停止了。秋孵要在农历八月底九月初开始,这一时期孵出的小鸡,民间称为"摘花虫鸡"。因出壳后的小鸡,散养棉田成长,可啄除棉花害虫。秋孵过早,有鸡虱干扰;秋孵过迟,天寒易死。早春孵出的雏鸡,饲养良好,7—9 个月后开始产蛋;秋孵的雏鸡,发育较快,到翌年二三月份也开始下蛋,但体格较小。"慢四鸡"生长不好,且喜欢啄食油菜及小麦,农家不喜欢饲养。

在孵鸡过程中,农家还有这样的做法:待一窝雏鸡出齐时,就将雏鸡取出,放入种蛋继续让母鸡孵化,当地称为"偷娘鸡"。浦东鸡一般体重较大,雏鸡出壳后容易被压死,故农家会将其取出另放在草窠内,天凉时要注意保温防冻,直到长大。雏鸡出壳后大约第二天给予食物,以芝麻、米秕为饲料,3—5 天后始喂给青菜。出壳后 3—4 天,才给予饮水,一天给 6—7 次。在木盆里养育 3—4 天后让小鸡落地,育成率很高。

孵化结束后,随着雏鸡日龄的增长,由母鸡带领半个月,即可独立觅食。母鸡孵化完毕,如果不带雏鸡,给予足够的饲料,十天半月即可继续产蛋。在养鸡较多的地方,如南汇泥城一带,还有专门孵雏鸡出售的农家。据说一羽母鸡春季(正月到五月)可孵三窝,秋季(七月底到十月)可孵两窝,夏天及十二月份停止孵化。

(二)产蛋性能及肉鸡售卖

雏鸡孵出后,一般生长 10 个月即开始产蛋。若饲养良好,7—9 个月就可产蛋;若饲养欠佳,往往 1 年后才开始产蛋。春雏长大后,其产卵数较秋雏为多,然秋雏从孵出到开始产蛋所需的天数较短,所产的蛋也小一些。

产蛋良好的鸡,在停产后半个月即再可次生蛋(当地称"转窠"),产蛋差的要停产 20 多天。一般浦东鸡产 15—16 个蛋即就巢(即抱窝,当地称为"杀哺"),两次就巢间隔的日期约 1 个月左右;也有连产 3 个月六七十个蛋才就巢的母鸡,但很少见。母鸡就巢,若不需要孵化小鸡,农家就用布条扎住鸡脚,断食2天,然后解去布条,这样就可以提前醒巢,重新开始产蛋。据农家传统经验,母鸡一年中约半年产蛋,半年休息,一般在天热及天冷时母鸡就会停产,故全年产蛋量约为180个左右。当然,产蛋量的多少,与饲料充足与否有直接关系。如果养鸡较多,鸡的觅食范围较小,补充的饲料又不足,产蛋量就会下降。农家养鸡产蛋,主要是为了出售换钱,自己舍不得食用。

就产肉而言,浦东鸡长成后,体大肥壮而肉质鲜美。新鸡健壮而油不太多;老母鸡油较多,臀部发黄;公鸡不及母鸡肥嫩。除过卖出鸡蛋换钱,出售肉鸡也是农民的收入来源之一。据调研,农民夏季售鸡较少,而以冬季为最多。因春季孵化,雏鸡冬季已长大,而冬季野外食料较少,需要补充更多的饲料,加之接近年关,农家要用钱开支,故卖鸡者较多。另外,农家在冬季多出售公鸡,母鸡留作产蛋及孵化;夏季往往将孵化后的老母鸡卖掉,故母鸡出售较多。市场主体不同,对肉鸡大小的要求也有所差别。例如,菜馆酒楼,比较喜欢5—7斤的鸡,过大即不适用;而对城镇居民来说,鸡越大越好。从售价来说,阉鸡最受欢迎,与母鸡同价,公鸡价格则低于母鸡。

（三）饲养管理措施

浦东农家养鸡大多是散养,并注重利用农副产品和庄稼收获后的残谷落粒。春季雏鸡出壳后,经过两个月左右的饲喂,就到了麦子成熟时节,鸡群可散放在打麦场上,啄食遗落的麦粒。到了八九月份,稻谷登场脱粒,大鸡小鸡又可啄食残谷剩粒。农家在麦熟、豆熟及稻熟时,一般不喂给饲料;平时鸡群经常放牧田野,自由觅食,早晚或补充高粱、大小麦、玉米、稻谷、麸皮、米糠等饲料,多数情况下是将米糠或麦麸用水拌湿饲喂,也用甘薯切碎饲喂。

产蛋鸡一般在农历十月以后,野外食物缺乏时,给予补充饲料。老人一般喜欢在鸡下蛋后出窝啼叫时,撒一把粮食喂鸡,认为这样不伤鸡,能多下蛋。小鸡用米粞或碎米为主要饲料,并常喂青绿饲料,有时就用幼嫩青草切碎饲喂。公鸡雏长到1—2斤时即予阉割。当地有专门阉鸡的人,春季会走村串户。公鸡经阉割后,一般能长到9—10斤。

农家鸡舍用砖砌在屋内或屋外,常用稻草灰铺垫,潮湿后即予以更换。挑出的湿灰,俗称"鸡窠灰",是养鸡的副产品。农家养10—20羽鸡,一个月可得5—6担鸡窠灰,用作果园菜圃以及农田的优质肥料。浦东鸡抗病力较强,传染病少,冬季疾病更少。当地养鸡重在在防治鸡虱,方法是保持鸡舍干燥,如已发生鸡虱,则用稻草点火,到鸡舍内熏杀,一般熏两次即可去除。

三、禽种资源价值及其保护利用

前已述及，浦东鸡属著名的蛋肉兼用型鸡种，原产于今上海市南汇、奉贤、川沙沿海地区，其形成已有数百年历史，是重要的家禽品种资源。中华人民共和国建立后，国家和地方政府业务部门曾对浦东鸡进行多次调查研究，并开展各种形式的保种利用工作。

19世纪40年代，浦东鸡被引入欧美国家，用于改良和培育新品种。著名的蛋肉兼用型品种黄洛克、洛岛红等，都是以浦东鸡为主要亲本杂交培育而成的。20世纪70年代，上海市畜牧兽医研究所以浦东鸡为基础，与国外引进品种白洛克、红考尼许杂交，成功培育出的新浦东鸡。新鸡种保存了原浦东鸡体大、肉质鲜美等特点，克服了浦东鸡早期生长速度慢等缺点，曾成为上海及邻近省市黄羽肉鸡的当家品种。[1]

进入80年代，中国大量引入红宝鸡等国外一些快大型肉鸡种，其生长快，饲料转化率高，饲养成本低，对本地鸡种冲击很大。虽然浦东鸡肉质细嫩、香味浓郁，但是在当时的社会经济条件下，最终难敌引进肉鸡的竞争，被迫逐步退出市场，很多农户已不愿意再饲养这种生长缓慢、饲养周期长、售价又不高的本地鸡。到了90年代，浦东鸡已濒临灭绝。值得庆幸的是，80年代初农业部在南汇县建立的浦东鸡原种场，选留饲养了1 000多只浦东鸡。后来在上海市相关部门的支持下，通过原种场自身的努力，有效地保护了这个珍贵的品种资源。否则，浦东鸡可能早已绝种。

到了21世纪，本土畜禽品种大量消亡，基因资源损失严重，这种情况引起政府和民间的普遍重视。2006年，农业部发布《国家级畜禽遗传资源保护名录》，确定首批138个国家级畜禽资源保护品种，浦东鸡名列其中。另外，近年来中国社会经济的快速发展以及民众生活水平的普遍提高，对肉蛋奶的品质有了更高追求，浦东鸡等传统地方禽种迎来了生存和发展的契机。

目前，浦东鸡的保种和开发利用措施主要包括以下几个方面：一是直接进行商品化生产。因为经过长期选育改良，浦东鸡的体型结构、羽色、肉用性状等都与国外引进良种石红鸡接近，且有自己的突出优点。如果顺应时势，正确引导人们的消费观念，浦东鸡就会重新进入市场。二是开展杂交利用。试验研究表明，用浦东鸡改良其他品种土种鸡，或用外来有色快大鸡改良浦东鸡的做法都有一定经济价值。如用浦东公鸡与石岐杂、江村母鸡杂交，其杂交一代商品鸡肉质、肉味、羽色俱佳，是生产高档黄羽肉鸡的新途

---

[1]　上海市畜牧兽医研究所鸡育种组：《新浦东鸡的培育》，《家禽》1979年第6期。

径；用浦东公鸡与红宝、安卡红母鸡杂交，其杂交一代商品鸡能兼顾长速和品质，是生产中档黄羽肉鸡的理想之选。近年来畜牧工作者采用最新遗传育种技术，在传承和利用浦东鸡的优秀基因，培育新品种方面取得一定成绩。

　　除浦东鸡之外，太湖流域的鹿苑鸡、太湖鹅等也艰难地存留至今。这些地方禽种都是传统农业时代的产物，适应小农家庭散养放牧的条件，有肉质鲜美、耐粗饲、抗病力强等突出优点。可是，与现代专门化配套品系相比，地方禽种多为蛋肉兼用型，生长速度较慢，饲养周期长，不易集约化生产。随着饲养业对经济效益的追求和国外禽种的不断引进，传统鸡鸭鹅品种面临被淘汰的危险。20世纪七八十年代以来，太湖地区大多数土种家禽已经灭绝或处于灭绝边缘，一些地区只剩个别种禽场出于保种需要而有少量饲养。由于经费短缺，饲养成本上升等因素，种禽场负担加重，保种工作日益艰难。据20世纪末调查，太湖鸡、昆山麻鸭在专门的保种场已见不到，农户中也难觅其踪迹。浦东鸡、鹿苑鸡和太湖鹅的保种也曾面临不少困难，一度有灭绝的危险。[①]

　　近年来，随着人们对肉蛋奶品质要求的提高，以及市场需求的变化，传统地方优良禽种的优势，再次受到政府和民间的重视，保种利用成为养禽生产的迫切需要。目前养鸡生产虽然已被专门化品系配套杂交的商品鸡所垄断，肉鸡生长速度加快，但肉的品质却下降了，这让消费者普遍感到不满。地方鸡种肉质细嫩、味道香美、营养价值高，再加上其良好的环境适应性、漂亮的羽色等，越来越受到消费者及生产者的青睐，其市场价格也在不断上升，饲养效益明显提高。于是，地方禽种以及传统饲养方式出现了回归趋势，农家通过自繁自养，扩大饲养规模，并采用多种经营方式促进土种鸡的生产和销售，出现不少成功案例。总之，地方品种是珍贵的基因资源，禽种丧失即意味着独特基因或基因组合的丧失，而一旦丧失就不可再生，浦东鸡等禽种的保护需要持续努力。

---

① 黄成康、王勇、施惠：《江苏省地方家禽品种的保种思路》，《中国家禽》1997年第5期；李建颖、孙东东、乔永坤：《浦东鸡保种现状及开发前景》，《中国家禽》1998年第9期。

第九章　农业生产结构变迁与生态适应

太湖流域的土地类型主要包括平原、水面和丘陵山地三类,自古以来,当地民众合理利用各种自然资源,发展农业生产,获得了良好的经济与生态效益。明清时期,由于人均耕地减少、赋税负担沉重和水土环境变迁等因素,太湖地区原先以水稻为核心的粮食种植,使更多的农户难以维持基本生计。而农业商品经济的发展,为人们提供了新的谋生途径。于是,农户因地制宜,实行多种经营,逐渐增加棉花、蚕桑、茶叶等经济作物及果树、蔬菜等园艺作物的种植,导致区域农业生产结构发生改变,农业生态也出现了新面貌。本章主要阐述明清太湖地区农业生产布局和内部结构演变的状况及相关影响因素,认识农林牧副渔各生产门类的生态关系,弥补此前各章节专题性论述的不足。

第一节　太湖平原区粮桑棉种植结构变迁

太湖平原区长期以水稻种植为主体,明清时期桑棉争稻田的现象加剧,有些地方大有侵夺水稻主体地位之趋势,这种作物种植结构的变迁主要是由稻、桑、棉生产比较效益的高低所造成的,也与各地自然条件的差异有关系。

一、稻、桑、棉的分布与种植结构

(一)稻、桑、棉三大作物的分布区域

据李伯重先生研究,随着自然资源利用水平的提高,明清太湖平原上逐渐形成三个相对集中的作物区:太湖北部地带以水稻为主的稻区,南部低洼地带以桑蚕为主的桑区或桑稻并重的桑—稻产区,东部和北部沿江沿海地带以棉花为主的棉区,或棉稻并重的棉-稻产区。[①] 这里根据上述认识,对

---

① 李伯重:《明清江南农业资源的合理利用——明清江南农业经济发展特点探讨之三》,《农业考古》1985 年第 2 期。

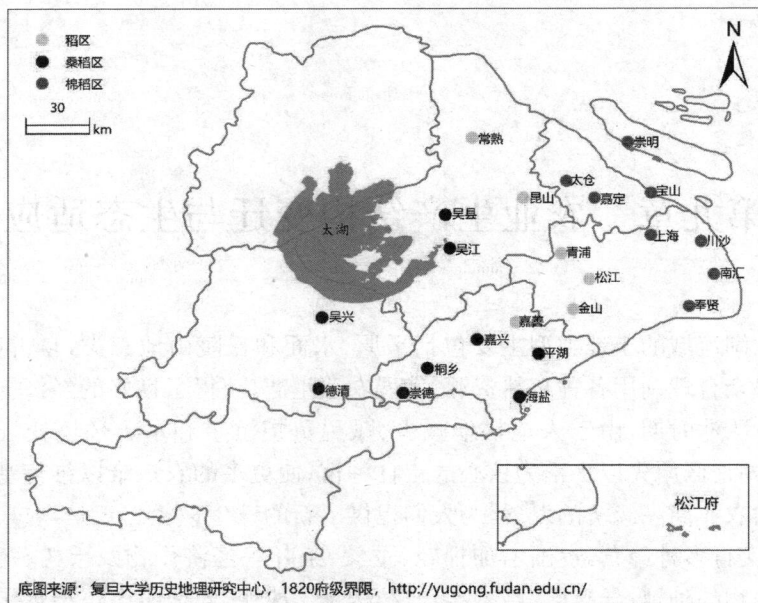

图 9 - 1　太湖平原区三大作物分布

资料来源：李伯重：《明清江南农业资源的合理利用》，《农业考古》1985 年第 2 期。

太湖流域稻、桑、棉三大作物的分布情况予以可视化呈现。（图 9 - 1）

　　这种地域划分主要是基于稻、桑、棉这三大作物而进行的。实际上，在各个作物区内，大小麦、油菜、蚕豆等作为稻、棉的后作及桑园的间作，种植面积也比较可观。另外，三大作物分区内部的自然环境条件也并非完全一致，导致作物布局会有区域性差异。即三大作物区并非仅种植某一种庄稼，而是以一种或两种庄稼为主导，兼种其他，并在此基础上实现专业化经营。事实证明，各种作物生产有机结合的专业化经营是合理利用水土资源的最佳方式。

　　这里再根据前述方志物产资料的记载，将水稻、桑、棉花的记载地核密度进行叠加呈现，（图 9 - 2）可以发现，其各自高值区的空间分布，与上述"江南平原三大作物分区"基本吻合。所不同的是，桑记载地的高值区以嘉湖平原为基础，沿着太湖两侧向东北方向均有扩展，北部甚至到达了靖江、江阴，东部到达崇明。而棉花记载地的核心区以东部沿海沿江平原为基础，主要沿太湖南侧向西南方向扩展，西部到达杭州府附郭县。作为"稻区"的常熟和作为"桑区"的吴县也是棉花记载的高值区。水稻作为明清太湖地区的主要农作物，其高值区较为分散，主要位于各府（州）附郭县所在的位置，并且在阳澄淀泖湖荡平原、东部沿海沿江平原、嘉湖平原、苏锡平原均有布局。从方位上来说主要位于太湖地区的东部、东南、东北，在太湖地区的西部，除

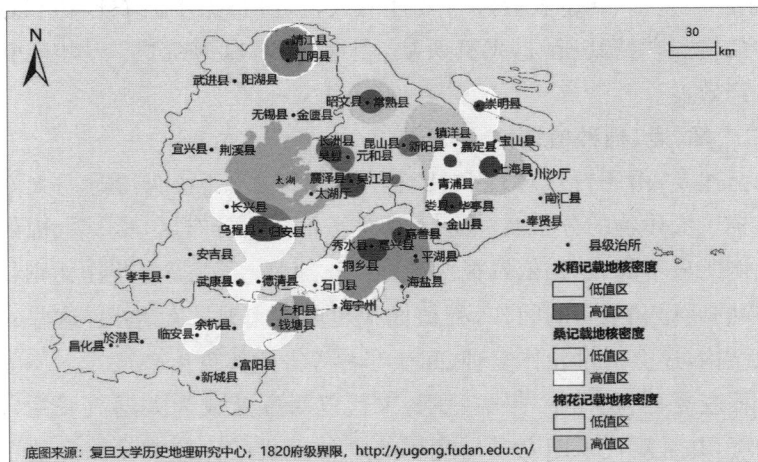

图 9-2　稻、桑、棉记载地核密度叠加

了湖州府附郭县、武康形成了高值区,其他均无高值区。

适地宜才能得地利,上述作物布局的形成,首先是因为不同农作物对水土条件的要求有所不同。水稻生长期所需水量大约为旱作的 4—5 倍,土壤以中性壤土为宜;棉花耐旱并有一定的抗盐碱能力,土壤以中壤土、轻壤土和沙壤土为最佳;桑树连片种植,要求土壤有机质丰富、保肥力强,以中性黏壤和壤土为好。就蚕桑业来说,明清时期湖州、嘉兴和苏州吴江一带处处栽桑,家家养蚕,蚕桑生产作为一项家庭副业,成为农户重要的收入来源,其地位不亚于粮食生产。当地甚至出现制蚕种和买卖桑秧、桑叶、丝茧等的专门从业人员。棉花种植在松江府及太仓州滨海地区特别兴盛,清代中期,当地种植棉花的田地已占到"十分之七八",而种稻者仅有"十分之二三"。这一方面缘于棉纺织业原料需求增长,农民植棉有利可图,另一方面也与棉花对沿海沿江沙土地的生态适应性有关。

对这种农业经营的生态原则及利益诉求,明代人张瀚说:"高者麦,低者稻,平衍者则木棉、桑、枲,皆得随宜树艺。庶乎人无遗力,地无遗利,遍野皆衣食之资矣。"[①]意思是说不论是种麦艺稻,还是植棉栽桑,都要适应当地的水土条件,这样才能最大程度地发挥出农业生产的效益。清末包世臣也说:"凡地肥而有水者宜稻,其冬无水浸则植麦";棉花要靠施肥,土地稍瘠薄也可以种植,适宜夹沙地;桑树不论山地、水边还是平原,各乡皆可栽植,但

---

① ［明］张瀚撰,盛冬铃点校:《松窗梦语》卷四"三农纪",载《元明史料笔记丛刊》,北京:中华书局 1985 年版,第 73 页。

适宜"土肥之处"。从事农业经营管理的人，只有根据不同农作物和各地自然条件的特点，"精其所习，兴其所缺，因地制利，以力待岁"①，才能获得较好的生产效益。

（二）稻、麦、棉种植结构

前已述及，由于自然环境和社会经济条件之不同，明清时期太湖流域稻、桑、棉三大作物的分布有一定区域性。在三大分布区，稻、桑、棉的种植面积比例明显不同，水稻依然很普遍；麦子、油菜、蚕豆等春花作物则往往作为稻、棉的后作和桑园的间作，种植面积也颇为可观。就是说，这些农作物的种植结构，还会通过轮作复种、间作套种等方式体现出来。

以稻麦复种为主的一年两熟制，宋代以后逐渐成为太湖流域主导性的种植制度，并且明代末期麦子与晚稻的复种模式已比较常见。晚稻主要种在地势低下的圩田，在农艺上存在季节安排和稻田土壤黏重等方面的矛盾，但江南农民通过一系列技术措施予以化解。这样，稻麦两熟便由高田走向低田，并由苏南发展到浙北，成为一种全区性的种植制度。稻麦轮作，水旱交替，突出了对土地资源的合理利用。由于各类作物播种有早晚，生育有快慢，成熟有先后，这样就能采用相应的轮作复种方法，拉长生育季节，提高光能利用率，取得较好的经济效益。

再以棉花为例，太湖地区沿江滨海高乡缺水易旱，沙质土疏松透气，适合植棉。在松江棉区，棉田占到总耕地面积的 70% 以上，粮食大部分要依靠外地供应。清光绪《松江府续志》卷五"疆域志·风俗"记载：

> 郡东奉、上、南三县，地形较高，种棉、豆多于粳稻，而棉尤盛。妇女与男子共作苦，盛夏秉锄耘草于棉田，俗谓脱花。不特贫家为然，即温饱之家亦躬亲操作，谓之领脱花。其种稻者不过十之三四，迟种易获，八九月已无遗秉。盖田土高厚，冬无积水，太阳之气晒入土中，一经冬雪，土尤松美，故易长发。②

滨海高乡以植棉为主，并非完全放弃水稻种植。为了缓和粮棉之间的矛盾，棉区民众设法利用棉田来生产粮食，大约明末形成了棉稻轮作的种植模式。也就是说，当地是以棉花这种经济作物为中心来安排水稻种植的，种

---

① ［清］包世臣著，潘竟翰点校：《齐民四术》卷第一上，第1页。
② ［清］博瑞等修，姚光发等纂：《松江府续志》，《中国地方志集成》"上海府县志辑"（3），第116页。

植业结构发生了改变,这种情况一直延续到民国时期。

从农业技术层面看,"凡高仰田,可棉可稻者,种棉二年,翻稻一年",即在高田中种棉两年,就要改种水稻一年。这样既能培肥土壤,还能使得防治虫害。[①] 清初,嘉定县实行种棉三年,种稻一年的轮作制:"嘉土沙瘠,宜木棉不宜禾,而禾与棉必相间种植,一年种稻方可三年种棉。"[②]可见棉稻轮作,有助于增加地力,还能防治杂草和病虫害,这已被现代科学试验所证实。清末民国时期松江地区稻棉轮作依然常见:"种棉、豆者曰旱田,今岁稻,明岁棉豆者曰翻田。"[③]民国《宝山县续志》卷六"实业":"邑境地形平兀,土质含砂,宜于植棉,故棉为出产大宗,约占全邑面积十之六七。植棉习惯不施肥料,每间二年必种稻一次,轮稻之田,始粪豆饼以培地力,为植棉之预计。"[④]即对稻棉轮作的田地,富裕农户还要施用粪肥、豆饼来培养地力,为植棉做准备。

松江府高乡既然以棉花种植为核心,水稻产量就会受到一定影响。光绪《南汇县志》卷二十"物产"记载:"浦东宜棉不宜稻,稻田遇大熟,年可收二石,中年只一石五六斗,歉则一石左右,土民不敷所食,必俟苏常贩来。"[⑤]棉多稻少的生产结构,使得棉区民众主要依靠出售棉花维持生计。稻米不足,只能以售棉所得去购买,或者以小麦、元麦及其他杂粮充作口粮,在荒歉年份或青黄不接之时,杂粮野菜就成为主要的糊口之物。这对于长期以稻米为主食的吴地民众来说,确属迫不得已。清光绪上海县《二十六保志》卷一"风俗"载:"农耕者最勤苦,植木棉多于杭稻。秋冬种菜麦,来岁始铚刈为春熟。小麦以为面,圆麦磨糈,杂米食之。"[⑥]

除了上述稻麦、稻棉轮作复种模式以外,太湖地区还常见水稻与油菜、瓜菜、绿肥等作物的轮作措施。这些具有生态意义的种植制度,使得当地的水稻、小麦、棉花、油菜以及其他作物,较好实现了相互促进和持久生产。

---

①　[明]徐光启撰,石声汉校注,石定枎订补:《农政全书校注》卷三十五,第1235页。

②　[清]赵昕修,苏渊纂:康熙《嘉定县志》卷四"风俗",《中国地方志集成》"上海府县志辑"(7),第492页。

③　[清]博瑞等修,姚光发等纂:《松江府续志》,《中国地方志集成》"上海府县志辑"(3),第116页。

④　[民国]张允高、钱淦等纂修:《宝山县续志》,《中国方志丛书》,第386页。

⑤　[清]金福曾等修,张文虎等纂:光绪《南汇县志》,《中国地方志集成》"上海府县志辑"(5),第899页。

⑥　[清]唐锡瑞辑:光绪《二十六保志》,《上海乡镇旧志丛书》(12),上海:上海科学院出版社2004年版,第5页。

二、作物分布与种植结构变迁的经济因素

明清太湖地区稻、桑、棉分布及种植结构发生明显改变,这首先在于农民对经济利益的追求,另一方面也是农业生产适应自然环境的结果。水稻种植要求精耕细作,投入较大,产量虽有提高,而经济效益却在降低。从事蚕桑、棉花以及林木瓜果经营的收益相对较好,所以这些生产门类发展势头良好,传统稻作则受到排挤。

(一)种稻投入大而效益低

据研究,宋代太湖地区水稻亩产平均约为 2.5 石,相当于今 450 市斤;明代太湖地区水稻平均亩产约 2.3 石,当时水稻 1 石换算今约 290 市斤,则亩产相当于今 667 市斤,比宋代有明显增长。① 以松江府为例,据明人何良俊《四友斋丛说》记载,嘉靖时松江西乡一带易于灌溉的地方,适当施肥,水稻亩产可以达到 3 石,不过一般情况下每亩产米大致在 2.5 石。清代太湖地区亩产水平变化不大,据《浦泖农咨》记载,道光三年(1823 年)以前,松江地区"田有三百个稻者,获米三十斗,即所谓三十田稻是也",这里指的应是产量较高的田亩产可达到 3 石。

当时嘉湖一带正常年景的米价大约是每石 1 两。② 结合前述平均亩产量数据,明代太湖地区水稻亩产值大致为 2.3 两,清代为 3.43 两。另据康熙时期苏州织造李煦奏报的苏州米价数据来看,从康熙三十二年到康熙六十一年(1693—1722),除过康熙四十五(1706)、四十六年(1707)米价有大幅变动,其余年份米价均在 0.8—1.2 两/石波动,靠近每石 1 两的价格。③ 如果计算种稻的成本,包括施肥、灌溉和人力等方面的投入,再加上赋税以及各种摊派,农户种稻收益很低,连维持基本生计都很勉强。

在太湖地区南部的低田地带,水资源丰富,水稻种植很普遍。而在沿江沿海的高田地带,灌溉困难,农户要从河流中或蓄水池中戽水灌田,投入较大,种稻效益不高。明人何良俊曾对比了松江西部低田区与东部高田地区种植水稻的情况,指出由于灌溉难易不同,西乡和东乡农户的投入与产出差距很大,不能因平均税粮,而加重高田区农户的负担。松江西乡"夫妻二人可种二十五亩,稍勤者可致三十亩,且土肥获多,每亩收三石者不论,只说收二石五斗,每岁可得米七八十石矣。故取租有一石六七斗者"。东乡"夫妻

① 闵宗殿:《宋明清时期太湖地区水稻亩产量的探讨》,《中国农史》1984 年第 3 期。

② [清]张履祥辑补,陈恒力校释,王达参校、增订:《补农书校释》,第 105 页。

③ 故宫博物院明清档案部编:《李煦奏折》,北京:中华书局 1976 年版。

二人竭力耕种,止可五亩。若年岁丰熟,每亩收一石五斗。故取租多者八斗,少者只黄豆四五斗耳。农夫终岁勤动,还租之后,不够二三月饭米"。① 即人力投入在太湖地区水稻生产中占有相当大的比重,它决定着农户耕种能力的大小和产出的多少。清代黄印也说,无论高田区是蓄水灌溉还是引水灌溉,都需要投入大量的人力物力,高田种稻尤其艰辛。②

总之,明清太湖地区稻作更为精细,投入增加,水稻单产有所提高,但沉重的税赋负担以及人口压力,使得大部分农户扣除成本、缴纳赋税之后,所余稻米连一年的口粮也不够,需要依靠种植经济作物以及从事副业生产,来增加家庭收入,维持生计。

（二）栽桑植棉收益较高

1. 蚕桑收益高于水稻

南宋陈旉《农书》曾推算了湖州农户养蚕取丝织绢的获利情况,并说湖州人"唯藉蚕办生事"。相关章节已述及,明清时期桑蚕利润相对丰厚已成为时人共识。《沈氏农书》作者推算,嘉兴桐乡一个男劳力种稻不过 8 亩,除去租额,最好年成得米 8 石,按平常价格 1 石值银钱 1 两计算,大约值钱 8 两。而一般情况下,2 名妇女每年能织绢 120 匹,扣除丝料、其他材料、工具折旧以及婢女的口粮等成本,实得银钱 30 两,大大超过稻田的收入。如果不用婢女,自己养蚕缫丝,盈利还要多些。③ 清初海宁州陈确也将种粮与栽桑的收益做了比较:其时中等田地每年产米麦豆三石以上,肥沃的上等田四五石以上,只能养活一个劳动力;"若夫桑麻瓜果之田,岁出一二十金以上,是数口之食也"。④ 可见栽桑养蚕对农户维持生计至关重要。

除蚕桑本身经济效益较高以外,清初太湖地区蚕丝和丝织品出口贸易的扩大,也拓展了蚕桑业的获利空间。清乾隆年间(1736—1795),生丝已成为仅次于茶的第二大出口商品。国际市场对中国生丝和丝织品的需求增加,而杭嘉湖传统蚕丝区的生产供给有限,蚕丝业便向周边地区迅速扩展,蚕丝业利润空间也有所加大。清初张履祥《补农书》曾对种稻和栽桑的效益做了比较,发现在正常年份,蚕桑的亩收入也比水稻高二至三倍,而在米贱丝贵的年份,栽桑养蚕的收入则是种稻的四五倍甚至十几倍。据今人研究,明清时期太湖地区种桑的利润为每亩 5.65 两,稻为 1.21 两,每亩桑的利润

① ［明］何良俊:《四友斋丛说》卷十四"史十",北京:中华书局 1959 年版,第 115 页。
② ［清］黄印辑:《锡金识小录》卷一,据光绪二十二年刊本影印,《中国方志丛书》,第 49 页。
③ ［清］张履祥辑补,陈恒力校释,王达参校、增订:《补农书校释》,第 84 页。
④ ［清］陈确:《陈确集》,北京:中华书局 1979 年版,第 336 页。

是稻的 4.67 倍。①

另外，明清时期太湖地区的专业化桑园，大部分是由不宜种稻的土地改造而成的，平原低洼之地和山地丘陵高亢之处都是如此。张履祥说：如果在高田瘠地种麦豆，每亩所获仅可提供一人八个月的口粮；如果栽上桑树，每亩可养蚕六至七筐，米贱丝贵时，养蚕一筐就相当于一亩田的收入，即使米贵而丝贱，养蚕的收益也与稻相当。②

2. 植棉利润高于种稻

清代高晋在《请海疆禾棉兼种疏》中说：老百姓种棉而不种稻的原因，大约在于种棉获利较多，"图利种棉者，则有十分之七八"。③ 棉花利厚使得植棉农户大为增加。清康熙《上海县志》卷五"田赋上"载："高乡广植木棉，凡收取作布，利倍于粟"，贫民全靠棉花和布匹来维持生计。包世臣也说，松江"利在棉花梭布"，凡是生活来源，全部出于机杼。

当时棉花的亩产值大约是多少？据姚廷遴《历年记》所载康熙年间上海一带的棉田产量来看，棉花亩产会因年份、土地之不同而有差别，一般可以达到 1 担左右(100 斤)。康熙十八年(1679)，"其年种稻者歉收，八月初即有花捉，好者担外，迟者二三十斤。棉价贱至一分五厘，米贵甚，价二两"。④ 又据《历年记》所载康熙六年至三十五年(1667—1696)物价资料，棉花价格在 2 分/斤左右波动，(图 9-3)花价每担平均价格为 1.96 分/斤。1担 100 斤，1 担花价约为银 2 两，而米价每石约 1 两。因此 1 亩田地若种棉1 年可得皮棉 100 斤，合银 2 两，即亩产值 2 两。前述太湖地区清代稻米亩产值平均约为 3.4 两，有学者推算桑树的亩产值大约为 9.5 两。⑤ 这样看来，棉花的亩产值低于水稻，但种棉不用戽水灌溉，节省劳力，农户种棉面积可达到种稻的几倍，所以植棉产值高于种稻。据崇祯《太仓州志》卷五"物产"记载，太仓农民已认识到种植水稻"戽水至艰，获不赓费"，只得种棉。清咸丰以后，金山张堰地区也是"农力不足，种木棉者渐多，以省工本"。⑥

除经济利益的驱使之外，水土条件的变化及其区域差异，也是影响农作物布局结构的重要因素。太湖流域东部沿海沿江平原区、阳澄淀泖湖荡平

---

① 李伯重：《"桑争稻田"与江南农业生产集约程度的提高》，《中国农史》，1985 年第 1 期。

② [清]张履祥辑补，陈恒力校释，王达参校、增订：《补农书校释》，第 177 页。

③ 高晋：《请海疆禾棉兼种疏》，载[清]贺长龄等编：《皇朝经世文编》卷三七户政一二，北京：中华书局 1992 年版，第 911 页。

④ [清]姚廷遴：《历年记》，载《清代日记汇抄》，上海：上海人民出版社 1982 年版，第 112 页。

⑤ 李伯重：《对〈沈氏农书〉一段文字的我见》，《中国农史》1984 年第 2 期。

⑥ [民国]姚裕廉、范炳垣纂修：民国《重辑张堰志》卷一"区域·物产"，《中国地方志集成》"乡镇志专辑"(2)，第 344 页。

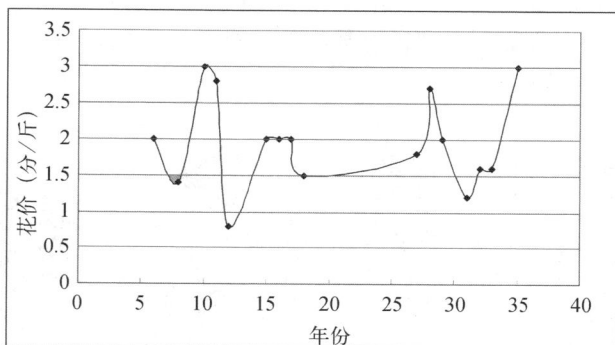

图 9‑3　康熙六年至三十五年（1667—1696）上海棉价波动。
资料来源：［清］姚廷遴：《历年记》，第 95—156 页。

原区和杭嘉湖平原区的水土及热量条件有所不同，稻、桑、棉种植结构也有明显差异。有些不宜种植水稻的地方，人们就改种棉花或桑树，以适应不同水土条件的要求。棉桑种植的扩展，成为稻作农业结构变迁的主要力量，而果树林木的栽植主要集中在丘陵山区，对平原地区的水稻生产没有形成太大影响。

第二节　种藕养鱼：湖区水面利用

　　独特的水环境和丰富的水资源，是太湖流域水生作物栽培的自然基础。明清时期水土环境变化和商品经济发展的因素，进一步促进了湖区水乡尤其是太湖南部低田地带水生蔬菜栽培的增加以及鱼类养殖的发展。

一、湖区水乡的水生蔬菜栽培

　　太湖地区河流湖荡密布，为水生蔬菜作物的栽培提供了良好的水环境。伴随着农业开发，各种水生蔬菜的栽培和利用不断发展。唐宋时期，当地的莼菜、茭白、莲藕、莲子、菱角、芡实、水芋、荸荠、茨菰、水芹、蒌蒿、蒲菜、荇菜和水蕹菜等应有尽有，栽培技术趋于精细。① 明清时期，人口的增长以及城镇化的扩大，使得大小湖沼荡地得到更多开发利用，水生蔬菜栽培普遍，莲藕、菱、芡、茨菰、荸荠、茭白、水芋等，既是农家常蔬，专业化和商品性生产也有较大发展，其时人们提起太湖，每每称赞其"陆有蚕桑、麻、麦、杭稻之利，

---

　　① 叶静渊：《我国水生蔬菜的栽培起源与分布》，《长江蔬菜》2001 年增刊。

水有菱、藕、鱼、蟹之租"①。(图9-4,9-5)由于地势高低不同,河湖分布不均,上述各种水生蔬菜在太湖各府县的栽培存在一定的区域差异,且都出现了集中产区以及特色产区。

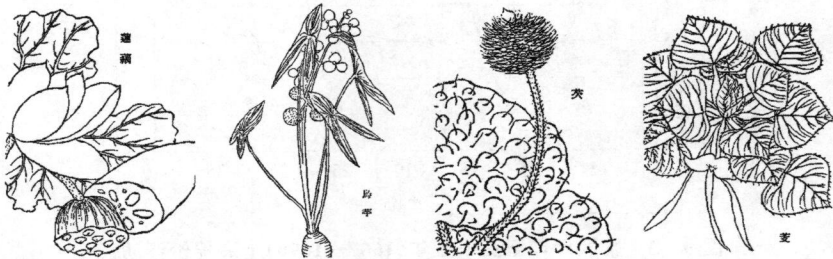

图 9-4　莲藕、茨菰、芡、菱角

图片来源:吴其濬:《植物名实图考》卷三十二,北京:中华书局2018年版,第748,751,755页。

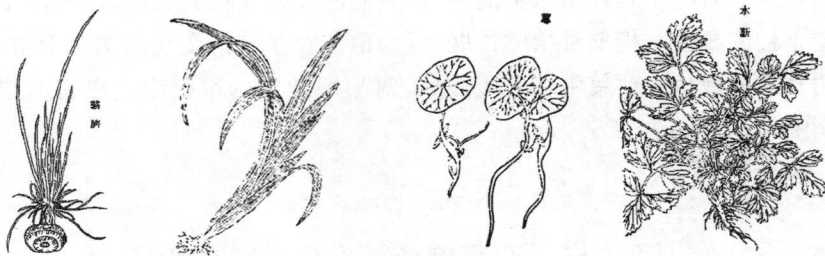

图 9-5　荸荠、茭白、莼菜、水芹

图片来源:吴其濬:《植物名实图考》卷三,十八,三十一,第64,451,732页。

在苏州府,明代各类水生蔬菜的特色产区主要分布在太湖、阳城湖、澄湖、昆承湖等较大的湖泊周围。其中葑门一带水生蔬菜栽培最盛,后来还出现著名的娄葑"水八仙"。② 此地滨邻阳澄湖,当时有黄山南荡塘藕、芡实、茭白,顾窑荡菱,陈湾村荸荠等以品取胜,远近闻名。明崇祯时,徐鸣时在《横溪录》中描绘了葑门外黄山南荡产藕的情景:"藕,黄山南里许,广八百亩,四面皆水,无梁可通,曰荷花荡,此产藕处也。《苏志》:藕出吴县,黄山南荡者佳。《唐史》:苏州贡藕,最上者名伤荷藕,叶甘,虫食之,叶伤则根长也。花白者藕佳。又藕九窍者,食无滓,此荡独过九窍。"③明代长洲人文震亨

---

① ［清］朱彝尊:《太守佟公述德诗序》,《曝书亭集》卷三十八,影印文渊阁《四库全书》本第1318册,上海:上海古籍出版社1987年版,第87页。

② 水八仙:一般是指莼菜、茭白、莲藕、菱角、芡实、水芹、茨菰、荸荠八种水生蔬菜。

③ ［明］徐鸣时:《横溪录》,《中国地方志集成》"乡镇志专辑"(5),第290页。

《长物志》卷十一记载了苏州一带出产的各种菱角："两角为菱，四角为芰，吴中湖泖及人家池沼皆种之。有青红两种，红者最早，名水红菱；稍迟而大者，曰雁来红；青者曰鹦哥青，青而大者，曰馄饨菱，味最胜；最小者曰野菱。又有白沙角，皆秋来美味，堪与扁豆并荐。"①

　　清代太湖横泾平原一带，河港密布，湖田发育成熟，成为水生蔬菜的集中产区。"西来众水散入吴江南境，其中则荻塘横贯，远承苕霅诸泉，水清如鉴，十里一镇，五里一村，土沃稻肥，动成千顷。菱芰茭芋，岁以数熟。"②吴江境内有江南运河穿过，黎里、平望、震泽等市镇即处于太浦河通道上，清代这里的湖荡大多种植菱角，其中又以黎里产菱最盛。嘉庆时昆山人徐云路所编的《黎里志》记载："黎川多潴泽，村民届水为田，率种菱芰，翠股紫茎，掩映蓼红苇白间。"③苏州一带还盛产荸荠，明代嘉靖年间太仓人王世懋《学圃杂疏》曰："荸荠方言曰地栗，亦种浅水，吴中最盛，远货京师为珍品。色红嫩而甘者为上。"④

　　在常州府，水生蔬菜各县都有栽培，滨太湖的无锡县和宜兴、荆溪县为特色产区，马山芋头、杨园莲藕和鹅湖芡实明清之际已开始出名。宜兴地处荆溪下游，境内以湖荡低洼圩田为主，莲藕栽培最盛，且以深水塘藕为多。明末清初江苏宜兴人陈维崧作《八月十三日赐藕恭记》⑤，记述了清帝亲临荆溪，行"赐藕"之礼的盛况，反映出宜兴荆溪县莲藕栽种很有名。据康熙《无锡县志》记载，鹅湖芡实品质极佳，而产地不及百亩，买者众多，产品供不应求，有人便用吴中所产芡实杂在其中出售。

　　松江素有"莼乡"之称，明清时期这里出产的莼菜可与苏杭媲美。明代何乔远《名山藏》记松江"三泖之水"冬温夏凉，生长"鲈鱼莼菜"。⑥明代松江府的莲藕栽培比较普遍，并有品质优良者。崇祯《松江府志》引明成化九年（1473）钱岗所修《云间通志》称，藕"以薛山前罗家池藕白脆，胜苏产"，又名"玉臂龙"。⑦清中后期，松江府藕产似乎逐渐减少，有些县志已不见藕的记载。

---

　　①　[明]文震亨著，李瑞豪编著：《长物志》，载《中华生活经典》，北京：中华书局 2012 年版，第 253 页。

　　②　[清]陈和志修，倪师孟等纂：乾隆《震泽县志》卷一"形胜"，《中国地方志集成》"江苏府县志辑"（23），第 23 页。

　　③　[清]徐达源等：《黎里志》，《中国地方志集成》"乡镇志专辑"（12），第 165 页。

　　④　[明]王世懋：《学圃杂疏》，载王云五主编：《丛书集成初编》第 1355 册，上海：商务印书馆1937 年版，第 13 页。

　　⑤　钟振振主编：《清名家诗丛刊初集》"陈维崧诗"，扬州：广陵书社 2006 年版。

　　⑥　[明]何乔远撰，张德信、商传、王熹点校：《名山藏》卷四十六"舆地记"，福州：福建人民出版社 2010 年版，第 1250 页。

　　⑦　[明]方岳贡修，陈继儒纂：崇祯《松江府志》卷六，《日本藏罕见中国地方志丛刊》（14），第156 页。

太仓州的水生蔬菜栽培主要集中在嘉定县地，菱、芡、水芋、茭白出产相对较多，藕的栽培似不很普遍。明王世懋《学圃杂疏》"果蔬"记："莲房之大者名百子莲，藕则白莲单瓣者乃生；高邮、宝应第一，吴中亦佳，吾土仅供玩耳。"①可见当时太仓一带种莲藕只供赏玩，而没有经济价值。清末，太仓州水芹、荸荠、茨菰栽培逐渐增多。水芹的特色产区在嘉定县黄渡等乡，而荸荠、茨菰等广泛种植于水田中，是常见蔬菜。

杭州府钱塘西湖以及仁和县临平湖等水域，一直是水生蔬菜的集中产区，莲藕、菱、芡、茭白、茨菰、莼菜等品质优良，莼菜也很出名。清代，塘栖镇藕、菱栽培极盛，藕粉加工也比较出名。清光绪《唐栖志》记载："藕粉者，屑藕汁为之，他处多伪，掺真赝各半，惟唐栖三家村业此者，以藕贱，不必假他物为之也。"②塘栖三家村藕多价贱，藕粉不掺假，品质纯正。

湖州府的水生蔬菜栽培以菱为盛，当地的菱湖即以产菱著称。明代湖州莲藕的著名产区包括乌程县郭西湾桑渎以及归安县荻港等。桑渎莲藕较多，藕粉加工和销售也很有名。康熙《乌程县志》"物产"载："藕，出桑渎者佳，花红者莲腴而藕硬，花白者莲嫩而藕甜。近多磨渍成粉，名藕粉，食之益人。"据万历四年（1576）《湖州府志》记载，湖州府的莼菜以乌程县苏湾一带所产品质最佳。清同治《湖州府志》还记载了当地人食用莼菜的情况："东乡人以为常蔬，西乡人有垂老未尝其味者。"说明莼菜只在产地范围内食用，其他地方人很难吃到，主要因为莼菜不耐贮藏，难以长途运输。

嘉兴府的嘉兴、秀水县地，菱的栽培较多，品质优良。明代当地盛产一种小青菱，李日华《紫桃轩杂缀》卷三载："吾地小青菱，被水而生，味甘美，熟之可代粲饭。"③清代这里出产的圆角菱也很有名，乾隆年间项映薇《古禾杂识》记：嘉兴地区"菱以南湖产者最，所谓南荡菱也，角圆而壳薄，肉细而味甜。其他产者，皆谓之北荡……凌晨划小艇采菱，居湖滨者，四面招之，随采随卖，以故入市甚少"。④

二、水生蔬菜栽培增加的主要因素

（一）水环境变化与低湖田环境扩大的影响

太湖地区的河湖分布及水利条件等因素，对水生蔬菜区域差异的形成

---

① ［明］王世懋：《学圃杂疏》，载王云五主编：《丛书集成初编》第 1355 册，第 13 页。
② ［清］王同等：光绪《唐栖志》，《中国地方志集成》"乡镇志专辑"(18)，第 259 页。
③ ［明］李日华撰，薛维源点校：《紫桃轩杂缀》，南京：凤凰出版社 2010 年版，第 298 页。
④ ［清］项映薇著，范笑我点校：《古禾杂识》，载《稀见笔记丛刊》，北京：文物出版社 2016 年版，第 45 页。

具有决定性影响。明清时期,当地水环境的变化以及低湖田的扩大,为各种水生蔬菜的生产提供了条件。

首先,圩田水利系统将广阔的水面分割成众多的溇港浦渎,导致池塘荡地广布。这些水面可养殖鱼鳖,栽种菱藕,利益颇多。清代钱泳《履园丛话》卷四"水学·协济"载:"三吴圩田,亦在在皆有……余以为水深三四尺者种菱芡,一二尺者种芰荷,水不成尺者则种茭白、茨菇、荸荠、芹菜之属。人能加之以勤俭,虽陂湖亦田也。试看杭嘉湖三府,桑麻遍野,菱芡纵横,有弃地如苏松常镇四府乎!"[①]文中认为江南地区圩田广布,而杭嘉湖三府能充分利用水面,以陂湖当田,大量种植水生作物,在土地资源发掘方面比太湖其他府县做得更为出色。另外,陂塘堰坝对自然水势起到了减缓和平抑作用,流水被拦蓄,且水位相对稳定,客观上为水生作物栽培提供了条件。

再从环境适应的角度看,水生蔬菜栽培对于水环境条件如水势、水深以及水质等均有一定要求。水生作物的共同特性是根系较弱、根毛退化,植物组织疏松多孔,茎秆柔弱,对风浪的抵抗力较低,其生长一般要求具有静水环境,水底淤泥层厚且松软。除过水势,水生蔬菜的生长对水深也有不同的适应性。(表9-1)菱、芡、莼菜等属于浮叶植物,其叶浮于水面,根生在泥中,一般宜于在较深的静水池荡中漂浮生长;浅水莲、蒲菜、茨菇、茭白、荸荠、水芋等则属于挺水植物,其茎、叶挺出水面,根或地下茎长在泥中,一般适宜生长在浅水层水田、沼泽中。

表 9-1　各类水生蔬菜适宜栽培水深与水环境

生态型	水生蔬菜种类	水深(厘米)	适宜水环境
浮叶植物	深水菱、莼菜	50—250	较深湖荡、河道、池塘
	芡、浅水菱、深水莲	50—100	深水湖荡、河湾处
挺水植物	浅水莲、蒲菜	15—100	河岸、浅水湖荡、低洼水田
	茭白、茨菇	5—30	低洼水田、浅水沼泽地
	荸荠、水芋	5—20	浅水沤田

资料来源:赵有为主编:《中国水生蔬菜》,北京:中国农业出版社1999年版。

北宋时期苏州、平望之间吴江长堤及相关水利工程的修筑,使吴淞江源头受阻,水流不畅,水势趋缓,太湖下游淤塞,湖田扩展至此而始。明清以来

---

① [清]钱泳撰,孟斐校点:《履园丛话》上,第73页。

太湖下游围湖占田现象十分突出，大片水域逐渐变为湖田，低湖田环境亦相应扩展。明人沈启曾说：过去这里溇渎浦港纵横相联，水道深广畅通，而近年来泾浜壅滞，水道大多淤浅，昆承、阳城诸湖本来可以为太湖调蓄洪水，又被居民围填侵占，"日就窒塞"。① 这些湖田围成后，由于堤岸不稳，极易坍塌，加之太湖下游泄水通道淤狭，每遇大雨，上游来水下泻受阻，积水壅滞，常使湖田变为沼泽之地。从明清两代太湖地区方志所记载的赋税情况来看，吴江、震泽一带多有坍湖田和积荒田的分布。据沈启《吴江水考》统计，苏州府赋役册所记坍湖田 589 圩，计有田 165 顷 77 亩 6 分 5 厘，续勘又有近 50 顷；积荒田则计有 396 顷 78 亩 3 分 9 厘 2 毫。② 这种积荒田长时间积水，土壤板结，成为典型的低湖田。除积荒田以外，湖田地区地势高低不均，在稻田外还分布着许多因长期渍水而形成的污沼地，这些污沼地也适宜种植水生作物。

在地下水位偏高的情况下，低湖田土壤水肥气热状况失调，通透性差，结构不良，微生物活动减弱，肥力退化，不宜种稻。水生蔬菜的地下茎具有发达的通气组织，保证了植株在水中的正常呼吸和新陈代谢，同时还能改善土壤性状，增强土壤微生物活力，加快土壤有机质矿化。③ 这在一定程度上促进了适宜浅水环境的荸荠和茨菰栽培。明代太仓人王世懋称，荸荠宜种浅水，"吴中最盛，远货京师为珍品"④。在湖州等地，人们也是"择田之洼者种之"。与水稻相比，栽培适宜的水生作物能保证收益，从而有效利用低洼土地。

除荸荠、茨菰外，茭白和莲藕也由原来的湖荡陂岸边逐渐向低洼水田转移。如苏州的茭白栽培，清代开始进入水田。乾隆《元和县志》卷十六"物产"载："茭白，出葑门外杨枝荡，今南园水田亦有之。"茭白于水田中栽培，可进行施肥管理，长势较好，收益自然更高。苏州曾以盛产塘藕著称，田藕的栽培明代逐渐繁盛起来。《吴郡岁华纪丽》提到："莲根为藕，吴农种在通潮之田。""通潮之田"也属于一种低湖田，主要分布于吴淞江流域。吴淞江上流靠近太湖，有清水流注其中；而相反方向则有海潮倒灌入江，两岸田地，悉受海潮浸渍。明清时期，吴淞江水道日狭，太湖上游清水来源减少，退潮后，田中盐碱难以除去，宜于种藕而不宜种稻。清代芡的栽培也因低洼荡田的

---

① ［明］沈启：《吴江水考》卷四"水议中"，清道光四年刊本。
② ［明］沈启：《吴江水考》卷二"水蚀"。
③ 陈路、倪学明：《低湖田生态系统特点及开发利用研究》，《长江流域资源与环境》2006 年第 11 期。
④ ［明］王世懋：《学圃杂疏》，载王云五主编：《丛书集成初编》第 1355 册。

扩大而有所增加。康熙二十三年(1684)《吴江县志》记载："芡,俗名鸡头。实大而甘,植荡田中,北过苏州,南逾嘉兴,皆给予此。"

(二)水乡农家生计的需求

明清时期市镇的繁荣及其消费需求的增长,刺激了菱、藕、茭白、荸荠等种植面积的扩大,为农民增加了副业收入的途径;水乡农民多临水而居,有靠水吃水的条件,菱、芡、水芋等水生作物,可代谷充饥。太湖地区河湖荡地广布的自然环境,以及田地山荡税额不均的政策,使得农家纷纷将蚕桑业和种藕养鱼等副业生产作为其收入来源。

湖州归安地势低洼,因田地常遭水患,"十年耕不得五年之获",加之田税很重,农民就把谋生的希望寄托在税负较轻的蚕桑和鱼菱上。明代苏州吴县人杜琼《采菱图》诗曰:"苕溪秋高水初落,菱花已老菱生角。红裙绿鬓谁家人,小艇如梭不停泊。三三两两共采菱,纤纤十指寒如冰。不怕指寒并刺损,只恐归家无斗升。湖州人家风俗美,男解耕田女丝枲。采菱郎是采桑人,又与家中助生理。"[1]据诗中描绘,深秋时节湖州一带菱角成熟,为了弥补生计,农家妇女不顾水寒伤手,忙于划舟采菱,平时种田栽桑的男子也加入采菱的行列。

明末清初张履祥感叹说:"赋役之病民甚矣哉!湖州,税赋不均之府也,归安为甚……其地,蚕桑之息既倍于田,又岁登,而税次轻。其荡,上者种鱼,次者菱、茭之属,利犹愈于田,而税益轻。役亦如之。"[2](表9-2)清末章震福《农家言》中也提到了归安的菱藕生产和民众生计问题:"吾乡地势低洼,纵横十余里,其可以种谷麦者,居十之二;大湖小港居十之四,就地势言,生产自以鱼菱为宜。"[3]归安一带水多田少,种田税赋苛重,农业生产应以养鱼种菱为宜,否则难以为生。

表9-2　清末湖州田、地、荡交纳正米税额比较表

土地	每亩正米(斗)	比率
水田	1.73	100.00
旱地	0.07	4.04
荡地	0.04	2.13

资料来源:[清]张履祥辑补,陈恒力校释,王达参校、增订:《补农书校释》,第186页。

---

① [明]杜琼:《东原集》卷二"采菱图",影印文渊阁《四库全书》本,"集部·别集类"。
② [清]张履祥辑补,陈恒力校释,王达参校、增订:《补农书校释》,第184页。
③ [清]章震福:《农家言》,清光绪三十四年铅印本。

与菱藕种植的增加有关,菱藕贩卖成为当地部分民众的一项重要收入来源。《农家言》记载了归安农民贩卖菱角的情形和收益:"其出卖不用斤而用篰,每篰约值钱二三百文,贵则四五百文,农人之丰收者,多至二三千篰,或千篰不等。""篰"本为盛菱的竹篓,这里成为菱的计量单位。据上述记载测算,因丰歉程度和市场价格不同,农民种菱得钱数量不等;在丰收的情况下,菱户至少可得钱20万文铜钱,当时大约可兑换白银200两。若与此地植桑相比,栽桑百株成荫,可得桑二三十石,市场均价为500—600文/石,收益大约为10—18两银钱。① 此外,菱苗也可分期出售。据《农家言》,栽菱之前即有先出售菱苗者,"用船舱计,大约每一船舱,可得四五元,其菱苗多者,可售出一二十舱,少者亦五六舱"。获菱之后,仍有菱苗出售,以船计,每船约可得钱二百文。"菱非谷类,只以生计所在,孜孜为此,亦有知其艰难否与?"菱不是粮食作物,但植菱收入关乎生计,老百姓不敢懈怠。

实际上,除湖州以外,明清以来太湖周边农民普遍以植菱来补充生计。明崇祯《嘉兴县志》记载,当地有"菱熟"之说:"时值不旱不潦,乃称'菱熟',亦乡民一大关系也。"嘉兴盛产稻米,民众却乐于植菱,并以"菱熟"来象征风调雨顺的年景,可见菱对其生计的重要性。在苏州吴江,"菱,各湖荡多种之,秋间采之以易钱、米,亦小民生计所资也。"②清代昆山人徐云路在黎里(今苏州吴江)观采菱,有诗曰:"莫笑农家饱菱米,几入梦里忆莼羹。"③描绘了菱米和莼菜对农家生计的重要性,表达了思乡之情。可以推想,明清太湖水乡菱熟时节,人们桨划菱桶,篙点瓜皮船,采菱卖菱,一派忙碌景象。

太湖地区农家还有种植水生作物代粮救荒及当菜佐餐的传统。菱、芡等水生作物的果实部分淀粉质含量高,食用后忍饿耐饥,所以很早以前就被农民当作杂粮来补充米麦之不足。北宋景德年间湖州长史左文质《吴兴统纪》载:"菱湖居人采菱焙干,以备凶年,号曰菱米。"④在明清地方文献中,关于菱角食用的记载更为丰富。从中可以看出,菱可鲜食、煮食,也可风干或沉水湿贮,其中栽培较多且需求量大的主要是耐贮藏并能代粮充饥的老菱种。

崇祯《乌程县志》:"秋晚采实,竹箔曝干,名风菱。"康熙年间《仙潭文献》:"青菱有二种,一曰花蒂,一曰火刀,风干之皆可致远。唯火刀耐久,迨

---

① ［清］章震福:《广蚕桑说辑补校订》,清光绪三十三年农工商部印刷科刊印本。
② ［清］倪师孟、沈彤:乾隆《吴江县志》卷五,《中国地方志集成》"江苏府县志辑"(20),第380页。
③ ［清］徐达源:《黎里志》卷四,《中国地方志集成》"乡镇志专辑"(12),第165页。
④ ［清］孙志熊:《菱湖志镇》卷十一,《中国地方志集成》"乡镇志专辑"(24),第734页。

春犹可食。"①。清初郑元庆《湖录》："今菱湖水中多种两角菱,初冬采之,曝干,可以致远,名曰风菱。唯郭西湾桑渎一带皆种四角,最肥大,夏秋之交,煮熟鬻于市,曰熟老菱。"《农家言》总结,归安人按照加工贮藏方法的不同,将老菱角称为"风菱""乌菱""酱菱"等。"在水已久,皮已烂尽,壳变黑色,谓之乌菱。堆在屋内,并不入水,日久皮亦烂尽,壳变黄色,谓之酱菱。采后向风中吹干,日久皮壳收瘪,谓之风菱。"②这些老菱角对于弥补水乡民众的粮食短缺以及调剂饮食起到了一定作用。

不过,相比稻麦蚕桑而言,菱藕总体上在农家生活来源中所占比例有限,人们不愿过多投入。这也造成不少地方粮田桑地满载,而不少可栽菱种藕的水体却闲置不用的情况。清末钱泳曾说："三吴圩田,亦在在皆有。农民习懒性成,惟知种苗禾,种豆麦蔬菜而已,其有水者则弃之,何也?"③在他看来,滨太湖圩田区的农民不够勤快,只知道种稻以及豆麦蔬菜,而没有很好地利用水体,因水制宜,种植菱藕茭芡,变陂湖为田地。实际上,当地农民不愿多种水生作物,并非勤俭与否的问题,而是与菱藕生产的特性、功用及效益有很大关系。

(三) 市镇繁荣的促进作用

明清以来,太湖地区市镇的繁荣拉动了水生蔬菜的商品性生产,菱藕等水生蔬菜栽培都体现出与市镇分布密切相关的特点。其原因主要在于市镇是工商业人口聚居地和农产品交易中心,菱藕茭芡的市场需求旺盛,加之以水乡市镇为中心的航运交通发达,有利于水生蔬菜的运销。

苏州府菱藕的主产区,包括盛湖、黎里、震泽、平望等环太湖新兴市镇。明嘉靖《常熟县志》载："藕,滨湖人以种植为业。"清雍正《昭文县志》："莲,南郭外水田及华汇一带多植此为业。"常州府的新兴市镇武进、阳湖是产菱盛地,此地有红菱塘,以专门种菱而得名。④ 在湖州府,乾隆《武康县志》记载,当地莲藕贩卖"至秋冬以及来岁之春,则鬻者众矣,且有灌入糯米,熟之以货钱者"。武康人不仅贩卖鲜藕,还加工莲藕熟食卖钱。菱湖、双林二镇以及归安县地均盛产菱角。清末归安人章震福在《农家言》中说："吾乡农民,约有千家,比连村落,亦近千家,无有不种菱者。大约每年产菱,可得数十担。"在嘉兴府,万历年间发展起来的新塍镇,居民达到"万余家",桐乡炉镇

---

① ［清］宗源瀚等修,周学濬等纂:同治《湖州府志》卷三十二,《中国地方志集成》"浙江府县志辑"(24),第598页。

② ［清］章震福:《农家言》"种菱",清光绪三十四年铅印本。

③ ［清］钱泳撰,孟斐校点:《履园丛话》上,第73页。

④ ［清］汤成烈等:《阳湖县志》卷二,《中国地方志集成》"江苏府县志辑"(37),第116页。

清末因冶铁业而兴起，这些市镇也是重要的菱角产地。

此外，清代以来太湖地区水运的发展也促进了菱藕业的兴盛。顾禄《桐桥倚棹录》卷十二"市荡"记述了苏州虎丘一带卖菱的情景："菱荡，在虎丘后山浜与西郭桥一带。菱有青红两种，青色而大者名馄饨菱，小者名小白菱，然馄饨菱本荡不多得，小白菱为多，又小者名沙角菱。七八月间，菱船往来山塘河中叫卖，其整艇采买者散于各处水果行，鬻于贩客。今虎丘地名尚有称'菱行河头'者。"①塘栖镇滨于太湖，适宜菱藕栽培，菱藕贸易也很兴盛。"若夫菱藕之属，于唐栖水乡尤宜"，清人周天度有诗曰："泥桥低跨下塘东，浴鹭眠鸥处处同。输与吴船来往熟，轻帆占断藕花风。"②当地人将新采的菱藕装载入船，输入吴地，商船往来，一派繁忙景象。清末，湖州归安县菱的产销量很大："十月以后，贩舟连樯而来，每至次年正月方止。"③湖州德清县，清末民初水乡多种菱，菱为出产大宗，"销于江苏之江北，新市一带有菱行"。④ 依托市镇而发展起来的产菱区，必然形成菱的交易集市。这些菱市、菱行多设在河边溪畔，以便菱船往来运输。

三、水体利用与鱼虾饲养

太湖地区江河港汊及湖荡连片成群，食饵丰饶，适宜鱼类生息繁衍。在商品经济影响下，明清时期太湖梅鲚、太湖银鱼、太湖白虾、太湖白鱼、松江鲈鱼等得到更多关注，鱼虾人工养殖也出现了繁荣景象。以下主要从农渔生态关系的视角，阐述当地水体利用及池塘养鱼的经验。

因地势低洼，水多田少以及渔业之利较优等原因，太湖流域的野生鱼类捕捞以及人工养鱼很普遍，有些地方民众还以养鱼为主业，形成一些集中渔区。清道光《浒墅关志》卷十一记载："白鱼出太湖，吴中芒种日谓之入梅，后十五日交夏至入时。于时多雨，河水骤涨，太湖白鱼随水涌出，竹青塘渔舟集南北两津桥捕之，一网常至数十尾。河干居民亦往往以罾取之，名'时里白'。"池鱼以鲭为上，鲤次之，鲢为下，在苏州府吴县浒墅关青苔河一带，民众"皆以养鱼为业，以鱼池之多少论贫富，池大者常至数十亩"。⑤ 康熙《乌

---

① ［清］顾禄撰，王家句点校：《桐桥倚棹录》，载《清代史料笔记丛刊》，北京：中华书局 2008 年版，第 395 页。
② ［清］王同等：《唐栖志》卷十八，《中国地方志集成》"乡镇志专辑"(18)，第 259 页。
③ ［清］章震福：《农家言》"种菱"。
④ ［民国］吴翯皋等：民国《德清县志》卷二十三，《中国地方志集成》"浙江府县志辑"(28)，第 828 页。
⑤ ［清］凌寿祺：《浒墅关志》，据道光七年刊本影印，《中国地方志集成》"乡镇志专辑"(5)，第 182 页。

程县志》卷五"风土志·习尚"：程县"二五区在南郭之西，遍洼下而田涝，雨三日即沉灶产蛙，民以种藕畜鱼为本业，而不专倚田。"从方志和笔记的记载看，吴县的洞庭东山、蠡口，无锡的梁溪、河埒，湖州的菱湖等，均是历史悠久的养鱼区。

明清以来太湖地区养鱼还从池塘向河港、湖荡发展。民国《吴县志》卷二十："《姑苏志》：虎丘之北曰长荡。水出新塘桥，由内外黄花泾至浒墅。其间支港四通，势甚浩旷，一名青苔湖。旧《县志》：长洲水道北有西长荡、东长荡，自遏水畜鱼，人称畜鱼畜为青苔湖，亦作青黛湖。"①清代顾禄《清嘉录》卷十一："畜鱼以为贩鬻者，名池为荡，谓之家荡。有所谓野荡者，荡面必种菱芡，为鱼所喜而聚也。有荡之家，募人看守，抽分其利，俗称包荡。"②吴地利用湖荡等大型水面养鱼，曾出现雇人看守鱼荡的经营方式。

随着池塘养鱼的增多，人工养鱼技术也有所提高。明代苏州吴县人黄省曾《养鱼经》提出，养鱼时必须开挖两个鱼塘，这样做的好处："可以蓄水，鬻时可去大而存小，可以解泛"，即出售时可以将大鱼小鱼分开饲养，另外可在出现"泛塘"即水体缺氧而导致鱼类严重浮头，面临大批窒息死亡危险时，将鱼及时转移到另外一个池塘中。而且鱼池不宜太深，"深则水寒而难长"。"鱼之行游昼夜不息，有洲岛环转则易长。池之傍树以芭蕉，则露滴而可以解泛；树楝木则落子池中，可以饱鱼；树葡萄架子于上，可以免鸟粪；种芙蓉岸周，可以辟水獭。"即应为鱼类生长营造良好的环境，鱼池周围种植芭蕉、楝木、葡萄、芙蓉等树木，各有作用。"池之正北，浚宜特深，鱼必聚焉，则三面有日而易长。"鱼池的正北面，应挖得很深，鱼必然会在这里聚集，三面都有阳光照射，有利于鱼类生长。

清代凌寿祺的渔事词《青苔河渔家》描绘了池塘养鱼的具体要求，内容涉及鱼池环境、鱼的种类、分群季节、饲养时间与群体结构的关系、养鱼密度、池水深度以及渔民生活等，实属难得。

> 居人既备耕与樵，于中又有载鱼苗。青苔河上数百家，家家种鱼鱼池饶。鱼池近河与河隔，围以垂杨间以陌。五月鱼秧湖上来，喂以豆浆簇水白。看看鱼长种可分，青鱼鲢鱼各有纹。鲢鱼欲去青鱼存，谨慎如别莸与薰。鱼长食螺复食草，池水浅深要量好。水长鱼自乐，却恐鱼出跃；水小鱼难肥，复将鱼分稀。鱼大欲卖未卖时，朝朝暮暮看鱼池。何

---

① ［民国］《吴县志》，《中国地方志集成》"江苏府县志辑"(11)，第 259 页。
② ［清］顾禄撰，王迈校点：《清嘉录》卷十一，第 200 页。

如小渔家，一舟浮水涯。出没长荡黄花泾，关前日日卖鱼虾。[①]

明清太湖流域主要养殖青、草、鲢、鳙"四大家鱼"，为更好地利用各层水域和饵料，当地民众换还根据各种鱼的生活习性，总结出最佳混养比例。据明代王士性《广志绎》卷四记载，楚人养鱼，"鬻种于吴越间者为鲢鱼，最易长"，其鲢鱼与其他鱼类混养的方法也应借鉴了吴越一带的经验："入池当夹草鱼养之，草鱼食草，鲢则食草鱼之矢。鲢食矢而近其尾，则草鱼畏痒而游，草游，鲢又随觅之，凡鱼游则尾动，定则否，故鲢、草两相逐而易肥。"[②]同治《湖州府志》卷三十三注引《湖录》："青鱼饲之以螺蛳，草鱼饲之以草，鲢独受肥，间饲之以粪。盖一池中畜青鱼、草鱼七分，则鲢鱼二分，鲫鱼、鳊鱼一分，未有不长养者。"[③]在池塘中按合理比例混合养鱼有多种好处：第一，草鱼食草，鲢食浮游植物，青鱼食螺蛳，鳙食浮游动物，各取所需，互不妨害；草鱼食量大，粪便多，易肥水，能促进浮游生物繁殖，鲢、鳙又食浮游生物，从而营造出良好的水体生态。其二，鲢、鳙主要活动在水体上层，草、鲂主要在中下层，鲤、青则主要在水底，各得其所，互不干扰。其三，混养可以合理利用饲料资源和环境条件，提高产量，增加收益。[④]

第三节　经济林木栽植：丘陵山地利用

太湖丘陵山地的利用方式，主要是种植果树林木和茶叶。当地柑橘、杨梅、枇杷、水蜜桃等水果名品的形成，龙井、碧螺春等名茶的问世，都与土地利用扩大及商品经济发展有密切关系，并影响到当地的农业生产布局和结构。

一、果树栽培

明清太湖地区不论是常绿果树，还是落叶果树，其栽培地域及规模都有明显扩大，并形成不少地方名产，从而很好地利用了丘陵山地及高埠旱地的水土资源。

---

① ［清］凌寿祺：《浒墅关志》，《中国地方志集成》"乡镇志专辑"（5），第182页。
② ［明］王士性撰，周振鹤点校：《五岳游草　广志绎》，上海：上海人民出版社2019年版，第300页。
③ ［清］宗源瀚等修，周学濬等纂：同治《湖州府志》，《中国地方志集成》"浙江府县志辑"（24），第598页。
④ 闵宗殿：《我国历史上的家鱼混养》，《渔业史》1985年第1—2期。

（一）柑橘

柑橘性喜温暖湿润,是典型的热带亚热带常绿果树,太湖地区柑橘栽培不晚于春秋时代。唐宋时期,太湖洞庭山所产的柑橘已很有名,并形成较大的种植规模。范仲淹《苏州十咏其三·洞庭山》描绘:"万顷湖光里,千家橘熟时。"明代初期,太湖洞庭山仍然是柑橘的重要产地,"(洞庭)皆以橘柚为产,多或至千树,贫家亦无不种"。① 当时洞庭山人家无论贫富都种植柑橘。由于经济利益驱使,苏杭所属各县,原来不种或少种柑橘的地方,也开始用心栽植。据方志记载,橘有数种,过去为洞庭山出产,"此三十年来,吴江盛植之,不减洞庭"。②

太湖地区柑橘种植的繁盛景象从唐一直延续到明初,但此后即开始衰退。明代人已注意到引起这种变化的原因:"弘治十四年至十六年(1501—1503),连岁大雪,山之橘尽毙,惟橙独存。难成易坏,物之珍者固然邪。于是山人多不肯复种橘。而衢州、江西之橘盛行于吴下矣,其亦气数之一变乎!"③即明代气候转寒经常引起柑橘冻害,使果农们失去了栽种信心,洞庭东西山的橘园呈凋敝衰落之势;另外,南宋以后,浙江南部和江西等地的柑橘种植逐渐兴盛,也对洞庭山的柑橘生产造成较大冲击。除过上述两个因素,明清太湖地区蚕桑业和植棉业的发展,也使得民众将人力物力转向了这两个经济效益更好的行业。④

（二）杨梅

杨梅也是江南特色水果,古有"吴越佳果"之誉。杨梅性喜温暖潮湿的气候,适合弱酸性土壤,多种植在丘陵山地及河湖交错地带。按照生态条件来看,太湖地区特别适宜杨梅生长,历来是杨梅主产地。明清时期,随着大量外来人口的涌入及商品经济的发展,这里的杨梅种植规模显著扩大,还涌现出不少地方良种。

据文献记载,杭州杨梅坞、烟霞岭、东墓岭十八涧、皋亭山,绍兴会稽山,湖州弁山太子湾,苏州洞庭山、光福山,以及无锡马迹山等丘陵山地区,都有大片杨梅种植,杨梅品质也名冠全国。从明万历《杭州府志》卷二十一"山川"所记钱塘县城外诸山的植被构成,可以大致了解到当地的杨梅种植情况:五云山"产松、竹,杨梅",西山"产松、竹、杨梅",神山"植松、竹、杨梅",石和尚山"间有松、竹、杨梅",秦亭山"山茂松、竹、杨梅、薪篠",法华山"产松、

---

①　[明]蔡昇撰,[明]王鏊重修:《震泽编》卷三"风俗",南京图书馆藏,明弘治十八年林世远刻本。

②　[明]莫旦《弘治《吴江志》卷六"风俗",第 242 页。

③　[明]蔡昇撰,[明]王鏊重修:《震泽编》卷三"土产"。

④　中国农业遗产研究室太湖地区农业史研究课题组编著:《太湖地区农业史稿》,第 243 页。

竹、杨梅、茶、笋之盛，法华为最"，荆山"山惟松、竹、薪篠、杨梅"，大雄山"植松竹、杨梅"，甚至还有山称为杨梅山。① 可见钱塘县山地的杨梅种植比较普遍，且杨梅一般与其他林木复合种植，俨然成为松、竹、茶的天然守护者。据今人研究，杨梅树抗旱耐瘠，枝繁叶茂，可防止丘陵山地水土流失，其根系还能与放线菌共生，形成灰黄色的肉质根瘤，起到固氮作用，是保水改土的优良树种。

明天启四年（1624），诗人李流芳携家人隐居杭州皋亭山（又名半山，在今杭州北郊）桃花坞山水最佳处，杨梅成熟之时，曾在雨中与寺院的僧人采摘杨梅，其《雨中喜山僧摘杨梅至》诗曰："謾说杨家果，盛称皋亭山"，从此皋亭山的杨梅声名日隆。这一时期太湖地区见于文献记载的杨梅品种也更为繁多。明代王象晋《群芳谱》曾简要总结了苏杭一带的杨梅品种分布："一名枞子，生江南岭南山谷间，会稽产者为天下冠。吴中杨梅种类甚多，名大叶者最早熟，味甚佳。次则卞山，本出苕溪，移至光福山中尤胜。又次为青蒂、白蒂及大小松子。"②清代陈淏子《花镜》：杨梅，"一名枞，为吴越佳果。树若荔枝而小，叶细荫厚，至冬不雕……大略生太湖、杭、绍诸山者，实大肉松，核小而味甘美；余虽有，实小而酢，只堪盐淹蜜渍火熏而已。"③意思是说，生长在太湖、杭州以及绍兴一带丘陵山地的杨梅，果实大而肉质松软，果核小而味道甜美；其他产地的杨梅果小而味酸，只能用于盐腌、蜜渍及火熏，加工果脯果干。

近年来，杨梅在浙江、福建、江苏等地的种植面积与产量呈迅速增长之势，全国出现多个杨梅之乡，杨梅的新品种培育、有机种植、品质提高和品牌建设也越来越受到重视。

（三）枇杷

枇杷属蔷薇科枇杷属，原产中国，栽培历史悠久，是南方地区尤其是太湖流域的特色常绿果树。因其叶子形状与乐器"琵琶"相像，故名。明清时期，苏州洞庭山和浙江塘栖的枇杷比较出名，商品生产有所扩大。

明代《学圃杂疏》："枇杷出洞庭者大。"清人郑光祖《一斑录·杂述四》认为："枇杷惟三吴为佳，更以洞庭山白沙种为上，远省边方虽亦有而不大，肉甚薄"。④ 按照果实的色泽，洞庭山枇杷可分为黄、白两类。果形较大，色

---

① ［明］徐栻修、陈善纂：《杭州府志》，据万历七年刊本影印，《中国方志丛书》，台北：成文出版社 1983 年版，第 1477—1491 页。

② ［明］王象晋纂辑，尹钦恒诠释：《群芳谱诠释》，北京：农业出版社 1985 年版，第 102 页。

③ ［清］陈淏子辑，伊钦恒校注：《花镜》，北京：农业出版社 1979 年版，第 203 页。

④ ［清］郑光祖：《一斑录》，载《海王邨古籍丛刊》，北京：中国书店 1990 年版，第 21 页。

白,味道酸甜而独核者,名为白沙枇杷。白沙枇杷以产于洞庭东山槎湾、纪革、白沙岭一带者为最佳,其薄皮独核,果肉细致晶莹,甘甜适口,有"银蜜罐"之称。① 枇杷果实一般呈金黄色,故历代文人学士都将其比作"金丸",而洞庭枇杷则色类白玉,更显珍奇。据《洞庭东山物产考》卷一记载,晚清时期洞庭山枇杷产量逐年增加,戊申年(1848)为 22 600 篰,己酉年(1849)为 26 240 篰,到了辛亥年(1911)间产量达到 32 300 篰。② 即洞庭山的枇杷产量 60 多年间增长超过了 40%。说明嫁接可以明显提高枇杷果品质。《洞庭东山物产考》也说:枇杷实生繁殖"成秧七八年,不接亦能实,形长味淡";嫁接繁殖:"秧五年,在春分前接之,越四五年成实"。可见经过嫁接的枇杷在挂果时间和果实品质上更胜一等。

清光绪《唐栖志》卷十八"记物产":"枇杷有红白两种,白为上,红次之。红者核大肉薄,甜而不鲜;白者核细肉腴,甜而鲜美(俗名白沙,又名洞庭白,种出洞庭)。四五月时,金弹累累,各村皆是,筼筐千百,远贩苏沪,岭南荔枝无以过之矣。周天度《丁山湖诗》有诗句曰:'别有好山遮一角,树荫浓罩枇杷青。'"③可见清末塘栖一带的枇杷种植很普遍,且品质优良,远销苏沪。今天,枇杷依然是塘栖镇重要的特色农产品。

(四) 桃与水蜜桃

太湖地区的落叶果树如李、桃、梨、梅等也很出名,它们的种植区域均以丘陵山地为主。明清时期育成的水蜜桃、橘李等,至今依然是地方名产。

桃原产中国,已有 3 000 多年的栽培史。桃的栽培一直以北方为盛,魏晋南北朝之后,随着北人南迁和南方经济开发的扩大,太湖地区也逐步出现了较大规模的桃树栽培。桃树的环境适应性很强,最适合在阳光充足、排水良好的山地种植。太湖周围的丘陵山地地势较高,排灌便利,很适合桃树的栽植。据方志记载,宋代临安地区桃的种植已较为普遍,品种丰富,"水蜜桃"的最早记载即出现于南宋乾道五年(1169)成书的《临安志》:"桃有金、银、水蜜、红穰、细叶红等种。"④稍晚的南宋咸淳《临安志》和吴自牧《梦粱录》也有类似说法。

明清时期,杭州西湖栖霞岭、包家山,苏州洞庭山桃花坞一带的桃树分布较为集中,桃林景观引人入胜。西湖栖霞岭,就是因为山上桃花烂漫,色

---

① 政协吴县委员会文史资料委员会编:《吴县文史资料》第十辑,吴县文艺印刷厂,1993 年。

② [民国]朱琛:《洞庭东山物产考》,民国九年刊本。

③ [清]王同等:《唐栖志》,《中国地方志集成》"乡镇志专辑"(18),第 258 页。

④ [宋]周淙:《乾道临安志》卷二"物产",载王云五主编:《丛书集成初编》第 3215 册,北京:中华书局 1985 年版,第 45 页。

如凝霞而得名；苏州桃花坞也是以桃花胜景而成名。这一时期，太湖地区出现不少新桃种，见于方志记载者包括四月桃、五月桃、七月桃、灰桃、半舫桃、茄桃、绿桃、鹰嘴桃、蜜桃以及五香桃等。另据清乾隆《镇江府志》卷四十二"物产"记载：桃有绯色和白色两种，而白色的极少。其果实小而先熟者名为御爱桃、红穰离核桃；品质佳者名曰金桃、饼子桃、红叶桃、水蜜桃、田桃。[①] 这里的金桃应是黄桃类，饼子桃应是蟠桃。尤其是水蜜桃的品质有了较大提升，开始真正出名。其中上海水蜜桃成名最早，声誉最高，并逐渐被引种到其他地区。清中期以来，苏州、杭州、奉化等地的水蜜桃声名渐起。苏州地区，"水蜜桃，色红白，甘而甜，多汁，桃中上品。苏郡本无此种，龚翁韬远于上海觅其枝来吴，接成数本"。[②] 意思是苏州的水蜜桃色味俱佳，为桃中上品，其品种源自上海，经嫁接培育而成。

二、茶叶种植

唐代，太湖地区的茶叶主要产于西部和沿湖的丘陵山地。明清时期，沿江沿海一带也开始出现种茶的记载。[③] 当今所谓的太湖六大茶区，即西湖龙井茶区、洞庭山茶区、天目山茶区、莫干山茶区、太华山茶区、茅山茶区在明清时期已经成型。

西湖龙井茶区主要分布在杭州市郊西湖区，以生产龙井茶为主。西湖龙井茶的最初产地是狮子峰老龙井。清程淯《龙井访茶记》："溯最初得名之地，实维狮子峰，距龙井三里之遥，所谓老龙井是也。"[④]太湖洞庭山茶区以生产碧螺春而闻名。陆羽《茶经》有"苏州长洲县，出洞庭山"的记载，宋时此茶已作为贡茶，可见碧螺春茶源远流长。该茶区现已成为著名的茶果间作式茶区，茶树和枇杷、杨梅、枣子、橘子等10多种果树交错种植，给碧螺春茶赋予"花香果味"的天然品质。天目山茶区包括安吉、余杭两县，是太湖流域最大的茶区。这里生态条件优越，茶叶品质闻名遐迩，早在唐代就负有盛名。陆羽《茶经》所列产茶区中，有"杭州临安、于潜二县，生天目山"的记载。

从罗廪《茶解》、许次纾《茶疏》、张源《茶录》等重要茶书及其他文献的记载可以看出，明清太湖茶区的茶叶生产较宋元有了很大进步。在茶树栽培

---

① ［清］高德贵修，张九徵等纂，朱霖等增纂：乾隆《镇江府志》，《中国地方志集成》"江苏府县志辑"（28），第258页。

② ［清］姜顺蛟、叶长扬修，施谦纂：乾隆《吴县志》卷二十三"物产"，据清乾隆十年刻本影印，《中国地方志集成》"善本方志辑"（第一编第37册），南京：凤凰出版社2014年版，第256页。

③ 中国农业遗产研究室太湖地区农业史研究课题组编著：《太湖地区农业史稿》，第227页。

④ ［清］程淯：《龙井访茶记》，载朱自振等编：《中国古代茶书集成》，上海：上海文化出版社2010年版，第937页。

技术方面,茶农对宜茶土地的选择,既要看土壤情况,还要看土地方位、地势高低、阴阳向背、排水条件等。茶书中关于种茶地宜的具体记载,则显示出土壤条件和局地生态对名茶的形成非常重要。苏州吴县人张源《茶录》认为,茶"产谷中者为上,竹下者次之,烂石中者又次之,黄砂中者又次之"。① 吴县人程淯《龙井访茶记》记述了龙井茶适宜种植的土地:"沙砾也、壤土也,于茶地非上之上也。龙井之山,为青石,水质略咸,含碱颇重,沙壤相杂,而沙三之一而强;其色鼠羯,产茶最良。迤东迤南,土赤如血,泉虽甘而茶味转劣。故龙井佳茗,意不能越此方里以外,地限之也。"② 可见,优质龙井茶与其生长的土壤条件密切相关。砂砾与壤土相杂,且略呈碱性的土地比较适合龙井茶种植,其中土色灰白(如老鼠和羯羊的毛色)者产茶最好。

除过土壤条件,丘陵山区地多雾、暖湿而向阳的局部环境有利于茶树生长。明代熊明遇《罗岕茶记》指出:"产茶处,山之夕阳,胜于朝阳。庙后山西向,故称佳;总不如洞山南向,受阳气特专,称仙品。茶产平地,受土气多,故其质浊。"③ 罗岕茶为世人所珍重,与其生长在高山环境,接受"风露清虚之气"分不开。明代罗廪《茶解》也说茶地位置以南向为佳,向阴者为劣,"一山之中美恶大相悬也"。④ 书中还指出,高燥而肥沃的斜坡地,所产茶叶品质优良。

实际上,随着造纸、编织及其他手工业的发展,这些丘陵山地除过种植果木、茶树,还普遍生产松、竹等用材林木。据明万历《杭州府志》"山志"记载,钱塘县五云山、焦山、瓜藤山、观山、法华山等诸多山岭,均出产或种植松竹。乾隆时期苏州光福镇,"(马驾山)山中人家率树梅艺茶条桑为业,梅五之,茶三之,桑视茶而减其一,号为光福幽丽奇绝处也"。⑤ 后世苏州吴中区光福、洞庭东西山一带的山地人工植物群落,就是在清以后逐渐发展起来的。

第四节　种养结合的生产模式及其生态意义

明清太湖地区民众将种粮与蚕桑、畜牧、养鱼相结合,实行综合经营,并因地制宜,创造出各种各样的生产技术模式。从农业生态学角度看,这些技

---

① ［明］张源:《茶录》,载朱自振等编:《中国古代茶书集成》,第 246 页。

② ［清］程淯:《龙井访茶记》,朱自振等编:《中国古代茶书集成》,第 937 页。

③ ［明］熊明遇:《罗岕茶记》,载［明］陶珽编:《说郛续》卷三十七,清顺治四年宛委山堂刻本,第 1 页。

④ ［明］罗廪:《茶解》,载［明］陶珽编:《说郛续》卷三十七,清顺治四年宛委山堂刻本,第 1 页。

⑤ ［清］汪琬:《游马驾山记》,载［清］杨循吉等著,陈其弟点校:《吴中小志丛刊》"游记篇",扬州:广陵书社 2004 年版,第 474 页。

术模式的关键在于种养结合，实现农业资源的循环利用，具有明显的经济及生态效益。

一、种稻栽桑与家畜饲养相结合

明清太湖地区稻桑种植与家畜养殖之间通过饲料、粪肥、畜力、畜产品等建立有机联系，相互促进，形成农牧两利的局面。

（一）稻作与养猪

太湖地区以农副产品养猪，以猪粪肥田，形成种养结合，化无用为有用的良性循环。（图 9 - 6）明末《补农书》总结："人畜之粪与灶灰脚泥，无用也，一入田地，便将化为布帛菽粟。"又说桑叶、稻壳以及残羹剩饭、米汁酒脚等都可以用来饲养牲畜，"莫不各有生息"。该书作者还谈到："种田地，肥壅最为要紧。"养猪在经济上看似不合算，但养猪可以积粪肥田，增加了稻谷产量，故当地农谚说："养了三年无利猪，富了人家不得知。"[①]

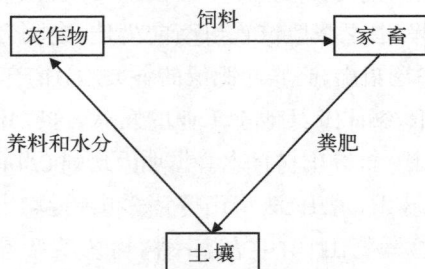

图 9 - 6　农牧互养循环模式

猪粪是水稻种植的重要肥源，所谓羊壅适于桑地，猪壅适于稻田。清代松江农书《浦泖农咨》认为："棚中猪多，囤中米多。养猪乃种田之要务也，岂不以猪践壅田肥美，获利无穷。"[②]猪一般采用圈养方式，这样有利于积粪肥田。猪粪经过堆积发酵，可变为高品质有机肥料，既能培育地力，还能改良土壤。养猪与种稻相结合的做法，在地方志中有明确反映。清咸丰《南浔志》："乡人畜猪羊，并取其粪秽壅田。"清同治《上海县志》：豕，"其粪膏田，沙土尤宜，故农家多畜之。"上海人养猪的重要原因，在于猪粪尤其适合当地的沙土地。

---

①　[清]张履祥辑补，陈恒力校释，王达参校、增订：《补农书校释》，第 93 页。

②　[清]姜皋撰：《浦泖农咨》，《续修四库全书》"子部·农家类"（第 0976 册），第 217 页。

（二）稻作与养牛

据《浦泖农咨》记载，耕牛不仅身价高，饲料支出也多，还有生病死亡及被盗风险，加之太湖地区人多地少，中小农户缺乏饲草，养牛比较困难。为了降低养牛成本，人们主要用稻草、棉籽饼、青草来喂牛，并尽力把养牛与水稻生产相结合，发挥牛力和牛壅两大作用。

养牛首先是能为稻作农业提供动力，否则，耕、耙、秒等一系列水田作业都难以完成，势必影响粮食生产，如南宋农学家陈旉所言："非牛无以成其事耶！"牛力主要用来犁地和车水，无力养牛的农户一般会向邻人租牛或借牛使用。清雍正《南汇县志》记载："翻田必以牛，贫者不畜，假以邻舍。耕旱田或以牛，或以四齿锄（铁搭）"。《浦泖农咨》也说，高田受旱，车水较难，这时须用牛力车水，高田大概十亩田养牛一头；低田灌溉便利，四五十亩田用一牛车水即可。

牛粪是冷性肥料，氮素少，分解慢，肥效较迟缓。泥土坚硬的"积瘦之田"，要施用牛粪；肥田"忌太松而不耐旱"，施肥时要用草泥、猪壅垫底，还要用牛粪接力，即作追肥。① 如果用牛粪垫底，就要用富含氮素的速效性肥料豆渣、豆饼作为追肥。

（三）植桑与养羊

太湖地区一直以养春蚕为主，桑树在每年夏伐之后剩余的大量桑叶，可以晒干喂羊。在春夏时节，湖羊以饲喂青草为主，秋冬缺草季节则以枯桑叶为饲料。桑叶中蛋白质含量高，还富含维生素等，用桑叶喂羊，不仅能保障湖羊越冬，还有利于其品种改良。尤其是以桑叶养羊，再以羊粪壅桑，形成了栽桑与养羊的良性循环。

前已述及，据《沈氏农书》估算，饲养 11 只湖羊，一年需要桑叶和杂草1.5 万多斤，其中自产桑叶要用于饲养小羊，这样需另购 7 000 斤枯桑叶；11 只湖羊一年能积肥 300 担。饲养山羊 4 只，3 母 1 公，每年净得粪肥 80多担。② 如果一年用羊粪为桑树培肥四次，再罱泥壅桑两次，加上深耕除草，不发生虫害，桑叶产量就能加倍，每亩采叶能达到 1 600—1 800 斤（折今2 010—2 160 市斤／市亩），一亩桑可抵两亩。③ 据现代肥料学研究，羊粪所含有机质较多，粪质较细，肥分浓厚，属热性肥料，较适合桑地施用。总之，桑叶喂羊和羊粪壅桑，实现了物能循环利用，是当地的又一种农业生态模式。（图 9－7）

---

① ② ③　［清］张履祥辑补，陈恒力校释，王达参校、增订：《补农书校释》，第 64，75，86 页。

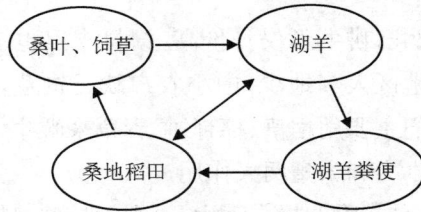

图 9-7　桑叶湖羊生态系统示意图

(四)稻田养鱼

太湖地区水面广阔,水资源丰富,这也使得人们在生产过程中注意处理好水陆以及稻鱼的关系,提高经济效益,并实现自然资源的循环利用。稻田养鱼就是这方面的典型例证,即利用稻田浅水环境辅以人为措施,既种稻又养鱼。其生态意义是鱼吃昆虫和杂草,鱼粪肥田,稻鱼与田地之间形成一种物质能量循环关系。(图 9-8)

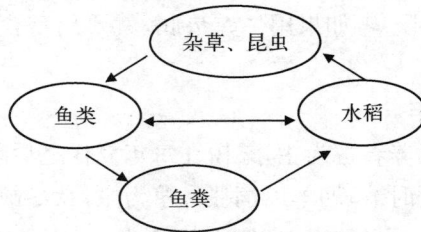

图 9-8　稻田养鱼生态系统示意图

明成化《湖州府志》卷八"土产":"鲫鱼出田间最肥,冬月味尤美"①,可见太湖地区稻田养鱼至少有 500 多年的历史。清代太湖地区方志中关于稻田养鱼的记载开始增多。康熙《吴江县志》"物产·鲫鱼"条注明"出水田者佳";乾隆《震泽县志》称:"岁既获,水田多遗穗,又产鱼虾。"与单一的种稻、养鱼相比,这种稻鱼共生系统有其生产与生态优点:水稻通过光合作用制造有机物质,并为鱼类提供栖身之处;鱼采食稻田里的各种害虫、杂草、植物等,其粪便则成为水稻肥料。鱼的游动还可增加稻田水土中的含氧量,加速有机质的分解。即稻鱼系统可以利用稻田水环境,维持正常的物质能量循环,在不增加外源性物质投入的情况下,提高产量,并促进稻田生物多样性的保护。

---

①　[明]劳钺修,张渊纂:成化《湖州府志》,《日本藏中国罕见地方志丛刊》,北京:书目文献出版社 1990 年版,第 86 页。

二、农桑牧渔综合经营规划

明清太湖地区经济作物栽培及畜禽鱼虾饲养在农业中的比重有所增加，而水稻种植的比重有所降低。从自然资源利用角度看，实即丘陵山地及水面的利用受到重视，且农业经营者往往把田地和山水资源联系起来予以考虑，于是就出现了粮桑畜鱼果蔬的综合经营规划。

明代李诩《戒庵老人漫笔》卷四所录"谈参传"记载了吴人谈参改造湖田洼地，实行农林牧副渔多种经营的例子，并说谈参实为"谭晓"，常熟湖南人，同邑人邵北虞为之作传，有意不显其名姓。

> 谈参者，吴人也，家故起农。参生有心算，居湖乡，田多洼芜，乡之民逃农而渔，田之弃弗辟者以万计。参薄其直收之，佣饥者，给粟食，凿其最洼者池焉，周为高塍，可备坊泄，辟而耕之，岁入视平壤三倍。池以百计，皆畜鱼，池之上为梁为舍，皆畜豕，谓豕凉处，而鱼食豕下，皆易肥也。塍之平阜植果属，其汙泽植菰属，皆以千计……。室中置数十匜，日以其分投之，若某匜鱼入，某匜果入，盈乃发之，月发者数焉。视田之入，复三倍。[①]

清光绪《常昭合志稿》卷四十八《轶闻志》也有类似记载。文中大意是谭氏乘荒年低价购买一大片低洼荒田，雇佣乡民加以改造。其做法是在洼地挖掘池塘，高地作围，开田种粮，围塍上种植果树，低洼汙泽处种植水生作物，可修畦的地方则种植蔬菜，池塘养鱼，上面还架梁修笼舍，养猪养鸡。总之，所有的土地和空间都被充分利用起来，因而种稻收入达到平常田地的三倍，出售水果、蔬菜、猪、鱼等产品的收入又是田地的三倍。再从生态效果来看，谭氏以农副产品养猪，猪粪饲鱼肥田，鱼粪及池泥也可作为肥料，既节省了养殖成本，还实现了资源循环利用。

明末清初，张履祥《补农书》"策邬氏生业"部分，记载了他为好友遗孀所制订的一份农业综合经营规划。大意是：邬家有薄田十亩、池塘一方，一家六口多系妇孺，缺乏劳力；最好能种桑三亩，桑树下面冬季可种菜，四周可种豆、芋。种豆三亩，豆子收获后则种麦，如果能种麻最好。种竹、种果各二亩，几年后产品可换米。池塘养鱼，淤泥肥土可壅竹，其余的可以壅桑，池鱼年末可换购稻米。养羊五六只，羊粪可以肥桑。栽桑养蚕、种植竹果麦豆、

---

① 　[明]李诩：《戒庵老人漫笔》卷四"谈参传"，北京：中华书局 1982 年版，第 153 页。

蓄鱼养羊,都能成为一家人的衣食来源。① 此外,张履祥还为乌程县的何姓地主做了"策溇上生业"的田地与房产经营规划,其中提到了溇港圩田的开发利用:"凿池之土,可以培基。其余土可以培周池之地……池中淤泥,每岁起之以培桑竹,则桑竹茂,而池益深矣。"②

　　学界对上述两个农业综合经营案例很关注,在不少论著中都有涉及。农史学家游修龄先生曾用生态学的"食物链"原理阐述了其基本内容:在这种综合经营形式下,动植物生产和有机废物的循环从田地扩大到水域,组成水陆资源的循环利用,人们把粮食、蚕桑、鱼菱、猪羊等的生产组成一个非常密切的互相支援的食物网,使各个环节的残渣废物都参加有机质的再循环,从中取得各种农牧产品,而没有什么外源的能量投入。③ 经济史学家李伯重先生指出,从谭氏经营方法和张氏方案中,可以看到二者的共同特点是改造田地和利用废物,而改造田地的核心是浚池与修塍。浚池扩大了池塘容量,可以提高农田排灌能力;浚池挖起的淤泥具有一定肥力,可以用来培高耕地。经过这样的改造,原来生产能力不高的湖田洼地,就形成了旱地、水田和池塘三种不同形态的农业环境,从而为各种陆生和水生动植物提供了合适的生长条件,并共同构成一个人工农业生态系统。④

　　当然,上述谭氏的农业经营仅是特殊案例,而张氏的理想化经营规划似乎并未付诸实施,但其中所包含的农业生态思想值得肯定。实际上,明清太湖地区简单而有效的综合经营实践比较普遍,其中也包含着明确的生态关系。湖州是水稻和蚕丝产区,为了发展水稻和蚕丝生产,当地将种稻养蚕和养猪养羊以至养鱼联系起来,以糠秕、糟粕养猪,用枯桑叶饲羊,换得猪羊粪为稻田和桑地施肥,形成以农养畜、以畜促农的物质循环。这样,在湖州地区形成了"农(稻、麦、油、菜)—畜(猪、羊)—桑—蚕—鱼"的综合经营方式。这种经营方式,清代又扩展到与湖州生产条件相仿的嘉兴、桐乡以及苏州震泽地区。桐乡的经营方式是:"种麦豆—养羊—种桑—养鱼"。震泽的经营方式是:"低者开浚鱼池,高者插莳禾稻,四岸增筑,植以烟靛桑麻。"具体到每个农家来说,在杭嘉湖地区,以家庭为单元,一家的水田与邻户家的隔绝,许多家都如此,形成田段分散,塍岸隔离,彼此不相连属的情景;而在一个家庭的 10 亩或 20 亩田中,各有沟、池、桑地的错综,各家都如此,又形成地面

①② ［清］张履祥辑补,陈恒力校释,王达参校、增订:《补农书校释》,第 177,179 页。

③ 游修龄:《中国古代对食物链的认识及其在农业上的应用》,载《农史研究文集》,北京:中国农业出版社 1999 年版。

④ 李伯重:《十六、十七世纪江南的生态农业》(上),《中国经济史研究》2003 年第 4 期。

凸凹不平,桑地高,水田在地平面上,池与沟低于水田面的景观。①

　　总之,明清太湖地区传统农业综合经营的主要特点,是以提高经济效益为主要目标,根据当地水土资源条件,合理有序地安排生产活动,使农林牧副渔各业形成互助互利的关系。这样不仅可以减少对自然资源的索取,而且可以减轻农业废弃物对环境的污染,维持农业系统的生生不息。

_____

① ［清］张履祥辑补,陈恒力校释,王达参校、增订:《补农书校释》,第 180 页。

结　语

　　明清时期,太湖地区出现人多地少、劳动力过剩、赋税苛重和粮食短缺等问题,当地农业只能走勤耕多壅、综合经营、因地制宜、扩大水土资源利用范围和发展商品生产的道路,历史成就突出。这具体表现在当地水土资源利用程度很高,圩田水利发达,农业商品生产空前繁荣,水稻、春花、棉花、蚕桑、畜牧以及果蔬生产及相关综合经营活动等都达到了新水平,有些府州长期以水稻为中心的农业生态也发生了很大变化。当然,这些都是农民在沉重的生计压力之下,辛勤劳作和苦心经营的结果。在农业生产发展的基础上,太湖流域成为全国人口最密集和经济文化最发达的地区。史入近代,西方农业科技通过各种途径传入中国,太湖地区位于中部沿海,区位优势明显,经济基础良好,这里遂成为中国农业现代化变革的重要基地。中华人民共和国建立后,尤其是改革开放以来,太湖流域的社会面貌发生了翻天覆地的变化,是全国工业化和城市化扩展最快的地区之一,但是传统农耕文化消失明显。在新时代如何保护农业文化遗产,发展现代农业,搞好乡村建设,是一个重要研究课题。本书以明清太湖地区的主要农业生产门类为专题,阐述其发展演变过程、技术成就、生态意义以及时代特点,期望能引起人们对地区农业史和优秀农耕文化传承问题的关注与研究。

一

　　水土资源是农业生产发展的基本条件,改水治土,是人类农业活动的重要组成部分。太湖平原以太湖为中心,呈四周高中间低的浅碟形地势,海拔较低,一般在2—10米。这种地势一方面使得当地河流湖荡众多,水流滞缓,引水灌溉条件优越,但同时也导致这里存在大量常年积水或汛期积水的浅沼洼地,容易发生洪涝灾害。因此,田地开发和粮食生产必须兴建相应的水利设施,将灌溉和排水紧密结合起来,处理好水旱矛盾。为此,古人积极治水营田,当地农业生产水平日益提高,唐宋时期已成为全国重要的粮食生产基地。明清时期,太湖地区人地矛盾加剧,水环境格局发生变化,当地民众在前代圩田水利的基础上,采取一系列工程技术措施和灌溉排水管理办法,如水系治理、海塘修筑、圩田建设等,以抗救水旱灾害,保障农业发展。在圩田建设方面,人们以小圩化为基础,将治水与治田相结合,在塘浦圩田和溇港圩田建设、圩区的分级分区控制、圩内圩外水系的合理调配及内外水面统一安排等水利规划方面,不断探索,积累了丰富的实践经验,从而使得水土资源利用达到了新高度,有力促进了以稻作为核心的农业发展。正如明代吴尔成所言,"吴中之财赋甲天下,而财赋之源在农田,农田之源在水利。"当然,明清时期圩田水利的兴修和维护管理也存在很多问题及纠纷,仅靠民间力量常常无法解决,最终只能诉诸政府部门,于是就形成了相应的水利社会机制。

二

太湖流域气候温暖湿润,河湖密布,水资源丰富,适宜水稻生长。唐宋以来,这里成为稻作农业最为发达的地区。明清时期,人多地少的矛盾、沉重的赋税负担,加上商品经济的发展,一方面导致当地农业生产结构发生很大变化,水稻种植呈减少之势,另一方面促使农民竭力挖掘土地生产潜力,提高水稻单位面积产量,以维持生计。于是,这里的水稻品种更加多样化,水田耕作、育秧移栽、施肥、灌溉、耘耥、烤田、病虫害防治等稻作技术也愈加精细完善,稻作在总体上依然是当地农业生产的底色或根本,从而在很大程度上保持了区域农业文化的稳定性和连续性。

就品种资源来说,明清太湖地区自然和社会条件的变迁,催生出更多的水稻品种,尤其是抗逆性强以及品质优良的粳糯稻品种大幅度增加,品种命名方式、品种结构以及继承性等方面均形成一定地域特点。此期的稻作经营提倡"粪多力勤",对土壤耕作和田间管理的要求明显提高,其中"看苗施肥"的追肥技术经验尤为精湛。不过,人力翻土工具铁搭的广泛使用,既是传统稻作精细化的表现,也在一定程度上反映出水稻生产及农民生活的困境与无奈。当地人种稻食米,其衣食住行、婚丧嫁娶等方面的社会生活都被打上了深深的稻米文化烙印,形成具有鲜明地域特色的民间习俗。有些与重农劝耕相关的民俗活动,如打春牛、祭猛将等,官方亦参与其中。这些稻作习俗,包含了各种宜忌规定,实质上是当地民众在与天灾人祸抗争的过程中逐步创造并积累起来的,承载了其在艰苦环境中的生活信念及精神寄托,因而具有一定的道德规范和行为约束意义。其中的看天观象经验知识、水稻生产习俗、四季饮食习俗等,对稻作农业具有明显的指导作用。历史上形成的大量生产生活习俗,既包含合理的禁忌,也常带有迷信色彩。今天,随着社会的进步和科技文化的发展,这些民间习俗大部分或已被淡忘甚至已经消失。不过,从文化层面而言,稻作习俗及相关的经验知识,与生产技术一样,也是重要的农业历史记忆,或者说是农业文明前进的脚印。

三

稻作是古代太湖地区农业生产的主体,但不能因此忽视小麦、油菜、蚕豆、紫云英等春花作物的地位与作用。这里的春花作物主要包括小麦、油菜、蚕豆、紫云英,一般作为后茬,与水稻实行轮作复种,越冬生长,来年春夏收获,可在有限的生产条件下提高亩产量,获得更多收益,特别是还能改善土壤性状、增加土壤有机质,实现土地的用养结合。明清时期,太湖地区人口激增,赋税苛重,粮食短缺。于是,民众更加重视春花生产,稻麦、稻油、稻肥等复种模式普遍存在,春花还搭配棉花、桑树进行间作套种。同时,春花作物的栽培技术和利用方法也趋于完善,其中稻麦复种、水旱轮作的技术模式,对田地垦耕以及稻麦栽培管理的时宜、地宜都提出了新要求,最能代表春花生产技术的进步。如麦田整理讲究深耕松土,候干垦田、开沟作垄,以改善土壤环境,排除田中积水;麦子栽培提倡早种、及时施肥和排水、尽快收割和防虫贮藏。春花种植的扩展,有利于增加稻作区的粮油生产,弥补稻米产出的不足,对于抗灾救荒、维持农民生计起到了重要作用,还有利于改善土壤生态。今天很有必要重新认识春花作物生产的综合效益,吸收历史上太湖地区水旱轮作的历史经验,尽量扭转水稻单一种植的局面,在实现粮食增产的同时,发挥农业生产的生态与社会功能。

四

蚕桑、棉花生产,是最能体现明清太湖地区农业发展演变的史事。就蚕桑业来说,这一时期全国很多地区的蚕桑业衰废不举,而太湖流域尤其是太湖南岸的蚕桑业,却因商品经济发展、国内外蚕丝需求扩大以及圩岸植桑增多等因素的推动,日益受到民众重视,呈现出桑树遍野、比户育蚕的繁荣景象。入清以后,丝绸出口大增,栽桑养蚕更加兴盛。湖州一带"尺寸之地,必树以桑";吴江县桑树栽植者日益增多,"乡村间殆无旷土";苏州东城一带"比户习织,专其业者不啻万家"。在蚕桑业最为发达的嘉湖地区,桑树培育及养蚕缫丝技术内容精湛,"湖桑""湖丝"即是当地蚕桑技术高度发展的结晶。桑蚕生产获利较高,缓解了当地重赋的压力,有利于农民维持基本生计。清末由于西方列强的掠夺和国际市场的冲击,加之传统蚕丝科技进展缓慢,太湖地区的蚕桑业开始走下坡路,处境日趋艰难。后来在清政府和有志之士的推动下,新式蚕桑学堂在太湖地区应运而生。其最大任务就是利用西方现代科技,创制和推广优良蚕种,传播育蚕技术,改进蚕桑生产,当地蚕桑业一度呈现复兴景象。20世纪以来,太湖地区的蚕桑业日趋衰落,现已难觅相关生产及生态景象。今天如何让当地优秀桑蚕文化破茧重生,尚需认真思考和谋划。

五

明清太湖流域植棉织布与栽桑养蚕同样兴盛,只是其分布区域有所不同。宋元时期松江府的棉花种植已开始出名。史入明代,政府提倡植棉,并将棉花纳入赋税征收之列,这在一定程度上加速了太湖地区棉作的扩展。明代后期,上海、嘉定和太仓三县,不但新开土地用于种植棉花,很多稻田也弃稻改棉,于是在沿江沿海一带地势较高之处形成了连片种植的集中棉区。棉田的这种分布态势,也适应了棉花喜热好光、耐旱忌湿的生理特性。清代前期,这里的棉作比重增加,棉田面积继续扩大。到了清中期,松江府、太仓州诸县乡种稻者不过十分之二三,而图利种花者则达到十分之七八,其他如常熟、嘉定、上海、嘉兴、湖州南浔、沿钱塘江杭州湾等地的棉花种植面积也很可观,太湖地区已成为全国最重要的产棉基地。清代后期,受进口洋纱冲击,棉花作为手工纺织原料,市场需求大幅下降,加之通商开埠之后,蚕丝之利大好,杭嘉湖苏各府县有更多的农民选择了蚕桑业,当地棉业呈现衰落迹象。

此期当地棉花生产的发展主要有两大因素:一是松江府、太仓州一带因河流冲积而成的沙壤土或轻壤土适宜棉花生长,加之气候转寒及水利格局的变化,对吴淞江、浏河两岸以及濒海地区的高田产生很大影响,农家为了应对水旱灾害,只能以植棉代替稻作;二是棉花市场需求的增长和棉纺织业的发展,促使很多农民增加棉花种植,并将植棉、纺纱、织布结合在一起,从事商品性生产,解决生计问题。如明代松江地区,"所出布匹,日以万计"。清康熙时的吴县,不论乡村还是城镇民众,都把纺纱织布作为其固定收入来源,所谓"家户习为恒产"。史籍所谓的老百姓"以机为田""以梭为耒"的情况,就是对当地棉纺织发展情景的形象概括。在自然环境和商品经济因素双重作用下,明清太湖棉区的棉花品种趋于丰富,并首创稻棉轮作制度,棉花栽培、加工和棉纺技术都有很大进步,棉花生产达到了全国最高水平。

六

太湖地区的家畜饲养自古以来就与粮食生产相伴随,明清时期当地以太湖猪、湖羊及地方家禽饲养为特色的畜牧业,更是与水稻和经济作物种植的扩展相辅相成。为了增加副业收入,提高稻麦桑棉的产量,并更好地转化和利用秸秆糠麸等农副产品,农民特别重视猪羊鸡鸭的饲养。尤其是这一时期养畜肥田的观念深入人心,农牧结合的特点更加突出。明末《沈氏农书》指出:"种田养猪,第一要紧"。当地农民在特定自然和农业环境下选育并普遍饲养的"太湖猪",具有繁殖力高、母性好、耐粗饲、适应性强、肉质鲜美和杂交配合力强等优点,成为明清以来当地畜牧业最有代表性的成就之一。湖羊源自蒙古羊,经常长期选育,形成了适应湿热环境、耐舍饲、繁殖力高的突出遗传特性。在嘉兴、湖州以及苏州一带的蚕桑区,农家把养湖羊与栽桑养蚕结合起来,以桑叶养羊、羊粪肥桑,形成了良性循环。此外,明清太湖地区育成的"浦东鸡""鹿苑鸡""太湖麻鸭""太湖鹅"等一批优良禽种,实际上也是稻桑牧渔生产综合发展的结果。今天看来,传统地方畜禽品种是珍贵的基因资源,品种的丧失即意味着基因的丧失,而且一旦丧失就不可再生。目前,上述地方畜禽良种大多得到了较好的保护与利用,尤其是湖羊和太湖猪的遗传性状使其在现代工厂化饲养中具有明显的利用优势,但保种和利用工作依然任重而道远。另外,太湖地区以舍饲为主、种养结合的传统饲养管理经验以及生态化养殖模式,对于现代畜牧业发展也有一定借鉴意义。

七

明清时期,太湖地区以水稻为核心的粮食种植使很多农户难以维持基本生计。在生存压力的驱使下,人们因地制宜,逐渐放弃过去以稻麦生产为主的农业经营传统,扩大经济作物的种植规模,导致区域农作物布局和结构发生明显改变。这主要表现在水稻种植的减少,棉花、桑蚕、果树、蔬菜、竹木、茶叶等生产门类的扩张,以及农林牧渔多种经营等方面。在农业生产结构变化的基础上,太湖流域的农业生态也呈现出新面貌。

在太湖平原区,稻、麦等粮食作物长期是农业生产的主体。明清时期栽桑植棉的经济效益优于种稻,棉花、桑蚕成为农业结构变迁的主力。"桑争稻田"和"棉争粮田"现象,使得桑棉生产在太湖平原区扩展开来,有些地方大有侵夺水稻主体地位之趋势。前者主要发生在湖州府、嘉兴府和苏州府的部分地区,从明末天启年间开始,由传统杭嘉湖蚕桑区向外扩展,一直延续至清中晚期。后者主要发生在松江、上海、嘉定和太仓等地,棉区由此在其沿江沿海一带集中连片,并向苏州、常州所属的沿江地区及杭嘉湖平原扩散,挤占稻田和桑地。根据农作物对水土条件的要求,太湖平原逐渐形成了稻、桑、棉各自相对集中的产区:阳澄淀泖湖荡平原以水稻为主的稻区;嘉湖平原以桑为主的桑区或桑稻并重区;东部和北部沿江沿海地带以棉为主的棉区或棉稻并重区。在稻、桑、棉三大作物区内部,油菜、麦、豆等作为稻、棉的后作和桑园的间作,种植面积也颇为可观。就是说,这些农作物的种植结构,主要是通过轮作复种、间作套种等方式体现出来的。以稻麦复种为主的一年两熟制,对于增加稻作区的粮食产量、改善土壤生态以及维持民众生计起到了重要作用。

在低洼的湖区水乡尤其是太湖南部地区,除过种稻栽桑,人们利用水面种藕养鱼,水生作物的栽培以及水产养殖比较兴盛,水生蔬菜可以售卖换钱,还可以代粮充饥,对老百姓增加收入和抗灾救荒有一定作用。太湖水乡河流湖荡密布,伴随着农业开发和市镇繁荣,各种水生蔬菜适应当地水土环境的变化,增加趋势明显,莲藕、菱角、茭白、芡实、荸荠、茨菰、莼菜、水芋、水芹、蒲菜、荇菜和水蕹菜应有尽有,商品性生产进一步发展,栽培技术也越来越精细。由于地势高低及河湖分布的不同,各府县的水生蔬菜栽培存在一定的区域差异,并出现不少集中产区及特色产区。就渔业生产而言,太湖素称鱼米之乡,在明清商品经济的影响下,这里的太湖梅鲚、太湖银鱼、太湖白虾、太湖白鱼、松江鲈鱼等得到更多关注,鱼虾人工养殖也出现繁荣景象;另外,当地民众在长期的生产实践中积累了丰富的池塘养鱼以及稻鱼结合经验,其中稻田养鱼就是利用稻田浅水环境辅以人为措施,构建稻鱼共生的生产与生态系统,实现稻田物质能量循环利用及生物多样性的保护。

在丘陵山地区,除桑树之外,果树、竹木、茶叶的栽培扩大,商品生产特色明显。就果树栽培来说，明清时期当地常绿果树（柑橘、枇杷、杨梅）和落叶果树（李、桃、梨、梅）的栽培地域及规模都有明显扩大。吴县的洞庭东西山、光福，以及无锡的马迹山等地，人们充分利用湖区小气候，种植柑橘、杨梅、枇杷等各种果木，成为著名的水果产地。在农民长期精心培育下，太湖流域涌现众多水果佳品，如上海水蜜桃、洞庭山枇杷、塘栖枇杷、桐乡檇李、杭州金婆杨梅、常熟顶山栗等，其中多数至今依然是当地名产。再以茶叶生产为例，明清时期太湖地区茶叶生产规模和销售量增长明显，西湖龙井、洞庭碧螺春、虎丘花茶逐渐成名。这一时期，不少种粮农户转向茶叶生产，杭州、嘉兴和湖州府各县山区，太湖北岸苏州、常州的零星小山，开始普遍植茶，原来不种茶叶的沿江沿海一带也出现种茶的记载。苏州吴县洞庭东西山和光福一带，明末清初已形成专业的茶果之乡。19世纪后期至民国期间，国外茶叶生产的兴起，对中国茶叶在国际市场上的地位造成较大冲击，国内茶叶出现滞销和过剩，太湖地区大片茶园荒芜，有的茶农自此不复种茶。

明清太湖地区农林牧副渔综合经营技术模式也更加丰富，其中包括粮畜互养、粮桑结合、农桑牧渔结合、稻田养鱼养鸭、桑基鱼塘等。这些经营模式实质上是农民合理利用当地水陆资源，实行种养结合，提高农业产量的一种手段。它减少了农业活动对自然的索取以及生产废物对环境的污染，在实现经济效益的同时，还具有明显的生态效益。在现代社会中，这些传统农业生产模式所体现的生态保护意义最受人们重视。

八

在当今乡村振兴及农业遗产保护的时代背景下，选择明清时期中国农业最发达和最活跃的地区，也是近现代社会经济变迁最剧烈的地区，从农业生产及农业生态（包括自然生态和社会生态）的角度，而不仅仅是从经济效益角度，总结和分析中国传统农业发展变迁的过程和因素，阐述广大农民的生产经验及生存智慧，具有明确的现实意义。另外，在古代社会，农业是决定性生产部门，农业生产史实际上就是广大农民的劳作生活史，通过农业生产史或农民劳作史，而不是通过帝王将相的生活史及权谋史，去了解和认识数千年中国社会发展的基本状况，也许更能接近历史的真实，感受到历史的沉重，从而引发今人的反思和警醒。

从20世纪八九十年代开始，在工业化、城镇化以及市场经济大潮的冲击下，太湖地区农业迅速衰落，传统的水稻种植不再受到重视，桑蚕业几近消失，地方畜禽品种资源损失严重，农业综合经营也被单一的粮食或经济作物种植所替代，农业的生态功能日益消退，环境污染加重，鱼米之乡的景象渐行渐远。同时，有些人套用西方的理论模式，罔顾历史事实，贬低甚至否定中国农耕文明，指责农民保守、落后、愚昧，缺乏经济理性。与此相关，以农业生产和农村生活为基础的优秀传统文化以及民间习俗逐渐被淡忘，有的已趋于消亡。好在近些年来，已有不少学者注意到以往认识的偏差或错误，并提出保护农业遗产的建议。王家范先生曾用明清时期江南农民用铁搭而弃牛耕的例证，说明其"经济理性"或聪明才智，认为克服理论和概念的绝对化，最好的办法还是回到丰富的"事实世界"中去。此外，他还就传统农业与现代化的关系提出自己的看法，表达现实忧虑，认为应当继承中国农业的生态技术传统，重视粮食生产，防止城市吞噬乡村，保护乡村景观。复旦大学王建革教授也从土地耕作利用与劳力投入的角度，阐述江南传统农业的生态意义：历史上尤其是明清时期水稻土的培肥有多种原因，但归根结底是人通过技术来影响土壤肥力。传统江南农村的主色调由圩田、秧苗、桑树、鱼塘和不停忙碌的人群所构成。这里的农民通过增加劳动力投入等措施，精耕细作，提高农作物产量，长期支持着中央政府的粮食供应，也支持了中国最发达的市镇经济。

不过，事物都有两面性，若从社会生态或农民生计的层面来看，作为明清以来全国最富庶的地区，太湖地区赋税苛重，老百姓生活艰难，辛劳穷苦往往伴随其一生。明代王问《田家行》诗中曾说："乐岁家家犹自苦，今日江南不如古。"明末清初，顾炎武在论及吴中地区私租之重时说："佃人竭一岁之力，粪壅工作，一亩之费可一缗，而收成之日，所得不过数斗，至有今日完租而明日乞贷者。"[①]清同治年间，江苏地区"佃户之苦，不必问其力作艰难，但观其居必草茅，不庇风雨；食必粗粝，时杂糠秕；种种苦况，吞声独受。偶有衣食完全，居处宽适者，不及百分之一"。[②]就是说，农民辛苦劳作却不得温饱的情形，在当时经济较为发达的江南地区相当普遍，时人关于苏松杭地区租税苛重、民不聊生，要求减漕减租赋的奏疏及议论也很多。田夫蚕女胼手胝足，创造了文人眼中诗情画意的农业景观，但河湖交错、稻田蛙鸣的生态环境，并没有给整日在田间地头忙碌的人们带来幸福与安宁。相反，与农

①　[清]顾炎武著，陈垣校注：《日知录校注》卷十"苏松二府田赋之重"，合肥：安徽大学出版社2007年版，第577页。

②　[清]金文榜：《减租门辨》，载[清]盛康辑：《皇朝经世文续编》卷三十七"户政·赋役四"，武进盛氏思补楼刊版，第53页。

民生活相联系的常常是恶衣粗食,家徒四壁,道路泥泞,蚊蝇肆虐,卫生条件恶劣,前路迷茫。从这个意义上说,今天的农业史研究不能忽视民本或人文问题,而是应该把自然生态与社会生态统一起来加以考察,慎言回归自然,回归传统。现代社会不论是从政策还是文化层面,都应做到重农务本,善待农民。

九

前贤关于古代江南太湖地区农业生产关系及经济效益的研究成果很丰富、很出色,本书重点关注明清太湖地区农业生产技术及农业生态问题,但是在内容体系及研究深度等方面仍然存在很多不足,期望今后在以下几个方面做进一步探索。

第一,太湖地区的水稻生产与桑棉果蔬牧渔等多种经营,是中国传统农业精耕细作的典范,也是当今农耕文化传承的重要方面。为了突出重点,节省篇幅,本书揭示了以稻作为核心,粮桑棉牧多种经营的生产体系,对园艺、茶叶和渔业等方面的内容仅略有涉及,而未做专门论述。

第二,以水稻生产为基础,太湖地区形成了丰富多彩的稻作文化,其内容涉及衣食住行、婚丧嫁娶、文娱教育等社会生活的各个方面,本书仅述及部分水稻生产习俗与相关饮食文化,期望今后能拓展稻作文化的研究内容,同时结合现实社会中乡风文明建设的需要,提出活化和利用稻作民俗的对策建议。

第三,拟在已有学术成果的基础上,扩大视野,找准切入点,以太湖地区农业历史为主体,加强地区农业史的比较研究。太湖流域农业特色鲜明,物种资源丰富,技术成就突出,本书仅在某些章节做过零星的区域比较分析,而未能从整体上将其与关中地区、华北平原、成都平原、江汉平原等加以比较研究;另外,粟、稻、麦是支撑中国古代社会文明发展的三大粮食作物,历史文化积累深厚,所以还应强化太湖地区稻作与粟作、麦作历史的比较研究。

第四,随着清末西方农业科技的引入,太湖地区农业生产的某些层面如良种选育、病虫害防治等,已开始采用现代科技,这在桑蚕业和棉业生产中表现较为明显。新技术的应用虽然非常有限,但它多少改变了当地世代沿袭的技术经验,为农业生产的变革打开了缺口。本书对清末太湖地区现代农业科技的引入和采用有所涉及,但不够系统深入,今后拟将其作为新课题予以探究。

主要参考文献

一、古籍（按时代及作者姓氏拼音排序）

[宋]范仲淹：《范文正奏议》，上海古籍出版社 1987 年版。

[宋]高斯得：《耻堂存稿》，《丛书集成初编》，中华书局 1985 年版。

[宋]苏轼：《东坡全集》，上海古籍出版社 1987 年版。

[宋]单锷：《吴中水利书》，文渊阁《四库全书》本。

[元]任仁发：《水利集》，《续修四库全书》影印明钞本。

[元]脱脱等：《宋史》，中华书局 1977 年版。

[元]王祯：《农书》，王毓瑚校，农业出版社 1981 年版。

[明]陈子龙等：《明经世文编》，中华书局 1962 年版。

[明]顾炎武：《肇域志》，上海古籍出版社 2004 年版。

[明]归有光：《震川先生集》，上海古籍出版社 1981 年版。

[明]何良俊：《四友斋丛说》，中华书局 1959 年版。

[明]黄省曾：《理生玉镜稻品》，中华书局 1985 年版。

[明]黄宗羲：《明文海》，上海古籍出版社 1994 年版。

[明]邝璠：《便民图纂》，石声汉、康成懿校注：《便民图纂校注》，中华书局 2021 年版。

[明]李诩：《戒庵老人漫笔》，中华书局 1982 年版。

[明]李日华：《味水轩日记》，上海远东出版社 1996 年版。

[明]李时珍：《本草纲目》，中医古籍出版社 1994 年版。

[明]娄元礼：《田家五行》，明嘉靖间刻本。

[明]陆楫：《蒹葭堂稿》，明嘉靖四十五年陆郯刻本。

[明]陆容：《菽园杂记》，中华书局，1985 年版。

[明]马一龙：《农说》，宋湛庆编著《农说的整理和研究》，东南大学出版社 1990 年版。

[明]宋濂：《元史》，中华书局 1976 年版。

[明]宋应星：《天工开物》，潘吉星译注，上海古籍出版社 2016 年版。

[明]沈启：《吴江水考》，广陵书社 2006 年版。

[明]田艺衡：《留青日札》，上海古籍出版社 1985 年版。

[明]王士性：《五岳游草 广志绎》，周振鹤点校，上海人民出版社 2019 年版。

［明］王象晋：《群芳谱》，伊钦恒校释《群芳谱诠释》，农业出版社 1985 年版。

［明］徐光启：《农政全书》，石声汉校注、石定枎订补《农政全书校注》，中华书局 2020 年版。

［明］徐献忠：《吴兴掌故集》，齐鲁书社 1996 年版。

［明］姚文灏：《浙西水利书》，汪家伦校注，农业出版社 1984 年版。

［明］叶梦珠：《阅世编》，来新夏点校，中华书局 2007 年版。

［明］袁黄：《了凡杂著》，万历三十三年建阳余氏刻本。

［明］张翰：《松窗梦语》，中华书局 1985 年版。

［明］张国维：《吴中水利全书》，广陵书社 2006 年版。

［明］张内蕴、周大韶：《三吴水考》，商务印书馆 1986 年版。

［明］朱国祯：《涌幢小品》，王根林校点，上海古籍出版社 2012 年版。

［清］包世臣：《齐民四术》，中华书局 2001 年版。

［清］陈确：《陈确集》，中华书局 1979 年版。

［清］陈梦雷等：《古今图书集成》，中华书局 1934 年版。

［清］褚华：《木棉谱》，《上海掌故丛书》，上海通社 1935 年版。

［清］顾禄：《清嘉录》，上海古籍出版社 1989 年版。

［清］贺长龄：《皇朝经世文编》，中华书局 1992 年版。

［清］胡炜：《胡氏治家略农事编》，童一中节录，中华书局 1958 年版。

［清］黄宗坚：《种棉实验说》，光绪二十六年上海总农会石印本。

［清］姜皋：《浦泖农咨》，上海图书馆影印道光十四年（1834）刻本。

［清］李彦章：《江南催耕课稻编》，道光十四年刊本。

［清］凌介禧：《蕊珠仙馆水利集》，《中华山水志丛刊》，线装书局，2004 年版。

［清］陆世仪：《思辨录辑要》，中华书局 1985 年版。

［清］孙峻：《筑圩图说》，汪家伦整理：《筑圩图说及筑圩法》，农业出版社 1980 年版。

［清］沈秉成：《蚕桑辑要》，郑辟疆校注，农业出版社 1960 年版。

［清］沈练著，仲昂庭辑补：《广蚕桑说辑补》，郑辟疆、郑宗元校注，农业出版社 1960 年版。

［清］吴邦庆：《泽农要录》，北京出版社 2000 年版。

［清］王凤生：《浙西水利备考》《中华山水志丛刊》，线装书局，2004 年版。

［清］汪曰桢：《湖蚕述》，蒋猷龙注释：《湖蚕述注释》，农业出版社 1987 年版。

［清］姚廷遴：《历年记》，《清代日记汇抄》，上海人民出版社 1982 年版。

［清］叶梦珠：《阅世编》，来新夏点校，上海古籍出版社 1981 年版。

［清］袁景澜：《吴郡岁华纪丽》，甘兰经、吴琴校点，江苏古籍出版社 1998 年版。

［清］张履祥辑补：《补农书》，陈恒力校释，王达参校增订：《补农书校释》，农业出版社 1983 年版。

［清］张廷玉等：《明史》，中华书局 1974 年版。

二、地方志（按照地域和时代排序）

苏州府（包括太仓州）

［宋］范成大：《吴郡志》，陆振岳点校，江苏古籍出版社 1999 年版。

［宋］朱长文：《吴郡图经续记》，金菊林校点，江苏古籍出版社 1999 年版。

（洪武十二年）《苏州府志》

（康熙三十年）《苏州府志》

（正德元年）《姑苏志》

（弘治元年）《吴江志》

（乾隆十二年）《吴江县志》

（弘治十二年）《常熟县志》

（康熙五十一年）《常熟县志》

（崇祯十五年）《太仓州志》

（民国八年）《太仓州志》

（万历三十三年）《嘉定县志》

（乾隆二年）《嘉定县志》

（乾隆十年）《镇洋县志》

（乾隆十一年）《震泽县志》

（光绪六年）《昆新两县续修合志》

（民国二十三年）《吴县志》

（道光七年）《浒墅关志》

（光绪二十六年）《光福志》

松江府

（正德七年）《松江府志》

（崇祯三年）《松江府志》

（嘉庆二十三年）《松江府志》

（光绪九年）《松江府续志》

（嘉靖三年）《上海县志》

（康熙二十二年）《上海县志》

（同治十一年）《上海县志》

（民国七年）《上海县续志》。

（乾隆五十三年）《青浦县志》

（光绪五年）《青浦县志》

（光绪五年）《南汇县志》

（道光十六年）《川沙厅志》

（光绪八年）《宝山县志》

（嘉庆十八年）《珠里小志》

常州府

（康熙三十四年）《常州府志》

（成化十九）《重修毗陵志》

（正德十五年）《江阴县志》

（嘉靖二十六年）《江阴县志》

（乾隆九年）《江阴县志》

（民国十年）《江阴县续志》

（乾隆十七年）《锡金识小录》

（康熙二十九年）《无锡县志》

镇江府

（乾隆十五年）《镇江府志》

（康熙十三年）《镇江府志》

（康熙二十一年）《丹徒县志》

（乾隆二十八年）《溧阳县志》

杭州府志

（万历七年）《杭州府志》

（乾隆四十四年）《杭州府志》

（嘉庆十二年）《余杭县志》

嘉兴府

（光绪三十二年）《嘉兴府志》

（嘉庆六年）《嘉兴府志》

（天启四年）《海盐县图经》

（光绪二年）《海盐县志》

（乾隆五十二年）《平湖县志》

（光绪十二年）《平湖县志》

（道光元年）《石门县志》

（光绪十三年）《桐乡县志》

（光绪十八年）《嘉善县志》

湖州府

［宋］谈钥：《嘉泰吴兴志》，湖州市地方志编纂委员会办公室整理，浙江古籍出版社
2018年版。

（成化十一年）《湖州府志》

（万历十年）《湖州府志》

（同治十三年）《湖州府志》

（光绪二十四）《于潜县志》

（万历二十四年）《秀水县志》

（崇祯十一年）《乌程县志》

（光绪七年）《乌程县志》

（康熙二十七年）《乌青文献》

（乾隆二十五年）《乌青镇志》

（乾隆十四年）《长兴县志》

（乾隆十五年）《安吉州志》

（道光九年）《武康县志》

（咸丰九年）《南浔镇志》

（同治二年）《南浔镇志》

（光绪十九年）《菱湖镇志》

（民国六年）《双林镇志》

其他

（康熙二十八年）《具区志》。

（康熙二十三年）《浙江通志》。

（嘉庆）《重修大清一统志》，商务印书馆 1934 年影印本。

［清］金友理：《太湖备考》，江苏古籍出版社 1998 年版。

中国农业遗产研究室：《方志·物产》手抄本，南京农业大学图书馆藏。

三、文献资料集（按出版年代排序）

李文治：《中国近代农业史资料》第一辑，三联书店 1957 年版。

章有义：《中国近代农业史资料》第二辑，三联书店 1957 年版。

陈祖槼主编：《中国农学遗产选集甲类第一种·稻》（上编），中华书局 1958 年版。

江苏省博物馆编：《江苏省明清以来碑刻资料选》，三联书店 1959 年版。

故宫博物院明清档案部编：《李煦奏折》，中华书局 1976 年版。

上海博物馆编：《上海碑刻资料选辑》，上海人民出版社 1980 年版。

章楷编：《中国古代栽桑技术史料研究》，农业出版社 1982 年版。

高景岳、严学熙编：《近代无锡蚕桑业资料选辑》，江苏人民出版社、江苏古籍出版社 1987 年。

洪焕椿编：《明清苏州农村经济资料》，江苏古籍出版社 1988 年。

王达等编：《中国农学遗产选集甲类第一种·稻》（下编），农业出版社 1993 年版。

中国科学院地理科学与资源研究所、中国第一历史档案馆：《清代奏折汇编—农业·环境》，商务印书馆 2005 年版。

四、著作（按作者姓氏拼音排序）

［美］卜凯：《中国农家经济》，张履鸾译，商务印书馆 1936 年版。

蔡利民：《苏州民俗》，苏州大学出版社 2003 年版。

曹树基：《中国人口史》第四、五卷，复旦大学出版社 2000，2001 年版。

曹幸穗：《旧中国苏南农家经济研究》，中央编译出版社 1996 年版。

慈鸿飞、李天石：《中国历史上的农业经济与社会》，兰州大学出版社 2002 版。

陈恒力等：《补农书研究》，中华书局 1958 年版。

陈学文：《明清杭嘉湖市镇史研究》，群言出版社 1993 年版。

陈学文：《明清时期太湖流域的商品经济与市场网络》，浙江人民出版社 2000 年版。

［日］川胜守：《明清江南农业经济史研究》，东京大学出版会 1992 年版。

程民生：《宋代地域经济》，河南大学出版社 1992 年版。

段本洛、张沂福：《苏州手工业史》，江苏古籍出版社 1986 年。

段本洛：《苏南近代社会经济史》，中国商业出版社 1997 年。

范金民：《江南丝绸史研究》，农业出版社 1993 年版。

范金民：《明清江南商业的发展》，南京大学出版社 1998 年版。

范金民主编：《江南社会经济研究》（明清卷），中国农业出版社 2006 年版。

［美］富兰克林·H. 金著：《四千年农夫》，程存旺、石嫣译，东方出版社 2016 年。

樊树志：《江南市镇探微》，复旦大学出版社 1990 年。

费孝通：《江村经济：中国农民的生活》，江苏人民出版社 1986 年版。

冯贤亮：《明清江南地区的环境变动与社会控制》，上海人民出社 2002 年。

冯贤亮：《太湖平原的环境刻画与城乡变迁（1368—1912）》，上海人民出版社 2008 年版。

傅衣凌：《明代江南市民经济试探》，上海人民出版社 1957 年版。

葛剑雄：《中国人口发展史》，福建人民出版社 1991 年版。

顾炳权等编著：《上海历代竹枝词》，上海书店出版社，2001 年。

顾颉刚等辑、王煦华整理：《吴歌·吴歌小史》，江苏古籍出版社，1999 年。

洪焕椿、罗仑：《长江三角洲地区社会经济史研究》，南京大学出版社 1989 年。

洪璞：《明代以来太湖南岸乡村的经济与社会变迁——以吴江县为中心》，中华书局 2005 年版。

［美］黄宗智：《明清以来的乡村社会经济变迁》卷二《长江三角洲小农家庭与乡村发展》，法律出版 2014 年版。

姜彬：《稻作文化与江南民俗》，上海文艺出版社 1996 年版。

蒋兆成：《明清杭嘉湖社会经济史研究》，浙江大学出版社 2002 年版。

李伯重：《江南的早期工业化（1550—1850）》，社会科学文献出版社 2000 年。

李伯重：《发展与制约：明清江南生产力研究》，联经出版公司 2002 年版。

李伯重：《多视角看江南经济史（1250—1850）》，三联书店 2003 年版。

李伯重著：《江南农业的发展（1620—1850）》，王湘云译，上海古籍出版社 2007 年版。

李伯重：《唐代江南农业的发展》，北京大学出版社 2009 年版。

李龙潜：《明清经济史》，广东高等教育出版社，1988 年版。

李乔：《中国行业神崇拜》，中国华侨出版社 1990 年版。

刘石吉：《明清时期江南市镇研究》，中国社会科学出版社 1987 年。

梁方仲：《中国历代户口、田地、田赋统计》，上海人民出版社 1980 年版。

梁家勉主编：《中国农业科学技术史稿》，农业出版社 1989 年版。

马湘泳等：《太湖地区乡村地理》，科学出版社 1990 年版。

缪启愉编著：《太湖塘浦圩田史研究》，农业出版社 1985 年版。

［美］珀金斯：《中国农业的发展（1368—1968 年）》，宋海文等译，上海译文出版社 1984 年版。

钱杭、承载：《十七世纪江南社会生活》，浙江人民出版社 1996 年版。

［日］森田明：《清代水利与区域社会》，雷国山译，山东画报社 2008 年。

［日］森正夫：《明代江南土地制度研究》，伍月、张学峰等译，江苏人民出版社 2014 版。

［日］斯波义信：《宋代江南经济史研究》，方健、何忠礼译，江苏人民出版社 2001 年。

苏州市民间文学集成编委会：《苏州歌谣谚语》，中国民间文艺出版社 1989 年版。

苏州市文化局编：《姑苏竹枝词》，百家出版社 2002 年版。

沈华、朱年：《太湖稻俗》，苏州大学出版社 2006 年版。

［美］施坚雅：《中国农村的市场和社会结构》，中国社会科学出版社 1998 年。

水利部太湖流域管理局、中科院南京地理与湖泊研究所：《太湖生态环境地图集》，科学出版社 2000 年版。

太湖水利编写组：《太湖水利史稿》，河海大学出版社 1993 年版。

王大学：《明清"江南海塘"的建设与环境》，上海人民出版社 2008 年。

王家范：《明清江南史丛稿》，生活·读书·新知三联书店，2018 年。

王家范：《百年颠沛与千年往复》，上海人民出版社，2018 年。

汪家伦、张芳著：《中国农田水利史》，农业出版社 1990 年版。

王建革：《水乡生态与江南社会（9—20 世纪）》，北京大学出版社 2013 年版。

王建革：《江南环境史研究》，科学出版社 2016 年版。

王卫平：《明清江南城市史研究：以苏州为中心》，人民出版社 1999 年。

王卫平：《明清时期江南社会史研究》，群言出版社 2006 年版。

魏嵩山：《太湖流域开发探源》，江西教育出版社 1993 年版。

吴慧：《中国历代粮食亩产研究》，农业出版社 1985 年版。

吴俊范：《水乡聚落——太湖以东家园生态史研究》，上海古籍出版社 2016 年版。

徐淇：《中国太湖地区水稻土》，上海科学技术出版社，1980 年。

徐新吾：《江南土布史》，上海社会科学院出版社 1992 年版。

严中平：《中国棉纺织史稿》，商务印书馆 2011 年版。

杨晓东：《吴地稻作文化》，南京大学出版社 1994 年版。

叶显恩主编：《清代区域社会经济研究》，中华书局 1992 年版。

尹玲玲：《明清长江中下游渔业经济研究》，齐鲁书社 2004 年。

游修龄：《稻作史论集》，中国农业出版社 1993 年版。

游修龄编著：《农史研究文集》，中国农业出版社，1999 年

游修龄、曾雄生：《中国稻作文化史》，上海人民出版社 2010 年版。张芳：《明清农田

水利研究》，中国农业科技出版社 1998 年版。

　　张根福等：《太湖流域人口与生态环境的变迁及社会影响研究（1851—2005）》，复旦大学出版社 2014 年版。

　　章楷编：《中国古代栽桑技术史料研究》，农业出版社 1982 年版。

　　章楷、余秀茹编著：《中国古代养蚕技术史料选编》，农业出版社 1985 年版。

　　赵冈等：《清代粮食亩产量研究》，中国农业出版社 1995 年版。

　　赵明、薛维源、孙珩编著：《江苏竹枝词集》，江苏教育出版社 2001 年版。

　　郑昌淦：《明清农村商品经济》，中国人民大学出版社 1989 年。

　　郑肇经主编：《太湖水利技术史》，农业出版社 1987 年版。

　　中国科学院南京地理与湖泊研究所：《太湖流域水土资源及农业发展远景研究》，科学出版社 1988 年版。

　　中国农业遗产研究室：《太湖地区农业史稿》，农业出版社 1990 年版。

　　中国科学院南京地理与湖泊研究所，水利部太湖流域管理局合编：《太湖流域自然资源地图集》，科学出版社，1991 年。

五、论文（按作者姓氏拼音排序）

　　白洪信：《吴语地区的稻作民俗》，《古今农业》1996 年第 3 期。

　　陈仁端：《关于太湖流域的水环境与生态农业的若干思考》，《古今农业》，2005 年第 2 期。

　　陈志一：《江苏双季稻历史初探》，《中国农史》，1983 年第 1 期。

　　陈家其：《明清时期气候变化对太湖流域农业经济的影响》，《中国农史》，1991 年第 3 期。

　　曹隆恭：《我国稻作施肥发展史略》，《中国农史》，1989 年第 1 期。

　　常建华：《日本八十年代以来的明清地域社会研究综述》，《中国社会经济史研究》1998 年第 2 期。

　　陈家其：《太湖农业区的形成历史与地理因素分析》，《中国农史》，1994 年第 1 期。

　　陈剑峰：《历史时期长江三角洲人地关系的调适——以杭嘉湖地区为例》，《长江论坛》，2006 年第 3 期。

　　陈桥逸：《古代鉴湖兴废与山会平原农田水利》，《地理学报》1962 年第 3 期。

　　陈忠平：《明清时期江南地区市场考察》，《中国经济史研究》1990 年第 2 期。

　　［日］川胜守：《明末清初长江沿岸地区之"春花"栽种》，载（台湾）中央研究院历史语言研究所《近代中国农业经济史论文集》。

　　从翰香：《论明代江南地区的人口密度及其对经济发展的影响》，《中国史研究》1984 年第 3 期。

　　冯贤亮：《史料与史学：明清江南研究的几个面向》，《学术月刊》2008 年第 1 期。

　　冯贤亮：《清代江南乡村的水利兴替与环境变化——以平湖横桥堰为中心》，《中国历史地理论丛》2007 年第 3 辑。

樊树志:《江南市镇的市场机制——吴江个案再分析》,《中国经济史研究》1997 年第 2 期。

樊树志:《苏松棉布业市镇的盛衰》,《中国经济史研究》1987 年第 4 期。

方行:《清代江南农民的消费》,《中国经济史研究》,1996 年第 3 期。

范金民:《清前期苏州农业经济的特色》,《中国农史》1993 年第 l 期。

范金民:《明清杭嘉湖农村经济结构的变化》,《中国农史》1988 年第 2 期。

范金民:《明到清前期江南蚕桑生产述论》,载《古今农业》1992 年第 2 期。

顾人和:《太湖地区粮食生产的历史考略》,《经济地理》,1987 年第 4 期。

郭松义:《清前期南方稻作区的粮食生产》,《中国经济史研究》,1994 年第 1 期。

郭文韬:《略论中国古代南方水田的耕作体系》,《中国农史》1989 年第 3 期。

何勇强:《论唐宋时期圩田的三种形态——以太湖流域的圩田为中心》,《浙江学刊》2003 年第 2 期。

洪璞:《明代以来江南农业的生态适应性——以吴江县为例》,《中国农史》2001 年第 2 期。

侯杨方:《明清上海地区棉花及棉布产量估计》,《中国史研究》1997 年第 1 期。

林荣琴:《明清时期太湖地区蚕丝业的分布与变迁》,《中国历史地理论丛》2003 第 3 期。

刘秀生:《清代棉布市场的变迁与江南棉布生产的衰落》,《中国社会经济史研究》1990 年第 2 期。

刘永成:《从租册、刑档看清代江苏地区的粮食亩产量》,《中国史研究》1994 年第 4 期。

李群:《太湖地区畜牧发展史略》,《农业考古》1998 年第 3 期。

李群:《湖羊的历史来源及探索》,《中国农史》1997 年第 2 期。

李伯重:《明清江南工农业生产发展的外部市场环境》,张国刚主编:《中国社会历史评论》第四卷,商务印书馆 2002 年。

李伯重:《明清江南肥料需求的数量分析——明清江南肥料问题探讨之一》,《清史研究》,1999 年第 1 期。

李伯重:《宋末至明初江南农业变化的特点和历史地位》,《中国农史》,1998 年第 3 期。

李伯重:《"人耕十亩"与明清江南农民的经营规模——明清江南农业经济发展特点探讨之五》,《中国农史》1996 年第 1 期。

李伯重:《"天""地""人"的变化与明清江南的水稻生产》,《中国经济史研究》1994 年第 4 期。

李伯重:《简论"江南地区"的界定》,《中国社会经济史研究》,1991 年第 1 期。

李伯重:《明清江南工农业生产中的动力问题》,《浙江学刊》1986 年第 4 期。

李伯重:《明清江南种稻农户生产能力初探——明清江南农业经济发展特点探讨之四》,《中国农史》1986 年第 3 期。

李伯重：《明清江南与外地经济联系的加强及其对江南经济发展的影响》，《中国经济史研究》1986 年第 2 期。

李伯重：《明清江南农业资源的合理利用》，《农业考古》1985 年第 2 期。

李伯重：《"桑争稻田"与明清江南农业生产集约程度的提高》，《中国农史》1985 年第 1 期。

李伯重：《明清时期江南水稻生产集约程度的提高》，《中国农史》，1984 年第 1 期。

李伯重：《我国稻麦复种制起源于唐代长江流域考》，《农业考古》1982 年第 2 期。

李根蟠：《长江下游稻麦复种制的形成和发展》，《历史研究》2002 年第 5 期。

李伏明：《论明清时期松江府的农业发展及其地位——以粮食生产和供应为中心的考察》，《中国农史》2006 年第 3 期。

陆建飞：《太湖地区种植制度的演变及其对当前种植结构调整的意义》，《农业现代化研究》2001 年第 4 期。

马万明：《宋代以后太湖地区棉业兴盛的原因》，《中国农史》，2002 年第 2 期。

马湘泳：《历史上太湖地区粮食生产基地的经济地位》，《中国农史》1989 年第 2 期。

缪启愉：《太湖地区塘浦圩田的形成和发展》，《中国农史》1982 年第 1 期。

闵宗殿：《明清时期中国南方稻田多熟种植的发展》，《中国农史》2003 年第 3 期。

闵宗殿：《从方志记载看明清时期我国水稻的分布》，《古今农业》1999 年第 1 期。

闵宗殿：《明清时期太湖地区的水稻品种》，《古今农业》1999 年第 2 期。

闵宗殿：《太湖地区历史上的优质水稻品种资源》，《古今农业》1994 年第 1 期。

闵宗殿：《宋明清时期太湖地区水稻亩产量的探讨》，《中国农史》1984 年第 3 期。

潘国英：《俗谚所论的吴中传统稻作技艺》，《中国农史》1999 年第 1 期。

潘清：《明代太湖流域水利建设的阶段与特点》，《中国农史》1997 年第 2 期。

沈小英、陈家其：《太湖流域的粮食生产与气候变化》，《地理科学》1991 年第 3 期。

史建云：《从棉纺织业看清前期江南小农经济的变化》，《中国经济史研究》，1987 年第 3 期。

史志宏：《清代前期的耕地面积及粮食产量估计》，《中国经济史研究》1989 年第 2 期。

孙景超：《圩田环境与江南地域社会——以芙蓉圩地区为中心的讨论》，《农业考古》2013 年第 4 期。

田龄：《明清时期太湖地区的蚕桑业发展及其原因》，《武汉大学学报》（人文科学版）2004 年第 3 期。

王家范：《明清历史再认识的几个疑难问题》，《华东师范大学学报》（社科版）2015 年第 6 期。

王加华：《传统江南棉稻区乡村民众之年度时间生活——以上海县为例》，《民俗研究》2015 年第一期。

王加华：《一个江南蚕桑区村落民众之年度时间生活——以茅盾小说〈春蚕〉〈秋收〉〈残冬〉为主线的探讨》，《中国社会经济史研究》2013 年第 2 期。

王加华：《被结构的时间：农事节律与传统中国乡村民众时间生活——以江南地区为中心的探讨》，《民俗研究》2011 年第 3 期。

汪家伦：《古代太湖地区的洪涝特征及治理方略的探讨》，《农业考古》1985 年第 1 期。

王建革：《明代吴淞江下游的旱情敏感》，《中国高校社会科学》2014 年第 3 期。

王建革：《明代太湖口的出水环境与溇港圩田》，《社会科学》2013 年第 2 期。

王建革：《泾、浜发展与吴淞江流域的圩田水利（9—15 世纪）》，《中国历史地理论丛》，2009 年第 2 期。

王建革：《华阳桥乡：水、肥、土与江南乡村生态（1800—1960）》，《近代史研究》2009 年第 1 期。

王建革：《吴淞江圩田区的耕作制与农田景观》，《古今农业》，2008 年第 4 期。

王建革：《水车与秧苗：清代江南地区水田排涝与生产恢复场景》，《清史研究》2006 年第 2 期。

王建革：《技术与圩田土壤环境史：以嘉湖平原为中心》，《中国农史》2006 年第 1 期。

王利华：《唐宋以来江南地区的农业巫术述论》，《中国农史》1996 年第 4 期。

王思明：《诱发性技术变迁——谈明清以来的中国农业》，《安徽农业大学学报》（社科版）1998 年第 4 期。

王社教：《明代苏皖浙赣地区的棉麻生产与蚕桑业分布》，《中国历史地理论丛》1997 年第 2 期。

王社教：《明代太湖流域的粮食生产与缺粮问题》，《中国历史地理论丛》1998 年第 3 期。

王仲：《明清江南农业劳动中妇女的角色、地位》，《中国农史》1995 年第 4 期。

闻大中：《三百年前杭嘉湖地区农业生态系统的研究》，载《生态学杂志》1989 年第 3 期。

吴滔：《明清江南地区的"乡圩"》，《中国农史》1995 年第 3 期。

夏如冰：《古代江南菱的栽培与利用》，载《中国农史》1996 年第 1 期。

谢湜：《16 世纪太湖流域的水利与政区》，《中山大学学报》（社会科学版），2012 年第 5 期。

谢湜：《明前期江南水利格局的整体转变及相关问题》，《史学集刊》2011 年第 4 期。

谢湜：《11 世纪太湖地区农田水利格局的形成》，《中山大学学报》（社会科学版），2010 年第 5 期。

徐茂明：《江南的历史内涵与区域变迁》，《史林》2002 年第 3 期。

叶静渊：《我国水生蔬菜栽培史略》，《古今农业》1992 年第 1 期。

尹玲玲：《明清时期太湖流域的渔业生产——以苏州、松江、常州地区为例》，《古今农业》2004 年第 2 期。

游修龄：《太湖地区稻作起源及其传播和发展问题》，《中国农史》1986 年第 1 期。

游修龄：《我国水稻品种资源的历史概述》，《作物品种资源》1982 年第 1 期。

曾雄生：《析宋代"稻麦二熟"说》，《历史研究》2005 年第 1 期。

曾雄生：《明清桑争稻田、棉争粮田和西方圈地运动之比较》，《中国农史》1994 年第 3 期。

张海英：《明清江南地区与其他区域的经济交流及影响》，《社会科学》2003 年第 10 期。

张华：《明代太湖流域专业市镇兴起的原因及其作用》，《南京大学学报》（哲社版）1990 年第 4 期。

张建民：《试论中国传统社会晚期的农田水利——以长江流域为中心》，《中国农史》1994 年第 2 期。

章楷：《从〈补农书〉看三百年前浙西农民的施肥技术》，《浙江农业科学》1962 年第 2 期。

张修桂：《太湖演变的历史过程》，《中国历史地理论丛》2009 年第 1 期。

郑云飞：《明清时期的湖丝与杭嘉湖地区的蚕业技术》，载《中国农史》1991 年第 4 期。

周晴：《江南水利、河网与市镇——以菱湖镇及周边地区为中心（9—20 世纪）》，《中国历史地理论丛》2013 年第 4 期。

周翔鹤、米红：《明清时期中国的气候和粮食生产》，《中国社会经济史研究》，1998 年第 4 期。

庄华峰：《古代江南地区圩田开发及其对生态环境的影响》，《中国历史地理论丛》2005 年第 3 期。

六、学位论文（按作者姓氏拼音排序）

曹颖：《明清时期太湖地区水生蔬菜栽培研究》，南京农业大学硕士论文，2013 年。

陈蕴鸢：《明清时期太湖地区棉业研究》，南京业大学博士论文，2012 年。

范虹珏：《太湖地区蚕业生产技术发展研究（1368—1937）》，南京业大学博士论文，2012 年。

方志龙：《晚清民国时期东太湖湖田发展与政府治理》，复旦大学硕士论文，2017 年。

高升荣：《水环境与农业水资源利用——明清时期太湖与关中地区的比较研究》，陕西师范大学博士论文，2006 年。

季红娟：《太湖流域水稻地方种资源稻米品质特性的研究》，扬州大学硕士论文，2005 年。

姜雪琳：《以圩田开垦为主体的太湖流域农业景观研究》，北京林业大学硕士论文，2019 年。

李日葵《明清太湖地区水稻品种资源研究》，南京农业大学硕士论文，2010 年。

满媛：《太湖平原的传统水利景观系统研究及实践》，北京林业大学专业学位硕士论文，2019 年。

王静：《试论明清太湖地区种植业结构之变迁》，南京师范大学硕士论文，2007 年。

王加华:《近代江南地区的农事节律与乡村生活周期》,复旦大学博士论文,2005 年。

肖先娜:《太湖猪养殖历史研究》,南京农业大学硕士论文,2011 年。

许敏蓓:《明清太湖地区茶叶生产研究》,南京农业大学硕士论文,2011 年。

殷志华:《明清时期太湖地区稻作史研究》,南京业大学博士论文,2012 年。

赵荣:《明清时期太湖地区农业生态模式研究》,南京农业大学硕士论文,2008 年。

周晴:《河网、湿地与蚕桑——嘉湖平原生态史研究(9—17 世纪)》,复旦大学博士论文,2011 年。

周玉兵:《明清江南小农的家庭生产与经济生活研究》,南京师范大学硕士论文,2007 年。

后 记

本课题从立项、实施到书稿完成，前后经历了几个阶段，花费 10 多年时间，但最终成果依然不能令人满意。唯一感到欣慰的是，我们坚持下来了，并在继承的基础上有所前进，其甘苦自知。课题研究初期主要呈扩张状态，成果初稿涉及内容范围较宽泛。在获得国家社科基金后期资助项目之后，吸收评审专家意见，对初稿进行了反复修改和提炼，力争突出明清时期太湖地区农业生产的时代特点，使水利、水稻、春花、桑蚕、棉花、畜牧等主要生产内容形成一个有机联系的整体，同时注重农业生产演进与自然环境及社会经济变迁的生态关系。

成果实属集体劳动的结晶，在项目实施期间，有 10 多位研究生参与了资料收集整理、图表制作和某些章节的初步撰写工作，还有的以项目相关内容作为毕业论文选题，对书稿完成贡献颇多。主要课题组成员包括殷志华（第一、二、三、四章）、张祥稳（部分文献查对）、何彦超（第二章）、李祥凝（第三、五、六、七章作物时空分布可视化分析）、钱伶俐（第五章）、佘燕文（第八章）、范虹珏（第六章）、陈蕴鸾（第七章）、赵荣（第九章）、曹颖（第九章）、许敏蓓（第九章）、郝鹏飞（第九章）等，在此深表感谢。

在课题实施以及书稿撰写过程中，得到各位师友亲朋的关心、支持和帮助，在此表示衷心感谢。感谢中华农业文明研究院院长、科技史学科点负责人王思明教授的指导、关照和帮助。感谢夏如兵、李群、曾京京、沈志忠、陈少华、李安娜、王俊强、卢勇、路璐、刘馨秋、何红中、吴昊、朱冠楠、李昕升、朱锁玲、严火其、盛邦跃、包平、余林媛、朱世桂、丁晓蕾、杨坚、朱志成、蒋楠、徐定懿、胡文亮等老师及同事的关心与帮助。感谢南京大学刘兴林教授、马俊亚教授，南京师范大学慈鸿飞教授、晋文教授、郭爱民教授，复旦大学王建革教授等师友的指导与帮助。江苏人民出版社张晓薇编辑在本书申请国家项目及修改出版过程中，给予很多指导和帮助，并对交稿延期数年表现出极大耐心，深表感谢。还要特别感谢爱妻宁果的默默付出和支持。

未曾想到，2020 年 6 月份该书编著接近尾声，我离开工作 20 多年的南京农大,入职南京信息工程大学。在此衷心感谢两家单位领导和师友的关心与帮助。记得在南信大第一次见到李北群校长时,他亲切地说,你来了后可以继续做农业史研究,让我感到很温暖,也倍受鼓舞。两年多来,我花费大量时间对书稿予以修改完善。

也未曾想到,书稿 2021 年 12 月 27 日提交结项,而本项目的主要倡导者,我敬爱的导师和人生路上的贵人王思明教授,却于 2022 年元月 5 日凌晨,一个凄风冷雨之夜,在南京鼓楼医院江北分院溘然长逝。先生为人谦和宽容,学高身正,对农史学科有兴微继绝之功,英年早逝令人悲痛不已。我天资愚钝,生性散漫,没有突出成绩,深感辜负了先生的知遇之恩。这本小书又拖得太久,再也无法送给他指正了。

惠富平

2022 年 9 月 1 日